国家出版基金项目
NATIONAL PUBLICATION FOUNDATION

两岸产业比较研究丛书

本丛书是“2011 计划”——“中国特色社会主义经济建设协同创新中心”的子平台“区域协调与产业发展”研究团队的阶段性成果

两岸港口发展比较研究

杨静蕾　贾凯杰　徐顺宪　刘　军　编著

南开大学出版社
天　津

图书在版编目(CIP)数据

两岸港口发展比较研究 / 杨静蕾等编著. —天津：南开大学出版社，2015.9
（两岸产业比较研究丛书）
ISBN 978-7-310-04939-4

Ⅰ. ①两… Ⅱ. ①杨… Ⅲ. ①港口经济－经济发展－对比研究－中国 Ⅳ. ①F552.3

中国版本图书馆 CIP 数据核字(2015)第 209954 号

南开大学出版社出版发行
出版人:孙克强
地址:天津市南开区卫津路 94 号　邮政编码:300071
营销部电话:(022)23508339　23500755
营销部传真:(022)23508542　邮购部电话:(022)23502200

*

河北昌黎太阳红彩色印刷有限责任公司印刷
全国各地新华书店经销

*

2015 年 9 月第 1 版　2015 年 9 月第 1 次印刷
240×170 毫米　16 开本　22.75 印张　4 插页　380 千字
印数:1—3000 册　定价:50.00 元

如遇图书印装质量问题,请与本社营销部联系调换,电话:(022)23507125

编委会名单

序一

经历了2009年国际金融危机的冲击，当前世界经济进入新一轮的调整和转型期，以美国为代表的发达国家虽然经济探底趋稳，但财政悬崖、主权债务危机的阴影犹存；新兴经济体和部分发展中国家虽然经济保持较高的增速，但面临的挑战和风险也很大。从世界经济格局来看，世界经济中心向亚太地区转移的趋势有所增强，在刚刚过去的2012年，全球经济复苏放缓，而亚太新兴经济体总体上保持了难得的增速，成为世界经济的一抹“亮色”。在亚太地区，中国大陆与中国台湾作为“大中华经济圈”中实体经济发展各具千秋的两个重要经济体，彼此之间活跃的产业合作和日益紧密的经济联系会增强双方的实力，达到合作共赢、共同增强在亚太地区的主导力量的效果。

自2008年两岸关系出现历史性转折后，两岸双方在反对“台独”、坚持“九二共识”的共同政治基础上，本着“建立互信、搁置争议、求同存异、共创双赢”的精神，致力于两岸关系的和平发展。目前我们已经签署了空运、海运、通邮等协议，实现了两岸全面直接双向“三通”，促成了大陆居民赴台旅游，取得了两岸人员往来的又一次重大突破，在众多领域建立了两岸交往与合作机制，解决了两岸同胞关心的一系列经济、社会、民生等问题，特别是签署了《海峡两岸经济合作框架协议》以及投资保护、海关合作两项后续协议后，更推进了两岸经济一体化的进程。“三通”开放至今，两岸贸易总额已突破5600亿美元，大陆累计批准台商投资项目8.7万个，台商实际投资金额565.3亿美元。同期，共有133家大陆企业在台设立分公司或代表处，投资金额达7.22亿美元。2008年两岸携手直面国际金融危机的冲击，风雨同舟，共渡难关，为两岸产业与企业界的更深入、具体、全面的交流与合作奠定了坚实的情感基础。两岸发展的历史充分证明，分则两败，合则共赢。

我们惊喜地发现，在两岸经济、社会、文化、教育等领域日益频繁而密切的交流中，两岸的高校发挥了重要而独特的作用。不仅通过教师和学生的交流互访学习，取长补短，加深了理解和友谊；而且更有一些眼光深邃、做法务实的两岸高校，各取所长，为两岸的产业和企业合作发展发挥着智力支持作用。由南开大学和台湾东吴大学发起，联合了两岸十几所高校的专家学者编写出版的“两岸产业比较研究丛书”，恰逢其时，将适应两岸经济交流与合作的新形势，为两岸产业和企业加深了解、建立互信、寻求商机、互利互惠开启一扇机会之窗。

未来“大中华经济圈”的不断崛起将可能成为影响国际经济格局变化的重要力量，两岸的经济和产业合作也将不断由初期的贸易往来和直接投资向立足于两岸需求、资源、技术的全方位深层次的产业对接与合作转移。两岸内部市场的新经济增长点在哪里？两岸产业各自的竞争优势是什么？两岸产业进一步深入合作的制度政策和机制需求是什么？相信“两岸产业比较研究丛书”的出版将有助于我们寻找相关问题的答案。也希望通过这套丛书的出版，能进一步推进两岸官、产、学、研的更加深入持久的战略性合作。

目前两岸科技、文化、教育等领域交流与合作议题的正式商谈虽然还未开始，但两岸一些心系两岸和平发展之大计、脚踏实地的高校和学者已经开始他们扎实而富有成效的探索，虽然这些成果还不尽善尽美，但他们精诚合作，为两岸发展贡献绵薄之力的赤诚之心可见。愿他们的开拓性工作不断深入，结出更多更美的硕果。愿两岸产业界和企业界携手合作，共赢共荣的美好日子愈久绵长。

陈云林

2015 年 6 月

序二

全球经济已经进入成长速度放缓、竞争加剧、深度转型的调整期，未来发展充满了复杂性、不稳定性和不确定性。已开发国家经济进入缓慢复苏的阶段，低速成长可能成为长期的趋势。开发中国家或地区尤其是新兴经济体具有较高的成长速度，已经成为世界经济成长的主要动力，但成长速度不如以往的压力也逐渐显现。世界经济格局正发生明显的变化，亚洲的地位与作用日益重要。为因应全球经济高度不确定性的挑战，掌握全球经济重心向亚洲转移的机会，海峡两岸应加强合作、优势互补，共同采取更为积极有效的措施以稳定、发展、繁荣两岸经济。

2008 年以来，两岸关系迈入和平发展的一个新的阶段。至 2012 年底为止，海基会与海协会共举行了 8 次高层会谈，签署了 18 项协议，涉及两岸直航、大陆观光客来台、投资保障等，为两岸经济共同繁荣与发展奠定了坚实的基础。其中，2010 年 6 月，海基会和海协会签署了《海峡两岸经济合作框架协议》（ECFA），进一步增进了双方的贸易与投资关系，建立了有利两岸经济繁荣与发展的合作机制，为台湾与大陆的经贸交流与合作揭开了新的里程碑。

世界经济进入全新的发展阶段，新的形势给两岸经济交流与合作创造了新的机会，也产生了新的需求。当前，两岸经济均进入调整期，新阶段的产业合作可以基于两岸内部市场新经济成长机会的创造与成长方式的改变；如何从两岸经济发展的特色出发，选择两岸产业合作的领域与重点备受关注。就现阶段而言，两岸产业合作特别要注重对两岸内部市场的培育。两岸关系进入后 ECFA 时期，机制与制度的建构已经成为两岸产业合作的重中之重。两岸关系的改善以及 ECFA 的签署，应该在已有的架构协议层面，积极地完成相关的配套政策、机制、制度的建设，才能更深化产业的合作。在两岸合作由初级贸易往来转向深层次产业合作的关键时刻，如何从两岸的共同利益出发，实现两岸经济与产业的合作共赢，在全球经济格局中共同实现经济再发展，已经成为两岸官方、产业界和学术界共同关心的重大课题。

欣闻东吴大学和南开大学共同发起建立专业化、开放化和国际化研究平台，吸引海峡两岸的优秀学者，在两岸产业合作与对接这一新兴重要领域进行兼具创建性、开拓性与系统性的研究，共同编撰“两岸产业比较研究丛书”，深感其正逢其时、意义深远。这是第一部两岸学者携手完成的两岸产业比较研究丛书，这一系列丛书全方位剖析了两岸产业发展现状与未来对接的机会和挑战，涉及物流产业政策、港口发展等多个不同经济发展领域，研究成果兼具深度与广度。我相信这套丛书的出版问世，将为两岸产业合作与对接提供可参考、可采纳、可使用的产业发展对策，切实有效地为两岸经济共同繁荣与发展作出贡献。

这套丛书的问世，倾注了两岸学者的卓越智慧，期盼两岸学者能够继续精诚合作，竭尽所能地进一步加强两岸教育与科研资源的交流，建立高效、稳定、可持续的合作机制，产出更多、更好的硕果，为共同提升两岸经济发展贡献力量。

江丙坤

2015年8月

前　言

全球航运业的建立和发展，不仅使地球的空间距离“越来越小”，也将古老的港口业推向了全球产业链的竞争市场。为了配合全球贸易的发展，船舶和船队大型化发展趋势，老的港区和码头逐步被淘汰，新的深水化、专业化港区和码头建设成为20世纪60年代以来世界港口业发展的一个浪潮。在全球产业链的竞争中，港口也不再是物流和航运中心。早在20世纪中期就开始建设的临港工业开发区（Maritime Industrial Development Areas，MIDA），适应了福特主义时期制造业扩张的趋势，借助港口的区位优势，为制造业产业链全球化布局提供了全球分配中心、采购中心和销售中心。与此同时，随着全球经济一体化的加深，自由贸易区的建设和发展也与港口息息相关。进入后福特主义时代，计算机技术和信息技术革命，改变了人们的消费方式，具有陆地和水岸景观的滨水、滨海区成为人们休闲、旅游、商务和工作的理想场所。占据着滨水、滨海位置的港口，尤其是老港区为这一新兴消费方式提供了广阔的发展空间。港口的建设开始向集增值服务产业、交通成本依赖型产业、海洋产业和生活居住于一体的综合功能区发展，绿色、环保、可持续的港口也应运而生。在中国，海峡两岸的各主要港口都及时地顺应了全球产业链的发展，在服务腹地经济和带动相关产业升级发展等方面起到了重要的作用。

港口的发展虽有一定的宏观规律，但作为服务于区域经济发展的前沿阵地，与航运业相比，港口的管理制度和发展模式更具地域特色，港口的发展是所在地区经济发展的浓缩体现。在中国，自改革开放以来，经济快速发展，使得大陆港口的规模和技术水准不断攀升，而台湾岛内的港口受本岛总体经济形势的影响，其集装箱装卸量的成长空间有限，因之大陆港口在货物总吞吐量和集装箱吞吐量上都高于台湾岛内港口。两岸虽然在港口规模上差异较大，但是在港口管理制度变迁、港口政策和港口管理模式上，却表现出一定的相似性。这种与社会历史和文化联系更为密切的港口“软环境”的相似性，也折射出了两岸同根同源的本质特性。面临着新的航运低谷，在大陆经济转型发展的关键时期，两岸港口业在良好合作的基础上，抓住契机，扩大合作，对于两岸经济未来的发展具有重要的现实意义和深远的历史意义。

本书共包括四篇、十四章的内容，按照基础理论篇、发展现状篇、比较分析篇和未来展望篇的框架展开。在基础理论篇中，本书充分考虑了全球港口业的建设和发展实践，在介绍港口相关基本概念的基础上，重点阐述了港口的政策、管理和运营，综合了不同流派的港口发展理论，梳理出了港口发展的脉络，并进一步提炼出了港口城市的相关理论。发展现状篇按照环渤海港口群、长江三角洲港口群、珠江三角洲港口群、东南沿海港口群、西南沿海港口群和台湾岛内港口群等六个港口群落，重点介绍了大陆的丹东港、大连港、营口港、锦州港、天津港、秦皇岛港、唐山港、黄骅港、青岛港、日照港、烟台港、连云港港、南通港、南京港、上海港、宁波—舟山港、温州港、广州港、深圳港、珠海港、汕头港、厦门港、福州港、泉州港、湛江港、北部湾港和海口港等27个综合大港的基础设施、码头吞吐能力和腹地经济，以及台湾岛内的高雄港、花莲港、基隆港、台中港和台北港等五个港口的基础设施、码头吞吐能力和腹地经济。比较分析篇则重点就两岸港口发展规模、两岸港口特殊经济区、两岸港口管理体制、规划政策、价格政策、投融资政策、理货和引航政策以及两岸滨水区开发实践活动进行了对比研究，以找到两岸港口发展的异同，为两岸港口未来的合作建议提供基础。最后的未来展望篇对未来港口业和航运业的发展趋势进行了分析，并对未来两岸港口合作发展提出了对策建议。

本书最初的构想源自2009年台湾岛内运输研究部门的“台湾岛内主要港口因应两岸直航发展策略规划”，该规划的研究团队与在台湾岛内享有盛名之南开大学经济与社会发展研究院院长刘秉镰教授相互熟识且经常交流，刘院长为大陆港口及物流专家，研究团队为使研究成果更加翔实，特邀请刘教授承担了对大陆直航港口的研究部分。此后的四年时间内，从本书写作框架的讨论和形成、两岸港口相关资料的更新和查阅，都凝聚了两岸专家和学者的心血。大陆研究团队由南开大学现代物流研究中心杨静蕾副教授和刘军副教授、大连海事大学交通运输管理学院李振福教授、南开大学滨海学院陈志卷老师以及南开大学经济与社会发展研究院马思佳、李艳梅、张海洋、侯梦雅和吴晓璠硕士组成。台湾岛内研究团队由台湾东吴大学贾凯杰教授和台湾榕声工程顾问有限公司徐顺宪总经理组成。这里特别感谢交通运输主管部门水运局港口管理处处长王京文和台湾交通大学冯正民教授，他们为本书章节结构的确定和完善提出了宝贵的建议。

本书的具体写作分工如下：

第一章　　李振福

第二章　　杨静蕾　马思佳

第三章　　杨静蕾　马思佳　侯梦雅　张海洋

第四章　　杨静蕾　陈志卷

第五章　　陈志卷　李艳梅

第六章　　陈志卷　张海洋

第七章　　杨静蕾　陈志卷　马思佳

第八章　　杨静蕾　陈志卷　马思佳

第九章　　贾凯杰　徐顺宪

第十章　　杨静蕾　陈志卷　张海洋

第十一章　杨静蕾　徐顺宪　吴晓璠　李艳梅

第十二章　徐顺宪　贾凯杰　杨静蕾

第十三章　刘　军　徐顺宪

第十四章　徐顺宪　刘　军

本书数据的大陆部分基本都来自《中国港口年鉴》（2001～2013）、《中国城市年鉴》（2001～2013）、《中国保税区出口加工区年鉴》（2008～2013），以及各港口的网站；台湾岛内部分则大多来自台湾交通主管部门统计数据库。因此，在文中出现数字的地方，除了图和表之外没有一一注明出处。此外，由于作者水平有限，书中难免出现错误和不妥之处，敬请读者批评指正！

杨静蕾

2015 年 6 月于南开

目　录

基础理论篇

第一章　港口基础设施与港口服务

港口是水陆运输的连接点，是具有水陆联运设备和条件，供船舶安全进出和停泊的运输枢纽。由于港口是联系内陆腹地和海洋运输的一个天然界面，因此，人们也把港口作为国际物流的一个特殊节点。作为基础性产业，港口具有推动国民经济发展、促进社会物资流动、个人中转运送的作用，而港口基础设施和港口服务是港口运营的基础，通过二者的有效协调，才能实现港口的功能和价值，促进港口经济的发展，从而提高地区乃至国家经济发展水平。

第一节　港口基础设施

港口基础设施主要包含陆域设施和水域设施两个部分，陆域设施除了包括直接为生产服务的码头、库场，还应该包括铁路、道路、供水、供电以及港口正常运营所需要的各种设施；水域设施主要有港池、航道、锚地、回旋水域、防波堤及导航设施等。

一、陆域设施

港口的陆域设施是港口的主体，它是港口的重要承载平台。一个较完善的港口陆域设施包括港口码头、港口库场、港口集疏运系统和港口装卸作业系统等。

（一）港口码头

港口码头指供船舶停靠、装卸货物或上下旅客、船舶补给、检疫等的水上建筑物，包括同其配套的仓库、堆场、候船厅、装卸设备、道路、铁路等。通常对港口码头可从用途和技术特点两方面进行分类。

按用途可将港口码头分为客运码头和货运码头两大类。客运码头主要供旅客上下船舶用，配有候船厅、行李房、走廊等。货运码头可分为件杂货码头、专业码头和综合性码头。件杂货码头主要用于装卸各种件杂货，配有通用性较强的装卸机械；专业码头主要用于装卸特定种类的货物，配有高效能的专用装卸机械；综合性码头又称通用码头，可进行多种货物的装卸，配有通用装卸机械。专业码头又可分为集装箱码头和散货码头。集装箱码头配有专用的集装箱起重、装卸、运送机械，有广阔的前方堆场、后方堆场和拆箱、装箱仓库。散货码头根据进行装卸的主要散货种类的不同，又可分为石油码头、水泥码头、谷物码头、煤炭码头、木材码头等。

从技术角度上分，码头有许多不同种类，如顺岸码头、突堤码头、墩式码头、岛式码头、系船浮筒码头、直立式码头、斜坡式码头、浮式码头、半直立式码头、半斜坡式码头、重力式码头、板桩码头、高桩码头、混合式码头等。

图 1-1 反映了码头的两种分类。

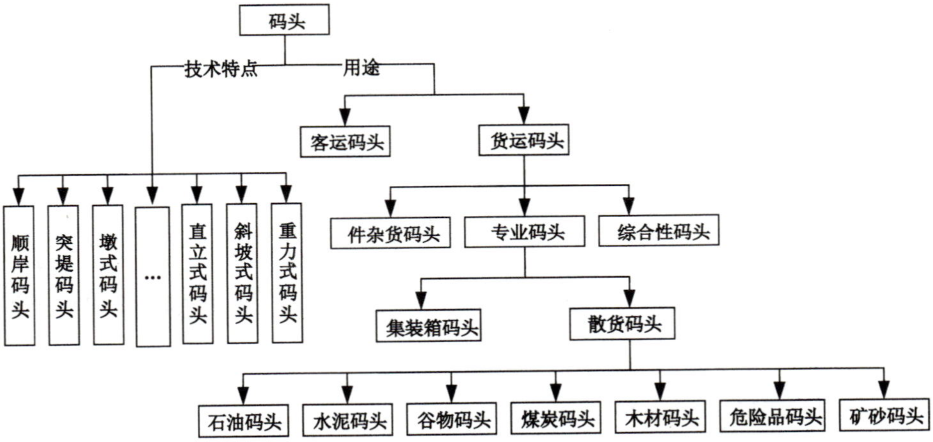

图 1-1　码头分类结构图

资料来源：作者根据相关资料整理。

（二）港口库场

港口库场是港口通过能力的重要决定因素之一，在新建、扩建泊位的同时，必须新建、扩建仓库和堆场，使港口库场通过能力与泊位通过能力保持协调一致。在新建或改建仓库和堆场时，首先要规划合理的位置。在规划库场合理位置后，根据港口进、出口货物的种类，选择仓库的建筑结构和露天堆场的地面条件。只有港口库场的位置安排得当，才能有利于缩短装卸作业时间，才能提高港口的生产效率和降低装卸成本。港口库场包括前方库场、后方库场、进口库场、出口库场、中转库场和专业化库场等。

1. 前方库场

前方库场适用于堆存期较短的货物，是配合快装快卸设立的库场，前方库场应该保持较高的周转率。设置在接近码头前沿的仓库或货场与设置在远离码头前沿的仓库或货场相比，前者能缩短货物搬运的距离，提高港口的装卸效率，同时也能减少泊位与库场间流动机械运动的干扰。对于那些保管期超过发船间隔时间的货物，有必要予以转栈，使前方库场保持畅通。水位落差特别大的斜坡式码头泊位（通常是河港泊位），在低水位时，从陆上库场搬运货物装船或将货物从船上卸到陆上库场，坡度陡、搬运距离长，势必延长船舶作业时间。如果能尽量开辟前方库场，使木材等类型能在水面储存的货物放在前方库场，或者利用货囤，临时堆放一部分装船、卸船的货物，为陆上库场与船舶之间长距离搬运方式提供缓冲，无疑将有效地压缩船舶装载和卸载时间。

2. 后方库场

吞吐量较大的码头泊位如果受到码头前沿陆域面积的限制，则应设置足够大容量的后方库场，可以为前方库场分担堆存压力。虽然充足的前方库场是装卸船能否高效进行作业的关键，但是如果没有足够的后方库场的补充，前方库场也可能会被堵塞。

3. 进口库场

进口库场是为进口货物装卸服务的库场。对于大型港区还可以考虑进一步划分杂货进口库场、大宗货进口库场以及国内进口库场、国外进口库场等。

4. 出口库场

出口库场是为出口货物装卸服务的库场。在需要的情况下也应像进口库场那样做进一步划分。

5. 中转库场

对于联运换装货物，设置专为中转货物服务的库场很有必要，为了适应需要，还可以按水陆中转或水水中转分别设置。

6. 专业化库场

由于不同的货类有不同的特性，需要有不同的保管条件，可以根据港口或港区生产任务的特点，如生产任务量大而且货物种类复杂，或者是专业化码头等特点，来设置专业化库场。

（三）港口集疏运系统

港口集疏运系统是港口通过能力系统的重要环节之一。货物进入港区称集运，而从港区运出称疏运，也可以叫分拨。港口集疏运能力是通过能力的重要组成部分。货物集疏运途径有陆路、水路、空运以及地下等；运输方式有铁路运输、公路运输、水路运输、管道运输、输送带运输和航空运输等。

1. 港口道路

（1）港外道路，又称进港道路，是港区与干线公路、城市道路之间的通道，以通行一般车辆（小型汽车、货车、油罐车等）为主，其功能及技术条件与普通道路相同。港口道路按港口的公路货运量不同分为两类：Ⅰ类适用于公路货运量每年50～160万吨的港区；Ⅱ类适用于公路货运量每年小于50万吨的港区①。

（2）港内道路除通行载重量较大的车辆外，还有流动机械（如起重机、铲车、拖车等）通过，在布置上应考虑与铁路交叉多和满足工艺要求等特点。港内道路按其重要性分为以下三种：

① 主干道：全港（或港区）的主要道路，一般为连接港区主要出入口的道路；

② 干道：港内码头、库场、辅助生产设施之间交通较繁忙的道路；

③ 辅助道路：库场引道、消防道路以及车辆、行人较少的道路。

2. 集疏运系统的结构

货物的集运过程通常有两种模式。一是船舶集运到港口，货物通过间接路线实现疏运，这时货物通过泊位系统进入库场，然后通过疏运系统完成分拨；货物也可以通过直接路线实现疏运。这时货物通过泊位系统不必进入库场，而是直接进入疏运系统完成分拨。二是铁路、公路、水路、管道等方式集运到港，货物也可以通过直接路线装船，或者通过间接路线，经过库场后装船。港口集疏运系统结构如图 1-2 所示。

---

① 国家标准《厂矿道路设计规范》（GBJ22—87）.

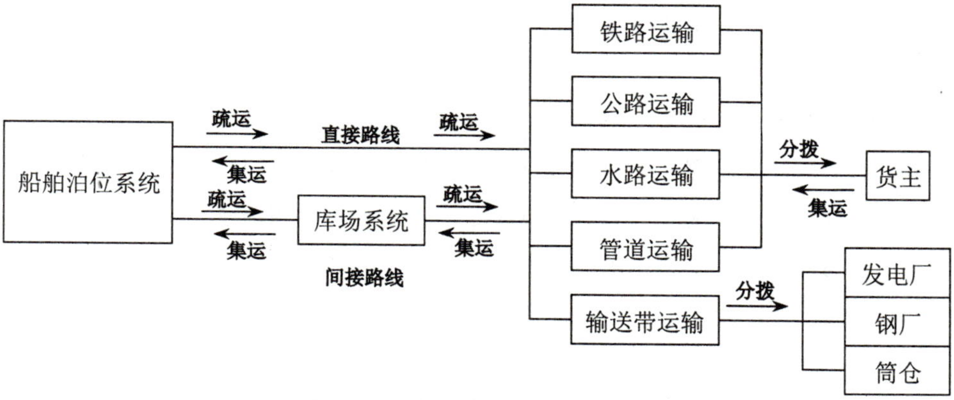

图 1-2　港口集疏运系统结构图

资料来源：作者根据相关资料整理。

（四）港口装卸作业系统

港口装卸机械向通用化和专业化发展。通用的装卸机械有门式起重机、桥式起重机、叉式装卸机、轮胎式起重机、轮式装载机、拖车、电瓶车等。随着集装箱运输的发展，专用于集装箱装卸和运输的设备也随之兴起，如集装箱装卸桥、跨运车、集装箱叉车、正面吊，轮胎式龙门吊、集装箱拖挂车等。

近年来，港口装卸设备发展很快，如适用于舱内、库内、车内作业的小型叉车、推耙车等，散货装卸设备发展迅速，如各种翻车机和散货装车系统，大规格的高速带式输送机，气垫式皮带输送机、刮板机、斗式提升机等。在散货卸船机方面，除吸粮机外，近年又发展了双带式提升机，波纹皮带提升机，埋刮板机、斗式卸船机等。对于石油及其制品的装卸，则普遍采用输油臂。

二、水域设施

港口水域是指港口界线以内的水域面积，它一般满足两个基本要求，即：船舶能安全地进出港口和靠离码头；能稳定地进行停泊和装卸作业。港口水域主要包括航道、回旋水域、锚地、防波堤以及助航设施等几个部分。

（一）航道

航道指供船只舰艇安全航行的运行水道。按所处位置，一般可分为海上航道、进港航道、内河航道与湖泊航道四种。一般来说，航道都有一定的起讫、方位和走向，要起讫两点最短、条件最好，在重要航道上设有灯塔、航标等导航设备，并可连接较多的城镇港口。进港航道有天然的（如青岛港、大连港），亦有人工开挖的（如天津港、上海港）。人工开挖的进港航道，要求航道尽量短而直、宽而深，以利航行并减少航道回淤。内河航道和湖泊航道按可通航船舶的吨位和船型分成若干等级，各等级的航道尺度、船闸闸室有效尺度、桥梁的净空与净跨尺度均需有相应的指标，各类航道应有与通航船舶相应的水深、宽度及比较平稳的水流和适当的曲度半径。在航道上还设有航标等导航设备。

进港航道指船舶进出港区水域并与主航道连接的通道。一般设在天然水深良好、泥沙回淤量小、尽可能避免横风横浪和不受冰凌干扰的水域，其布置方向以顺水流呈直线形为宜。根据船舶通航的频繁程度可分为单行航道和双行航道。在航行密度比较小时（如日平均通航艘次小于等于 1 次），为了减少挖方量和泥沙回淤量，经过技术经济比较和充分研究后，可考虑采用单行航道。航道宽度一般按航速、船舶横位、可能的横向漂移等因素和增加必要的富裕宽度来确定。至于进港航道的水深，在工程量大、治理比较困难的条件下，海港一般按大型船舶乘潮进出港的原则考虑；在工程量不大、航行密度大的情况下，经论证可按随时进出入的原则确定。

（二）回旋水域

回旋水域指专供船舶进出港、靠离码头或锚地泊位转头或回转的水域。又称转头水域，是港口水域不可缺少的部分。它应设置在港口界内，方便船舶靠离码头或进出港口的地方；一般允许占用航行水域，但船舶进出频繁的港口，也可单独设置。回转水域的尺度取决于船舶尺度、转头方式和当地的风、浪、流等条件以及港口作业拖轮配备和定位标志等因素。回旋圆直径一般以标准船长 1.5～3 倍来设计（条件好的取小值）。转头水域的设计水深，一般取航道设计水深①。

（三）锚地

锚地又称“锚泊地”或“泊地”，是港口指定的专门供船舶安全下锚停泊或者停泊后进行某些作业，办理某些手续的水域，如接受海关、边防、检疫部门的检查，等候泊位、等待引航、进行过驳作业、编解船队、避风或候潮等。按所处水域不同可分为港内锚地和港外锚地。按用途不同可分为装卸锚地、停泊锚地、避风锚地、检疫锚地、引航锚地、危险货物锚地、候潮锚地、防台锚地、

① 肖青．港口规划．大连：大连海事学院出版社，1999：22～23.

深吃水锚地、大船锚地、小船锚地和渔船锚地等（如图 1-3 所示）。

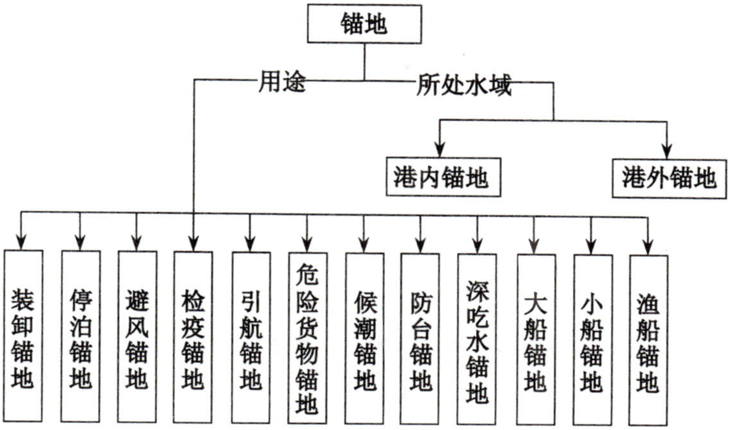

图 1-3　锚地分类结构图

资料来源：作者根据相关资料整理。

锚地水深通常是指在设计低水位以下锚地范围内的最小水深，应能保证设计船型在满载情况下安全停泊。锚地水深由停靠锚地的设计船型满载吃水和必要的富裕水深所构成。富裕水深主要考虑水深误差、波浪引起的船舶垂直升降、配载增加的吃水等因素。

（四）防波堤

防波堤是为阻断波浪的冲击力、围护港池、维持水面平稳以保护港口免受坏天气影响，以便船舶安全停泊和作业而修建的水中建筑物。防波堤还可起到防止港池淤积和波浪冲蚀岸线的作用。它是人工掩护的沿海港口的重要组成部分。

防波堤按平面布置，分为突堤式防波堤和岛堤式防波堤。突堤式防波堤一端与岸相连，岛堤式防波堤两端都不与岸相连。按结构形式，分为斜坡式、直立式和混合式三种类型。斜坡式防波堤，用石块或一定形状的混凝土块堆筑而成，或用抗浪能力强、消波效果好的混凝土块体构成，一般适用于地基较差，水深较小的地方；直立式防波堤，用钢筋混凝土或混凝土方块砌筑而成，一般适用于地基较好，水深大于波浪破碎水深的港口；混合式防坡堤，上部为直立式，下部为斜坡式的混合结构，适用于水深较大的港口。

（五）助航设施

助航设施帮助船舶进出港口时安全航行，是港口水域建设的主要组成部分。

港口助航设施可利用灯光、形状、颜色、音响和无线电波等手段标示港口口门、进港航道、锚地、转头地、浅滩、岩礁和危险物的位置，使驾驶人员明确掌握船舶的现时方位，起到引导航路、保证航行安全的作用。

根据航标的作用将航标分为视觉航标、音响航标和无线电助航设施；根据航标设置的水域不同又可分为内河航标（包括湖泊、水库）和海区航标。图 1-4 反映了助航设施的分类情况。

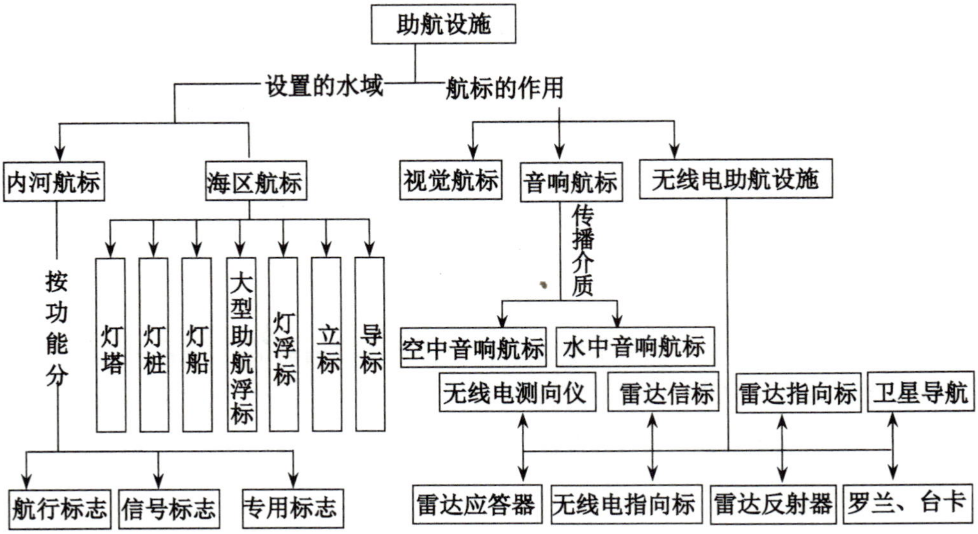

图 1–4　助航设施分类结构图

资料来源：作者根据相关资料整理。

第二节　港口服务

港口作为综合物流和供应链服务的节点，其服务的深度和广度因各个港口所在国家或地区（区域）的经济、政治、文化环境的不同而有所差异，但是基本上港口的服务可以分为港口的基础设施建设和维护的服务、为船舶和货物提供的一般服务、为船舶和货物提供的高端服务以及港口物流服务。其中，前两者是港口口岸本身就具有的传统服务；而为船舶和货物提供的高端服务是航运中心发展到一定阶段和适应产业现代化的发展要求而衍生出的服务；港口物流是突破了港口传统的货物中转、运输服务功能，而将金融、通信等高端服务相融合的一种多功能、一体化的综合物流服务系统。

一、港口基础设施建设与维护

因为港口设施的特殊性，世界上很多海运国家和地区的港口基础设施并不都是由政府直接投资和建设的，港口企业在港口相关基础设施建设和维护中也起着重要的作用。为此，港口提供运营所必需的基础设施以及相应的维护服务，也是港口的基本服务之一。

良好的港口基础设施是保障港口服务质量和港口企业经营活动正常进行的重要条件，港口企业有责任对港口设施进行建设和维护。这里的港口设施更多指的是锚地、进出港航道等基础设施。港口企业对所在港区港口基础设施的日常养护工作负责，委托专门企业定期进行检测、疏浚、加固和修复等，以保证港口设施处于良好的技术状态。其中，对于锚地的养护主要包括锚地浮筒和锚地水深的维护，应该按照国家标准和技术规范对其进行日常检查，定期养护；而对于公用航道受损的情况，要立即申请航道部门进行修复。

二、为船舶和货物提供的一般服务

港口的最基本的功能就是通过船舶进行货物的中转和运输，因此，为船舶和货物提供的一般服务是世界海运国家和地区本身就存在的服务功能。这里的服务主要包括了为船舶提供的服务和为货物提供的服务。

（一）为船舶提供的服务

1. 船舶停靠和供应服务

港口企业为船舶提供的服务种类较多，包括了通信、拖带、破冰、安排船舶进出港等服务，还包括燃油、水、食品、设备等的供应以及船舶修理，但船舶的停靠和供应服务是港口直接提供的服务，也是港口企业重要的经营活动之一。这些服务主要包括了为船舶提供靠离码头泊位服务，锚泊设施服务，交通服务、为船舶提供生活、娱乐和服务设施，通信服务、港内拖带服务，供油、供水以及燃料补给服务，简易修理服务，等等。

2. 港口引航

引航是指为了维护国家主权和保障船舶、港口和设施的安全而由国家专业引航人员引领船舶安全航行的行为。引航员是指持有有效引航员适任证书并在某一引航机构从事引航工作的人员。引航员为船舶指引方向，向船长提出有关航行问题的建议和忠告，把船舶安全地引进、带出港口或在港内移泊。引航的情况主要有两种：一是协议引航，即船舶为了自身安全而主动联系引航机构派遣引航员引航；二是强制引航，即政府强制要求进入某一港口或特定航段的外籍船舶（有时也包括本国船舶）申请引航机构派遣引航员引航。

港口引航具有重要作用。一方面，船舶在进出港口和通过复杂水道的时候，如果不熟悉周围水域的情况，则很容易出现意外事故，港口引航有助于维护港口内船舶航行的安全；另一方面，港口也是国家对外交流的门户，需要注意保障国防安全。因此，引航作为船舶和港口之间的衔接，不仅可以有效保障船舶航行安全、加快船舶周转速度、维护航行秩序、保护港口水域环境，还有助维护国家主权和国防安全。港口引航除体现国家主权、确保船舶和港口基础设施安全作用外，其本质是向航运企业提供一种服务，因此港口引航具有经营性质，是港口功能的一项重要内容。

3. 港口理货

港口理货是由专门的清查人员在货物装卸过程中，对交接货物的数量和表面状况进行清点和检查等工作。这虽然是对货物的清点，但却是为了船舶能够顺利地完成航运目的，因此港口理货仍然属于为船舶提供的服务。理货具有较强的公正性和独立性，经营人在对货物进行清点、查明货物数量和表面状况后要出具书面证明，并对书面证明负责，承担相应的法律责任，这与港口货物作业具有较大的关联。但是港口理货不同于港口货物作业，它是港口业务进行过程中产生的一种需要。港口理货首先要保证港口业务顺利进行，其次是为了船舶停靠和运送货物。因此，港口理货本质上不是一种独立的港口业务，而是依附在港口业务上的特定业务。

理货不是自然而成的，而是随着水上贸易运输的出现而产生并发展起来的。在水上贸易运输中，最初是由卖方随船与买方直接交易货物，买卖双方当面点交点接，自行理货，这种理货更多地体现为一种单纯的计数。随着贸易的扩大和社会分工的细化，船方理货逐渐取代了卖方随船理货，开始分别由船方与买卖双方计数交接货物。船方的理货工作刚开始是由船员兼做，后来为了更好地交接货物，保证货物安全、完整抵达目的地，还专门在船上配备了理货人员专职负责理货，最后演变成委托港口的理货机构代办。现在的理货早已不再是单纯计数的概念。船舶的理货工作，主要包括了计数、核对标志、检查残损、监督装舱、办理交接签证、提供理货证明等内容。

4. 船舶代理

船舶代理是指船舶代理机构或代理人接受船舶所有人的委托，在授权范围内代表委托人办理与在港船舶有关的业务，提供有关的服务或进行与在港船舶有关的其他法律行为的代理行为。船舶代理业务是一项综合性的业务，主要包括：办理船舶进出港口和水域的申报手续，联系安排引航、泊位；办理进出口货物的申报手续，联系安排装卸、堆存、理货、监卸及货物与货舱检验；办理货物报关、接运、仓储、中转及投保；代办货物查询、理赔、溢卸货物处理，等等。

（二）为货物提供的服务

1. 货物装卸和搬运

货物装卸和搬运是港口主要的生产业务。港口企业的一切其他经营活动都是直接或间接服务于码头货物装卸和运输的。货物装卸、搬运包括码头装卸作业、船舶与仓储区之间的水平运输、集疏运货物的装卸以及前沿码头、前方仓库、货物分类场地内的作业。港口企业从事码头货物装卸业务最基本的任务就是充分发挥本企业的优势，以有力的措施迅速、安全、优质、便捷地将抵达港口货物运送出境，从而实现企业最佳的经济效益。

2. 货运代理

货运代理是根据客户的指示并为客户的利益而提取货物运输的人，其本人并不是承运人。货运代理也可以依据这些条件从事与运送合同有关的活动，如储货、报关、验收、收款。最初的货运代理通常是充当代理的角色，代理人替发货人安排货物的运输，代收代付运费、保险费、包装费、关税等，然后收取代理费，所有的成本开支由客户承担。最近几年来，货运代理有时已经充当了合同的当事人，并且以货运代理人的名义来安排属于发货人的货物运输，货运代理业务要受到单证条款的制约。国际货运代理人所从事的业务活动主要有：为发货人服务，为海关服务，为承运人服务，为航空公司服务，为班轮公司服务，提供拼箱服务，提供多式联运服务等。

三、为船舶和货物提供的高端服务

现代港口在提供传统服务的同时，也会随着港口产业的升级，而提供现代高端服务，这种高端服务主要表现在金融、地产、保险等现代服务业方面。

港口在产生发展过程中，直接产业和临港产业发挥了重要作用，与此同时，与之密切相关的服务产业也得到不断发展，一些服务行业，例如以金融、地产、商业、旅游、娱乐、通信、文化、教育等为代表的现代服务业快速发展。这些行业的发展看似与港口产业关联不大，但却是为了保证港口生产活动而衍生出来的，在很大程度上得益于港口的生产活动。例如，证券金融行业与港口貌似并无关联，实际上是区域资金高度集聚、大批工商企业投融资效率提升的必然产物。当这些派生出的服务业发展到一定程度的时候，也必将带动港口、城市（区域）的发展。这方面，日本东京市就是一个例子。东京市现在是亚洲乃至世界的重要的经济中心，可早在 20 世纪 40 年代，受第二次世界大战战败的影响，日本经济一度处于崩溃的边缘，当时其港口产业以港口的直接产业为主，现代服务业并没有崭露头角。20 世纪 50 时代，随着日本战后重建，东京市经济快速崛起，港口产业得到空前发展，并促使现代服务业开始初露端倪，到了 80 年代，金融、地产、文化、通信、教育等服务产业开始进入快车道。经过几十年的经济快速发展，今天的东京已看不到传统港口产业的影子，现代服务行业云集，东京市早已成为现代化城市。

除此之外，保险业也是港口提供的一种高端服务产业。货物在运输过程中可能会碰到各种自然灾害和意外事故引起的各种各样的损失，如货物的渗漏、破裂、被盗窃带来的损失等。保险就是为这些损失取得补偿而采取的措施，因此海上运输与保险有着十分密切的关系，航运保险服务在港口相关的航运服务中占据着重要的地位。传统的航运保险主要包括货运保险、船舶保险和船舶所有人责任保险。货物运输保险保障由海上运输工具承运的各种货物的意外损失；船舶保险保障船舶在航行、作业、停泊、修理期间遭遇意外灾害或事故而形成的损失；船舶所有人保险由保险人承担船舶所有人的民事赔偿责任。随着港口功能的拓展和海上经济贸易的增长，现在又延伸出海事责任保险业务，包括物流责任保险、码头操作责任保险等。

四、港口的现代服务

港口提供的传统服务和高端服务存在着诸多差别，传统与高端服务却不是完全割裂的，在实际中，越来越多的企业开始向着综合的现代港口物流服务转变。虽然目前还没有形成对“港口物流”这一概念的统一认识，但是它已经成为实践中各类传统和高端港口服务提供商追逐的发展方向，港口物流已成为港口的现代服务。

（一）港口物流内涵

港口物流是指港口以自身的口岸优势、临港产业、信息技术为依托，强化其对港口周边物流系统的辐射能力，整合港口资源，发展具有涵盖物流产业链所有特点的综合服务体系。可以说，港口物流是“物”流、信息流和资金流的集中地，是特殊形态下的综合物流体系，是多种物流设施和服务功能的集合。

随着现代港口功能的多元化，港口不再仅仅是传统的水陆换装节点，而已发展成为集中转、运输、工贸、金融、信息等多种服务于一体的综合物流中心，形成独具特色的物流系统。港口物流系统的要素主要包括港口、腹地、航线、集疏运系统和物流活动参与主体。

在港口物流系统当中，港口是港口物流最基本的发展要素，提供了运输、加工、修理等各种作业设备、导航系统、通信系统和相应的管理与服务系统，以及与经济腹地相适应的配套设施。腹地是港口物流的辐射范围，一方面，腹地是港口物流发展的依托，其对外贸易和运输联系决定了港口物流的流量和流向；另一方面，港口是腹地的门户，港口物流服务水平也对腹地经济发展产生重要影响。航线是港口连接海向腹地的通道，是沿海港口进行国际航运物流的重要支撑，也是港口物流发展的一个重要外部条件。集疏运系统是港口与陆向腹地相互联系的通道，是港口物流系统发展的另一个重要的外部条件。港口物流活动的参与主体主要包括政府职能部门、物流服务需求方和物流服务提供方，这些参与主体为港口物流提供了物流增值服务，保障了港口物流业的主要业务和主营收入来源。

（二）港口物流的发展

港口物流伴随着港口的发展历程经历了四个发展阶段。世界港口经历了几代的发展历程，其功能定位从第一代港口的“运输中心”，发展到第二代港口的“运输中心加服务中心”，再到第三代港口的“物流中心”，以及第四代港口的“无缝供应链中的一环"。相应地，港口物流的发展也经历了从传统物流到配送物流、综合物流和供应链物流的四个发展阶段（图 1-5）。

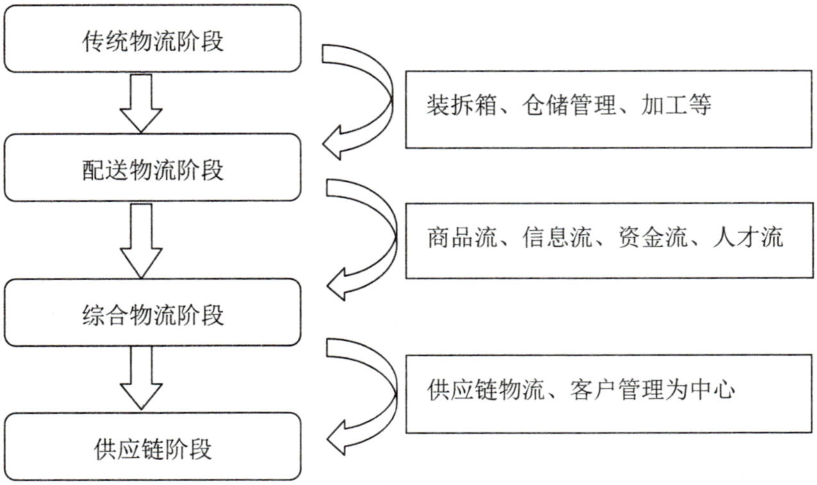

图 1–5　港口物流发展的四个阶段

资料来源：作者根据相关资料整理。

港口作为物流过程当中的重要节点，在整个供应链物流系统中提供基本的物流服务和衍生的增值服务。现代港口是生产要素的最佳结合点，汇聚了货物、工业产业、资本和人力资源。随着国际贸易的不断发展，港口地区不断吸引越来越多的货主、船东、货运代理企业、船舶代理企业、商品零售商、高端服务提供商、陆上运输企业、商品检验机构、海关以及其他各类有关机构入驻。港口物流可以将上述企业和机构与物流中心系统连接起来，从而使有关的商流、物流、装卸运输和仓储信息等及时汇集到港口物流中心，便于根据实时的信息流动和反馈，安排服务流程，实现快捷适宜的增值服务。

第二章　港口政策、管理与运营

海运是世界贸易的主通道，全球90%以上的贸易要通过海运来实现，港口日益成为国际化大生产的重要组成部分，是地区经济增长的引擎，世界各国、各地区对海运和港口活动均给予了高度关注。本章主要介绍港口政策的内涵、港口政策干预的客体、典型的港口管理模式、典型港口经营管理者以及港口运营中的定价和投融资活动。

第一节　港口政策

世界海运管理存在一个全球性的框架体系，在这个框架内，各国家和地区按照自身利益最大化的原则，制定施行相应的海运政策，以此保障自身的利益和安全。港口是海运的节点，也处在这一全球性框架下。同时，港口的发展离不开政策的干预，港口所在国家和地区通过港口政策反映对港口发展的态度。

一、世界海运政策

政策是国家、团体和个人为实现一定的目标而做出的具有一定规划性的行动安排，它反映了政策制定者对所采取行动的态度和原则。政策的种类很多，常见的政策有财政政策、货币政策和税收政策等。海运活动具有全球化特征，往往需要世界各国和地区间合作制定全球性的海运政策，为世界各国海运活动创造良好的竞争环境和安全的运行环境，保障各国海运活动的共同利益。

（一）船旗国与沿海国

主权国家在海运市场上扮演着两种角色。首先，主权国家具备“船旗国”（Flag States）的身份。所谓船旗国，指的是船舶经过登记并取得国籍，航行中悬挂登记国国旗的国家。船旗国对其在公海上航行的悬挂本国国旗的船舶具有专属的管辖权。其次，主权国家还具备沿海国（Coastal States）的身份。沿海国有对其领海和专属经济区进行有效管辖，包括对辖区内的国内外船舶的管理的权力。

一方面，海运活动的全球化特征需要一个全球统一的航运规则标准；另一方面，由于各个国家国情和经济状况以及自身利益的不同，各个国家也都在全球海运市场中最大限度地保护本国海运业的利益。因此，一个国家的海运政策和世界海运政策紧密相关，各国之间存在着激烈的竞争，同时也需要国际海运政策和相关机构的统一协调与管理。

（二）国际海运管理的基本框架

联合国颁布的《联合国海洋法公约》（*The Law of the Sea*（UNCLOS 1982））是协调各国海运市场的基本法律框架。国际海事事务的统一协调机构为联合国及其下属的国际海事组织（IMO），它与国际劳工组织（ILO）、船级社（Classification Societies）构成了国际海运事务的基本管理框架。

1. 国际海事组织

国际海事组织是联合国负责全球海事事务协调的机构，主要负责制定和修改有关海上安全、防治海洋受船舶污染、便利海上运输、提高航行效率及与之有关的海事事务方面的公约，为会员国提供海事经验和海事报告，并向发展中国家提供一定的海洋航运的技术援助。

2. 国际劳工组织

国际劳工组织是联合国处理劳工问题的专门机构，它制定一系列国际上承认的劳工标准，以保障船员和码头工人的权益。国际劳工组织主要通过《海事劳工公约》（*Maritime Labour Convention*（2006））和《渔业劳工公约》形成对公约认可的国家海运和商船的约束。船舶需要持有由船旗国发放的海事劳工证书和海事劳工符合声明，表明遵守这项公约。

3. 船级社

船级社也在国际海运市场上发挥着重要作用。国际船级社协会是由各个国家的船级社组成的非政府组织，旨在协调各国船级社规范和促进海上安全标准的提高，加强与有关的国际组织和海事组织的合作，保持与世界海运业紧密联系。

（三）国际海运政策体系

国际海运政策主要包括对船只设计标准、保养要求、船员劳务成本、就业条件、操作系统、企业管理、费用税收、油污责任、环境污染排放和市场反垄断等方面的态度和行为准则，主要采用国际公约签署方式来协调各个不同主权国家的利益。由于各个国家情况各异，利益不同，国际公约的推行是一个漫长的过程。目前，被世界主要船旗国共同签署的公约主要有《国际海上人命安全公约》（SOLAS）和《防止船舶造成污染国际公约》（MARPOL）。同时，各个国家出台的本国的海运政策，体现了各自国家的利益。

因此，世界海运政策是在遵循国际海运政策的统一框架下，由各个主权国家相互协调，依据本国的利益制定和颁布的。各主权国家的海运政策反映了本国对于海运业发展管理的态度和一系列的行为准则。

二、政策干预的主要港口活动

（一）政策干预的必要性

港口是集船舶靠泊、货物装卸、船只中转、货物仓储和人员运输等综合功能于一体的实体；在生产经营过程中，产生了物流增值需求、交通需求和多种经营需求，并创造了社会财富；港口是全球交通链的重要环节，在整个运输网中起着极其重要的作用；港口往往依存在一个城市地区，是一个地区经济增长的强大引擎。此外，港口具有区别于其他行业的特殊经济属性：公共产品的性质、规模经济性、地理垄断性和社会经济系统的复杂性。

港口在国民经济发展中的特殊地位，使得各国家和地区政府对港口适当的干预不仅是港口健康发展的需要，同时也是促进区域经济发展的需要。从20世纪80年代初开始，港口管理逐步向商业化（私有化）方面发展，政府虽然将港口管理者角色逐步让渡给企业经营和管理，但仍通过港口政策对重要的港口活动进行规范和约束。

（二）重要的港口活动

世界各国家和地区港口政策虽然不尽相同，但港口政策干预的活动主要集中在港口间的竞争与合作、港口安全和港口环境等方面。

1. 港口间的竞争与合作

伴随着经济全球化，各国家和地区的贸易深入发展，国际海运航线不断增多，港口的货物需求呈现快速增长的态势，为了争夺货源，港口间的竞争加剧。港口间的竞争是港口维护自身利益而进行的一种市场争夺。港口间的竞争从范围来讲，分为不同港口群之间、同一港口群内不同港口之间、同一港口内不同港口企业之间的竞争三个层面。港口间合理、健康的竞争是港口业持续发展的原动力。然而，一旦港口间竞争过度，就会产生相当严重的危害。

首先，港口是基础产业，对国民经济发展具有支撑和先导作用，港口投资额度大且回收期较长，一旦由于过度竞争形成重复投资，损失将十分严重。其次，港口岸线资源是不可再生的资源，过度竞争势必将造成资源的不合理利用。此外，港口经营人之间的恶性竞争，不利于推进港口的专业化、信息化和技术进步，不利于物流配送体系的优化，也不利于港口之间、港口经营人之间的优胜劣汰、优化组合。因此，主权国家需要加强对港口间竞争的管理，通过限制过度竞争性政策促进港口发展。

面对日益激烈的竞争，区位临近的港口纷纷加强合作，这样一方面可以进一步提升港口的国际竞争力，另一方面也是防止港口间的过度竞争、合理利用港口资源的有效手段和必然选择。但是，由于目前大部分港口的运营都是以地方政府为主或者是公司的运营，港口间的合作不仅仅是公司的合作，更多是涉及地区间合作的问题，因而从港口行业整体而言，需要有效政策保障和激励港口间的合作，以促进港口间关系健康发展。

2. 港口安全和港口环境

近几年，港口所在国家和地区已经意识到港口安全和港口环境对于本国或本地区经济的重要作用，纷纷加强港口安全和港口环境的政策管理，海运管理的重点已经转向港口安全和港口环境方面。2007 年，在第 25 届世界港口大会上，港口管理人员更加关注港口安全问题，“港口安全与风险管理”成为工作会议主题。

（1）港口安全

港口安全体现在两个层面：一是港口生产活动本身存在很多安全隐患问题；二是港口作为国家口岸的核心载体，其货物和人员的进出境过程中也存在很多安全问题。这两个层面，尤其是第二个层面的安全问题，都不是单独港口企业所能够控制的。

① 港口生产活动安全

港口生产活动具有复杂性和开放性的特点，它是由人—机—货—船—环境等要素组成的、相互交叉、错综复杂的大系统，是在一个开放的空间形成的立体交叉生产流，不仅涉及港口企业自身，而且还涉及与港口企业相关的物流企业、航运公司和货运代理人等多个主体，港口的生产活动需要有一整套行业性安全操作规范和政策。

② 相关人员安全

人员安全问题除涉及港口生产作业人员之外，还包括对恐怖主义、走私和偷渡等的严格管控。港口恐怖主义指的是恐怖分子攻击、劫持海上或港口船只，非法抢夺货轮货或船上财物，绑架、谋杀船员，从而影响海上运输通畅的行为。恐怖主义对世界海运和海上各国都产生破坏影响。走私和偷渡是一种不遵守国家法令，经由港口运输或携带货物、金银、货币以及其他违禁品进出国境的行为。走私和偷渡涉及多边国家，需要各国家统一规则和行动。

③ 货物安全

货物安全问题主要包括危险货物管理和货物盗窃惩治等。易燃易爆品具有火灾、爆炸事故的危害，有毒物品具有致人中毒、污染环境的危害，散粮货物具有致人尘肺和粉尘爆炸的危害等，这些货物所固有的危害并不能通过任何技术手段加以改变，只能从政策层面加以详尽说明和规范。港口货物盗窃指的是以非法占有为目的，秘密窃取港口或船只货物的行为。货物安全问题与人员安全问题一样，需要港口所在国家和地区加强政策管理，也需要全球层面海上国家政策的协调与和管理。

（2）港口环境

港口在成为经济增长中心的同时，也正在加速成为当地和附近地区的污染源。港口主要的环境污染源包括船舶使用的燃料、溢油、压载水以及挖泥、拆船和回收等活动。这些污染源往往具有广泛性，一是受害地域广泛性，一旦受到污染，往往会影响到周边数个国家；二是受害对象广泛性，环境污染的受害对象包括全人类及其生存的环境；三是受害利益的广泛性，环境污染往往同时侵害人们的生命权、健康权、休息权、财产权等。这使得港口环境问题也成为各国港口政策中重点关注的问题之一。

三、主要的港口政策

港口政策主要包括港口规划、港口价格政策、投资政策、补贴政策和自由港政策等。

（一）港口规划

港口规划是根据客观条件和规划者的主观意图，在一定时期内对全国港口的总体布局和某一港口的具体发展做出的安排，是综合利用国家的港口资源而进行的一种战略布置。港口规划体系包括规划制定部门、规划编制原则和规划主要内容。

1. 规划制定部门

虽然世界各国家和地区港口发展阶段不同，港口管理模式也不相同，但港口规划仍以政府为主。发达国家和地区一般均通过立法手段保证规划的科学性和实施的强制性，多数国家和地区设有专门管理机构负责港口规划。

欧洲国家的港口规划多由地方政府承担，由政府所属的港口管理部门进行统一的规划和实施。美国的港口基本实行属地管理，港口的规划由各地方的港口管理部门负责。日本政府对港口规划高度重视，一般把港口作为国家和地方发展战略加以规划和安排，国家制定法律和港口的发展政策，港口管理机构编制港口总体规划和具体的建设计划①。我国的港口规划由各个专门的港口所在地的市、县（包括县级市）人民政府港口行政管理部门或者省、自治区人民政府设立的负责特定港口管理的部门具体实施。

2. 规划编制原则

编制港口规划要坚持从经济和社会发展的全局出发，遵循合理分工、大中小结合和专业化分工配套的原则，结合自然条件和生产力布局。编制国家港口规划，首先要充分体现国家的经济发展战略。其次，国家的港口规划要充分利用国家的港口资源，这里的资源包括了自然条件、腹地经济条件和集疏运条件。此外，港口规划还要充分发挥港口的效能。目前我国港口建设存在着盲目重复建设、规模效益不高的现状，解决这一问题需要进行港口规划，而港口规划能否很好地进行开展，关键在于能否很好地发挥出港口的效能。

3. 规划主要内容

联合国贸易和发展会议（UNCTAD）在其编写的《港口发展》一书中，将港口规划的主要内容归纳为制定国家港口计划、制定港口总体计划和制定港口项目计划②。我国的港口规划分为港口布局规划和港口总体规划。全国港口布局规划由国家交通部组织编制，跨省、自治区、直辖市的港口布局规划由交通部组织有关省、自治区、直辖市人民政府港口行政管理部门共同编制，布局规划主要确定各港口的总体发展方向，明确各港口的地位、作用、主要功能与布局等，合理规划港口岸线资源，促进区域内港口健康、有序、协调发展，并指

① 张志明，钱立明．当前我国港口规划中的几个热点问题．水运工程，2011（4）：45～50.

② 叶红军．《港口法》基本问题研究：[学位论文]．上海：上海海事学院，2003.

导区域内港口总体规划的编制；而主要港口的总体规划由港口所在直辖市、市人民政府港口行政管理部门或者省、自治区人民政府确定的具体实施港口行政管理的部门编制，总体规划主要确定港口性质、功能和港区划分，根据港口资源条件、吞吐量预测和到港船型分析，重点对港口岸线利用、水陆域布置、港界、港口建设用地配置等进行规划[①]。

（二）港口价格政策

港口价格政策是指政府对港口价格制定引导、限制和规范等方面的政策。港口进行价格政策控制的主要目标在于合理配置港口资源，稳定港口价格，维护消费者权益，促进经济和贸易的发展。

政府主要通过确定价格上限、价格的审批、制定计划价格和不公平价格投诉等方法对港口价格控制。价格上限是指，政府通过对港口业生产和经营成本的测算，在确定港口企业的平均生产成本和边际生产成本以后所确定的服务价格上限。理论上，政府制定的价格上限应该处于垄断定价和平均成本定价之间。港口价格审批政策是指,港口当局和港口企业在制定的港口收费规则实施之前，必须得到政府主管部门的审查和批准的政策。政府制定价格政策是指，政府代替港口当局和港口企业确定港口的价格的细目，由政府公布执行的政策。此外，政府上述三项政策的实施还需要有不公平价格投诉政策，以对价格政策执行进行监督。

（三）投资政策

国家对港口的投资政策是国家为了使港口业发展适应国民经济发展的需要、形成合理的运输布局和港口布局而制定的有关港口投资总量占国民经济投资总量的比例、国民投资在各类港口之间的分配比例以及引导社会资本投向港口而制定的有关法律法规、决策或采取的措施。

政府在考虑对港口投资总额时，不仅要考虑港口建设与国民经济发展的相互适应，考虑港口投资在整个运输业投资中的比重，还应该考虑本国的综合实力的可能性，考虑与现代运输技术之间的相适应性，只有这样才能使国家对港口的投资总额在本国实力允许的范围内最大限度的满足国民经济和社会发展的需要。

由于港口项目具有公益性和基础性，国家为了防止垄断带来的社会净效益

---

① 港口规划管理规定. 中华人民共和国交通部令. 2007 年第 11 号.

的损失，同时也是为了使国家的交通运输网络完整配套和高效率地运转，鼓励投资政策往往是与限制投资政策相结合使用的。对于社会效益高的公益性项目，其投资回收很难，私人企业不愿进入，需要由政府投资建设；但是，随着交通基础设施投资的不断变化，这些社会收益高的基础性投资项目，在国家资金有限的情况下，亦可通过一定的回收方式，引导企业投向这个建设项目。

（四）补贴政策

除价格政策和投资政策之外，对于有广泛社会效益的港口来说，政府还进一步通过政府支出、税收政策和信贷等财政手段对港口活动进行补贴，从而促进港口发展。

1. 政府支出

政府的支出是政府干预港口建设的最直接也是最重要的手段。所谓政府支出手段就是政府从国家财政中拿出一定数额的资金直接地用于港口的建设，以保证交通运输业适应国民经济的发展。支出的方式主要是对港口生产经营活动进行补贴。港口的补贴政策是各国家和地区政府为了维护港口能够正常经营而给与港口当局或港口企业的优惠，有直接补贴、间接补贴两种形式。政府对港口的直接补贴主要是对那些直接属于中央政府或地方政府的港口的港务当局经营亏损等给予的补贴。目前，世界各主要国家对港口的直接补贴逐渐减少，政府对港口的间接补贴成为主要的补贴形式。政府对港口的间接补贴表现在对提供设施和服务的补贴、税收减免的补贴、优惠贷款的补贴、对码头工人的补贴。

2. 税收政策

税收是国家对社会产品和国民收入所进行的一种强制性的分配，是国家财政政策的最主要工具。税收手段主要通过对税种、税目、税率和纳税人等变量进行控制和管理。目前各国政府的税收政策对港口发展影响最为直接的是国家对港口当局和港口企业的税收普惠制度。这种税收普惠政策主要是对土地、岸线、港口道路、堆场、仓库等基础设施的使用税给予的减免，以及给予港口企业主营业务的税收优惠，表现在给予港口企业货物装卸、中转业务方面的增值税和个人所得税给予税收优惠支持。

3. 信贷政策

国家给港口的信贷优惠主要表现在政府对港口当局在资金使用的时间、利息和条件上。例如，在欧盟的一些成员国内，港口当局可以以低于市场利率向国家财政或国家银行取得贷款，因此这种信贷政策带有明显的保护主义倾向。

（五）自由港政策

为了强化港口的运输功能，并充分利用港口的人员、货源和信息优势，为国家赚取外汇，吸引外资，创造就业机会，促进地区经济的发展，各国都普遍采用自由港政策以进一步优化和利用港口资源。

自由港政策指的是一国政府在本国的某些主要港口和周围区域的封闭地带，实行有别于国内其他的地方的贸易和投资便利化的政策，旨在推动港区内外向型经济的发展，促进港口向国际化方向发展。自由港政策主要包括了船舶的进入与驶离不必向海关结关；货物的进出、转运和储存不受海关限制，自由港内船舶的进出、修理和装配可自由进行而不受任何约束；港内可以进行商业性货物加工以允许商品的港内消费。

第二节　港口管理模式

港口管理是把港口作为一个综合体来研究，以寻求一种合适的机制保证港口有效运行，充分发挥港口的功能，促进国民经济和区域经济的发展。港口管理模式是指在港口政策的框架下对港口经营活动进行管理的模式和方式。本节主要介绍四种典型的港口管理模式和两种典型的港口经营管理者。

一、政府管理、私人经营与政府私人共营

港口作为国家重要的基础设施，有不少港口资产、运营设施和设备是由国家投资的，其运营也是政府机构负责的。但是，在 20 世纪 80 年代前后开始的港口私有化，使得私人参与港口管理成为港口发展的趋势。按照国家和私人企业在港口管理的地位和作用不同，可将港口管理模式分为政府机构管理、私人企业经营和政府机构和私人企业共营三种模式。

（一）政府机构管理港口

政府机构管理港口是指港口归政府所有，政府负责港口的建设和维护，政府既是港口所有者，又是港口的经营者。关于港口经营和发展的决策，包括港口管理局的经营和主要管理人员人选都必须由政府任命。

这种港口的特点是：港口归国家所有，港口的运作是围绕国家的计划安排

进行，关于港口经营和发展的决策，包括港口管理局的经营和主要管理人员人选都必须由中央政府任命。我国计划经济时期的港口和一些第三世界国家的港口属于这种模式。但是，完全由政府机构和国有企业管理的港口并不占主流，尤其是在欧美和亚洲发达国家，这种模式更少。

政府机构管理港口有利于政府有效地推行国家的港口政策，保证了政策的快速执行，但也有其弊端：一是港口基础设施服务竞争力不强，尤其是港口内部同一服务类型各部门之间几乎没有竞争；二是由于港口企业缺少独立自主的经营权，容易造成服务质量差和效率低下的状况；三是港口设施的使用者可能因大量投资都是国家的而疏于管理，容易造成投资浪费的现象。由于这种管理模式存在诸多弊端，该模式正在进行改革，逐步向私人企业参与经营管理的模式发展。

（二）私人企业经营港口

私人企业经营港口是指所有权和经营权都属于私人公司的港口。虽然目前港口管理出现私有化的趋势，但世界上完全由私人企业管理的港口并不多见。

这种港口的特点是：私人港口具有独立法人的地位，可以发行股票，其重大决策由董事会作出，并交由总经理实施；港口设施由私人投资建设，私人经营管理，企业的业务经营极少受到行政干预，并且完全自由定价，因此经营管理市场化、效率高；港口经营目的是利润最大化，但由于港口具有较强的社会公益性，因此这种港口同样受到政府的种种约束。

这种模式比较具有代表性的港口是中国香港特区的港口。香港的港口设施由不同私人投资建设，私人经营管理，自由定价。例如，香港葵涌码头的集装箱泊位，分别由和记黄埔、韩国现代、美国海陆和中远 4 家私营公司所经营，四家公司依据市场规则，自由定价[①]。香港的管理体制分为两个层次：宏观航运政策，主要由政务司属经济局根据形势的变化及发展趋势，并通过咨询、司法系统的有关部门进行制定和修改，形成了具有应变反应能力的政策规划机制；而航运及港口日常事务的管理及有关具体规则、标准的制定则主要由海事处负责，形成了直接管辖式的行政执行机制。

私人企业经营港口最大的优势在于港口竞争力和效率较高。此外，私人企业经营管理可以遵循现代企业管理制度，提供良好的服务质量。其弊端在于私

---

① 孟晓梅，丁以中，陆俊强. 国外港口管理模式分析与启示. 集装箱化，2000（2）：9～12.

人经营港口在土地征收方面存在着明显的劣势，而公司局部利益也会影响公众利益，而港口企业之间的过度无序竞争，也会带来资源的浪费。

（三）政府机构和私人企业共营港口

目前，世界上相当多的国家的港口管理模式是政府和私人企业共同经营管理，约占世界港口的 75%，其特点是通过资产组合和商业运作，不断减少国家在港口经营管理中的直接参与。

在这种模式下，政府部门主要参与土地规划以及航道、防波堤等基础设施和海运援助、引航、拖船等服务的活动，私人部门主要负责码头运营管理等相关活动。表 2-1 反映了全球 30 个著名港口所有权主体参与的港口相关活动。这个表反映了各主体参与的港口活动的程度，从中可以看出，公共部门尤其是港务局，主要负责港口航道、土地和防浪堤等港口地层构造的管理，以及提供诸如海运援助、港内引航、拖船等服务；私人部门主要负责储存和油料补给、维修、油库和输油管等码头运营方面的相关管理。需要注意的是，各港口活动并不是完全由某一主体单独负责，而是需要多种形式的主体共同参与。

表 2-1　全球 30 个港口的所有权主体参与的港口活动

活动	不同所有权形式下各主体参与活动的程度（%）			
	私人部门	独立机构	当地港务局	政府海运部门
航道、防波堤	4	4	72	20
海运援助	0	16	72	12
港内引航	12	28	52	8
拖船和船员	32	0	52	16
储存和燃料补给	84	0	8	8
维修	40	12	28	20
码头	16	12	68	4
油库	44	16	28	12
起重机	28	0	64	8
货物操作	44	0	48	8
驳运	32	8	44	16
道路	8	8	64	20
货车和停车场	36	8	40	16

续表

活动	不同所有权形式下各主体参与活动的程度（%）			
	私人部门	独立机构	当地港务局	政府海运部门
铁路轨道和堆场	0	40	36	24
内陆水运航线	0	8	66	26
输油管	44	16	24	16
管理	0	8	52	40
照明	0	16	74	10
消防	0	24	60	16
警力	0	28	48	24
劳工舒适度	0	40	48	12
环境卫生	4	24	60	12

资料来源：Patrick M. Alderton. *Port Management and Operations* (third edition). London: United Kindom. 2008, 47-48.

二、四种典型的港口管理模式

在实践中，"政府机构和私人企业共营港口"又有多种形式，被港口管理实践者普遍采用的有"工具港"和"地主港"两种模式，加上国家所有港口所代表的"服务型港"和"私营型港"，形成了在实践中被采用的四种典型的港口管理模式。

（一）服务型港口与私营型港口

这两种模式是港口管理的两个"极端"，服务型港口是政府机构管理港口，而私营型港口则是私人经营港口。

1. 服务型港口

服务型港口是指港务当局不仅提供港口的基础设施，还提供诸如货物装卸服务以及货物港内的搬运和处理等业务的服务。

在这种形式下，港务当局实际上也是港口经营人（Port Operator）。港务当局集管理者和经营者双重身份，担任港口行政管理部门和企业实体的双重职责。因此，港务当局不仅要从事航政和港政管理，而且还要参与市场竞争，争取货源，赢得经营利润。服务型港口保证了港口政策的有效执行，但会导致管理机构“政企不分”，不利于提高港口竞争力，也影响了管理机构行政服务的质量。

早期政府机构管理的港口就属于这种服务型港口，例如以色列港、新加坡港和非洲多数港口，以及英国、爱尔兰和丹麦的部分港口。

2. 私营型港口

私营型港口是指港口的所有权和经营权交由私营企业管理的运营模式。在这种形式下，政府只拥有水上航道的所有权和控制权，而港口的土地、岸线等基础设施和港口设备等上层建筑以及港口的生产经营均由私营企业生产管理。港口具有独立的法人地位，港口的业务经营极少受到行政干预，可以自由定价，港口经营的目的是获取最大利润。

私营型港口保障了港口竞争的效率，有利于港口服务质量的提高，形成“优胜劣汰”的竞争格局；但私营型港口的利润最大化原则又与港口的社会效益要求相冲突，在市场运营中往往要受到政府的干预。

（二）工具型港口和地主型港口

这两种港口管理模式介于政府所属港口和私人港口之间，属于政府机构和私人企业共营的港口；在工具型港口中，政府参与管理经营的力度大，而在地主型港口，企业的经营自主性更大。

1. 工具型港口

工具型港口是指公共部门负责港口基础设施和所有经营性设施的投资、维护和管理，而私人部门通过租赁设施和设备从事港口生产性业务的运营模式。

在这种形式下，港务当局不仅拥有港口的基础设施，还拥有部分或全部的港口岸上设施，如港口装卸机械、港口内的岸上运输工具、库场及库场设备、驳船等港口生产必需的机械和设备。虽然港务当局拥有这些机械和设备，但并不直接从事港口的生产业务活动，而是将港口的岸上设备和机械与港口的其他基础设施一起采用租赁的形式给私人企业使用，港务当局从中收取租金。这是与地主型港口的区别所在。典型的工具型港口是法国的自治港。

2. 地主型港口

地主型港口是指政府是土地的所有者并收取租金，企业通过租赁的方式获取港口土地的经营权并支付租金的运营模式。

在这种形式下，当地政府拥有港口土地、岸线和基础设施的所有权，港务当局负责港口的开发、基础设施建设和日常管理工作，然后将符合建设码头、库场等条件的岸线、土地出租给私营运营商，并收取租金，用于港口的滚动发展。除了建设、维修和租赁港口的基础设施外，港务当局还代替国家行使港政和航政权力。私营企业则需投资码头上的机械设备、库场和雇佣工人及管理人员。目前，西欧大陆的主要国家，日本、美国、加拿大和澳大利亚的多数港口都采用这种模式。

地主型港口模式既可保证国家对土地、岸线等资源的有效控制，又能吸引各投资方参与港口建设与经营，有助于保证港口内部的直接竞争，防止私人垄断和提升港口运营效率，是一种比较好的模式[①]。

（三）四种港口管理模式对比

表 2-2 显示了四种港口管理模式下由政府机构或私营部门展开的活动。除此之外，政府也会参与到一些其他的活动当中，例如拖船、疏浚和引航服务[②]。

表 2-2　四种港口管理模式对比

港口管理模式	服务港	私营港	工具港	地主港
水上航道的所有权和控制权	政府	政府	政府	政府
土地所有权	政府	私营企业	政府	政府
设备所有权	政府	私营企业	政府	私营承租商
港口运营	政府	私营企业	私营运营商	私营承租商

资料来源：作者根据相关资料整理。

四种典型的港口管理模式中，服务型港口可以看作港口管理的传统模式，是港口民营化改革的现实起点和初始状态；私营港口作为另一个极端，过分削弱了政府部门本应在港口产业中发挥的作用，也在实践当中出现了不少问题。工具型港口模式没能恰当区分和界定港口设施的经济属性，只能算是一种特殊情况，适用范围有限。地主型港口模式对政府和私人部门在港口产业的作用定位比较符合经济理论的要求，能够便于利用双方的优势[③]。

但是，不能妄下某个港口管理模式在所有的情况下总是比其他模式要好的定论。至于何种模式更为适用的抉择取决于市场、港口规模、所在国的公共管理水平及其发展状况等其他因素。鉴于目前各国实践情况，许多国家已经开始了港口改革进程，国家和私人共营的港口模式成为主流。

① 李南，李文兴. 地主型港口模式在中国的实践，政策论坛，2007（3）：39～42.

② 宋炳良，德兰根. 港口经济、政策与管理. 上海：上海人民出版社. 2009.

③ 李南，李文兴. 地主型港口模式在中国的实践，政策论坛. 2007（3）.

三、两种典型的港口经营管理者

港口由从事港口行政管理的港口管理机构和从事港口经营的港口经营人组成。港口业务开展离不开与之相关的港口经营管理主体参与，不仅表现在全球性或区域性的港口发展，还需要一个港口机构的协调，比如欧洲海港组织十分重视区域内的协调，其主要职责是统一各个港口的安全、环境和服务标准，协调各个港口的建设和发展方向，而在一个港口内同样需要港口管理机构，以保证港口的健康有序发展。

通过表 2-1 可知，参与港口经营活动的主体包括私人部门、独立机构、当地港务局和政府海运部门。私人部门是诸如码头运营商、货物运输企业以及运输中介和代理商等机构。独立机构是由专门立法所建立的具有独立法人资格的机构。公共自治港就是一种典型的独立机构，这种机构的最高权力机构是董事会，其成员由中央政府批准，通常由董事会任命一位港口总监（Director General of Port）来负责港口的日常事务。当地港务局是一种专门负责海上事务的公共部门，管辖权不同，港务局的经营范围和程度就不尽相同。政府海运部门是交通部下属的专门负责海洋事务的政府机构。

在这些港口经营管理机构中，港口管理局和码头运营公司是主要的两种经营人，是公私合营的两个典型主体，港务管理局更侧重于港口的社会效益的最大化，它通过吸引广泛资金，尤其是全球资金来发展港口；而全球资金的主要运作者就是全球码头经营人，它通过在码头业务的全球扩张，实现港口盈利功能的最大化。本节将重点阐述这两类机构。

（一）港口管理局

1. 港口管理局内涵

世界上几乎所有的港口都设有港口管理局。一般来说，港口管理局都代表国家和广大人民大众的利益，由地方政府成立港口管理局统一管理港口事务，因此，港口管理局是一个国家或地区设立的专门管理港口相关业务的机构。港口管理局一般由港口委员会管理，对港口行使一定的管理职权，委员会对港口的发展与经营具有最终的决定权。

2. 港口管理局性质

港口管理局的性质区别主要体现在所有权和经营权的关系上。大体来说，有的港口管理局仅拥有港口而不参与港口的经营，这样的港口被称为“地主港”，而另外的一些被称为“服务港”的港口管理局则不仅拥有港口，而且还直接参与港口的生产经营，这样的港务局具有管理者和经营者双重身份。目前，世界上最大的100个集装箱码头中的大部分都是按“地主港”模式来管理的。

3. 港口管理局主要职责

实施地主港模式的港务局主要担负起保证港口的航行安全以及制定港口发展规划和建设公用基础设施等方面的职责。虽然各国港口管理局的地位及职责不尽相同，但总体来讲，港口管理局的主要职责包括以下几个方面：

（1）贯彻执行有关港口和航运行业的法律、法规、规章和方针、政策，研究起草有关港航管理的地方性法规、规章草案和政策，并组织实施；

（2）编制港口总体规划，负责制定港口发展战略等，并依据有关法律、法规和规章的规定，负责港口的岸线、陆域、水域行政管理；

（3）负责港口公用基础设施（指公用的进出港航道、防坡堤、锚地等）建设、维护和管理工作以及内河航道的规划和管理工作；

（4）监督港口建设市场秩序，保障港口建设项目的工程质量；

（5）监督管理港口经营秩序、安全生产和环境保护等；

（6）代征代收国家行政性费用，监督管理港口企业经营性收费项目；

（7）负责国家重点物资和紧急、特种物资以及军事、抢险救灾物资的运输；

（8）负责对港口人员的技能培训、考核、发证等管理工作；

（9）加强港口和航运行业的国际交流与合作。

实施服务型港的港口管理局不仅要加强对港口的行政管理，还要参与港口的生产经营，这种港务局是集公共和个体两种功能于一身的组织。港务局不仅要“赚取收入用来补偿开支，进行投资并给股东分红”，还要“促进和加强港口作为一个整体的经济可持续发展”。但港务局参与市场竞争，离不开港口的企业，这些企业拥有资源，创造出真正的市场竞争力，港务局仅仅用自己的基本资产进行竞争。这些资产包括港区土地、海运条件和腹地通达性，以及港务局自身的引航能力、管理技术、网络技术、学习能力和知识框架。

（二）码头运营公司

1. 码头运营公司地位

港口企业是为了实现企业经营目的，运用现代科学技术、管理方法和经济手段，从事装卸、搬运、储存、代理等港口生产、流通或服务性的经济活动，实行自主经营、独立核算、自负盈亏，具有独立法人地位的经济组织。由于货物装卸一直是港口最核心的功能，而码头运营公司主要负责货物装、卸船舶业务等核心业务。因此，码头运营公司是一种重要的港口企业经营人。

2. 码头运营公司的分类

码头运营公司按照市场经营范围可以分为国际码头运营商和普通的码头运营商。国际码头运营商是指经营业务包含了世界各地区的货物装卸业务；普通码头运营商是指一个港口内拥有专用码头的港口运营商。这两类码头运营商在港口码头业务中都发挥着重要作用。

（1）国际码头运营商

码头业逐渐呈现全球化的趋势，跨国码头运营商和国际码头运营商不断出现，并开始步入了国际化扩张的阶段。2004 年，全球领先的运营商占据着欧洲集装箱运输的 70%。表 2-3 显示了世界前 10 位的码头运营商的集装箱的市场份额情况。从这个表格可以看出，这些运营商占据着全球集装箱贸易的 60.7%，世界知名的码头运营商对世界海运业产生着重要影响。

表 2–3　2007 年世界前 10 位的码头运营商的集装箱的市场份额

排名	码头运营商	标准箱的份额（%）
1	和记黄埔	13.8
2	马士基	11.8
3	新加坡港务集团	10.7
4	迪拜世界	9.4
5	中远	5.0
6	威廉港集装箱码头	2.7
7	长荣海运	2.1
8	地中海航运	2.0
9	曼萨尼约码头	1.7
10	汉堡港务仓储股份有限公司	1.5

资料来源：Patrick M. Alderton. *Port Management and Operations* (third edition). London: United Kindom. 2008. 48-49.

码头运营公司在参与国际竞争中，往往会实施纵向一体化战略，投资建设自己专用的码头，称为专用码头，在某些情况下，码头运营商还会选择与其他运营商一起合资建设专用码头。例如，新加坡港务集团在新加坡、大连、南通、福州、太仓、亚丁、热那亚和杜蒂戈林拥有码头设施，从事着码头运营业务。2004 年新加坡港务集团注入香港集装箱码头 57%的股份，2005 年他们购买了和记黄埔 20%的股份。除了加强市场扩张外，码头运营公司往往会开展除了货物装卸等核心业务外的其他附加业务[①]。

（2）专用码头运营商

专用码头又称货主码头，是指专门从事本企业生产所需的原材料以及产品的装卸业务的码头。与港务局享有的公用码头相比，专用码头具有三个主要特征：第一，专用码头是由企业自身拥有的，而不是港务局拥有，因此投资渠道不同；第二，专用码头主要用于满足企业自身发展的需要，在富有余力的情况下也可向社会提供经营性业务，因此服务对象不同；第三，从经营方面看，专用码头具有服务对象单一、货源稳定的特点。

专用码头大致可以分为两类：一是生产型企业建设的专用码头，主要包括煤炭、油气等接卸码头、炼油厂建设的原油接卸码头和成品油及液化石油气装船码头、钢厂建设的矿石、焦炭接卸码头和钢铁产品装船码头，以及其他类加工企业（如粮食、饲料、食用油、水泥厂等）建设的专用码头；二是商贸和储运企业建设的专用码头，主要包括销售成品油、液化气、液体化工产品的商贸企业自建的专用码头和粮食购销及储运企业建设的粮食专用码头[②]。

专用码头运营商主要负责专用码头的装卸业务，除此之外，对专用码头的安全和环境进行管理以及处理好与国家公用基础设施的关系，也是专用码头运营商的主要职责。

第三节　港口运营

虽然港口政策多种多样，港口管理模式也因各国的历史、文化和国情的不同而不同，但是世界海运国家在港口运作管理层面的差异并不是很大，其中定价和投融资政策是港口运营中的核心运营策略。为此，本节将重点介绍港口的

① Patrick M.　Alderton. *Port Management and Operations* (third edition). London: United Kindom. 2008, 50-52.

② 叶红军．港口法解析．大连：大连海事大学出版社，2003.

定价策略和港口的投融资决策。

一、港口定价策略

港口定价策略是指港口有关部门对货主或承运人在船舶进出港过程中利用港口设施或接受港口服务所制定的价格标准。港口定价的直接依据是港口企业在港口活动中所产生各项成本，合理的港口定价应全面反映港口企业成本。同时作为港口资源配置的重要杠杆，港口定价策略的不同直接影响着港口设施、机械、人力等资源分配与利用的合理性和经济性以及地区经济发展。

（一）港口企业的成本构成

海洋运输中近一半的成本来自港口成本，其中港口企业成本是港口定价的基本依据，任何为港口生产创造利润的运营活动都会产生相应的运营成本，运营成本由基础设施成本、港口服务成本、超时成本和外部成本四部分构成。

1. 基础设施成本

基础设施是指为社会生产和居民生活提供公共服务的物质工程设施。港口基础设施成本包括了对码头、航道、防波堤、疏港道路、锚地、仓库、堆场以及机械设备等基础设施的维护及重置的费用。

2. 港口服务成本

港口服务成本按照服务对象不同分为：由提供海洋相关服务所产生的引航、拖船、破冰船、码头、泊位等使用成本；由提供陆地相关服务所产生的装卸成本、租用起吊机成本；由提供货物相关服务所产生的仓储、运输、拆装箱成本。

3. 超时成本

超时成本是港口运营者应该考虑的成本之一。船舶及其他运输工具装卸货物或进出港口超时会增加其他船舶和运输工具在港等待的时间，导致港口拥堵、港口资源利用率降低、港口客户流失等，由此产生的成本被称为超时成本。目前世界多数港口为加快集装箱流通，提高港口运营效率都对超过免费在港时间的船舶和运输工具征收滞延费。

4. 外部成本

外部成本是指由港口企业活动外部性所产生的成本，如船舶发动时会对空气产生污染，影响港口周围生活居民的健康；船舶向港口倾倒有毒的压载水时会产生水域污染，同时压载水中也可能含有从其他港口携带的非本地的物种，对本地物种造成威胁。

（二）三种典型的定价策略

港口定价成为决定港口竞争地位的重要因素，并对港口投、融资具有导向作用。基于港口经营主体和目标的多元性，港口定价具有多目标性和复杂性。港口定价需要满足港口管理者、政府部门以及港口使用者等不同利益主体的需求。因此，港口的经营主体和目标不同，港口采取的定价策略也不相同。

1. 基于经济利润的港口定价策略

当运营者将港口视为一个经济实体时，其运营目标可分为两方面：一方面通过最大化净利润确保股东权益的最大化；另一方面通过最大化吞吐量和使用者数量，扩大港口在航运市场的份额，增强港口的长期经济效益。

（1）边际成本定价

针对如何最大化净利润，早期的港口定价策略以边际成本定价为主，通过使港口定价等于边际成本达到净利润的最大化。这种定价方式的弊端在于：首先，边际成本定价最大化净利润的理论隐含了成本有效的假设，即港口商品或服务以最低的成本被提供，但现实中受生产技术水平、资源等因素制约，港口并不都是成本有效的；其次，港口商品和服务的有效边际成本的计算十分困难；再次，港口活动往往存在规模效应，当规模报酬递增时，其边际成本低于平均成本，以边际成本定价会造成港口企业的亏损，而随着港口私有化进程的加快，政府对于港口的补贴（财政拨款和税务补贴）越来越少，因此边际成本定价也逐渐被成本加成定价所取代。

（2）成本加成定价

成本加成定价是指在港口运营成本的基础上，加入一定的利润来制定费率，这个利润通常是港口的目标利润。成本加成定价策略要求按成本构成，对公共成本进行分摊，即一单位吞吐量货物的成本定价应等于一单位吞吐量所产生的成本与其他单位吞吐量共享的成本，即公共成本之和。

成本加成定价的优势在于，能够确保所有成本通过港口收费收回，从而保障投资者的投资回收与资本回报；成本加成定价并不要求成本有效，并且与边际成本定价相比，成本加成定价无需计算边际成本，操作性更强。

（3）歧视定价

为提高港口经济效益，利用价格歧视原理实行服务价值定价（Value-of-Service Pricing）也是世界各港口普遍采用的定价策略。服务价值定价基于高价值的货物对港口服务的定价不敏感、需求无弹性的特性，在同等服务水平下，依据货物价值的高低将货物分段，对高价值的货物征收较高的港口服务费用，对低价值的货物征收较低的港口服务费用以增加港口的总体收益的定价策略。此外，针对吸引货源以扩大港口在航运市场的份额和提高港口竞争力的运营目标，运营者通常通过在零利润的约束下最大化港口吞吐量确定其定价。

2. 基于国家利益的港口定价策略

政府公共部门将港口视为一种基础设施，其运营目标侧重于促进当地产品出口，调整贸易结构，增加就业，促进地区经济发展。在国家利益的运营目标之下，即使港口利润为零或产生赤字也会受到政府补贴，因此港口定价不需要完全依据港口成本。

基于国家利益的港口定价策略有如下三个方面：为了增加本国就业机会，港口定价可能更倾向于出口，即在同样的港口服务下，通过对进口商品制定较高的港口价格调整贸易结构，促进地区经济发展；为扶持本国相关产业发展，政府在港口定价中对某些或某领域商品的港口定价实施价格歧视，从而对地区经济发展和港口投融资起导向作用；对国内外船舶和货主收取不同费用，在本国人和外国人的收入与利益之间寻求分配的控制权，通过提高外国船舶的收费来保护本国货方。在实践中提高收费造成的负担落到船方货方比重，取决于航运需求和供给的价格弹性大小。

3. 基于港口拥堵的定价策略

多个港口使用者同时使用相同的港口资源时会产生港口拥堵的现象。港口拥堵可能是由港口管理的低效率或港口规模和基础设施的限制引起的，也可能是由港口给予一些船只和车辆运输某些特定货物的优先权引起的。港口排队成本是典型的拥堵成本，如船舶的泊位拥堵，船舶装卸货物拥堵，车辆进出港口拥堵，其本质都是港口资源的需求超过了供给。

为改善港口资源利用率，保证港口生产的顺利进行，多数港口定价时都会考虑拥堵成本，征收拥挤附加费。如在洛杉矶和长滩实行的码头出船项目（Pier Pass Program）对在高峰时段装卸集装箱的卡车以集装箱为单位收取费用，非高峰时段则不收费，该计划的实施减少了高峰时段的拥堵，改善了港口生产环境，提高了港口利用率。

在实践中，随着港口经营私有化进程的加快，世界多数港口运营的目标是在赢利的同时兼顾国家利益，因此各类港口定价策略也往往混合使用，取长补短。

二、港口投融资决策

港口定价策略属于港口的短期决策，但通过投融资改变其资本储量则属于港口的长期决策，它具有规模大、建设周期长、自然垄断性强、对国民经济相关产业影响大等特点。世界各国多数港口的投融资主体和渠道呈现多元化趋势，港口投融资模式也不尽相同。港口投融资决策时需要考虑影响决策的因素，并选择合适的投融资模式。

（一）港口投融资决策需考虑的因素

港口属国家基础产业，港口的投融资决策关系到港口所在地区经济以及港口自身的长期发展，因此港口投融资决策对于地区宏观经济的影响及其产生的经济效益成为决策制定时需要考虑的主要因素。

1. 港口投融资对宏观经济的影响

港口投融资对宏观经济的影响分为直接影响和间接影响两个方面：一方面，港口融投资为港口及相关产业创造了直接的工作岗位和工资收入，这是港口投融资对区域经济和国民经济的初始影响，即直接影响；另一方面，由投融资创造的港口及相关产业的收入中至少部分会在本地区进行消费，如港口及相关产业雇员的工资收入会花费在本地区的商品服务上。这些支出又会形成对商品服务的需求，进而创造新的就业岗位和形成新的工资收入，如此反复产生乘数效应，对区域经济和国民经济产生后续影响，即间接影响。

2. 港口投融资的净现值原则

港口投融资决策与否通常取决于投融资的净现值大小。基于经济利益的运营者通过估计投资的期望收入、预期年限、成本及市场利率，计算投资的净现值，净现值为正，则从经济效益角度讲投资是有利可图的。而基于社会利益的运营者在计算净现值时还需要考虑港口生产的社会成本,假如此时净现值为正，则从社会效益角度讲投资是可行的，反之亦然。

通常港口投融资所产生的外部性越大，投融资越有可能公开进行。如拓宽港口附近的高速公路，减少拥堵不仅有利于港口运输卡车，同样为私家车的出行提供了便利。但当外部性不存在或很小时，则只适于向港口使用者（受益者）进行融资。假如介于两者之间，则投融资可以从公私合作的角度考虑。

（二）港口投融资主体与渠道

目前，港口运营主体有国家投资统一管理、地方政府出资兴建、企业私有以及合资等多种形式。港口投融资主体也呈现多元化趋势，涉及中央政府、地方政府、企业和外国资金等。

基于投融资主体的多元化，港口建设所需资金主要来源于国家预算内投资、交通部专项资金、国内贷款、港口企事业单位自筹、地方自筹、利用外资等渠道。其中利用自筹资金和银行贷款已经成为港口投融资的主要手段。

（三）港口投融资模式

依据港口投融资主体和渠道，世界港口投融资模式可粗略分为政府投融资、企业自主投融资以及政府企业共同投融资三类模式。

1. 政府投融资模式

运营者将港口视为促进国民经济发展的公共基础设施。公共基础设施建设对经济发展影响巨大，需要国家要保持控制权。同时其具有外部性的特点，投资资金需求量大，投资回收期长，企业和私人的投资积极性不高，因此建设资金来源主要依靠政府从财政预算中划拨，以适应国民经济发展的需要。

我国一些大型枢纽港主要采用政府投资模式，这种模式有利于港口规模的迅速扩张，但同时以国有资本为主的投融资易产生因地方政绩而盲目投资的现象，导致港口重复建设、资源利用率低下、港口经济效益差，并且不利于风险防范控制机制的建立。

2. 企业自主投融资模式

运营者将港口视为企业，如中国香港地区、英国和北欧一些国家。港口建设的费用由港口自行解决，政府不给予经济补贴。在这种投融资模式下，企业更加注重港口的盈利能力，资源利用率高。然而，由于港口属于资金密集型产业，部分基础设施具有公共产品的性质，缺少政府补助可能导致投资不足制约港口发展，同时港口建设费用将港口收费拉高也会削弱港口的竞争力。企业自主投融资模式可具体细分为企业投资、银行贷款、利用新兴资本市场投资等。

（1）企业投资

港口部门通过公开招标，选择中标的中外大型航运企业独资或入股参与港口的建设经营。如神华集团在河北黄骅投资 50 多亿元建设大型煤炭港；宝钢集团在浙江舟山建设了 25 吨级矿石中转码头；马士基入股青岛前湾港区后，将青岛前湾打造为欧洲航线的干线港，使其成为中国北方货物出口欧洲最快的港口。

（2）银行贷款

通过国家政策性银行以及国际金融组织贷款是企业自主投融资的传统模

式。如我国利用世界银行和亚洲开发银行贷款开发大连、秦皇岛等地港口项目；利用日元贷款进行盐田港口的建设。

（3）利用新兴资本市场

港口企业通过上市或凭借自身的资信度发行企业债券进行融资，如安徽省港航建设投资集团公司依托国有港航优良资产发行企业债券，缓解了港口经济发展和资金短缺之间的矛盾。

3. 政府企业共同投融资模式

政府企业共同投融资模式是由政府与企业共同参与投资港口建设的模式，其典型的代表是“地主港”模式。“地主港”模式下，港口运营者既注重港口的公共性又注重港口企业的性质。运营者将港口投资为公用性基础设施投资和经营性设施投资两类。经营性设施主要利用地方、企事业单位自筹，银行贷款，利用新兴资本市场等手段进行投融资。公用基础设施如公用航道、岸线、防波堤、锚地等则由政府或委托特许经营机构代表国家拥有港口土地、岸线等基础设施的产权。通过自身对该范围内基础设施进行统一开发并出租给港口业务经营人从事经营，收取租用费；或直接将符合建设码头、库场等条件的岸线、土地出租给经营人建设及经营，收取租金实现港口建设的滚动发展。

“地主港”模式是目前世界各港口普遍采用的融资建设模式，如鹿特丹、安特卫普以及日本的埠头公社码头均采用此模式。其优势在于：该模式结合了政府投融资与企业自主投融资模式的优势。实行产权与经营权相分离，既不影响政府对国有资源的控制，又可有效吸引私人资金，减轻港口企业的负担，成为在不需要政府财政投入的情况下最为稳定的投融资渠道。

第三章　港口与港口城市发展

港口发展与城市密不可分，在港口和城市的发展初期，往往会出现“城以港兴、港为城用”的共生式发展阶段，城市的变迁是港口发展的重要区位要素；而有港口的城市，其产业和社会也明显呈现港口特色。本章主要介绍港口发展和港口城市的相关理论，并重点说明港口城市的最新发展阶段——滨水区开发的特征、内涵和国际典型开发案例。

第一节　港口发展理论

作为一个国家或地区对外开放的窗口，港口的发展与其所在的城市（地区）的经济社会发展密切相关。因此，对于港口研究者和实践者来说，一般会从更为广泛的城市（区域）的视角来考虑港口的发展。

一、单一港口视角

即使是单一港口视角的港口发展理论，也并非只就港口而说港口，其对港口的战略定位主要是从区域经济社会发展角度提出的。表 3-1 是 1992 年联合国贸易和发展会议报告《港口服务销售和第三代港口的挑战》中提出的四代港口发展理论。

第一代港口被认为是传统港口，20 世纪 60 年代之前的港口属于这一代港口，只用于一般散杂货的运输，有部分的仓储和商贸功能，货物的流动简单，生产管理也较为封闭，运输服务附加值较低。这一时期，港口发展的决定因素为资源和劳动。总体来说，第一代港口侧重散杂货装卸、运输，与城市的对外商品联系较为紧密，属于航运中转型。

表 3-1　20 世纪港口发展的四个阶段

阶段	第一代	第二代	第三代	第四代
年代	60 年代前	60 年代后	80 年代后	90 年代后
主要货物种类	一般散杂货	散杂货及大宗干、液散货	大宗中转干、液散货；集装箱货物	大宗集装箱；大宗干、液散货
功能战略	单一封闭保守性	面向工业；功能拓展为运输、工业、商业中心；	面向商业；全程运输服务中心；国际商贸后勤基地	面向海洋，以信息化、生态化为主导的海洋经济后勤服务基地
生产特点	货物流动；低增值	货物流动；联合服务；提高增值	货物信息流动分运；复杂的服务包装；高增值	关注训练过的劳动力的质量和服务
决定性因素	资源与劳动	资源与资本	技术与信息	人才与环境

来源：1992 年联合国贸易和发展会议报告《港口服务销售和第三代港口的挑战》。

第二代港口的大概时间是 20 世纪 60 年代至 80 年代。这一阶段，在传统港口发展的基础上，港口规模继续扩大，码头专业化和深水化明显，港口增加了工业功能，临港工业得到发展，但装卸仍是港口的主业，主要经营杂货、成组件货或大宗干、液散货，港口资金、技术和信息技术在港口发展中的比重不断增加，但此时港口发展的决定因素在于资源与资本，资本开始在港口发展中崭露头角。第二代港口突出特点在于港区工业在国民经济中的比重明显加大，港口为工业服务的功能十分突出。

第三代港口的大概时间是 20 世纪 80 年代至 90 年代。这一时期，船舶集装箱化和多式联运得到快速发展，在这一大的背景下，许多港口以发展集装运输为重点，力争吸引国际中转货物，努力成为国际或地区枢纽港。港口功能得到拓展，从面向工业到面向商业功能发展，空间范围也覆盖了保税区、临港工业区和商贸区等。第三代港口发展的决定因素在于技术和信息。虽然第三代港口成为各种运输方式的交汇中心，但还只是联运中心，而不是物流中心，港口的主体功能仍是货物装卸、储存和分运功能。

第四代港口的发展开始于 20 世纪 90 年代之后。它是一种生产自动化、经营集约化、管理信息化、信息产业化、环境生态化的经营形态，而港口发展的关键因素将转变为人才与环境。

联合国提出的代际港口发展模型，至今仍被港口战略制定者广泛应用。但是，该模型更多地从主要货物种类、港口功能、生产特点以及港口发展中关键决定因素来比较单一港口视角下港口发展的不同阶段。而在港口的发展实践中，港口之间的相关作用以及港口与内陆腹地的交通网络变迁也是影响港口发展的重要因素。为此，产生了港口体系视角和港城关系视角下的港口发展理论。

二、港口体系视角

随着单一港口规模的扩大和功能的拓展，在新技术带来船舶大型化、多式联运和集装箱化的发展环境下，港口与港口之间的竞争加剧，这种竞争也导致港口与港口之间的等级位置关系发生着深刻变化。因此，具有不同等级和功能且近邻布局的港口形成了港口体系。较早提出港口体系发展模型的是里默（Rimmer）的枢纽港发展模型以及海乌斯（Hayuth）的集装箱港口发展的五阶段模型。

1961 年里默（P. Rimmer）是在研究 1861 年至 1961 年澳大利亚港口空间布局和港口间关系特征时提出他的枢纽港模型的[①]。他是最早讨论港口体系中港口集中化和分散化现象的学者，该模型描述了在腹地交通网络影响下港口体系形成和发展的五个阶段：第一阶段是最初阶段，尚未分级的多个小港口孤立发展；第二阶段是在内陆运输干线推动下的港口初始集中化阶段，即在内陆主干线上的港口由于区位优势的原因开始形成某一区域的枢纽中心；第三阶段是港口体系集中阶段，初步形成的枢纽港业务范围不断扩大，竞争导致与其相邻的、内陆干线运输网络不发达的港口发展停滞；第四阶段是港口体系进一步集中阶段，枢纽港与其相邻的港口之间竞争激烈，港口之间腹地交叉，大小港口群落特征明显；第五阶段枢纽港的集化程度达到极限，枢纽港分解，边缘港口得到发展，港口体系扩散发展，港口功能开始专业化分工，港口体系分散化阶段出现。

20 世纪 60 年代之后，港口逐渐集装箱化，为港口体系发展提供了新的演化动力。1981 年海乌斯（Y. Hayuth）在分析美国多个港口之间相互作用关系的基础上，演绎出集装箱港口体系演化的五阶段模型[②]：第一个阶段是专业化集

---

① Rimmer，P. The Search for Spatial Regularities in the Development of Australians Seaports 1861-1961/2. Geografiska Annakr. Serise B，*Human Geography*，1967 (49)：42-54.

② Hayuth, Y. Containerization and the load center concept. *Economic Geography*，1981，57 (2).

装箱码头的集装箱化前期；第二个阶段是集装箱采用阶段，集装箱吞吐量相对较低，发展速度相对较缓；第三个阶段是集装箱货运量集中和集装箱码头快速发展的集装箱化扩大时期；第四个阶段是集装箱货运量进一步集中与少数集装箱港口脱颖而出进而形成枢纽港中心时期；第五个阶段是优势港口受到新兴港口挑战的周边港口崛起阶段，以某一个集装箱港口为依托的枢纽港中心地位将受到威胁，集装箱港口体系开始出现分散化趋势。

在集装箱港口体系化的第五个阶段时期，受港口经济活动的影响，港口体系不断改变其形态，但总体上看经历了集中化到分散化的变化趋势。港口活动本身的规模经济特性，往往会使得其活动集中到某个区域的一个或两个具有良好区位条件及良好自然条件的港口中，从而形成港口体系的集中化趋势。同时随着港口集中化的发展，港口也会受到外围港口的挑战以及多式联运网络需求以及不同航线选择的替代影响，港口体系又会出现分散化倾向。无论是集中化还是分散化的趋势，港口体系的发展也是始终围绕着港口和城市（区域）的相关关系进行的。

三、港城关系视角

港城关系是港口城市发展的主线，它始终贯穿于港口城市发展的始终。在港口发展进程中，港口发展不是任意无序的，也不是自发形成发展的，由于地理条件的限制，港口首先要选择在具有便利区位的地方进行建设，随后，城市围绕港口、港口依托城市相互发展起来。

港城关系的研究最早开始于 1934 年高兹（E. A. Kautz）的《海港区位论》[①]。在此之后，理论研究得到快速发展。大体而言，可以将港城关系划分为以下三个阶段。

第一阶段：20 世纪 30 年代至 60 年代。主要是对海港区位的研究。主要的理论研究包括了继奎因（J. A. Quinn）的有关中介区位的假想学说[②]、胡佛的港口和铁路枢纽转运点是发展工业理想区位的学说[③]，以及英国学者伯德（H. Bird）的港口通用模型[④]。

---

① 杨吾扬，梁进社．高等经济地理学．北京：北京大学出版社，1997．116.

② Quinn, J. A. The hypotheis of the median location. *American Sociological Review*，1943 (8)：148-156.

③ 华东师范大学等．经济地理学导论．上海：华东师范大学，1992．128.

④ Bird, H. *Seaport Gateways of Australia*. London：Oxford University Press，1958，PP.21-51.

第二阶段：20 世纪 60 年代末期至 80 年代初期。主要为港口区域工业化的研究。70 年代，松巴特等人在增长极理论的基础上发展了点轴理论，认为在增长极形成后，人们会不断建设连接这些增长极的重要交通干线（铁路、公路等），形成新的有利区位[①]。港口作为增长极核，必须与区域的工业化结合来促进新的区域增长点的形成，港口区域工业化也就成为这一时期港口与区域发展研究的重点。霍伊尔（B. S. Hoyle）和平德尔（D. A. Pinder）主编的《城市港口工业化与区域的发展》[②]一书重点研究了港口发展、城市扩张、工业发展，全面地分析了自由港、自由贸易区、出口加工区的建设对区域发展的贡献。

第三阶段：20 世纪 80 年代中期以后。主要为港口和城市的协同发展研究。80 年代，协同发展理论逐步应用于港口和港口城市间的一体化研究中。霍伊尔（B. S. Hoyle）和希令（D. Hilling）编著的《海港体系与空间变化》[③]探讨了港口、工业与城市、区域的空间结构演变与时间演进变化。

总体上，港口关系的发展经历了港口的区位选择、港口工业化以及港城协同发展的过程。在港城关系发展演进过程中，港口是港口城市成长的最重要的动力，港口最基本的运输中转功能，引起了生产活动在港口周围的聚集，促进了港口城市的产生，随着港口功能的不断拓展，港口在港城关系中又扮演了重要角色，对城市的空间结构和产业结构产生了深刻影响；同时，城市是港口正常运作和发展的物质基础，城市的管理服务功能、政策机制和良好的文化氛围，为港口发展提供了必需的环境保障，城市的发展也促进了港口功能的提升。

第二节　港口城市发展

世界上诸多国际城市都是或者曾经是著名的港口城市，港口城市在当今城市群中占有重要席位。港口作为港口城市的重要资源，对城市的发展起到了重

---

① 许继琴．港口城市成长理论与实证探讨．地域研究与开发，1997（12）：11～14.

② Hoyle, B. S., and Pinder, D. A. (Eds.) *Cityport Industrialization and Regional Development：Spatial Analysis and Planning Strategies*. Oxford: Pergamon Press，1981，PP.23-339.

③ Hoyle, B. S., and Hilling, D. (Eds.) *Seaport System and Spatial Change：Technology，Industry and Development Strategies*. Chichester: Wiley，1984，PP.1-215.

要的推动作用；城市的发展也为港口向高端化演进提供广阔的市场和充足的资本和人力保障。

一、港口城市理论

港口城市处于全球化进程的最前线地位[①]，是一种依托港口而兴起的城市，其形成和发展并不是毫无规律可言的，而是有其自身的发展机理——便利的区位优势吸引要素集中，而要素的集聚又推动着产业的集聚，促使着城市的形成和发展。港口城市的发展对区域经济也将产生深刻影响。

（一）港口城市内涵

港口城市是社会经济，特别是港口经济发展到一定阶段的产物。在人类社会的早期，人类依水而居，受当时社会经济条件和生产力水平的制约，人们的生产和生活都只能局限在一个非常狭小的空间范围内，由于河口附近具有良好的生产和生活条件，人们往往会选择依托河流和天然港口附近修建房屋，成为早期港口城市的雏形。受自然条件的影响，这个时期生产力低下，生产效率分散。随着区域经济分工发展，商贸活动得以展开，港口周边区域经济得到发展，人们开始利用船舶等运输工具运输一些粮食、丝绸等生产生活的必需品，社会生产力水平显著提高，人们的地域范围也得到拓展。以港口为依托，港口城市获得了腾飞的翅膀。各种生产要素开始在港口附近集聚，港口城市相比于其他内陆城市，实现了经济的率先崛起，在要素的集聚过程中，各种产业形态也开始聚集、扩张和升级，这些都为港口城市的发展注入了活力，并最终形成了独具港口特色的城市形态。

总之，作为城市类型的一种，港口城市需要以港口为窗口，依托一定的腹地和发达的港口经济，是港口和城市的有机结合。因此，港口城市是随着地区性市场的形成、区域性分工和贸易的发展以及海上交通工具的进步和港口功能与城市功能逐步融合而形成的一种新型的城市类型[②]。

（二）港口城市分类

虽然港口城市是一个地理概念，但是与城市关系的表现形式多种多样。正如法国学者迪克吕埃（C. Ducruet）等人从空间位置和港口功能两个维度，用地

---

① César, Ducruet, and Sung-Woo, Lee. Frontline Soldiers of Globalization：Port-city Evolution and Regional Competition. *GeoJournal*，2006，67(2): 107-122.

② 王海平，刘秉镰．港口与城市经济发展，北京：中国经济出版社，2002.

理核心度（反映城市人口规模）和地理居中度（反映港口吞吐量）两个指标对港口城市进行分类，将港口城市分为沿海城镇、外部港口、枢纽港、城镇港口、城市港口、门户、普通城市、海运城市和枢纽港口城市九类，并用一个 3×3 的矩阵表示，如图 3-1 所示。城市港口位于中间位置，兼顾地理核心度和地理居中度，是一种较为和谐的港口城市发展类型①。

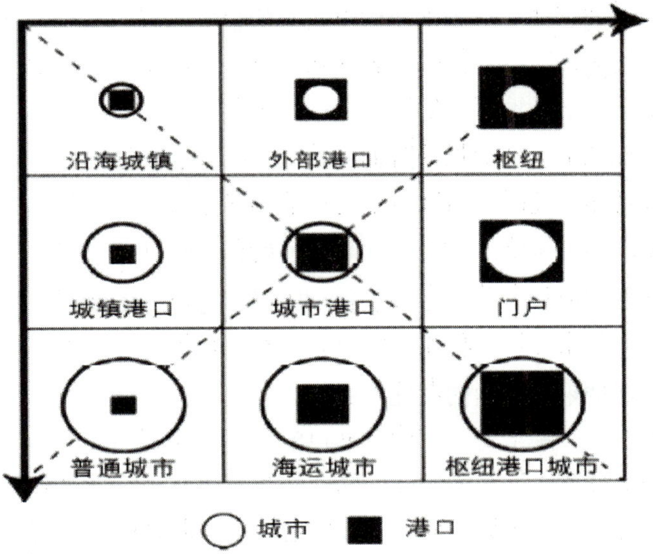

图 3-1　港口城市发展矩阵

资料来源：César，Ducruet，and Sung-Woo，Lee. Frontline Soldiers of Globalization：Port-city Evolution and Regional Competition. *GeoJournal*，2006，67 (2): 107-122.

除此之外，港口城市也可按照地理位置进行分类，可以分为河口港城市、海岸港城市、内河港城市和运河港城市等。河口港城市是依托一些重要河口而兴建的城市，这种城市由于坐拥河与海，地理位置往往较为优越，发展前景好，比如上海、纽约、鹿特丹等大城市；海岸港城市是布局在区域海岸线上的城市，是对外交往的重要门口，比如大连、青岛、新加坡、神户等城市；内河港城市是依托内河而兴建的城市，这种城市往往靠近内陆河流，陆向腹地较为广阔，比如南京、武汉、蒙特利尔等城市；运河港城市是一种依托运河而成的城市，比如苏伊士。由于地理位置特殊，因此往往具有重要的战略地位。

① César, Ducruet, and Sung-Woo, Lee. Frontline Soldiers of Globalisation：Port-city Evolution and Regional Competition. *GeoJournal*，2006，67 (2)：107-122.

（三）港口城市发展机理

港口城市形成和发展的最重要的动力来源就是港口。在港口城市发展的不同阶段，港口起到了不同作用，这种作用更多是通过产业的兴起和转移来实现。

在港口城市产生的启蒙时期，作为港口的最基本功能的运输中转功能起到了重要作用。港口的运输中转功能产生港口的直接产业。港口的直接产业是港口城市经济活动主体，成为港口城市兴起的根本原因。这个时期，城市对港口具有很强的依赖性，这种依赖性表现在一旦港口出现衰亡，港口城市在没有其他特殊力量参与的情况下，发展进程就会中断。

在港口与城市关联加强的时期，港口不断发展，港口功能日益多元化，产业链进一步延伸。此时，与港口中转运输功能相关的海运代理、石油加工、机械加工、能源动力等临港产业逐渐向港口转移，临港工业在港口陆域的集聚是港口城市发展的最强劲的动力。在这个阶段，港口城市完成了从简单地服务于港口到积极地利用港口的转变，港口城市不再是被动地受港口驱动而发展，而是通过港城互动来实现共同发展。

港口城市产业集聚效应时期，港口的直接产业和临港产业的发展构成了良好的城市基础设施条件，产生强大的空间集聚吸引力，与之联系紧密的相关服务产业也在港口城市集聚，而在这其中首先发展起来的是传统的服务业，如酒店餐饮、娱乐旅游等，进而随着城市经济的发展，区域产业结构得到优化，以金融、保险、通信等为代表的现代服务业也逐步快速发展。传统和现代服务业的集聚带来就业和消费的扩大，通过乘数效应促进了城市中非经济基础部门的发展，在这一过程中，大力发展第三产业，建设商贸中心是发挥集聚效应的保障。

随着不同产业在港口城市的集聚，港口城市的产业体系逐渐完善。在这些产业当中，港口直接产业是基础，是港口城市的核心经济动力，围绕港口直接产业形成了临港产业，临港产业的出现改变了港口产业在区域经济中的作用。在两种产业的共同作用下，港口城市通过上游、下游和横向的产业联系衍生出为港口和区域服务的传统和现代服务业。不同层级产业间的相互关系、相互作用，带动港口城市经济的发展。

二、港口对城市的经济社会效应

港口发展，存在着不同的演进过程，但不管处于哪种演进阶段，港口对城市而言，都具有经济社会效应。港口对城市发展起着重要的作用，因而港口的发展往往会得到国家（地方）财政支持，而财政支持的力度在于港口对于城市（区域）经济社会发展的贡献度。为此，定量的测评港口对于城市（区域）经济社会的贡献成为港口实践工作的一个重点。在这方面，国际社会早在 20 世纪 50 年代就进行了相关评价，形成了一些典型案例。

（一）经济社会效应评价指标

国际社会对于港口的经济社会效应评价由来已久，大部分是从经济和社会两个方面进行评价，对于经济方面的评价更多从收入角度切入，选用反映个人、企业和国家收入的工资、利润和税收作为评价指标；对于社会方面的评价从就业角度入手，选用反映就业情况的工作机会评价港口的社会效应。表 3-2 反映了 2004 年美国塔科马港经济社会效应评价的指标。

表 3-2　2004 年塔科马港公有和私有码头经济影响评价

	塔科马港公有的航运码头		私人的海运码头	
	华盛顿州	皮尔斯市	华盛顿州	皮尔斯市
工作				
直接工作	9 370	5 956	1 608	987
引致工作	4 504	2 994	789	460
间接工作	2 243	1 808	567	479
总的工作	16 116	10 758	2 964	1 927
相关的使用者	97 044	32 380	550	550
个人收入（$\times10^3$\$）				
直接工作	421 187	289 047	74 829	41 967
间接工作	413 185	283 555	73 408	41 170
引致工作	81 336	64 758	21 759	18 396
总的收入（$\times10^3$\$）	915 708	637 360	169 996	101 533
企业收益（$\times10^3$\$）	1 492 111	916 475	161 977	92 665
政府购买（$\times10^3$\$）	207 388	171 065	44 668	36 119
州和地方税收（$\times10^3$\$）	90 655	63 099	16 830	10 052
联邦税收（$\times10^3$\$）	173 069	120 461	32 129	19 190
关税	247 054	247 054	—	—

资料来源：根据 2004 年塔科马港的经济效应报告整理。

（二）经济社会效应评价范围

港口经济社会效应的产生依赖于港口相关的经济活动，港口通过直接活动或间接活动，对区域经济社会发展起着核心增长极的作用，这些作用表现在港口经济活动直接效应、间接效应和派生效应等方面。

港口的直接效应是与港口的直接产业相关的活动所带来的经济社会效益。港口的直接活动是与港口自身业务相关的活动，如装卸、仓储等活动。这些活动创造出大量的装卸、搬运、仓储等工作机会，这些工作带来企业的利润收入、工人的工资收入以及由此缴纳给政府的税收收入，形成港口的直接的效应，组成港口的经济社会效应的一部分。

港口的间接效应是指依赖于港口存在的相关经济活动所产生的社会效益；港口的派生效应是港口的主要经济活动所产生后果的波及效应。港口的间接活动是依赖于港口的直接经济活动，如港口的机械加工和金融、保险业务等。这些间接活动产生港口的间接效应和派生效应，同样构成港口的经济社会效应的一部分。以港口企业为例，港口的直接活动，带来港口企业利润增加，港口企业以工资的形式发放给工人，工人利用这些工资用于家庭生活支出、子女教育和医疗保健等，形成再消费，消费具有乘数效应，带动密切相关的产业的发展，从而促进就业和收入的增加。港口的相关经济活动如图 3-2 所示。

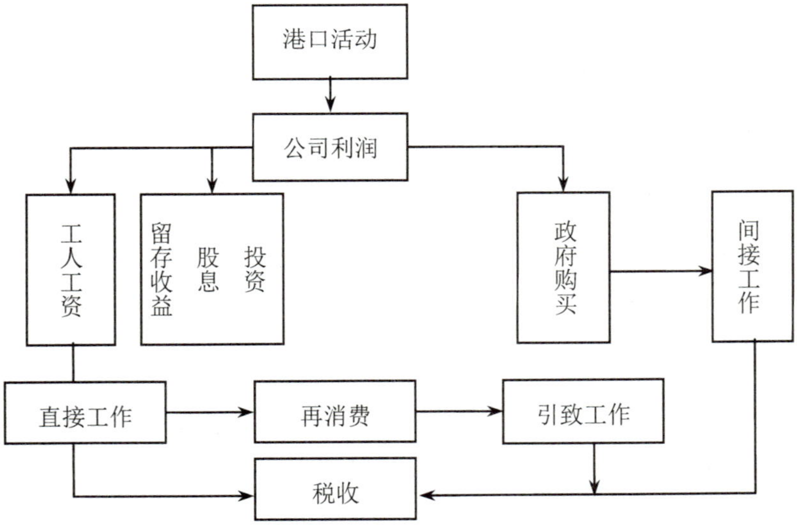

图 3–2　港口社会经济效应中的相关的港口经济活动

资料来源：根据《塔科马港的经济效应（2005）报告》相关资料整理。

由于港口的直接效应、间接效应和派生效应形式多样，以及各地的产业形态的差异，不同的港口城市在评价港口的经济社会效应时，其选择的产业（活动）的经济范围和空间范围并没有很严格的标准，多数港口城市是从综合反映港口经济社会效应的就业效应、收入效应、利润效应和税收效应等方面进行评价。

就业效应既存在于直接活动层面，也存在于间接活动层面，包括了直接工作、间接工作和派生工作所带来的效应，具体的表现形式体现在工作机会的数量上；收入效应主要体现在工人工资上，反映着与港口产业活动相关的港口企业带给工人工资的多少，是一种港口间接活动带来的间接效应的表现；利润效应主要表现在与港口活动相关的企业部门在提供相关的港口服务过程中，通过劳动、资本和技术的要素的投入所带来的利润的增加，是一种港口活动所带来的直接效应的反映；税收效应是港口活动为国家和地方产生的一项重要收入，主要来源于企业缴纳的税款和工人工资的所得税，是由港口的直接活动和间接活动派生出的效应。

（三）经济社会效应评价案例

港口经济发达国家对港口的经济社会效益方面的定量研究已经有 60 多年的历史了，尤其在港口对区域经济影响方面取得了不少的研究成果。1953 年美国特拉华港务局发表的《每一吨货对地区经济价值的影响》被认为是研究港口对区域经济贡献的第一篇报告。此后，美国许多港口每年都发表港口对区域经济贡献研究的报告[①]。这里以美国纽约—新泽西港 2010 年发表的研究报告为例，对港口的经济社会效应评价进行案例分析。

纽约—新泽西港是世界著名大港之一。纽约是美国最大的城市和最大的经济中心，面积达到 3.24 km^2，人口将近 2 000 万。由于纽约港人口密集、生活消费旺盛，运输十分繁忙，使之成为美国最大的商业中心、外贸中心和海港。港口所在的城市——纽约市，是世界的经济中心，2009 年纽约证券交易所拥有全球最大上市公司总市值，有 71 家船舶企业在此上市，市值贸易量达到 4 920 亿美元。

2008 年全球金融海啸爆发后，全球市场需求出现萎靡，消极影响波及整个港口行业。2010 年，纽约—新泽西港虽然处于这种动荡的经济发展环境下，但

① 钟昌标，林炳耀．一种港口社会效益定量分析方法的探讨．经济地理．2002（5）：70～73.

是港口依然得到发展，巩固和发展了纽约港的全球商贸中心的地位。2010 年，港口行业提供了如表 3-3 所示的经济贡献。这些增长主要来自集装箱化的货物运输量的增长以及港口的区域空间活动的拓展。

表 3-3 2010 年美国纽约—新泽西港经济影响评价

指标	纽约—新泽西港
集装箱货物（百万国际标准箱）	5.3
散装货（百万吨）	60.9
零担货物（吨）	315 000
车辆（辆）	738 000
总共工作（个）	279 200
直接工作（个）	170 770
个人收入（亿美元）	116
公司利润（亿美元）	371
税收（亿美元）	52
联邦税收（亿美元）	36
州和地方税收（亿美元）	16

资料来源：根据 2010 年纽约—新泽西港的经济效应报告整理。

与 1993 年相比较，当时的纽约—新泽西港只能提供 166 500 个工作机会，创造出 62 亿美元的个人收入，而如今纽约—新泽西港可以提供 279 200 个工作机会，创造出 116 亿美元的个人收入；此外，从 2008 年到 2010 年，纽约—新泽西港提供的工作机会从 269 990 上升到 279 200 个，而 2010 年，集装箱吞吐量超过了 2008 年金融危机的水平，经济出现明显复苏。对于区域经济而言，纽约—新泽西港为新泽西提供了超过 206 900 个工作机会，创造了接近 91 亿美元的个人收入，以及超过 293 亿美元的企业利润和接近 40 亿美元的税收收入；为纽约州提供了接近 46 400 个工作机会，创造了超过 23 亿美元的个人收入，以及接近 76 亿美元的企业利润和超过 14 亿美元的税收收入；为纽约市提供了接近 33 000 个工作，创造了超过 21 亿美元的个人收入，以及接近 69 亿美元的企业利润和超过 13 亿美元的税收收入。

三、港口城市演进

港口城市发展是一个动态过程。按照港口在城市的功能和作用的变化，港口城市发展的演进历程大致可以分为港口城市形成时期、港口城市成熟时期和港口城市发展高级时期。

（一）形成时期

这一时期经历了较长时间，从船只被广泛应用开始，一直到 15 世纪末至 16 世纪初的地理大发现以及国际间贸易增多为止。由于区位优势的吸引，早期城市往往坐落于天然港口周围，以便于利用便捷的交通运输条件以及丰富的渔业资源开展对外贸易。随着社会生产力的发展，劳动经验的积累和扩大的生产的需要，人们开始学会利用船舶来运送粮食、煤炭、各类原材料以及制成品，贸易的扩大和运输条件的改善使得一些港口周边区域的经济得到了较早的发展。这为港口城市兴起打下了良好基础。

港口城市出现后的早期，由于还不具备大规模远洋航行的能力，因此，海上运输和对外贸易的活动范围仍然局限于沿海地区，落后的综合交通条件制约着商品流通的范围，城市经济的发展因而也较为缓慢，而落后的港口经济也制约着港口城市的成长壮大，港口城市发展因此较为缓慢。

总之，在港口城市形成与发展的过程中，港口起到了催化剂作用，这主要在于港口作为一种无可比拟的交通资源，从海陆两个扇面集聚了大量资源，为城市早期的发展提供了原始的经济动力。在要素聚集的作用机制下，港口城市初步形成了一定的人流、资金流、信息流层级体系，经济活动的总量不断提升，城市经济随之不断发展。

（二）成熟时期

18 世纪 60 年代，英国爆发了第一次工业革命，1785 年瓦特将人类带入了“蒸汽时代”。蒸汽机直接推动着海上运输工具的改进，1807 年，美国人富尔敦制造了世界上第一艘蒸汽轮船，从此，海上运输开启了新的篇章，港口城市也进入到快速发展阶段。随着运输工具的改进以及全球贸易量的不断增长，具有运费低、运量大等优势的港口，进一步确立了其无可撼动的重要的交通节点地位，为区域经济的快速崛起提供了不竭动力，港口城市的经济活动在此期间进一步得到增强。

20 世纪以来，特别是第二次世界大战以后，港口城市进入到了现代化发展阶段。一方面，随着港口深水化、专业化趋势增强，装卸设施大幅度提升，许多新发明、新工艺得到广泛应用，随着集装箱运输方式的广泛采用，全球运输业进入新时期，港口功能与作用得到扩展；另一方面，随着高速公路的出现，航空运输和管道运输的发展，形成了海、陆、空综合运输体系，扩大了港口集疏运能力以及港口服务的范围和领域，港口城市随之得到扩展。

这一时期，港口便利的交通运输条件，赋予了港口城市腾飞的翅膀。在港口的作用下，各种要素在港口城市持续集聚，港口推动不同产业在港口集聚，产业集聚推动了港口城市成为区域经济的增长极，城市经济与人口数量持续增长，港口城市超前于其他城市，实现了经济的率先崛起。在要素集聚的过程中，以港口为核心动力，各类经济组织、产业也在悄然集聚、扩张与升级，这些都为港口城市发展注入了新动力，港口城市由此真正驶入了高速增长阶段。

（三）高级发展阶段

国际航运中心是港口与城市紧密结合的高级阶段，这里的“国际航运中心”是一个功能性的综合概念，一般以国际贸易、金融、经济中心为依托，融合了发达航运市场、丰沛的物流以及众多的航线航班。国际航运中心形成于 20 世纪八九十年代，主要得益于经济全球化、信息化和知识经济的快速发展，贸易需求量不断增加。国际航运中心不仅拥有优良的深水航道、航线密布全球的集装箱枢纽港，以及优越的集疏运网络等硬件设施，还拥有发达的金融、贸易、信息等综合服务设施。国际航运中心不是简单的港口城市，而是发展到一定阶段，集中了航运要素、航运市场或航运服务市场，对地区乃至全球航运事务中都能发挥主导作用的港口城市。

目前，国际航运中心是以经济全球化为主要服务对象。随着经济全球化的发展以及生产要素的流动，以往以欧洲为主导国际航运中心的格局正发生着深刻变化。根据 2010 年公布的“全球国际航运中心竞争力指数”，可以将全球 660 个港口城市分为三个方阵：第一个方阵是以伦敦、纽约、东京为代表的传统中心方阵，这些港口城市曾经在世界经济以及国际航运中心演变过程中发挥过极为重要的作用，但面临着后金融危机时代的挑战和威胁；第二个方阵是以新加坡、中国香港等为代表的中转中心方阵，它们具有超级离岸、国际航运、自由港区、承上启下的特征，对航运中心加工增值和资源配置的功能拓展起到了重要推动，但受所在经济体的资源配置能力与辐射范围的限制较为突出；第三个方阵是以上海、天津、圣保罗、迪拜等为代表的新兴中心方阵。这一方阵在帮助引领世界走出由美国次贷危机引起的金融海啸的冲击进程中功不可没，但航运金融和专业服务为主的国际航运高端服务是其弱项①。

第三节 港口城市的滨水区开发

随着世界经济和对外贸易的快速发展，港口城市为了提升国际竞争力，不断进行老港区的更新改造和新港区的建设，滨水区的开发与再开发成为港口城市发展中的关键战略。

一、滨水区与滨水区开发内涵

（一）滨水区内涵与特征

滨水区（Waterfront）是城市中一个特定的空间地段，是指与河流、湖泊、海洋毗邻的土地或建筑，即城镇邻近水体的部分。笼统地说，港口城市滨水区的概念就是“城市中陆域与水域相连的一定区域的总称”，其一般由水域、水际线、陆域三部分组成。

滨水区作为城市中的特定区域，一般拥有土地、山脉、洁净的空气和水，与其他地域相比，其承载的自然要素较多，大多数滨水区还具有悠久的文化传承。基于以上各因素，港口城市的滨水区较其他区域表现出明显的特点。首先，滨水区是人类青睐的生活居住地和生产贸易等相关活动的关键区域。滨水区通常依山傍水，环境优美，一直受到人类的偏爱，是人类居住、生活娱乐的聚集地；随着港口城市的发展，港口城市成为一个地区甚至全国的物资集散地。相应地，处于滨水地区的码头、仓库等得到了较快的发展，一度成为城市最具活力的地段。同时，许多生产制造企业、新兴工业等也在滨水区开发建设。其次，滨水区的开发与再开发对港城关系的转变以及港口城市的功能提升具有极为重要的作用。港口与城市关系的重大转变，以及多样化的经济形态，国际竞争力的提高，往往通过滨水区的开发与再开发来实现。最后，滨水区的发展模式随着时代的变迁表现出不同的特点，从资源经济时代、工业化时代到后工业时代，

① 于汝民．港口时代．北京：人民交通出版社，2012.10.

滨水区的功能也相应地从贸易运输枢纽转向产业集中区，最终过渡到集港口、商业生活、旅游区等多功能于一身的综合体。

当前，常见的港口城市滨水区开发模式主要有更新再开发和新区开发等两种模式。

（二）老滨水区再开发

由于城市滨水区多数为城市发展最早的地区,且具有良好的自然生态条件，港口城市为了扩大城市公共空间，加强废弃老港区的再利用，带动经济发展以及居民的休闲娱乐，从而对老滨水区进行再开发改造。

从国内外实践来看，老滨水区再开发的定位多是城市单一功能区或者综合功能区。滨水区再开发可分为多种类型：根据开发目的不同可分为商业性再开发与非商业性再开发；根据开发主体的不同，可分为公共性再开发与非公共性再开发；根据开发用地的规划职能特点，又可分为历史遗产型滨水区、文化展示型滨水区、娱乐休憩型滨水区、商业商务型滨水区和居住生活型滨水区等。在实际的滨水区再开发中，往往是几种类型兼有，各有侧重。通过老滨水区改造，港口城市的城市区域规划更加合理，充分利用城市空间，并提升了港口城市的特色和竞争力。

例如，悉尼邻近港湾岩石区的再开发，不仅很好地保护了历史遗存，而且还以其深厚的文化内涵和丰富的物质景观有效地促进了城市旅游业的发展。利物浦的阿尔伯特港（Albert Dock）改造成了海事博物馆。美国曼哈顿下区的炮台公园（Battery Park）再开发，伦敦的恶犬岛（Isle of Dogs）再开发，初期都是针对商务办公楼的开发，也为曼哈顿和伦敦的总体经济提供了优良的发展空间。随着商务活动的频繁，酒馆、餐饮和便利店开始兴起，周边住宅区项目也在不断开发。

在我国经济较发达的城市，例如上海、武汉、南京、青岛、大连、天津、合肥等，在认识到滨水区空间经济开发价值后，相继实施了上海外滩改造、武汉汉口滨江公园改造、南京秦淮河及沿岸的改造、天津海河沿岸的整治、合肥环城公园建设等，并取得了显著的经济回报。

（三）滨水新区建设

随着港口城市的经济发展，制造业、服务业、废水处理业以及城市的战略性新型产业需要更加广泛的空间和更合适其发展的区域，港口码头业务也伴随着对外贸易的增长、船舶大型化等因素而逐步拓宽，人们对于休闲生活的追求也更加强烈。而老城区的空间有限，无法承载各种产业集群的发展和码头业务的扩增，因此，各国将开发的目光投向了城市内部或者边缘未开发的滨水区、浅滩地带。

在新滨水区开发模式下，各国政府为了增加城市税收、创造就业机会、促进新的投资、塑造城市优美景观、提高市民生活品质及带动城市其他地区的发展，通常在滨水地区打造综合功能区，集各类产业、商业、住宅、旅游休闲于一体的“滨水新城”。新滨水区开发使得港口城市的可利用空间更加扩大，在港口城市经济的发展、产业的升级、港口竞争力的增强以及生活质量的提高等方面发挥了重要作用。

国外新滨水区开发起步较早，但多数以独具特色的建筑风格、完善的商业中心和多样的休闲游憩场所为主，打造适合人们居住的生态城镇。例如，1990年开始设计的芝加哥“湖滨新城”，设计建造了观赏性极强的建筑群、林肯公园、步行系统、商业大道等，生活便利，交通发达，是极具现代气息的都市区。1995年设计的佛罗里达州“迪斯尼庆典新城”，其目标是围绕水岸线，建立具有亲水氛围的新型滨水区，是以美国小镇为范本的居住新城。此外，旧金山的“苏珊城”、加利福尼亚的“蒙特雷湾”（Monterey Bay）分别是以住宅和景观为立足点的新滨水区开发。

近年来，我国的新滨水区开发也蓬勃发展，并且以大型的功能综合体新城为主要模式。2003 年，上海在距离市区 50 km 的芦潮港建造“临港新城”，是一座集先进制造、现代物流、研发服务、出口加工、教育培训等功能于一体的现代化综合型海滨城区。2010 年，厦门开始斥巨资打造“集美新城”，将建成集商务营运、生活居住、教育科研、生态旅游和交通枢纽于一体的具有滨水特色的“环湾生态型”新城区。此外，广州的南沙开发区、天津滨海新区等也是新滨水区开发成特色新城的典型案例。

二、滨水区再开发发展实践

港城关系的演进和港口功能的提升均伴随着滨水区的开发与再开发。从提升港口城市功能的角度来看，自 20 世纪 60 年代以来，世界港口城市滨水区再开发的过程大致经历了以下三个发展阶段：

（一）基于城市复兴的单功能导向型开发

20 世纪 60 年代，滨水区再开发的早期着眼于港口城市复兴，滨水区再开发的功能单一。例如，美国巴尔的摩内港区（Inner Harbor）的改建开发是巴尔的摩城市更新计划中的重要组成部分，与城市复兴计划紧密相连。在因港口区衰落导致城市中心区经济衰败的背景下，巴尔的摩港口区以振兴商业和发展旅游业为重点进行更新开发，导入了新兴的旅游休闲娱乐空间，成功实现了内港区的功能转型，带动了后工业化时代巴尔的摩城市的复兴与发展。

此外，美国波士顿查尔斯敦（Charlestown）海军码头改造（1978 年开始）、西班牙毕尔巴鄂（Bilbao）港口区改造（1989 年开始）、美国旧金山渔人码头旅游区改建（1950 年完工）等滨水区再开发也是基于城市复兴的单一功能型开发。

（二）基于城市复兴和区域发展竞争的多功能综合型开发

从 20 世纪 80 年代开始，港口城市滨水区开发逐渐从单一功能定位转向多功能综合定位，着重于提升港口城市的综合竞争力。例如，英国伦敦码头区（London Docklands）的再造是典型的城市衰落区域经大规模改造后焕发活力的样板项目，同样面临着港口码头区的衰落，也是整个城市复兴战略的重要组成部分。伦敦码头区以再建一个 CBD 分解中心城 CBD 的压力为目标，早期以住宅开发为主，后期以综合开发为主，包含商务办公、会展、酒店、零售商业、娱乐及居住等功能。伦敦码头区的再造，不仅实现了码头滨水区的重新利用和价值再造，使得伦敦传统商务中心区获得了进一步发展的空间，有利于巩固伦敦的国际金融中心地位，而且更为重要的是，为城市经济结构转型、经济振兴和英国在全球经济一体化下的国际竞争提供了必要的空间环境和发展机遇。

类似的开发案例还有德国杜伊斯堡内港的开发（1991 年开始）、美国匹兹堡中央区滨水区的开发（1976 年开始），等等。

（三）基于城市对经济全球化区域响应的高级化综合型开发

2000 年以来，随着经济全球化和世界贸易的发展，港口城市滨水区的功能不仅在于港口贸易，同时象征着港口城市综合实力及其国际地位。例如，日本横滨港未来 21 区（MM21）再开发是横滨市面向 21 世纪制定的“梦想横滨 21 世纪计划”中的重要内容，是横滨市摆脱东京卧城形象、发展自立商务核心区的要求。MM21 的开发建设，改变了该区域原有的港口贸易功能，使其逐渐具备了金融商业、会展办公、文化交流等国际性质的城市功能，成功实现了横滨市城市整体功能重塑和提升，也是横滨市对城市全球化竞争的积极响应。

我国国内类似的开发案例有上海浦东陆家嘴滨水区的开发（1990 年开始）。

三、滨水区开发中的关键战略问题

从国内外滨水区开发与再开发的实践来看，开发模式主要以政府引导、企业投入、市民参与的方式开展，这就决定了港口城市滨水区开发的决策必须由政府、开发公司及公众多方共同协商，而各方因为各自目的不同，必然导致利益的多元化。在政府、开发公司与公众之间，存在着此消彼长的利益分割关系。此外，开发过程中的资金筹备也成为制约滨水区顺利改造的关键因素。总体来说，滨水区开发中的关键战略问题可分为政治环境的管理问题、利益主体关系与利益分配和投资渠道的局限性三个方面。

（一）政治环境的管理问题

1. 启动期政治力量的共识

首先，开发区域的控制权和功能定位难以确定。起步阶段的特点是争夺一处用地的控制权和争论它的未来用途。低效利用的公有土地往往被视为共有财产，不同级别的政府机构都在争夺滨水区的控制权。即使因为地域和配套设施的缺陷低估其最初的市场价值，私人开发商不感兴趣，规划者仍然能够认识到滨水区的重要性。

其次，在组建开发联盟时，能集中最大政治意愿和资金的政府通常决定了项目的方向，导致滨水区开发初期效率的低下。发起滨水区开发的一级政府，常常利用滨水区开发可以促进当地经济发展来激励地方力量参与到滨水区开发中来。但滨水区开发并非如其他城市开发中的公私合作，并非因双方直接参与而相互依存，而是新的开发机构虽然被置于当地政府直接干预的范围之外，但一些方面仍受政府的某种控制。这就导致项目实施初期难以吸引投资，例如伦敦道克兰开始时，LDDC 公司便遇到这样的问题①。

此外，启动期需要较长的时间。实现启动一个主要城市滨水区开发项目需要充分考虑技术专家的意见，各方政治力量达成共识，经常花费 5～10 年的时间。

2. 政治领导变化的管理

滨水区开发项目通常需要几十年才能完成，在此期间原有开发联盟中的政府官员出现被撤职、退休或升迁至其他部门是不可避免的，所以开发机构要与

---

① Ledgerwocd, Grant. *Urban Imavation: The Transformation of London's Docklands, 1968-84*. 1941-Gower, c1985.

发起政府建立长期关系，并对自身行动负有最终的财务责任。开发机构必须管理这种政治环境的变化，以求生存和获得启动过程所需运营资金。

当政治领导环境变化时，滨水区开发可能缺乏明显的进展，进而加剧开发机构方案审查的难度。虽然滨水区开发的成功可能很难界定，但是政府官员通常认为，经过几年没有显著的发展即是开发机构的失败。开发机构也会因为向其政治控制者提出意料之外的金融需求而惹恼他们。因此，一个开发机构的董事会必须在实施过程中增加新的角色：以共同建设者的身份起步，在大量补贴期间增加财政监管人员，并最终成为一个公益机构的管理者。

（二）利益主体关系与利益分配

1. 与地方政府及当地居民之间关系的管理

政府引导、开发机构运作的滨水区开发模式决定了管理与地方政府之间的关系的重要性。地方政府掌握着大多数公用事业、街道出入口、教育、社会服务、警察和消防的所有权和控制权。即使开发机构拥有自己的土地并获得了完整的规划及建筑许可，地方政府如存在反对意见，仍可延缓和阻碍开发的实施。政府往往通过烦琐的程序和拖沓的工作而造成项目的终止。因此，开发机构必须与政府各方加强联系，以避免所有的政治资源过于集中，相比典型的房地产方案，大规模的滨水区项目更需要合作的政府支持策略。

从国内外的开发经验来看，居民团体的力量更加不可忽视。所有项目在最初的开发阶段都遭遇过社区服务贫乏的困境。尽管位置靠近中央商业区，以前的工业用途意味着滨水区用地不可能有学校、托儿所、社区中心、医疗诊所或主要地方零售商，这便使原来的居民利益受损。即使政府对社区服务负有责任，居民仍把自己的困境归咎于开发机构。

新居民因为在空间上集中，往往容易形成团体。因为生活在一个建设场地，他们通常在承包商完工之前逐步迁入，紧张的新居搬迁也会使得他们产生不满情绪。居民直接向媒体、地方政府代表和开发机构的政治控制者表露了自己的不满，逐渐损害了开发机构的开发联盟关键成员的支持。

2. 滨水区开发与再开发的利益分配

随着项目从启动期进入实施期，城市滨水区开发的地方政治环境发生变化。正如彼得森 1981 年提出的，开发联盟的初步共识是围绕经济发展议题建立起来的。同时，市民对于废弃区域重新改造的期望，也为滨水区的开发增添了一些公共团体的力量。因此，滨水区再开发与开发中的利益集团必将为开发利益份额进行竞争。难以控制的以分配政策为特点的城市内部争论可能取代经济发展的初步共识。其主要的矛盾集中在以下三个方面：

（1）经济适用住房问题：经济适用住房问题在滨水区开发项目的规划阶段是最严重的。一旦项目实施，地方政府更愿意降低住房量来支持迫切的政治优先要求，如多伦多的开放空间、伦敦的在职培训。然而，城市规划者则认为滨水区开发项目是大规模增加市中心住房存量的契机。滨水区的中心位置和良好景观使其成为一个有潜在价值的居住区。但对于当地居民来说，可能因为收入水平有限，认为滨水区开发是一种奢侈的行为而向政府提出抗议。

（2）公共交通出入口：港口设施的安全性要求意味着，公共交通在一个多世纪中一直被排除在大部分的土地之外。因此，开发机构要把公共交通引入他们难以接近并有些破落的地方存在一定的难度。虽然总体规划和城市设计方案都要求开放空间增加滨水区出入口，但是它们达到目标所应用的土地策略上有所不同。出入口不仅是设计的问题，也是一项由公共政策分配的利益。例如，纽约和多伦多保留整个水岸供市民使用，但伦敦和波士顿没有这样做，并因此遭到痛斥。公共交通出入口是在开发商、滨水区开发机构和地方政府谈判期间一个共同获益的区域。

（3）就业问题：尽管政府和开发公司的意图是增加就业机会，但是在为低收入人群创造就业机会方面，滨水区项目的效率往往较城市中心区其他部分的混合用途开发项目低下。以为老港口地区雇员提供就业为理由来论证开发项目可能会引起不合理的期望，增加当地居民的不满情绪。根据道克兰、波士顿等滨水区再开发项目的实践，重新分配利益的最好机会可能出现在漫长的启动期和优先获得未来工作提供的再培训。政策试图迫使高工资、低技术工业开发项目落户在滨水区，与强大的区位因素和市场力量对立，最终将导致失败。

（三）投资渠道的局限性

滨水区的开发与再开发是一项投资需求巨大的项目，目前国内外的滨水区开发的融资模式主要以政府投资和银行贷款为主，政府负责投资建设基础设施，而政府引导企业投资、通过资本市场运作投资所占的比例尚且较低。这种单一的投融资模式容易影响滨水区开发的进度，造成政府的税收压力，最终也将损害广大市民团体的利益。不仅如此，以政府投资为主的模式无法充分利用资本市场创造多方利益，无法为更多的私人投资、企业投资创造营利平台。

四、国际典型滨水区再开发的案例

早期的滨水区开发实践开始于欧洲及北美地区，如英国伦敦道克兰地区、美国纽约大西洋沿岸，比较典型的还有日本横滨，它们多数是基于港口城市复兴和区域经济发展而进行的老港区更新改造。

（一）伦敦道克兰滨水区重建项目

伦敦道克兰滨水区开发得益于政府的引导，在优惠的政策扶持下，经过开发商的重建，该地区建立起道克兰新城，改变了原港区衰败的面貌。

1. 开发背景

伦敦的第一个码头位于东部道格斯岛，始建于 1802 年。随后，滨水区一度成为伦敦的工业中心和就业中心，道克兰地区也成为世界上最繁忙的港口之一。19 世纪 60 年代后，由于全球经济结构转变等原因，该地区开始走向衰落。开发前，整个区域 60%的土地和水面被荒弃，大量的工业物业无人使用。交通道路状况和环境状况都十分恶劣。区内住房条件极差，人口死亡率比英国的平均死亡率高出 9.2%。

2. 开发过程

1981 年，政府组建伦敦道克兰城市开发公司（London Docklands Development Corporation，LDDC），对道克兰的老港湾区进行了大规模城市再造。道克兰老港区的开发由政府和开发商协作进行。LDDC 由政府全资投入，利用置换好的土地发展住宅、工业和商业物业所获得的收益滚动发展。此外，政府还赋予开发公司土地获得权、区域规划权等权利。

LDDC 从 1981 年起，分别进行规划筹备、社区基础设施建设、完善改造工程三个阶段，历时 17 年，将一个 22 km^2 近似废弃的老区改造成伦敦的一个全新的金融、商业、商务区，使其成为伦敦的一个新地标和最有活力的区域。

3. 策略成果

项目开发经历了 17 年，最终形成了伦敦道克兰新城。道克兰老港区的再开发的成功主要在于公共部门的大量投资，政府通过优惠的税收政策吸引私人资本，其引导性规划推动了滨水区的再开发改造。

（二）英国卡迪夫湾开发项目

卡迪夫湾原为繁荣的煤炭输出港，由于经济大萧条而被废弃。在政府的支持及其对开发公司的充分授权下，该地区经过再开发成为欧洲知名的旅游景区。

1. 开发背景

卡迪夫是英国威尔士地区的都市，位于英国西南沿海平原，北依煤矿区，南临海湾。在20世纪初曾是国际煤炭交易中心，也是世界上最大的煤炭输出港。随着南威尔士地区煤炭和钢铁工业的夕阳西下，港口和码头区日渐衰败。几十年的经济萧条，导致了海湾区的全面衰落和废弃。多年以来，卡迪夫一直面临着失业、低工资、住房短缺、周围地区失业人群盲目涌入、服务设施不足、制造业不景气等问题。

2. 开发过程

为实现城市复兴，充分发挥卡迪夫优越的地理位置、便捷的交通条件、优美的自然环境等优势，1987年经英国议会批准，威尔士大臣签署了《卡迪夫海湾发展公司（范围和机构）令》，成立卡迪夫海湾城市发展公司，对1089公顷的土地进行开发（卡迪夫海湾发展公司令，1987）。为保障海湾地区开发的有效运作，英国政府给予卡迪夫湾发展公司充分授权，以强制购买土地、进行更新改造和经营管理（卡迪夫湾大坝法，1993）。

主要的基础设施规划项目有：为有效地利用水面，在海湾口规划拦海堤坝，将原来的滩涂改造成一个淡水湖，以达到改善景观环境，吸引投资的目的；解决对外交通问题，开辟一条横穿区内的东西向干道，将东、西两侧城市主干道连接起来，并接上高速公路；将海湾区与市中心有机结合，从海湾区中心开辟两条生活性干道直抵市中心；将海湾区分成17个小区，如彭娜斯海角、半岛及艾丽河畔、摩兰公园、东摩尔商业园和内港等。

3. 策略成果

卡迪夫湾的再开发仍然是采用由政府主导，赋予开发公司相关权利，企业实施运作的开发模式。今天的卡迪夫湾已经成为卡迪夫乃至威尔士经济发展的引擎和英国乃至欧洲知名的旅游景点，更重要的是，卡迪夫湾的成功开发帮助卡迪夫实现了城市复兴的梦想，使卡迪夫从一个默默无闻的省级城市跃升为在世界版图上具有一席之地[①]，并顺利促成了卡迪夫城市空间结构的调整。

（三）美国纽约布鲁克林大西洋中心开发

纽约布鲁克林地区为了改变产业发展滞后、经济衰败的局面，在政府和企业开发商共同协作的条件下，对大西洋中心地区进行改造，带动了地区经济的

① 蓝科咨询公司. 重生：卡迪夫湾的复苏. 蓝科目的地评论, 2000（2）：10～13.

复苏。

1. 开发背景

布鲁克林（Brooklyn）是纽约的五个行政区之一，位于曼哈顿的东侧。这里有全美第六大零售中心、拥有七所大学和多家著名的文化机构，还有大量公有土地、充足的劳动力、便捷的交通以及各式各样的住宅。然而，企业界并不愿意投资于该区，原因包括建设成本高、税收政策无竞争力、能源成本高于邻近的新泽西州两倍等，但最重要的还是感觉问题，因为这个地区产业发展环境恶劣，存在犯罪率高、种族歧视、劳动力素质低下等问题，被曼哈顿业界视为一个等级相当低的地区，因此曼哈顿的快速发展并没有东扩到布鲁克林地区。

2. 开发过程

（1）政府部门的发起。为刺激经济发展和改变布鲁克林地区落后的状况，1983 年底，布鲁克林区区长霍瓦德·高顿（Howard Golden）将区域计划协会关于布鲁克林的一份报告提交给纽约伙伴组织（New York Partnership）进行研究。该组织于 1984 年底，完成《为后援办公楼而竞争》的报告，将前期开发项目锁定在布鲁克林区运输中心的核心——大西洋总站城市更新区，以及与其相连的基地——布鲁克林中心。

（2）合作伙伴的确定。为了快速启动布鲁克林中心的开发建设，纽约市市长及布鲁克林区区长计划以 PPP（Public-Private-Partnership）模式进行开发，同时初步选定罗斯公司（Rose Associates）作为合作伙伴。纽约市政府使用公积金（Surpluses）及“城市开发行动方案基金”（Urban Development Action Grant，UDAG）为项目改造提供补助。

（3）合作条件的协商。在当时的条件下，对私营开发商来说，要面对公开竞标、规划审批程序以及难以预测的市场变数等诸多不确定性，需承担较大的风险。于是，罗斯公司提出了在特许的基础上直接被授予地块更新改造权，而不是通过公开竞标程序取得土地的要求，并要求给予公共补助及较低的租金成本、由政府引入固定的承租者等。对政府来说，需要面对市民的质疑，因为市民担心政府与私人开发商之间存在不法利益勾结。因此，对于罗斯公司的要求，政府一时难以全部满足。双方合作继而进入持续的谈判、协商过程。

（4）合作协议的达成。在纽约伙伴组织的协调下，经过持续的沟通和谈判，合作双方的认识渐趋一致。市、区政府同意以大西洋总站城市更新区为第一个试验案例，将土地不经过公开竞标程序直接出让给罗斯公司，并寻求其他商业团体支持这一方案。1984 年底，政府同意将市健康和医院公司（HHC）总部设立其中，并按程序核准了一系列财政扶持计划，包括市政府援助公司（MAC）盈余专款、“城市开发行动方案基金”（UDAG）基金补助以及低利率的“产业收入债券”（IRB）等资助政策，合作协议最终达成。

3. 策略成果

该项目的开发采取了 PPP（Public-Private-Partnership）模式，由政府和企业开发商共同完成。纽约布鲁克林大西洋中心的开发为纽约市增加了办公楼发展空间，推动布鲁克林区经济复苏。

（四）日本横滨港未来 21 区（MM21）开发

日本横滨地区为了打造集商业、娱乐、文化中心等功能于一体的城市新型综合体，通过政府和社会的共同参与，在东京横滨湾沿岸进行大规模的开发改造。

1. 开发背景

日本横滨港未来 21 区原是临海的造船基地，从 1983 年才开始填海造地和开发建设。横滨港未来 21 区是在 1989 年曾举办横滨博览会的旧址上兴建的，建筑规模达 $3\times10^6\sim4\times10^6 m^2$，耗资约 140 亿美元。该开发项目分布在东京湾横滨港沿线，整体通过约 20 年的开发而形成如今的大型滨水区。摩天楼群、酒店、会议中心、购物中心、游乐园、帆船等各种各样的现代化办公、商业设施鳞次栉比，代表横滨的新开发区。目前，该区域是一个集观光旅游、商务、购物、会议、展览、博物馆于一体的新城市片区综合体。

2. 开发过程

该滨水区开发的目的在于：以一个应用先进信息技术、创新与继承并存的现代化城市面向 21 世纪；以贸易和国际交流为核心；以强调人文、环保、自然的理念，打造富有情趣和洋溢着国际性的港口城市。

通过大面积填海造地和迁移老工业基地，依靠东京商业圈和横滨港，打造出一个 24 小时川流不息的港口城市。开发过程中以绿色环保为主题，建设一个坐落于和谐、安定和丰富自然环境中的具有多种用途的国际都市。无论在建筑、通信、交通还是节能环保等方面都采取最先进的技术，打造科技化城市。

横滨港未来 21 区在 20 世纪 60 年代进入筹划阶段，随着 1983 年三菱重工株式会社横滨造船厂的迁出，该项目正式开始动工。1989 年，横滨博览会开幕，横滨海事博物馆建成，临港公园一部分开始使用。同时，开放了美术广场，并公布了决定港湾未来 21 中央地区计划的城市规划。1994 年，国际桥开通，国立横滨国际会议场所和三菱重工横滨大楼建成，首都高速湾岸线开通。1999 年，新港地区街区开张，运河公园开通，红砖公园一部分开始使用。2004 年，港湾未来线开通，港湾未来商业广场大楼及县民共济广场大楼建成，LEAF 港湾及 GENTOYOKOHAMA 建成。2010 年，TOC 港湾初步建成，富士施乐 R&D 广场竣工。

3. 策略成果

横滨新区没有把代价昂贵、区位优越的“宝地”用作纯商务中心区开发，而是在中央地区布置美术广场，请丹下健三大师设计横滨美术馆；安排象征横滨历史文化的“日本丸”公园和海洋博物馆；划出总用地 25%作为公园绿化和居民住宅，以保持和谐的城市综合功能。

横滨港未来 21 区在开发运营过程中引入公、私部门合组的第三公证单位，“MM 21 开发公司”（Yokohama Minato Mirai 21 Corporation）；政府部门、开发公司各司其职，均具有相应的权利和义务，政府部门投入基本建设和公共设施，MM 21 开发公司则负责规划与沟通协调，使制定的“主体规划”（Master Plan）能有计划且在符合公、私利益的状态下完成，并在执行的时候负责行销 MM 21 计划与该区域的招商。

在整个开发过程中，采取多元投资的战略，由政府和社会共同参与整个未来 21 区的开发。在运作管理过程中采取以区域环保和交通为依托，主打商贸服务业，并配以办公、酒店的多元管理模式，打造商业、办公、旅游、休闲为一体的港口商业中心。

发展现状篇

第四章　环渤海港口群发展现状

环渤海地区港口位于我国海岸线的最北部，主要包括辽宁省的大连港、营口港、锦州港和丹东港；津冀地区的天津港、秦皇岛港、唐山港和黄骅港；以及山东省的青岛港、日照港和烟台港。环渤海地区港口是我国东北、西北和华北地区对外沟通的门户，是我国能源港和大宗散货干线港的集中区域，也是我国亿吨级港口最为密集的地区。

第一节　港口基础设施

本节将按辽宁省、京津冀地区和山东省三大区域，分别介绍各港口的自然地理条件、码头泊位情况、港口航道信息和集疏运情况。

一、港口自然地理条件

在环渤海地区，港口群中最北部的港口是辽宁省的丹东港，最南部的港口是山东省的日照港。其中，丹东港、大连港、青岛港和日照港是黄海岸边的港口；营口港、锦州港、秦皇岛港、唐山港、天津港、黄骅港和烟台港是渤海沿岸的港口。

（一）辽宁省港口

1. 大连港

大连港位居西北太平洋的中枢，地理坐标为北纬 38°5′44″，东经 121°39′17″。港阔水深，不淤不冻，自然条件非常优越，是转运远东、南亚、北美、欧洲货物最便捷的港口，也是辽东南地区进入太平洋、面向世界的海上门户。

大连港全年以北风及西北风最强，次数最多。春、夏季以南风居多，冬季以北风及西北风最强；一般全年降水量 659 mm，7、8、9 三个月最多，约占全年降水量的 2/3；雾季为 3～8 月份，能见度小于 1 km，大连港雾日数为 31.6 天；年平均气温 10.4℃。7 月份气温最高，月平均为 23.5℃。1 月份气温最低，月平均零下 5.9℃；每年冰冻期为 1 月初至 3 月初，港区有的年份或有部分结冰，约为 60 天，结冰厚度为 5～20 mm，对船舶航行靠泊无影响。潮汐属半日潮混合型。历年来最高潮位 4.6 m，最低潮位 0.66 m，平均潮位 2.14 m，平均海面 1.63 m。

港口水域面积 346 km^2，陆域面积 10 km^2。大港区航道底为淤泥，设计水深为 10m，航道宽度 270 m，长度 2500 m，吃水在 10 m 左右的船舶可随时进出。大连港平均水深 10 m，最深处为 33 m。

2. 营口港

营口港由营口港区、鲅鱼圈港区共同组成。营口港区位于辽东湾北部辽河入海处,地理坐标北纬 40°41′,东经 122°15′。与营口火车站毗邻,向东铁路 22 km 与大石桥火车站相接，同时与长大线接轨，和东北地区铁路干线相连，向南有公路直达盖州市，与哈大和沈大高速公路相连。

营口港区多年平均风速为 3.8 m/s，3～9 月以西南风偏南风向为主，其他各月以北风转东北风向为主。强风向西南风偏南风，最大风速 23.5 m/s，常风向西南风偏南风，出现频率为 12%；年平降水量 549.9 mm，最大降水量 714.7 mm，最小降水量 396.4 mm，一日最大降水量 204.7 mm，日降水量大于等于 25 mm 的年平均日数为 6.8 天；年平均雾日 9.5 天；年平均气温 9.8℃，最高气温 35.3℃，最低气温-27.3℃。

鲅鱼圈港区位于冰情较严重的辽东湾东部，一般 11 月中旬初见冰，终冰在翌年 3 月初，平均冰冻期 95 天，严重冰冻期 68 天，实际结冰期 84.5 天。港区近海海域以流冰为主，近岸的浅水地带则为固定冰。流冰往往由薄冰、厚冰组成，并有堆积现象，平均冰厚 1 月份为 5～10 cm，2 月份为 10～15 cm。老港区一般在 12 月份中旬的翌年 3 月中旬为结冰期，封冻期间停止作业。

营口港属不规则半日潮，潮位及高程采用鲅鱼圈理论深度基准面，在黄海平面下 2.038 m。鲅鱼圈港区历年最大潮差 4.23 m，最小潮差 0.71 m，平均潮差 2.56 m。老港区最大潮差 4.48 m，最小潮差 0.13 m，平均潮差 2.71 m。鲅鱼圈港区附近为往复潮流，涨潮流向为东北北，落潮流向为西南南，涨潮流速大于落潮流速，最大表面流速 0.96 m/s。据观测站资料统计分析，强波向为东北北向，频率为 13.96%，常波向为西南南向，频率为 15.25%。

港口陆域面积 4.13 km^2，水域面积 113 km^2。鲅鱼圈港区航道长 8.5 km，为单向航道；老港区航道全长 39 km，分外航道和内航道。外航道最小水深 1.7 m，3 000 吨级船舶可乘潮出港；内航道最小水深 4 m。

3. 锦州港

锦州港位于渤海的西北部，地理坐标为北纬 40°48′，东经 121°04′，是中国渤海西北部 400 多公里海岸线唯一全面对外开放的国际商港。锦州港是距中国东北中部和西部、内蒙古东部、华北北部乃至蒙古国、俄罗斯西伯利亚和远东地区陆域距离最近的进出海口。

本海区冬季为多北—北北东风，春夏季节多南—南南西风。全年常风向为南西，强风向为西南风，次强风向为南南西；雨季多集中在每年的 6～9 月份，其降水量占全年降水总量的 76%，降雪多在 1～2 月份。年平均降水量 532.7 mm，年最大降水量 694.0 mm，年最小降水量 252.3 mm；年均大雾（能见度小于 1.0 km）的天数为 5.3 天，多出现于春夏两季；年平均气温 9.4℃；极端最高气温 35℃；最热月出现在 7 月份，最热月平均气温 26℃；极端最低气温-21℃，最冷月出现在 1 月份，月平均气温-7.4℃；本海区冻而不封，每年 12 月出现初生冰、皮冰；1、2 月份出现板冰、灰白冰。流冰多出现在 1、2 月份，浮冰流向大致呈东南东—南—南西向，流冰速度 0.2 m/s。

锦州港附近海区属不规则半日潮。最高高潮位 4.22 m，最低低潮位-1.12 m；平均高潮位 2.63 m，平均低潮位 0.58 m；最大潮差 4.06 m，平均潮差 2.05 m。潮流基本呈往复流。涨潮流向西北，最大涨潮流速为 0.44 m/s；落潮流向偏西南，最大落潮流速为 0.53 m/s。常浪向为南南西，频率为 34.02%，次常浪向为南，频率为 11.76%；强浪向为南南西，实测最大波高 2.6 m；次强浪向为南南西和南，实测最大波高分别为 2.2 m 和 2.1 m。

锦州港现有航道一条，全长约 7700 m，水深 11 m，可供 3 万吨级的船舶航行，涨潮时最大可供 5 万吨级船舶航行。锦州港的陆域总面积为 5.6 km^2，水域面积为 44.3 km^2，海岸线长 4.5 km。

4. 丹东港

丹东港位于辽东半岛东北根部，地理坐标为北纬 39°59′0″，东经 124°16′0″，鸭绿江入海口西岸，现辖大东、浪头、海洋红三个港区和其他中小港点。南临黄海毗邻大连，东与朝鲜半岛隔江相望，水上距朝鲜南浦港 119 海里，距韩国仁川港 232 海里，距日本神户港 844 海里，是我国大陆海岸线最北端的国际贸易商港。

丹东港常风向东北，次常风向西北，各月平均风速以 4 月最大，为 3.8 m/s，累年平均风速 3.2 m/s。最大风速 18 m/s，风向西北；年最大降水量 1320.7 mm，年最小降水量 574.2 mm，年平均降水量 875.4 mm；年平均雾日 31.6 天（以水平能见度小于等于 1 000 米统计），最多为 85 天，最少为 9 天；年平均气温 8.4℃，最高气温 33.8℃，最低气温-28.2℃；初冰日为 12 月上旬，盛冰日 1 月上旬开始，融冰日 2 月中旬开始，终冰日 3 月中旬，总冰期约 100 天，盛冰期约 45 天，港口属于不冻港口，但有流冰，冰期影响港口作业天数：外航道约 15 天，码头作业约 10 天。

丹东港的最高潮位 7.72 m，最低潮位-0.57 m，平均潮位 3.52 m，最大潮差 6.93 m，最小潮差 1.6 m，平均潮差 4.58 m，平均涨潮历时 6 小时 09 分，平均落潮历时 6 小时 15 分。

丹东港的浪头港区出港航道水深 2～4 m；大东港区航道平均水深 9.1 m。港口陆域范围：鸭绿江护堤外三角滩地和江海分界线三号界标以南，东沟口西南部的滩地。港口部分水域范围从丹东鸭绿江旧铁桥下游 75 m 外起，至浪头日隆山码头之间；海港部分水域范围东起鸭绿江西水道厦子沟口，西至鸭绿江 1 号浮标领海分界线中国一侧。

（二）京津冀地区港口

1. 天津港

天津港处于京津城市带和环渤海经济圈的交汇点上，是中国陆域距离欧洲和中西亚最近的港口，是连接东北亚与中西亚的纽带；天津港也是环渤海港口中与华北、西北等内陆地区距离最短的港口，其综合运输成本最低。

天津港地处渤海湾西端，位于海河下游及其入海口处，地理坐标为北纬 38°59′08″，东经 117°42′05″，是首都北京的海上门户，也是亚欧大陆桥最短的东端起点。

天津港常风向为东风，出现频率为 11.71%；次常风向为南风，频率为 10.34%；强风向为东风，该风向大于等于 6 级的频率为 1.96%，全年各风向大于等于 6 级所出现的频率为 3.65%；年平均降水量 586.0 mm，年最大降水量 1 083.5 mm（1964 年），年最小降水量 278.4 mm（1968 年），一日最大降水量 191.5 mm（1975 年 7 月 30 日）；平均相对湿度 65%，最大相对湿度 100%，最小相对湿度 3%。年平均雷暴日数为 27.5 天，多发生在 6～7 月份；能见度小于 1 km 的大雾多年平均为 16.5 天，雾多发生在秋冬季节，日出后很快消散。根据资料统计，能见度小于 1 km 的大雾实际年出现天数为 5.0 天；年平均气温 12.3℃，年平均最高气温 16.2℃，年平均最低气温 9.1℃，极端最高气温 39.9℃（1955 年 7 月 24 日），极端最低气温-18.3℃（1953 年 1 月 17 日）。

港区海域每年冬季有不同程度的海冰出现，初冰日在 12 月下旬，终冰日在 2 月下旬，总冰期约 60 天，据多年资料统计，严重冰期年平均仅为 10 天，正常年份海冰对港口营运及船舶航行无甚影响；本区潮汐类型为不规则半日潮型，其潮汐形态系数为 0.53，年最高高潮位 5.81 m（1992 年 9 月 1 日），年最低低潮位-1.03 m（1968 年 11 月 10 日），年平均高潮位 3.74 m，年平均低潮位 1.34 m，年平均海平面 2.56 m，年最大潮差 4.37 m（1980 年 10 月），年平均潮差 2.40 m。港区水域潮流呈往复流性质。港内海流方向基本与航道轴线平行，涨潮流速大于落潮流速。

天津港陆域面积达到 107 km^2，水域面积 200 km^2。主航道长 44 km，航道底宽最宽已达 260 m，航道水深最深已达 21.0 m，25 万吨级船舶可以随时进港，30 万吨级船舶可以趁潮进港。

2. 秦皇岛港

秦皇岛港位于渤海岸，港阔水深，风平浪小，一年四季不冻不淤，是我国北方的一座天然良港。地理坐标为北纬 39°54′24″，东经 119°36′26″。

秦皇岛港常风向西南西，出现频率为 10.6%。强风向为东北东，实测年平均风速 3.9 m/s，最大风速 23.9 m/s；年平均降水量 656.2 mm，年最大降水量 1221.21 mm，年最小降水量 419.5 mm；据统计能见度小于 1 km 影响港口作业的天数年平均为 9.2 天，其中持续在 4 小时以上的雾日为 5.8 天。雾日多发生在春末夏初；季节性较明显。多年平均气温 10.3℃，夏季最热在 8 月份，月平均 24.5℃，冬季最冷在 1 月，月平均气温-6.5℃；附近海域每年初冰日为 11 月下旬，结冰日为翌年 3 月上中旬，冰期平均为 105 天，最长可达 124 天，常年岸边有少量固定冰，冰的厚度一般为 10～30 cm，5 m 等深线以外很少出现固定冰，对船舶航行和港口装卸运输生产无影响。

潮汐类型是以日潮为主的相对不规则的混合潮型，验潮零点在黄海平均海平面下 0.835 m（即验潮零点与理论深度基准面相同）。最高高潮位 2.55 m，最低低潮位-1.43 m，平均海面 0.89 m，平均高潮位 1.24 m，平均低潮位 0.53 m，平均潮差 0.7 m。潮流：涨潮流向为西南西，落潮流向为东北东，属往复流。平均流速 0.5 节，最大涨落潮流速分别为 1 节和 0.7 节。

秦皇岛港港区陆域面积 13.7 km^2，水域面积 115 km^2，平均航道水深 13.5 m，航道平均宽度为 100 m。

3. 唐山港

唐山港位于河北省唐山市东南、滦河口以南乐亭县王滩乡。西北距唐山 95 km，东北距秦皇岛 105 km，西距天津 180 km，地理坐标为北纬 39°12′，东经 119°00′。

唐山港常风向为南风和西南风，强风向为东北风，6 级以上风频率为 0.61%。台风对本地区影响不大；年平均降水量 616.8 mm，年最大降水量 931.7 mm，降水集中季节 7～8 月；雾的影响不大，能见度小于 1 km 的大雾平均每年 66 小时；年平均气温 10.2℃，7 月份气温最高，平均气温 24℃；1 月份最低，平均为-6.9℃；盛冰期为 1～2 月份，岸边有少量固定冰，对船舶行驶无影响；为不规则日潮型，最高潮位 2.244 m，最低潮位 0.04 m，平均潮位 1.23 m。

唐山港港池陆域面积 0.045 km^2，水域面积 0.043 km^2。航道长 6 820 m，底宽 160 m，水深 12 m，乘潮最大可通过 7 万吨船舶。

4. 黄骅港

黄骅港位于河北省沧州市以东约 90 km 的渤海之滨，恰置河北、山东两省交界处，环渤海经济圈的中部，地理坐标为北纬 38°19′30″，东经 117°52′30″。漳卫新河（山东省境内）与宣惠河（河北省境内）交汇的大口河（流程仅 4.5 km）在此入海。

黄骅港常风向为西南及西南偏南，频率 11.7%。强风向东北东向，频率为 0.77%。实测最大风速 31 m/s；年平均降水量为 642.6 mm，集中在夏季，占全年的 73.4%，年最大降水量为 719.40 mm（1984 年），年最小降水量为 336.8 mm；能见度小于 1 km 的年平均雾日为 13 天，最多 20 天，最少 8 天。海雾一般发生于秋冬两季的夜间，次晨最浓，约在上午 10 时消散；年平均气温 12.2℃，年最高气温 37.7℃，年最低气温-19.5℃，7、8 月份平均气温 26.4℃，1 月份平均气温-4.7℃；多年平均总冰期 91 天，主要为浅水岸滩堆冰。初冰在每年 12 月上旬，融冰在翌年 2 月下旬，固定冰宽一般年份 5～6 km，冰情较重的 1984 年约 7 km。浅滩区平均冰厚 25 cm，河口最厚 35 cm；属不规则半日潮。最高潮位 4.06 m，最低潮位-0.07 m，平均高潮位 3.18 m，平均低潮位 0.96 m。平均海平面 2.03 m，最大潮差 3.44 m，平均潮差 2.26 m。平均涨潮历时 5 时 27 分，平均落潮历时 6 时 28 分。

黄骅港港口陆域面积 6.67 km^2，水域面积 0.48 km^2，岸线长 15 km。航道总长度为 34.84 km，底宽 170 m，航道边坡比为 1∶5，目前使用水深 14 m。

（三）山东省港口

1. 青岛港

青岛港位于山东半岛的胶州湾畔，地处黄海北部的咽喉要道，由青岛老港区、黄岛油港区、前湾新港区三大港区组成，地理坐标为北纬 36°04′00″，东经 120°19′05″。港阔水深，不淤不冻，自然条件十分优越，是著名的天然良港。

青岛港夏季多南风及东南风，冬季多北风及西北风。每年大于 7 级以上大风天约 8 天；台风每年约发生 1～2 次，对港口影响甚小；年平均降水量为 755.6 mm，6～8 月降雨最多，占全年的 70%；年平均雾日 51.6 天，每年 4～7 月为最多，对航运、生产影响不大；年平均气温为 12.1℃，极端最高气温 35.4℃，极端最低气温−16℃；终年不冻；为正规半日潮型，平均高潮位 3.85 m，平均低潮位 1.08 m，最高高潮位 5.36 m，最低低潮位 0.70 m。

青岛港港区陆域面积为 24.2 km^2，水域面积为 420 km^2。航道多为深水航道，主要进出港航道有 2 条，一条是大港航道，水深 10.6 m；另一条是黄岛油港航道，水深 12 m。

2. 日照港

日照港地理坐标为北纬 35°23′，东经 119°33′。港口位于我国海岸线中部，东邻黄海，北与青岛港、南与连云港港毗邻，隔海与日本、韩国、朝鲜相望。

日照港常风向北，出现频率 10.95%，强风向北，全年大于 6 级风的频率为 0.51%，本地区无台风登陆，受台风影响极少；年平均降水量为 955 mm，最大年降水量为 1 426.2 mm，最小年降水量为 372.34 mm；雾天大部分发生在 2～7 月之间，约占全年雾日的 90%，能见度小于 1 km 的雾日数平均每年为 11.4 天；年平均气温 12.5℃，历年最高为 37.5℃，历年最低为−14.5℃；海面不结冰，为常年不冻港；属正规半日潮，最高潮位 5.46 m，最低潮位−0.47 m，平均潮差 3.0 m。

日照港湾阔水深，形成 7 km 耳形港湾，外延 1 km，自然水深达 13 m，营运码头总长约为 4 km。整个海域为沙质岸线，不淤不冻，港口全年作业天数可保持在 300 天以上。港区陆域范围为 0.103 4 km^2，水域范围为 300 km^2。

3. 烟台港

烟台港地理坐标为北纬 37°32′51.8″，东经 121°23′46.9″，位于山东半岛北侧芝湾内，隔海与辽东半岛相望。烟台港位于山东半岛北侧，扼守渤海湾口，隔海与辽东半岛相望，与日本、韩国一衣带水，位于东北亚国际经济圈的核心地带，是中国沿海南北大通道（同江至三亚）的重要枢纽和贯通日韩至欧洲新欧亚大陆桥的重要节点。

烟台港春季多西南风，夏季多东南风及西南风，秋冬两季多西南、西北风。全年以西南风最多，频率均为 10%；静风频率 12%，强风向为南风，瞬时最大风速为 33.5 m/s，风向南，7 级以上大风的平均天数为 1.31 天；全年以 7、8 两个月降雨量最大，占全年降水量 50%；年降水量约 737 mm，年最多降水量 965 mm；日最大降水量 208 mm；日降水量大于等于 25 mm 的年日数为 8.5 天；三级以下的浓雾，2～7 月出现较多，降雾时间一般为凌晨 1 时至上午 9 时。影响船舶航行的雾日数年均 3.99 天（能见度小于 1 km）；年均气温 12.5℃。8 月最高，最高曾达 38℃，1 月最低，月均-1.9℃，最低曾至-13.1℃。

1 月中旬至 2 月中旬，海面偶尔结冰，冰薄、时短，无碍航行。唯 1935 年冰冻最为严重，冰厚达 61 cm；烟台港潮汐性质属于正规半日潮。涨落潮历时基本相等，约为 12 时 25 分。历年最高潮位 3.36 m；历年最低潮位-0.87 m；平均高潮位 2.29 m，平均低潮位 0.66 m；平均潮差 1.64 m；最大潮差 2.88 m，最小潮差 0.33 m；平均海面 1.45 m。

码头岸线总长 6 943 m，最大水深 20 m，航道水深 15 m，底宽 180 m，15 万吨级船舶乘潮可自由进出港口。港区货场总面积 1.08 km^2，仓库总面积 0.092 km^2，水域面积 867.4 km^2。

二、港口码头泊位

作为我国环渤海区域的综合大港，大连港、天津港和青岛港拥有的码头泊位数和岸线长度是该地区最多和最长的三个港口。

（一）辽宁省港口

1. 大连港

大连港目前拥有各类生产性码头泊位 226 个，泊位长度为 36.6 km，年通过能力 2.5 亿吨；其中原油泊位 6 个；成品油泊位 28 个；粮食泊位 5 个；集装箱泊位 13 个；矿石泊位 1 个；客滚泊位 15 个；客货泊位 12 个。

2. 营口港

营口港共有包括集装箱、滚装汽车、煤炭、粮食、矿石、原油、钢材等 9 个专用码头在内的 68 个生产泊位，年通过能力 13 150 万吨；其中最大泊位为 30 万吨级矿石码头和 30 万吨级原油码头，集装箱码头可以停靠第五代集装箱。

3. 锦州港

截至 2010 年末，锦州港已拥有生产性泊位 20 个，其中万吨级以上泊位 18 个，年货物通过能力 4 125 万吨，集装箱 1.2×10^6 TEU。

4. 丹东港

丹东港目前共有码头泊位 36 个，其中万吨级以上深水泊位 17 个，年综合货物通过能力 1 849 万吨，旅客 59 万人次/年，集装箱 2.85×10^5 TEU/年。

（二）京津冀地区港口

1. 天津港

天津港主要分为北疆、南疆、东疆、海河四大港区。北疆港区以集装箱和件杂货作业为主；南疆港区以干散货和液体散货作业为主；海河港区以 5 000 吨级以下小型船舶作业为主；东疆港区为天津港的一个新港区，规划面积为 30 km^2。天津港共拥有各类泊位 140 余个，使用岸线长度 18 162 m，生产用泊位 78 个，设计年通过能力 21 399 万吨，集装箱通过能力 $5\ 25\times10^6$ TEU。

2. 秦皇岛港

截至 2010 年底，秦皇岛港已占用自然岸线约 14.9 km，形成码头岸线 15.2 km，共有生产性泊位 52 个，设计年通过能力达 2.26 亿吨，其中煤炭年设计通过能力 1.93 亿吨，集装箱通过能力 1×10^5 TEU。

3. 唐山港

截至 2010 年底，唐山港共建成各类生产性泊位 44 个，泊位长度 10 901 m，年设计通过能力 18 165 万吨、2×10^5 TEU。其中，京唐港区共有生产性泊位 26 个，年设计通过能力 6 915 万吨、2×10^5 TEU；曹妃甸港区共有生产性泊位 18 个，年设计通过能力 11 250 万吨。

4. 黄骅港

截至 2010 年底，黄骅港共有生产性泊位 20 个，设计年吞吐能力 7 760 万吨，其中煤炭 6 675 万吨。

（三）山东省港口

1. 青岛港

青岛港拥有营运泊位 81 个，其中生产性泊位 75 个，万吨级以上泊位 59 个，其中也包括可停靠 12 000～15 000 TEU 船舶的世界最大的集装箱码头、可停靠 30 万吨级超级巨轮的矿石码头、原油码头和 10 万吨级煤炭码头。

2. 日照港

截至 2010 年底，日照港共拥有码头泊位 46 个，年通过能力超过 2 亿吨。

3. 烟台港

烟台港目前包括芝罘湾、西港区、龙口和蓬莱 4 个港区，码头岸线长度 15.3 km，码头泊位 85 个，其中万吨级以上泊位 46 个，10 万吨级以上泊位 8 个，装卸机械 1 000 台套。

三、港口航道信息

大连港和青岛港是环渤海地区天然良港，港口航道的自然条件好，而天津港作为世界上等级最高的人工港之一，其航道也达到了世界大港的要求。

（一）辽宁省港口

1. 大连港

大港航道水深 10 m，宽 270 m；寺儿沟一栈桥和二栈桥航道水深均为 9.5 m，宽 120 m；甘井子航道水深 9.0 m，宽 180 m；香炉礁航道水深 8.0 m，宽 100 m；新港原油码头航道为天然航道水深 17.5 m，宽 300 m；大窑港航道为天然航道，水深 10.7 m，宽 210 m；大连湾码头航道为天然航道，水深为 9.5 m，宽 100 m[①]。

2. 营口港

营口港鲅鱼圈港区航道长 8.5 km，单向航道，设计底宽为 110 m，底标高为 8.7 m，口门宽度 324 m，有效宽度 210 m。老港区航道全长 39 km，分外航道和内航道。外航道有一段拦门沙浅滩，长逾 3 000 m，最浅端水深 1.7 m。3 000 吨级船舶可乘潮出港，3 000 吨级以上船舶需在锚地过驳减载后乘高潮进港。外航道东、西各有一个导流堤，起束水、冲沙作用。内航道最小水深 4 m。

营口港有锚地 2 处：一为过驳锚地，水深 9～12 m，可锚泊船舶吨位 3 万载重吨；一为联检及候潮锚地。航道沿辽河走向，外航道乘潮水深 5.56 m，可

---

① 资料来源：中国港口网. http://www.chinaports.org/info/200708/100236.htm.

通航 3 000 吨级满载船舶；内航道乘潮水深 7.06 m。鲅鱼圈港区有联检候泊锚地 1 处，乘潮水深 11 m，万吨级以上船舶可乘潮进出港。

3. 锦州港

锦州港航道方向 5°41′～185°41′，宽 120 m，长 7.75 km，水深 11 m。锦州港锚地设 3 处：一是外轮检疫、引航锚地，水深 9 m，中心点坐标是北纬 40°42′24″，东经 121°06′30″，半径为 1.852 km 的圆形海域；二是外轮、国轮规避锚地，水深 11 m，中心点坐标是北纬 40°33′00″，东经 121°26′30″，半径为 1.852 km 的圆形海域；三是油船锚地，水深 17 m，中心点坐标是北纬 40°15′00″，东经 121°22′00″，半径为 1.852 km 的圆形海域。

4. 丹东港

丹东港浪头港区出港航道为鸭绿江，水深 2～4 m，有较完善的助航设施；大东港区出港航道，全长 18.52 km，平均水深 9.1 m。共有锚地 4 处：中水道 1 号浮锚地、薪岛 6 号浮锚地、14 号锚地、1 号浮锚地分别位于鸭绿江口海面和薪岛，均为沙底。

（二）京津冀地区港口

1. 天津港

天津港主航道长 44 km，航道底宽最宽已达 260 m，航道水深最深已达 21.0 m，25 万吨级船舶可以随时进港，30 万吨级船舶可以趁潮进港。

2. 秦皇岛港[①]

秦皇岛港主航道长度 6 700 m，深度 15.5 m，宽度 120 m；东航道长度 4 679 m，深度 15.5 m，宽度 120 m；西航道，长度 4 843 m，深度 13.5 m，宽度 100 m；旧航道长度 3 145 m，深度 10.0 m，宽度 100 m。四条航道均为泥沙底。

3. 唐山港

唐山港进港航道垂直于岸线，进入港池走向 135°～315°，航道长为 4.4 km，水深 9.8 m，可通航 1.5 万吨级船舶，乘潮可通行 2 万吨级船舶。

4. 黄骅港

黄骅港航道总长度为 34.84 km，底宽 170 m，航道边坡比为 1∶5，目前使用水深 14 m。

---

① 资料来源：中国航运网. http://www.chinaports.com.cn/ports/news.asp?id=33&news_Id=5848.

（三）山东省港口

1. 青岛港

青岛港航道多为深水航道，主要进出港航道有 2 条，一条是大港航道，长度为 2.8 km，宽 120 m，水深 10.6 m；另一条是黄岛油港航道，为天然航道，水深 12 m 以上。

进出青岛港的航道分湾内航道及外海航道两部分。湾内航道为进入胶州湾后驶往各港区的航道，外海航道为胶州湾外的进湾航道。外海航道主航道宽 3.33～50.00 km，长约 45 km，分别满足不同方向、不同等级船舶进入主航道需要。黄岛油二期工程开辟了 20 万吨级新航道，航道宽 370 m，主航道在湾口外有一浅水段，长约 6 km，规划 20 万吨级大型船舶使用现有深水油轮航道，其他船舶根据来船方向由各支线进入主航道。自外海主航道团岛转向点至各港区、锚地的航道为湾内航道，胶州湾内共有 6 条主要湾内航道，满足 2 万吨级船舶不乘潮，5 万吨级船舶乘潮进出。油港航道可直接驶靠油一期码头或绕过浅礁进入 23 号油轮锚地，自油轮锚地至油轮一期码头为油轮一期北航道。20 万吨级巨型油船可不乘潮进出油二期码头区。前湾港区航道目前为单航道，可满足近期前湾一、二期工程的要求，规划双向航道底宽 400 m。

2. 日照港

（1）航道

① 煤码头

航道走向：345-45/165-45；长度：2 400 m；宽度：200 m，两侧各有 500 m 辅助航道（水深 11 m）；水深：15 m；底质：泥沙。

② 杂货码头主航道

总长度：4 072 m；水深：14.5 m；宽度：40#至 34#底宽 190 m，34#至 31#、32#底宽 180 m；日照港东西港区进港航道分为三段，第一段航道走向 194-02/14-02，第二段航道走向 174/354，长度 1 091.5 m；第三段航道走向 127/307，长度 1 715 m。

③ 木片码头航道

航道长度：1 430 m，航道走向：174/354，航道水深：9.5 m。

（2）锚地

日照港锚地位于本港东南方，锚地长宽各为 7 408 m，又等分为 1～4 号锚地，其中，离港最近的 1 号锚地为检疫锚地，3 号锚地为油轮专用锚地。

1～4 号锚地水深均为 17 m 以上，泥沙底海底平坦，水域开阔，风、浪流较小，适于船舶锚泊，不足之处是无避风条件，当风力在 8 级以上时，会发生船舶走锚，因此，各锚泊船在此情况下应备车，加强瞭望，注意本船及他船动向。另外，日照港新增洗舱锚地、熏蒸锚地。

3. 烟台港

烟台港共有 3 条航道，其中东港内航道长 700 m，宽 90 m，水深 8.7 m，乘潮满载通航最大船舶吨级 2.5 万吨；东港外航道长 2 200 m，宽 100 m，水深 8.7 m，乘潮满载通航最大船舶吨级 2.5 万吨；西港区航道长 3 800 m，宽 100 m，水深 11.5 m，乘潮满载通航最大船舶吨级 5.5 万吨。

烟台港主要航行标志有 3 处：

一处为崆峒岛灯塔（北纬 37°33′44″，东经 121°30′51″），高 72.3 m，射程 35.19 km；

一处是烟台山灯塔（北纬 37°32′52″，东经 121°23′46″），高 80.3 m，射程 37.04 km；

一处是小山子灯桩（北纬 37°35′37″，东经 121°25′57″），高 21 m，射程 11.11 km。

锚地：烟台港在港区水域内设有避风锚地，第一、第二引航检疫锚地，油轮过驳锚地。

避风锚地水深 7～9 m，面积 8.57 km^2，泥沙底质。

第一引航检疫锚地长 2 932 m，宽 1 852 m，水深 7～14.5 m，面积 5.43 km^2，泥沙底质。

第二引航检疫锚地长 3 666 m，宽 2 778 m，水深 17 m，面积 1 018 km^2，泥沙底质。油轮过驳锚地长 2 199 m，宽 1 548 m，水深 18 m，面积 3.39 km^2，泥沙底质。

四、港口集疏运条件

受自然地理条件的限制，在环渤海港口中水路运输量在集疏运体系中几乎为零；主要的集疏运方式是公路、铁路、航空和管道。

（一）辽宁省港口

1. 大连港

大连港交通十分方便，通过哈大铁路正线与东北地区发达的铁路网连接。

公路有全国最长的沈大高速公路与东北地区的国家公路网络相连接。经东北铁路网和公路网，大连港还连接着俄罗斯和朝鲜，可通过西伯利亚大铁路，成为欧亚大陆桥的起点。海上运输已开辟到中国香港特别行政区、日本、东南亚、欧洲等国际集装箱航线 8 条，国内客运航线 8 条，以及定期的旅游船航线。陆海空多种运输方式组成的主体运输网为大连港发展提供了优越的集疏运条件。

在公路建设方面，大连市在升级改造原有公路线基础上，建成土羊高速公路、丹大延伸线高速公路、大窑湾疏港高速公路、沈大及丹大连接线高速公路、长兴岛疏港高速公路、大连湾疏港高速公路、皮炮高速公路和庄盖高速公路等。2010 年末，全市等级公路总里程达到 8 205 km，比“十五”末增长 51.9%，年均增速达到 8.7%。在水路方面，以大连为出海口的东北集装箱海铁联运体系初步形成。到“十一五”末，全市共有省际客滚运输航线 7 条，陆岛客运与货滚航线 19 条，大连港共开航集装箱班轮航线 92 条，其中外贸航线 80 条，内贸航线 12 条，远洋干线 12 条。在铁路方面，大连市开建了哈大铁路快速客运专线、长兴岛疏港铁路、前阳—庄河铁路、哈大客运专线与沈山客运专线的联络线、丹东—大连城际铁路、部分园区和港口疏港铁路等一大批路网建设项目。在航运方面，大连机场在“十一五”期间新引入 6 家国外、12 家国内航空公司，新开通 27 条国际和地区航线、11 条国内航线，新增 24 个国际通航点、9 个国内通航点。此外，大连市现有长途客运线路 896 条，其中省际线路 58 条、市际线路 113 条，行政村通车率达到 100%。全市共有货运业户约 6.53 万户，货运车辆 9.6 万台，其中集装箱运输车辆 2 716 台、城市间的货物运输车辆 623 台，有从业人员 15.7 万人。

2. 营口港

营口港地理位置优越，交通便捷，地处东北经济圈和环渤海经济圈的结合部，是东北内陆最近的出海口，北靠以沈阳为中心的沈阳经济区和东北腹地，南依东北亚航运中心大连市，是“五点一线”战略布局的重要节点。长大铁路、沈大高速公路、哈大公路纵贯全境，构成以营口为节点的辽宁 9 个城市的 90 分钟城市圈，还有现在正在建设中的哈大高速铁路、营口机场和城市轻轨，也使营口港融入环渤海和欧亚大陆桥交通枢纽网络。

3. 锦州港

锦州港周围形成密集的立体交通网络。在公路方面，5 条高速公路（锦州港—北京、锦州港—沈阳、锦州港—阜新、锦州港—朝阳、锦州港—盘锦—营口），2 条国家级公路（102 国道、305 国道）通过锦州港并呈放射状伸向中国东北、华北和内蒙古广大地区；在铁路方面，港区铁路与京哈铁路主干线和锦承、锦赤、大郑、沟海、高新、魏塔等 12 条干线铁路；在管道方面，拥有长达 350 km 的 26 条原油、成品油、化工品等各类管道，从油品化工码头直通锦州石化公司、锦西炼化总厂、锦化集团等大型石化加工企业。

锦州港所处的锦州市地理位置优越，区位优势独具特色，是连接中国东北地区和华北地区的交通枢纽。京哈铁路、锦承铁路、秦沈铁路客运专线、京哈公路、京沈高速公路横贯全境；锦阜、锦朝高速公路及 102 国道使锦州与周边城市形成了“一小时城市群”；锦州机场是辽宁省西部唯一一座达国际 4C 级标准的民航机场，已开通锦州—北京中转联航，可飞往全国各地。

4. 丹东港

丹东港所在的丹东市位于东北亚的中心地带，是环黄海经济圈、环渤海经济圈重要交汇点，具有沿江、沿海、沿边“三沿”优势，与朝鲜半岛有 300 km 的边境线，丹东铁路距平壤 220 km，距首尔 420 km，是连接日本下关、韩国首尔、朝鲜平壤、中国北京和俄罗斯莫斯科的欧亚铁路大动脉的重要组成部分。丹东港距韩国的仁川港仅 245 海里，是联结韩国、日本十分便利的海上通道。

丹东地区公路四通八达，纵横交错，总里程达 3 887 km，二级以上公路达 619 km，现有客运线路 527 条，沿途站点 1 059 个，已被正式确定为国家区域性公路运输枢纽城市，成为国家二类公路主枢纽城市之一；丹东境内铁路线 260 km，主要有沈（阳）—丹（东）线和风（城）—上（河口）线两条铁路；丹东市是中国海岸线最北部的水陆中转联运港，也是中国 14 个沿海开放港口之一。丹东港现有浪头港和大东港两个港区，生产性泊位 13 个，年吞吐能力 2 000 万吨；中国民航丹东站（辽宁省机场管理集团丹东机场）自 1985 年 4 月正式通航，航线将扩展到全国各地，并已开辟丹东—韩国首尔等国际航线；此外，丹东市内公共交通十分方便。现有各种型号客车 338 台，营运里程 74.8 km，已形成纵横交错的交通网。

（二）京津冀地区港口

1. 天津港

天津港集疏运系统由公路子系统、铁路子系统、水运子系统、管道子系统，以及港区及腹地仓储物流子系统构成。目前，天津港拥有集装箱班轮航线 89 条，其中远洋航线 17 条，近洋航线 51 条，内支线 6 条，内贸航线 15 条。拥有通向主要腹地的铁路线共 16 条，其中集装箱班列 5 条，可通过铁路运输直达成都、包头、西安、乌鲁木齐、二连浩特等内陆主要省区。港内建成主要疏港公路 10 条，并通过 22 条高等级公路与主要经济腹地相连。现有各类储油罐 127 个，沿南疆路设有公用输油管廊，可架设管道 45 条，现已建成 10 条穿越海河河道的输油管道[①]。

天津市由铁路、公路、水路、航空和管道五种运输方式构成了四通八达的交通运输网络。天津铁路枢纽位于京哈线与津沪线、津蓟线交汇处，衔接北京、山海关、济南、蓟县、霸州五个方向，是沟通关内外的咽喉，承担着关内外车流中转和天津港集疏运输的任务，是一个客货混合、路港联运的大型枢纽；天津市公路网是以国道和部分市级干线为骨架，以放射状公路为主的网络系统，并以外环线沟通各条放射公路的联系，通过天津的国道主干线有 4 条，国道 5 条；水运方面，天津港是河、海兼备的港口，也是我国最大的人工港，北塘港位于塘沽区东南蓟运河与永定新河河口交汇处，天津市共有水运企业 14 家，拥有船舶 148 艘，236.89 万载重吨，年货运量约 1 500 万吨；航空方面，天津滨海国际机场已经初步建立了以国内航线为主体，以东北亚航线为龙头，以欧美航线为两翼的航线网络，已开通航线 61 条，通航城市 51 个；管道方面，天津市有输油管道 245 km，全市管道设计输油能力 550 万吨。

2. 秦皇岛港

秦皇岛港有着便利的集疏港条件，已形成铁路、公路、管道等完善的港口集疏运网络。铁路运输方面，京山、沈山、京秦、大秦四条铁路干线直达港口，与港区铁路专用线相连；公路运输方面，贯穿中国南北的 102 国道和 205 国道经过秦皇岛，京沈高速公路距秦皇岛港仅几公里；管道运输方面，港区输油管线长 47 513 km，与秦京管线和通往大庆油田的输油管线直接相连。

3. 唐山港

唐山港地处唐山市，是京、津的重要门户，处于联结华北与东北广大地区的枢纽地带，已形成以铁路为骨干、海运为外延，公路为脉络的交通运输网络，密度高于全国沿海城市平均水平。唐山境内有京哈、通坨、京秦、大秦四条铁路干线横贯全市，境内铁路总长度 677 km，是全国铁路密度最高的地区之一。还有唐遵、坨港、汉南、卑水等多条地方铁路。市中心区有以客运为主的唐山

① 米晓晨．天津港集疏运系统规划研究：[学位论文]．大连：大连海事大学，2006.

站和以货运为主的唐山南站。以京沈、唐津、唐港、西外环四条高速公路和三条国道为骨干的公路网络密度高于全国沿海城市平均水平，总里程达到 7 396 km。京沈、唐津、唐港、西外环四条高速公路在唐山市内构成壮观的“0+X”型高速公路网，形成 92 km 的环城高速公路。

4. 黄骅港

黄骅港集疏运体系有待完善，在公路方面，连通黄骅港的主要道路有省道沿海公路、307 国道、石黄高速等；在铁路方面，邯黄铁路是黄骅港集疏运的主要通道，也是晋煤东运的辅助通道，目前尚未形成便捷的铁路运输通道，朔黄铁路和沧黄地方铁路均未能直通综合大港。

黄骅港地处沧州市，现有高速公路 210 km，国省干线 1 414.85 km，县道 1 098 km，乡道 2 400 km，全市通车总里程达 10 270 km，公路密度 0.72 km/ km^2，位于全省前列。全市基本形成了以京沪和石黄高速公路为主干、以六纵六横道路为骨架、以地方道路为网络的交通格局。六纵包括，国道 106、国道 104、国道 205、省道廊泊路、沿海路和京沪高速公路；六横包括，石黄高速、国道 307、省道沧乐线、正港线、保沧线、津保南线。

（三）山东省港口

1. 青岛港

青岛港集疏运条件优越。铁路运输经由胶黄线、胶济线与石太线、石德线、京沪线和京九线等全国干线相连，沟通了青岛港与山西、陕西、河北、河南以及中西部广大地区的联系；青岛港强化了高速公路进港，公路运输经胶州湾、济青等高速公路连通本省，经同三、青银等高速公路连接全国路网；管道运输经东黄管线与全国管网相连①。

青岛港所处的青岛市是全国的重要铁路枢纽之一，石家庄—太原—青岛客运专线、胶济铁路、蓝烟铁路、胶新铁路、青岛—荣成城际铁路和港湾内的胶黄线在此交汇；青岛市公路交通十分发达，已建成济青、胶州湾、西流、夏双、潍莱、同三、青银、308 国道、206 国道、前湾港疏港等数条高速公路，高速公路总里程达到 525 km，占全国高速公路总里程的 1/60，占全省 1/6；青岛机场共开通国内航线 78 条，国际和地区航线 14 条，通航国内 47 个城市，国际地区 8 个城市，每周航班密度达到 1 400 余班，基本形成“沟通南北、辐射西部、连

① 李兆强．青岛市港口集疏运系统研究［学位论文］．青岛：中国海洋大学，2009.

接日韩、面向世界”的开放型航线布局。

2. 日照港

日照港集疏运方便快捷。铁路方面，连接港口的兖石铁路、坪岚铁路向西经新乡、侯马、西安直达新疆的阿拉山口，形成平行陇海，与京沪、京九、京广、焦枝、同蒲铁路相交的纵横交错的铁路网络，把日照港与华东、中原、西北广大地区连接在一起；公路方面，疏港高速公路与日东、连霍高速公路相连，与同三、京沪、京福高速公路相交，连接港口的 4 条公路国道干线通往全国各地，形成了四通八达的公路运输网络；水路方面，日照港海上航线可达世界各港，已与世界 100 多个国家和地区通航。

日照市境内高速公路、铁路呈“两横两纵”格局，与全国交通干线相连。日（照）东（明）高速公路横穿鲁南，跨越京沪、京福高速公路、直达中原腹地，贯穿日照的同（江）三（亚）高速公路北起中俄边境，南至海南省，纵贯中国南部沿海主要城市。菏日铁路东与日照港、岚山港相接，西与陇海、兰新铁路相汇，经新疆阿拉山口出境，可直达荷兰鹿特丹和比利时的安特卫普等欧洲口岸；胶（州）新（沂）铁路纵贯日照。

3. 烟台港

烟台港集疏运系统完善。在铁路方面，2006 年开通的烟大铁路轮渡，把东北经济圈、环渤海经济圈、长三角经济区串成一体，此外，德龙铁路又是烟台港通往西部腹地的大通道；在公路方面，烟台港各港区通过疏港公路直接与同三高速、线城高速、威乌高速和 206 国道相连；在航运方面，烟台港与中海、中远、南青、大连集发、中韩轮渡、烟台海运等国内外知名的 20 余家船公司合作开展运输业务，包括 20 多条国际集装箱班轮航线，开通至丹东、大连、营口、锦州、秦皇岛、京唐、天津、上海、泉州、深圳、广州黄埔等港口的内贸航线，至日本、韩国、美国等国家的外贸航线，至大连、上海、青岛的外贸内支线，可承接、中转世界各地适箱货物。

烟台市已基本形成了陆海空立体交通网络：空港为国家一类开放口岸，现已开通至韩国、日本、新加坡、中国的澳门特别行政区、中国的香港特别行政区等国际航线；国内航线联通北京、上海、广州、深圳、厦门、海口、大连、沈阳、哈尔滨、成都、昆明、武汉、济南、西安等 20 多个大中城市，每周航班 120 多个。在水运方面，烟台市与全世界 100 多个国家的港口货运联网，并有开往韩国群山市、釜山市的国际海上客轮；国内有直达大连、天津、秦皇岛、旅顺、营口等地的客轮、滚装轮、快船。在陆上运输方面，烟台市铁路交通四通八达，可直达北京、天津、上海、南京、济南、青岛、潍坊、淄博、佳木斯、西安等城市，并可中转全国各大城市；公路有烟青一级路、烟威高速公路、同三高速烟台段、潍莱高速，国道、县乡公路网络密集[①]。“十二五”期间，烟台市将加快和完善“五纵五横一环”的高等级公路网，其中包括荣乌高速、龙青高速、沈海高速、204 国道、309 国道和成龙线等。

第二节　港口货物吞吐能力

本节主要介绍各港口的货物吞吐量，时间跨度为 2007～2011 年。港口的主要数据由《中国港口年鉴》（2008～2012）数据整理所得。

一、辽宁省港口

辽宁省港口吞吐量最大的港口是大连港，该港口在货物总吞吐量、集装箱吞吐量和外贸吞吐量都居于首位。

（一）大连港

大连港拥有国际国内集装箱航线 85 条，航班密度为 300 多班/月，东北三省 90%以上的外贸集装箱均在大连港转运。目前大连港已经与世界 160 多个国家和地区、300 多个港口、超过 50 家国内外大型航运企业建立了港航运或经贸合作关系。

近年来，货物总吞吐量和集装箱吞吐量持续增长，2010 年货物总吞吐量已经突破 3 亿吨。2011 年大连港共完成水水中转箱量 8.75×10^5 TEU，同比增长 43%；完成铁海联运箱量 3.62×10^5 TEU，同比增长 24%，铁海联运箱量居全国港口第一位。此外，大连港集团充分发挥超大型矿石、油品码头能力，全年中转油品货源同比增幅 41%，商品汽车市场份额扩大到 92.2%。煤炭运输成为继集装箱、油品、矿石、客货滚装之后大连港第五个“千万吨级”货种[②]。

---

① 资料来源：百度百科．http://baike.baidu.com/view/7309.htm.

② 资料来源：大连港吞吐量跻身世界前十．2012-03-30．http://www.enorth.com.cn.

表 4–1 大连港 2007～2011 年吞吐量

年份	货物总吞吐量（万吨）	集装箱吞吐量（$\times10^4$TEU）	外贸吞吐量（万吨）
2007	22 286	381.3	8 214
2008	24 588	452.5	8 585
2009	27 203	457.6	9 778
2010	31 399	526.3	10 830
2011	33 700	640.0	10 700

资料来源：根据《中国港口年鉴》（2008～2012）相关资料整理。

（二）营口港

营口港的集装箱航线以内贸航线为主，目前航线已覆盖沿海主要港口，并开通了日本、韩国和东南亚等国家和地区十几条国际班轮航线和多条可中转世界各地的内支线。2011 年营口港货物吞吐量突破 2.6 亿吨，完成 2.608 亿吨，同比增长 15.5%；集装箱吞吐量超过 4×10^6 TEU，完成 4.03×10^6 TEU，同比增长 20.8%①。

表 4–2 营口港 2007～2011 年吞吐量

年份	货物总吞吐量（万吨）	集装箱吞吐量（$\times10^4$TEU）	外贸吞吐量（万吨）
2007	12 207	137.1	2 775
2008	15 805	203.6	2 685
2009	17 603	253.7	3 441
2010	22 579	333.8	4 868
2011	26 080	403.3	5 415

资料来源：根据《中国港口年鉴》（2008～2012）相关资料整理。

（三）锦州港

锦州港已初步形成了连接我国东南沿海及长江、珠江内河水系的航线布局，目前已开通锦州港—青岛港—上海港航线，锦州港—大连港航线及锦州港—天津港航线。2011 年锦州港共完成货物吞吐量 7.582 万吨，同比增长 26.2%。其

① 资料来源：营口港吞吐量突破 2.6 亿吨. http://www.ykdz.gov.cn/cn/news/zonghexinxi/2012-01-18/24247.html.

中，外贸进出口货物吞吐量完成 693 万吨，同比增长 0.8%；集装箱运输完成 8.39×10^5 TEU，同比增长 11.2%①。

表 4–3　锦州港 2007～2011 年吞吐量

年份	货物总吞吐量（万吨）	集装箱吞吐量($\times10^4$TEU)	外贸吞吐量（万吨）
2007	3 515	45.1	463
2008	4 723	65.0	365
2009	5 259	73.8	547
2010	6 008	75.5	688
2011	7 582	83.9	693

资料来源：根据《中国港口年鉴》(2008～2012) 相关资料整理。

（四）丹东港

丹东港目前有 8 条国际国内集装箱航线以及通往日本、韩国、朝鲜等国家的散杂货、客运航线。2011 年丹东港货物吞吐量完成 7 637 万吨，同比增长 38.5%；集装箱吞吐量完成近 7.1×10^5 TEU，同比增长 121.3%。

表 4–4　丹东港 2007～2011 年吞吐量

年份	货物总吞吐量（万吨）	集装箱吞吐量($\times10^4$TEU)	外贸吞吐量（万吨）
2007	2 610	18.1	358
2008	3 259	22.2	423
2009	4 096	26.0	427
2010	5 343	32.0	454
2011	7 637	70.9	581

资料来源：根据《中国港口年鉴》(2008～2012) 相关资料整理。

二、京津冀地区港口

天津港是京津冀地区的综合性大港，其吞吐量远超该地区其他港口。

（一）天津港

天津港同世界上的 180 多个国家和地区的 600 多个港口有贸易往来，每月

① 资料来源：2011 年 12 月锦州港共完成货物吞吐量 736.8 万吨. 中贸物流资讯网，2012-01-18.

集装箱航班 400 余个，包括韩国、日本、中国香港特别行政区、东南亚各国、波斯湾沿岸国家、地中海沿岸国家、欧洲各国、美国及加拿大等国家和地区。2010 年天津港成为我国北方第一个 4 亿吨大港，并新开发集装箱航线 28 条，实现了对世界主要港口的全面覆盖。

天津港 2011 年全年货物吞吐量累计超过 4.5 亿吨，在全球港口货物年吞吐量排名中列第四位；集装箱吞吐量完成 1.15×10^7 TEU；全年共完成固定资产投资 135 亿元人民币；新开发集装箱航线 13 条，焦炭、外贸钢材、原木等货类吞吐量实现较大幅度增长①。2012 年，天津港重点建设 30 万吨级航道一期工程、南疆中国航油石化码头工程等五项重点工程，2012 年全年实现货物吞吐量 4.76 亿吨、集装箱吞吐量 1.23×10^7 TEU、营业收入 251 亿元。

表 4–5　天津港 2007～2011 年吞吐量

年份	货物总吞吐量（万吨）	集装箱吞吐量（$\times10^4$TEU）	外贸吞吐量（万吨）
2007	30 946	710.3	16 803
2008	35 593	850.0	18 245
2009	38 111	870.4	19 633
2010	41 325	1 008.6	20 709
2011	45 300	1 150.0	22 100

资料来源：根据《中国港口年鉴》（2008～2012）相关资料整理。

天津港自从 2001 年实现亿吨突破后，港口货物总吞吐量步入了快速发展的阶段，2004 年突破 2 亿吨，2007 年突破 3 亿吨，2010 年突破 4 亿吨，2011 年突破 4.5 亿吨。

（二）秦皇岛港

秦皇岛港业务辐射范围至新疆、内蒙古、辽宁等地，与多家船公司进行合作，已开通 8 条集装箱班轮航线，成为内贸运输航线上的干线港。2011 年煤炭吞吐量完成 2.53 亿吨，同比增长 12.8%；杂货吞吐量完成 1 763 万吨，标准集装箱完成 43 万个，同比增长 26%；石油化工类吞吐量完成 971 万吨，创 13 年以来新高。全年货物吞吐量超过 2.8 亿吨，较去年增长 2 298 万吨，再创历史

① 资料来源：天津港 2011 年货物吞吐量超 4.5 亿吨创历史新高．新华网，2012-01-01.

新高[①]。

表 4–6　秦皇岛港 2007～2011 年吞吐量

年份	货物总吞吐量（万吨）	集装箱吞吐量（$\times10^4$TEU）	外贸吞吐量（万吨）
2007	24 893	34.0	3 593
2008	25 231	33.1	2 788
2009	24 942	40.2	2 216
2010	26 297	30.0	1 718
2011	28 000	43.0	1 244

资料来源：根据《中国港口年鉴》（2008～2012）相关资料整理。

（三）唐山港

唐山港分为曹妃甸港区、京唐港区和丰南港区，主要货物种类包括煤炭、矿石、原盐、粮食、化肥、水泥、设备、集装箱，航线通达亚、欧、美等的 20 多个国家和地区及国内 90 多个港口。2011 年唐山港货物吞吐量突破 3 亿吨[②]，其中曹妃甸港区完成 1.7 亿吨，京唐港区完成 1.3 亿多吨。至此，唐山港已成为河北省第一大港，全国第八大港口。“十二五”期间，唐山港固定资产投资将达到 400 亿元，新建生产性泊位 50 余个，新增年设计通过能力 4 亿吨。预计到 2015 年，唐山港货物吞吐量将达到 5 亿吨。

表 4–7　唐山港 2007～2011 年吞吐量

年份	货物总吞吐量（万吨）	集装箱吞吐量（$\times10^4$TEU）	外贸吞吐量（万吨）
2007	6 759	27.7	3 963
2008	10 853	24.1	5 477
2009	17 559	24.0	10 171
2010	24 609	19.3	11 395
2011	31 263	34.1	14 329

资料来源：根据《中国港口年鉴》（2008～2012）相关资料整理。

（四）黄骅港

黄骅港是我国山西、陕西煤炭下海外运距离最短的港口之一，又是河北省西侧太行山麓建材出口基地和外运散装水泥的口岸。目前以煤炭运输和杂货运

① 资料来源：秦皇岛港 2011 年吞吐量再创历史新高. 燕赵都市网．2012-01-02．www.yzdsb.com.cn.

② 资料来源：唐山港 2011 年货物吞吐量超 3 亿吨．新华网，2012-01-08.

输为主要业务。黄骅港运营航线已包括我国华东、华南沿海和台湾地区，以及日本、韩国、东南亚等地。2011 年，黄骅港整体吞吐量突破亿吨，达到了 1.13 亿吨[①]。

表 4-8　黄骅港 2007～2011 年吞吐量

年份	货物总吞吐量（万吨）	集装箱吞吐量（万 TEU）	外贸吞吐量（万吨）
2007	8 333	—	1 380
2008	7 980	0.4	1 700
2009	8 374	0.3	526
2010	9 438	0.1	494
2011	11 267	—	—

资料来源：根据《中国港口年鉴》（2008～2012）相关资料整理。

三、山东省港口

青岛港是山东省龙头港口，也是山东省重点发展的港口，青岛港不仅总吞吐量居于全国领先地位，其集装箱吞吐量排名的不断增加，也使青岛港逐渐成为环渤海主枢纽港之一。

（一）青岛港

青岛港主要从事集装箱、原油、铁矿石、煤炭、粮食等各类进出口货物的装卸、储存、中转、分拨等物流服务和国际客运服务，与世界上 130 多个国家和地区的 450 多个港口有贸易往来。

2011 年，青岛港完成货物吞吐量 37 230 万吨，同比增长 6.3%，其中外贸吞吐量 26 394 万吨，同比增长 3.3%，继续居大陆外贸口岸第二位；集装箱完成 1.3×10^7 TEU，同比增长 8.4%。

表 4-9　青岛港 2007～2011 年吞吐量

年份	货物总吞吐量（万吨）	集装箱吞吐量（$\times10^4$TEU）	外贸吞吐量（万吨）
2007	26 502	946.2	19 011
2008	30 029	1 002.4	20 665
2009	31 546	1 026.2	22 205
2010	35 012	1 201.2	25 541
2011	37 230	1 302.0	26 394

资料来源：根据《中国港口年鉴》（2008～2012）相关资料整理。

① 资料来源：黄骅港 2011 年吞吐量突破 1 亿吨．新华社，2011-12-31.

（二）日照港

目前日照港有航线 20 多条，月航班 70 多个。其中，内贸航线覆盖国内沿海基本港口，外贸航线可通达日本。2011 年日照港累计完成货物吞吐量 2.5 亿吨，同比增长 11.8%①。吞吐量超过 100 万吨、500 万吨和 1 000 万吨的货物种类分别达到 16 个、10 个和 6 个，铁矿石进口量和镍矿、木片、大豆、水泥吞吐量继续居全国沿海港口首位。

表 4–10　日照港 2007～2011 年吞吐量

年份	货物总吞吐量（万吨）	集装箱吞吐量（$\times10^4$TEU）	外贸吞吐量（万吨）
2007	13 063	43.0	9 517
2008	15 102	70.9	9 980
2009	18 131	82.1	12 687
2010	22 597	106.1	15 204
2011	25 260	140.0	16 690

资料来源：根据《中国港口年鉴》（2008～2012）相关资料整理。

（三）烟台港

烟台港对外已与世界 100 多个国家和地区的 150 多个港口直接通航，现已开通 10 余条国际集装箱班轮航线，内贸航线 18 条。烟台至大连旅客运输、汽车轮渡是国内沿海最繁忙的航线之一。2011 年烟台港完成货物吞吐量 1.8 亿吨，同比增长 20%；完成集装箱吞吐量 1.7×10^6 TEU，同比增长 10.9%；完成旅客发送量 221.6 万人次、滚装车发送量 35.8 万辆，同比分别增长 13%、21%；完成火车装车量 35.3 万辆，同比增长 25%。化肥出口量、铝矾土进口量、对非口岸贸易量、石油焦和朝鲜煤炭进口量五项指标位居全国首位。

表 4–11　烟台港 2007～2011 年吞吐量

年份	货物总吞吐量（万吨）	集装箱吞吐量（$\times10^4$ TEU）	外贸吞吐量（万吨）
2007	10 129	125.0	3 404
2008	11 189	153.2	3 792
2009	12 351	140.1	4 461
2010	15 033	154.1	5 697
2011	18 029	170.9	—

资料来源：根据《中国港口年鉴》（2008～2012）相关资料整理。

---

① 资料来源：2011 年日照港货物吞吐量首次突破 2.5 亿吨. 日照港航局. 2012-02-01.

第三节　港口腹地经济概况

港口腹地又称港口吸引范围，是指港口货物吞吐和旅客集散的地区范围。港口与腹地是相互依存的，一方面，港口的发展受腹地经济发展水平、对外贸易状况、产业结构等因素的影响，另一方面，港口的发展对腹地经济的发展具有积极的促进作用。

港口腹地可以分为海向腹地和陆向腹地：海向腹地主要指通过船舶的海上运输从而与港口相连的某一个或几个国家与地区；陆向腹地即通过某种运输方式，为港口提供货源或消耗通过港口进口的物品的内陆地区。鉴于数据的可得性以及海向腹地的复杂性，本书所指的腹地均为陆向腹地。

一、总体经济概况

港口在区域经济发展中扮演着增长极的角色，能够带动区域货物的输入和输出，拉动经济腹地的发展；而港口增长极角色的形成和维持是腹地总体经济，尤其是腹地外向型经济持续增长以及需求结构性调整共同拉动的结果。大量相关研究证明，港口与其腹地的工业化进程以及外向型经济发展更为密切。因此，本研究选取经济总量、对外贸易和产业结构三方面对环渤海地区的经济发展现状进行描述。

（一）经济总量

国内生产总值（GDP）及财政收入是反映一个地区经济总量、经济实力以及衡量其经济发展水平的重要指标。

从 2000 年到 2009 年，环渤海经济圈经济总量从超过“长三角”和“珠三角”0.34 万亿元和 1.21 万亿元扩大到 1.35 万亿元和 4.65 万亿元，分别扩大了 1.01 万亿元和 3.44 万亿元，其中工业增加值分别扩大 4 519.8 亿元和 1.45 万亿元，分别占经济总量优势扩大量的 44.9%和 42.2%。

2009 年，环渤海经济圈实现地区生产总值 8.6 万亿元，占全国的比重达到 25.7%，分别超出“长三角”和“珠三角”4.1%和 13.9%。“十一五”以来，环渤海经济圈经济总量年均增长 13.0%，与“十五”时期相比，提高了 0.7%；与

"长三角"和"珠三角"相比，由"十五"时期分别低 0.4%和 1.0%，反超 0.4% 和 0.6%，成为三大经济圈中经济增长最快的区域。

（二）对外贸易

从经济外向度来看，一个区域的进出口总值是衡量该地区的外向型经济发展情况的重要指标。

2011 年，环渤海地区进出口总值完成 8 784.55 亿美元，比上年增长 26.26%，占全国进出口总值的 24.12%。其中，北京市完成进出口总值 3 895.56 亿美元，比上年增长 29.22%，占环渤海地区进出口总值的 44.34%；天津市完成进出口总值 1 033.76 亿美元，比上年增长 25.91%，占环渤海地区进出口总值的 11.77%；河北省完成进出口总值 536 亿美元，比上年增长 27.44%，占环渤海地区进出口总值的 6.1%；辽宁省完成进出口总值 960.36 亿美元，比上年增长 18.99%，占环渤海地区进出口总值的 10.93%；山东省完成进出口总值 2 358.86 亿美元，比上年增长 24.7%，占环渤海地区进出口总值的 26.85%。

（三）产业结构

本部分内容包括环渤海地区产业构成和环渤海地区重点产业。

1. 环渤海地区产业构成

环渤海经济圈的产业结构中第二产业比例最大，重工业、化工业所占比重较大；在所有制结构方面，国有经济比重高。从近十年的统计资料分析，环渤海地区经济结构一直呈现"二三一"工业化结构特征，即第二产业占主要地位，第三产业次之，第一产业位居第三位。环渤海地区大中型骨干企业众多，工业门类齐全，石油工业、钢铁工业、造船业、化学工业、机械工业、电子工业和建材工业都很发达，是我国石油、钢铁、化工、重型机械、造船和煤炭等工业的重要生产基地。

从产业发展趋势看，三省二市产业未来发展的重点已呈现出明显的分工：北京将以发展第三产业尤其是生产性服务业和文化创意产业为重点，重在提升服务业的整体水平，北京未来最具活力的产业将是总部经济、高新技术产业、金融管理及中介服务、文化创意产业和现代物流业；天津市以发展重化工业、高新技术产业和现代物流业为重点，未来最具活力的产业将是汽车工业、电子工业、石化工业、航空航天业、现代造船业、现代制药业和仓储物流业；辽宁、河北、山东三省的经济增长主要依靠第二产业尤其是制造业带动。

2. 环渤海地区重点产业

环渤海地区的重点产业如下：

（1）钢铁工业：环渤海地区有鞍钢、本钢、首钢、太钢、唐钢、邯钢等大型钢铁企业，是中国重要的钢铁基地。其中，鞍山、本溪、辽阳成为中国三大钢铁工业基地之一，钢及钢材产品产量占到全国五分之一。

（2）能源工业：环渤海地区石油、煤炭、电力资源丰富，是中国重要的能源生产基地，有胜利、辽河、大港、华北等油田以及渤海海上油田。

（3）化学工业：环渤海地区石油资源丰富，原油加工能力占全国40%以上；环渤海地区海洋化工资源丰富，全国四大盐场中有三个位于本区内；环渤海地区滨海多盐碱荒地，适于建设大型石油化工联合企业，并与海洋化工相结合，已经成为我国发展精细化工的重点地区。

（4）机械工业：环渤海地区是中国主要的重型机械工业基地，主要生产金属切削机床、重型机械、冶金矿山机械、化工设备、发电设备等。辽宁、山东的机械工业产值在全国分列第三、第四位。主要产品在国内占有重要地位，如内燃机产量位居全国第三，切削机床居第五，纺织机械产量居第二。从总体来看，全区已建立了较为完整的机械工业体系。

（5）电子工业：环渤海地区的电子工业发展迅速。京津两市的电子工业起步较早，发展较快。许多国产电子产品在这里投入生产。天津是中国三大光纤通信产业基地之一和小型计算机的科研生产基地。青岛、潍坊、丹东等城市是新兴的电子工业城市。本区生产的投资类机械电子工业产品中的集成电路元器件、数字程控交换机、电子计算机等重点行业或产品在全国独占鳌头，并具有较强的后劲和实力。

（6）汽车工业：京、津、辽、鲁是环渤海地区汽车工业较为发达和集中的地区。北京主要生产轻型载重车、越野车和旅行车，天津主要生产微型汽车，鲁、辽两地主要生产重型汽车。

（7）高新技术产业：环渤海地区的北京、天津科研实力强，沈阳、大连、济南、青岛等城市具有发展电子信息与机电仪一体化、新材料和生物工程技术的科技优势和经济实力，形成了一定规模的产业群体，开发可视电话、数字通信设备、机电仪一体化产品、新型金属材料、新型复合材料、新型建筑材料、基因工程、生化工程和生物环境工程等技术产品。

二、重点港口城市发展①

经济全球化是当今世界经济发展的主要趋势，而国际贸易凭借其对经济全球化的驱动作用，在整个经济全球化过程中处于核心地位。地处沿海地区的港口城市是国际贸易的中心，其集聚、扩散效应使其成为各国对外联系的重要区域。因此，随着经济全球化进程的推进，港口城市成为全球经济发展的重要平台。

（一）大连市经济发展概况

1. 经济总量

2011 年，大连市完成地区生产总值 6 150.1 亿元，按可比价格比上年增长 13.5%；其中，第一产业增加值 395.7 亿元，增长 6.5%；第二产业增加值 3 204.2 亿元，增长 16.3%；第三产业增加值 2 550.2 亿元，增长 11.3%。三次产业构成比例为 6.4:52.1:41.5，其对经济增长的贡献率分别为 3.2%、61.2%和 35.6%。

全年地方财政一般预算收入 651 亿元，比上年增长 30%。其中，市级 242.3 亿元，增长 30.2%；县区级 408.8 亿元，增长 29.9%。

2. 对外贸易

2011 全年大连地区（含中央、省公司）进出口总额 600.09 亿美元，比上年增长 15.1%，其中，进口 288.16 亿美元，增长 16.4%；出口 311.93 亿美元，增长 13.9%。大连市自营（不含中央、省公司）进出口总额 585.25 亿美元，比上年增长 16.6%，其中，进口 281.75 亿美元，增长 16.7%；出口 303.50 亿美元，增长 16.5%。在自营出口总额中，机电产品占 52.8%；一般贸易占 29.7%；民营企业占 20.6%。日本、东盟、欧盟、中国香港特别行政区、美国、韩国是六大主要出口市场。

2011 年，大连市积极吸引世界 500 强、产业 100 强投资，全市新批外商投资企业 365 家、超千万美元项目 24 个，投资总额 91.2 亿美元，注册外资金额 52.8 亿美元；新批投资总额 1 000 万美元以上的外资项目 124 个，投资超亿美元的项目 10 个。实际使用外商直接投资 110.12 亿美元，比上年增长 10%，中国香港特别行政区、日本、韩国、维尔京群岛、美国分列实际投资来源地的前 5 位。新引进世界 500 强投资项目 12 个，实际使用外商直接投资 29 亿美元。

① 资料来源：数据来自环渤海地区各市 2011 年国民经济和社会发展统计公报。

3. 主要工业类产业概况

2011 年，大连市全部工业增加值 2 816 亿元，比上年增长 16.0%。规模以上工业企业增加值 2 485.4 亿元，按可比价格计算比上年增长 16.3%。其中，重工业 1 806.1 亿元，增长 15.1%；轻工业 679.3 亿元，增长 19.8%。

现代装备制造、石油化工、船舶制造和电子信息产业是大连的四大支柱产业，是大连市工业保持稳定增长的主力军，“四个基地”工业增加值 1646.4 亿元，增长 14.4%。其中，石化工业 508.5 亿元，下降 2.4%；现代装备制造业 785.5 亿元，增长 24.9%；船舶制造业 235 亿元，增长 21.5%；电子信息工业 117.4 亿元，增长 15.9%。

（二）天津市经济发展概况

1. 经济总量

2011 年天津市生产总值突破 1.1 万亿元，完成 11 190.00 亿元，按可比价格计算，比上年增长 16.4%。按三种产业看，第一产业增加值 159.09 亿元，增长 3.8%；第二产业增加值 5 878.02 亿元，增长 18.3%；第三产业增加值 5 153.88 亿元，增长 14.6%。三种产业结构为 1.4:52.5:46.1。

2011 年天津市财政收入保持快速增长，全年地方一般预算收入 1 454.87 亿元，增长 36.1%，增幅比上年提高 6%。税收拉动财政增收作用明显。全年地方税收收入 1 004.25 亿元，增长 29.3%，占地方一般预算收入的 69%。其中，企业所得税增长 45.1%，营业税增长 24.3%，增值税增长 18.6%，个人所得税增长 21.1%。

2. 对外贸易

2011 年天津市外贸进出口总额超过千亿美元，达到 1 033.91 亿美元，增长 25.9%。其中，出口 444.98 亿美元，增长 18.7%；进口 588.93 亿美元，增长 32.0%，快于出口增速 13.3%。对美国、欧盟、韩国、日本四大传统市场出口保持稳定，分别增长 1.7%、22.3%、10.9%和 20.5%，合计出口占全市的 53.8%。对东盟、俄罗斯、澳大利亚等新兴市场出口增势强劲，分别增长 44.7%、38.5%和 33.3%。贸易结构进一步改善。一般贸易出口 177.64 亿美元，增长 25.9%，领先于加工贸易 12.3%，占全市出口的比重为 39.9%，同比提高 2.3%。机电产品出口 307.8 亿美元，高新技术产品出口 173.5 亿美元，分别占全市出口的 69.2%和 39.0%。

利用外资规模持续扩张，全年新批外商投资企业 634 家，合同外资额 168.37 亿美元，增长 10.1%；实际直接利用外资 130.56 亿美元，增长 20.4%。服务业实际利用外资 72.26 亿美元，增长 25.9%，占全市的 55.3%；其中，租赁和商务服务业增长 1.2 倍，房地产业增长 1 倍。制造业实际利用外资 57.01 亿美元，增长 14.9%。在津投资的世界 500 强企业累计达到 150 家。我国香港特区在津投资规模保持领先地位，合同外资额和实际到位额分别占全市的 49.2%和 48.0%；日本在津投资增势迅猛，合同外资额和实际到位额分别增长 1.7 倍和 88.3%。

3. 主要工业类产业概况

2011 年全年工业总产值突破两万亿元。全年工业增加值完成 5 380.53 亿元，增长 19.3%，拉动全市经济增长 9.2%，贡献率达到 56.3%；全部工业总产值完成 21 523.32 亿元，增长 28.7%。规模以上工业总产值 20 857.72 亿元，增长 29.2%；其中，轻工业总产值 3 524.47 亿元，增长 40.0%，重工业总产值 17 333.25 亿元，增长 27.2%。主要工业产品产量继续增长。

目前天津市主导产业已经形成了第二、第三产业"3 + 2"的 5 大板块：以电子信息和现代医药业为主的高新技术产业板块，以石油、化工、冶金等重化工业为主的临港工业板块，以汽车、造船业为主的交通运输设备制造业板块，以物流、社会服务、金融、房地产为主的先进服务业板块，以传统商贸业为主的传统服务业板块。2011 年，航空航天、石油化工、装备制造、电子信息、生物医药、新能源新材料、轻纺和国防等八大优势产业完成工业总产值 18 881.52 亿元，增长 29.0%，占全市规模以上工业的比重为 90.5%。高新技术产业产值完成 6 487.93 亿元，占规模以上工业的 31.1%。高耗能行业增速放缓，黑色冶金、电力热力、化学原料及制品、石油加工、石油和天然气开采、非金属矿物制品等六大高耗能行业增加值分别增长 17.6%、9.3%、17.5%、20.9%、9.4%和 15.0%，均低于全市平均水平。

（三）青岛市经济发展概况

1. 经济总量

2011 年青岛实现生产总值 6 615.60 亿元，比上年增长 11.7%。其中，第一产业增加值 306.38 亿元，增长 5.0%，第二产业增加值 3 150.72 亿元，增长 11.6%，第三产业增加值 3 158.50 亿元，增长 12.4%。三种产业的比例关系由上年的 4.9:48.7:46.4 调整为 4.6:47.6:47.8。

全年财政总收入实现 2 407.76 亿元，比上年增长 20.3%；地方财政一般预算收入 566.00 亿元，增长 25.1%；地方财政一般预算支出 658.68 亿元，增长 23.7%。

2. 对外贸易

2011 年全年，青岛地区（含中央、省公司）实现外贸进出口总额 721.52 亿美元，比上年增长 26.5%。其中，出口额 406.13 亿美元，增长 19.7%，进口额 315.39 亿美元，增长 36.3%。青岛市（不含中央、省公司）实现外贸进出口总额 712.63 亿美元，增长 27.2%。其中，出口额 400.56 亿美元，进口额 312.07 亿美元，分别增长 20.5%和 36.9%。外商投资企业出口额 193.31 亿美元，占全市出口额的比重为 48.3%。

实际使用外资 36.34 亿美元，比上年增长 27.8%。引进内资 2 320 亿元，新增世界 500 强企业 16 家，境外投资 14.8 亿美元。

3. 主要工业类产业概况

2011 年，规模以上工业企业（年主营业务收入 2 000 万元及以上的工业法人企业）4 561 家。完成增加值比上年增长 13.5%；其中，国有企业增长 13.2%，集体企业增长 4.7%，股份制企业增长 13.7%，外商及港澳台投资企业增长 11.8%，其他经济增长 27.9%。从轻重工业来看，轻工业增长 15.1%，重工业增长 12.3%，轻重工业的比例为 40.5∶59.5。

青岛拥有电子通信、信息家电、化工橡胶、饮料食品、汽车船舶、服装服饰等支柱产业，已经形成了集聚在北部的石化、集聚在中北部的汽车、集聚在海西湾的造修船和海洋工程、非常成熟的家电电子以及港口这六大集群。全年规模以上工业企业共完成高新技术产业产值 4 640.08 亿元，增长 11.2%，占规模以上工业总产值的 39.0%；装备制造业完成产值 4 375.42 亿元，占规模以上工业比重 34.6%；规模以上工业中战略性新兴产业产值 2 192 亿元，增长 11.6%。

三、特殊经济区域

海关特殊监管区域是经国务院批准，设立在中华人民共和国关境内，赋予承接国际产业转移、连接国内国际两个市场的特殊功能和政策，由海关为主实施封闭监管的特定经济功能区域。当前，海关特殊监管区域有保税区、出口加工区、保税物流园区、跨境工业园区、保税港区、综合保税区等多种模式。

本部分将选取环渤海地区部分海关特殊监管区域，对其开放政策、发展现状和重点发展产业进行描述，以期对环渤海地区特殊经济区域的发展概况有比较全面的了解。

（一）辽宁省

1. 大连大窑湾保税港区

大连大窑湾保税港区于 2006 年 8 月 31 日经国务院正式批准设立。规划面积 6.88 km^2，东至大窑湾湾底汽车码头岸线，南至港十二号路、港五洲路，北至汽车码头及港前 3-1 号路，西至港前 6 号路及金窑铁路集装箱中心站，包含了大连集装箱码头（一期码头）、大连港湾集装箱码头（二期码头）、三期集装箱码头、大连保税物流园区、大连汽车码头一个泊位及汽车物流园后方约 0.4 km^2 土地。

大连大窑湾保税港区享受保税区、出口加工区、保税物流园区相关的税收和外汇管理政策，汇集三方政策优势于一体。主要税收政策为：国外货物入港区保税；货物出港区进入国内按实际状态征税；国内货物入港区视同出口，实行退税；港区内企业之间的货物交易不征增值税和消费税。

大连大窑湾保税港区具备港口、物流和加工三大基本功能。以此为基础，充分发挥区位优势和政策优势，重点发展港口作业、国际中转、国际配送、国际采购、转口贸易、出口加工、商品展示等七大功能性业务，并拓展金融贸易、信用保险等相关功能。

2. 大连保税物流园区

大连保税物流园区于 2004 年 8 月 16 日获得国务院批准设立，是继上海之后第二批国家区港联动试点区之一。大连保税物流园区在大连大窑湾保税港区内，位于国际深水良港——大窑湾集装箱码头岸线腹地，面积为 1.5 km^2。区域发展的目标是：充分发挥区位优势，与世界市场接轨，按国际惯例办事，建成一个投资自由、贸易自由、货币流通自由、货物存储自由、人员出入自由的高度开放的综合性自由贸易区，成为东北亚地区的商品集散地和物资分拨中心。

大连保税物流园区具有优越的区位条件：保税区周围环绕着六大港口码头，可以大窑湾港为依托，充分发挥区位优势，积极建立一个与国际市场接轨、高度开放的自由贸易区；保税区公路与沈大高速公路相连，从大连市内到保税区有轻轨列车，交通十分便利；保税区距离最近的铁路货运站仅 2 km，与东北铁道动脉相接，贯通全国六大铁路干线，客货运输可达全国各地。

大连保税物流园区的主要功能是：出口加工、转口贸易、保税仓储、国际贸易、商品展示以及与之相关的运输、金融、保险、信息咨询及商业服务等业务。目前，大连保税物流园区经济发展已具规模，形成了以电子、机械、塑料、家用电器为主的加工产业，以汽车为主体的国际贸易大市场，进口汽车市场规模在不断扩大，信息服务不断创新。同时，区内形成了与其配套服务的仓储物流体系。

3. 大连经济技术开发区

大连经济技术开发区（简称大连开发区）是1984年9月经国务院批准设立的第一个国家级开发区。这是继中国14个沿海开放城市之后，国务院批准建立的第一个国家级经济技术开发区。大连开发区比照国际惯例，实行“境内关外”管理模式，享受免税、保税等优惠政策，是中国开放程度最高的综合性经济区域之一。其主要功能包括国际贸易、出口加工、保税仓储、保税商品展示、转口贸易、来料加工等。

大连开发区已形成完善的交通体系，与大连现代化的海、陆、空立体交通网络紧密连接。大连周围环绕六大独特的优良港口，港口资源丰富，吞吐量在东北亚首屈一指；大连开发区与东北铁路网和华北铁路网相连，以长大干线为主干，呈树状延伸东西海岸，将海陆交通联系起来；大连开发区距沈大高速公路7 km，由此贯通东北地区，并通往华北地区。

大连开发区经济持续平稳较快增长。2009 年，全辖区实现地区生产总值1 002 亿元，按可比价格计算，比上年增长 20.2%，第一、二、三产业比例为1.5:63.2:35.3；在经济增长的同时，区内产业结构也进一步优化，2009年，规模以上工业排名前五位的支柱行业（石油加工、通用设备制造、化学原料及化学用品制造、计算机及其他电子设备制造、交通运输设备制造）实现工业总产值1 006亿元，占全区工业总产值的66.5%[①]。

近年来，大连开发区内优势产业集群发展壮大，新兴产业集聚步伐加快。一是3个千亿级产业集群已具规模。石油化工产业形成了较为完整的产业链条。先进制造业年产值突破700亿元，其中汽车及其零部件企业超过80余家，已有5个车辆品种。电子信息产业销售收入、利润占大连市全行业的比重达到80%。二是2个百亿级产业集群正在形成。出台了光电产业配套政策，一期60 000 m^2的LED标准厂房完工，4项LED示范工程成功与招商项目对接。生物产业规模以上企业达到49家，年产值突破100亿元，占大连市的40%、辽宁省的15%，成为辽宁三大生物产业聚集区之一。三是新材料、风电、节能环保、航空等新

① 资料来源：2009年大连经济技术开发区国民经济和社会发展统计公报. 2010-08-12. http://www.dda.gov.cn/zwgk/inner2010.vm?cid=0&diid=173142&nid=10.

兴产业加速集聚，启动了新材料、风能、航空产业园的规划建设。中国和挪威合作的大连节能减排示范中心项目落户，循环经济信息化公共服务平台和大连环境交易所建设取得进展。四是积极推动企业利用资本市场、实行名牌发展战略。大连电瓷等3家企业上市工作进展顺利。深圳创新投资集团东北首家政府引导性投资基金落户我区。全区16家企业分别申报了国家、省、市名牌产品①。

（二）京津冀地区

1. 天津经济技术开发区

天津经济技术开发区，又称泰达，于1984年12月6日经国务院批准建立，为天津市滨海新区的重要组成部分，是国家综合配套改革试验区的一部分，是中国首批国家级经济技术开发区之一。在全国54个国家级开发区、工业园区投资环境评价中，天津开发区已连续14年位居第一②。

天津经济技术开发区位于天津市以东60 km，总规划面积33 km^2，东面紧邻天津新港（中国北方最大的港口，拥有中国第二大集装箱码头，与天津港保税区接壤），西北38 km是天津滨海国际机场，西面通过京山铁路与全国铁路网和欧亚大陆桥相连。此外，分别在武清区、西青区和汉沽区建设了逸仙科学工业园、微电子工业区和化学工业区三个区外小区。

伴随着经济总体发展水平的快速增长，产业结构继续升级。2010年，天津经济技术开发区电子通信、汽车、装备制造、石油化工、生物医药、食品饮料、航天、新能源新材料等八大产业共完成工业总产值3 947.13亿元，占全区工业总产值的77.4%；2010年，天津经济技术开发区第三产业各行业也普遍快速增长，其中交通运输、仓储和邮政业实现增加值46.50亿元，可比增长65.0%，批发和零售业实现增加值110.41亿元，可比增长22.4%，住宿和餐饮业实现增加值5.24亿元，可比增长1.5%，金融业实现增加值61.37亿元，可比增长24.6%，房地产业实现增加值26.65亿元，可比下降28.7%，其他服务业实现增加值107.66亿元，可比增长26.8%。

2. 天津保税物流园区

天津保税物流园区经国务院批准于2004年8月16日设立，位于保税区东

---

① 资料来源：2009年大连经济技术开发区国民经济和社会发展统计公报. 2010-08-12. http://www.dda.gov.cn/zwgk/inner2010.vm?cid=0&diid=173142&nid=10.

② 资料来源：天津开发区荣获商务部国家级开发区投资环境综合评比十四连冠. 天津经济技术开发区泰达政务网. 2011-09-21. http://www.teda.gov.cn/html/teda_index2011/SDJD/14lg/14lg.html.

北侧，规划占地 1.5 km^2，该港区外沿距离港口沿岸线仅 700 m，紧邻天津港集装箱码头和滚装船码头。园区于 2005 年 3 月 30 日经国家六部委验收组验收通过，同年 5 月 11 日开始封关试运行。2006 年 1 月 1 日起《中华人民共和国对保税物流园区的管理办法》开始生效，园区也同时进入正式运作阶段。

天津保税物流园区具有国际贸易、现代物流、出口加工和商品展销四大功能。园区享受保税区相关政策，在进出口税收方面，比照实行出口加工区的相关政策，即国内货物进入园区视同出口、办理报关手续、实行退税，园区货物内销按货物进口的有关规定办理报关手续，货物按实际状态征税，区内货物自由流通，不征增值税和消费税。

3. 天津东疆保税港区

为进一步促进滨海新区开发开放，2006 年 8 月 31 日，国务院批复设立天津东疆保税港区，这是继上海洋山保税港区后，中国批准设立的第二个保税港区，也是目前中国面积最大的保税港区。国务院《关于设立天津东疆保税港区的批复》中明确：天津东疆保税港区的功能税收、外汇政策按照《国务院关于设立洋山保税港区的批复》的有关规定执行，同时国家赋予滨海新区的金融、土地、财政、税收等政策在东疆港区都能享受。

天津东疆保税港区位于天津港东北部，距天津市区 56 km，规划面积约 30 km^2，毗邻天津开发区、保税区、中新生态城，东临渤海，是欧亚大陆桥的最东端和环渤海经济圈的中心；天津东疆保税港区交通便利，港区距天津滨海国际机场 52 km，距北京首都国际机场仅两个半小时车程；此外，海滨大道、京津塘高速公路、京津塘高速公路二线、津滨高速公路、津塘公路、京港高速、津晋高速公路、唐津高速公路及外围的高速公路与港区接驳，构成了四通八达的交通网络。

东疆保税港区借鉴国际自由贸易港区的发展模式，主要拓展国际中转、国际配送、国际采购、国际转口贸易和出口加工等五大功能，重点发展现代物流业、进出口加工制造业和各类服务产业。港区内分为码头作业区、物流加工区、港口综合配套服务区“三大区域”。码头作业区位于港区西部，岸线长 2 300 m，纵深约 1 050 m，码头前沿水深 18 m，年设计通过能力 400 万标准箱；物流加工区位于港区中部，利用临江优势，进行现代化的进出口货物加工、配送、采购、换装、分拨等业务；此外，港区西北部规划有大型现代化海铁换装中心；港口综合配套服务区位于港区东部，可提供办公、生活、商务、休闲等服务。

2007 年 12 月，东疆保税港区一期开关运作，在发展航运业的关键环节实现了与国际通行惯例接轨，先后在航运税收试点、租赁业务创新、航运金融试点等方面取得积极进展。2012 年 10 月 27 日，天津东疆保税港区举行保税港区（二期）开关仪式，组织对天津东疆保税港区 10 km^2 实施封闭监管和开关运作，这标志着天津东疆正式成为我国开关运作面积最大的保税港区[①]。

（三）山东省

1. 青岛前湾保税港区

青岛前湾保税港区于 2008 年 9 月 7 日由国务院正式下发 《关于同意设立青岛前湾保税港区的批复》（国函〔2008〕83 号）获得批复建设。青岛前湾保税港区设立于胶州湾西岸，规划面积 9.72 km^2，包括 4.8 km^2 码头作业区和 4.92 km^2 物流仓储加工区、港口配套服务区等功能区。青岛前湾保税港区按照“功能整合、政策叠加”的要求，以保税区、保税物流园区以及临近港口整合转型升级建设而成保税港区。

青岛前湾保税港区一期封关区域 3.42 km 已于 2010 年 11 月 1 日先期运营。自保税港区一期投入运营以来，运营效果日益突出，实现了进出口总额、货物和集装箱吞吐量、国际中转业务等各项指标的迅猛增长。2012 年 5 月 29 日，保税港区二期正式运营，使规划中的 21 个集装箱、杂货泊位全部享受保税港区政策，实现了真正意义上的南港区与北港区的互联互通，有效集聚物流、信息流和资金流，推动青岛港由“单一装卸港”向“复合增值港”转型，加速度释放保税港区综合效应，辐射带动区域各项事业发展。2012 年，南港区实现集装箱吞吐量约 430 万标准箱，同比增长 204%。

目前，保税港区特有的税收政策优惠、进出境手续便捷、贸易管制宽松等政策功能优势得以充分发挥。青岛海关整体赋予分类通关、提前报关、无纸通关、24 小时通关、分送集报、集约查验等优惠政策，进出口拆拼箱、堆场延伸等新型业务不断拓展，报关和查验手续进一步简化。实行口岸与海关特殊监管区域海运直通模式，在全国率先开展“监管袋直通业务”试点和“出口拼箱”试点，实现空运、陆运、海运和铁路运输的无缝隙连接，实现“一次申报、一次验放”，通关时间由 3 天缩短至 1 天甚至更短。物流费用明显下降，单个集装箱物流成本下降 50%左右。为外向型企业降低运营成本、提高利润空间、拓展

---

① 资料来源：天津滨海新区东疆保税港区（二期）正式开关. 人民网天津视窗. 2012-10-27. http://www.022net.com/2012/10-27/493723373142270.html.

国际市场搭建了有力平台。

2. 青岛保税物流园区

青岛保税物流园区是经国务院2004年8月批准、青岛市实施的“区港联动”试点项目载体，2005年11月11日顺利通过国家海关总署联合验收组验收，正式开园运作。

青岛保税物流园区作为国务院批准设立的专供发展临港保税物流业务的海关特殊监管区域，视同境内关外，具有口岸功能（口岸代码 4230）。按照国务院关于青岛园区“区港联动”的批复要求，青岛保税物流园区与码头区统一规划建设，形成集码头作业、国际海运物流、保税物流等业务一体化运作的模式，实现供应链的陆上延伸，体现了国际自由贸易区的完整内涵。

园区除享受保税区免征关税和进口环节税、海关监管等方面的政策外，还叠加了出口退税政策，即实现国内货物入区视同出口，办理报关手续，实行退税，从而改变了保税区现行的“货物实行离境方可退税”的方式，全面解决出口加工型企业“境外游”问题，可大大降低企业的运营成本和物流时间。区内享受“境内关外”的待遇，货物在区内可以自由流通，不征增值税和消费税。从区外进入区内供区内企业使用的国产基建物资、机器、装卸设备、管理设备等，海关签发出口货物报关单证明联，区内货物之间流转不征增值税和消费税。境内园区外企业购买园区内货物，可以向园区企业支付，可以直接向境外支付，也可以向其他境内园区外货权企业支付等。

3. 青岛经济技术开发区

青岛经济技术开发区于1984年10月经国务院批准设立，规划面积20.02 km^2。

按照城区总体规划，青岛经济技术开发区在区域布局上规划为六个主要功能区：一是石油化工工业区，位于新区北部，依托黄岛油港，发展石油化学工业和化纤生产；二是国际商贸仓储加工工业区，主要利用保税区政策和临近前湾港的优势，完善保税设施，努力扩大保税业务范围，借鉴自由贸易区的运作经验，建成以进出口、转口、过境贸易为主的现代自由贸易区；三是临港工业区，在临近前湾港一带区域，加速工业园建设和重大工业项目的引进开发，着重发展生物医药、家电、电子信息、新型建材等工业项目；四是生态高效农业区，位于新区西部，建成全区的果品生产基地和居民的“菜篮子”基地；五是行政商务中心区，位于新区南部，以新的行政区为中心，进一步带动周边文化区、金融区和商业区的完善；六是综合旅游区。

2008 年，主导产业发展已具规模。按照“大港口、大工业、特色旅游”三大特色经济的布局，巩固提升产业集群、高科技产业、现代服务业、循环经济“四个经济亮点”，主导产业的主体框架基本形成。按照“龙头项—产业链—产业集群—制造业基地”的发展思路，重点建设的港口、家电电子、石化、汽车、造修船、海洋工程“六大产业集群”的龙头项目全部建设完成，集群产值总量占规模工业总产值的 78%。在港口产业方面，围绕建设东北亚国际航运中心、物流中心，全面推进前湾港开发建设，北港区 10 个 10 万吨深水泊位全部建成，总投资 160 余亿元的南港区 13 个深水集装箱泊位开发建设完成。2008 年货物吞吐量突破 3 亿吨，集装箱吞吐量突破 1×10^7 TEU。在家电电子产业方面，形成了以海尔、海信、新都理光、瑞智精密机电等大项目为龙头，中小型配套企业集聚发展的产业格局，是国家（青岛）家用电子产品产业园和中国北方最大的家电生产基地。在石化产业方面，1 000 万吨大炼油厂、总投资 5.4 亿美元的丽东化工等龙头项目建成投产。2010 年石化产业产值达 1 000 亿元，成为全国重要的环保型石化基地。在造修船产业方面，总投资 74 亿元的海西湾造修船基地修船坞建成投入使用，50 万吨级造船坞启用，大型船用曲轴、船用柴油机等核心配套项目建成，已形成年造船 468 万吨、修船 220 余艘的生产能力，年销售收入达 500 亿元。在海洋工程产业方面，总投资 40 多亿元的中海油海洋石油工程项目一期和二期建成投产，三期建设完成，总投资 2 亿美元的武船麦克德莫特、总投资 23 亿元的中石油等海洋工程项目建设完成，海西湾已成为世界重要的海洋石油工程制造基地。在汽车产业方面，上汽通用五菱具备年产 30 万辆整车和 35 万台发动机的生产能力，一批工程机械和汽车零部件项目已形成批量生产规模。特色旅游、现代物流、金融保险、总部经济等现代服务业加快发展。围绕建设国内一流的海滨旅游度假胜地，凤凰岛旅游度假区开发深入推进，金沙滩景区荣膺国家 4A 级景区。2008 年接待国内外游客 436 万人次，旅游总收入 23.3 亿元。大力发展高科技产业，深入实施“双十高”工程，全区已引进建设省部级以上重点实验室、工程技术研发中心、企业技术中心和孵化器 33 家；2008 年高新技术产业产值达 1 100 亿元，占规模以上工业总产值的 64%。大力实施“名牌兴业、质量兴区”战略，名牌产品总量居全国同级行政区前列。循环经济取得新进展，2008 年万元生产总值能耗按可比下降 9.6%、水耗下降 11.6%。

第五章　长江三角洲港口群发展现状

长江三角洲位于我国东部沿海，包括上海、江苏、浙江三省市。该地区的港口主要包括江苏省的连云港港、南通港、南京港和苏州港，上海市的上海港，浙江省的宁波—舟山港和温州港。长江三角洲港口群是我国港口分布最为密集、吞吐量最大的港口群。

第一节　港口基础设施

本节将长江三角洲地区分为江苏省、上海市和浙江省三个区域，分别介绍各区域内港口的自然地理条件、码头泊位情况、港口航道信息和集疏运条件。

一、港口自然地理条件

长三角地区地处我国 T 字形生产力布局轴线的结合部，是连接沿海和中西部地区的天然纽带。港口群中最北部的港口是江苏省的连云港港，最南部的港口是浙江省的温州港，其余港口较为密集地在沿海分布。

（一）江苏省港口

本节对江苏省各港口的自然地理条件介绍，主要集中于连云港港、南通港和南京港，苏州港不详细阐述。

1. 连云港港

（1）地理位置

连云港港地处中国沿海中部的海州湾西南岸、江苏省东北部，地理坐标是北纬 34°45′，东经 119°27′。港口位于太平洋西海岸、中国黄海之滨，与韩国、日本等国家主要港口相距在 500 海里的近洋扇面内。连云港港是陇海铁路和连霍高速公路的东起点，是新亚欧大陆桥的东方桥头堡，也是重要的综合性国际贸易的枢纽港。

（2）自然条件

连云港港常风向偏东，强风向偏北，大风除年均一次台风影响外，一般出现在冬季，最大风速为 28 m/s。

年平均降水量 852.8 mm，每年 6～9 月为雨季，占全年降水量 60%以上，最大日降水量 156 mm，年均降雨天数近百日。

港区多雾月份为 3～6 月，每年有雾天数约 20 天，雾多出现在早晨 3～10 时，一般不影响港务作业。因东西连岛的屏障作用和加强拦海大堤的建成，港湾内一年四季风平浪静，一年 365 天可全天候作业。

港区年平均气温 14℃，8 月份气温最高，月平均为 25.8℃，1 月份气温最低，月平均 0.6℃。

主港区和罐河口港区均为不冻港区，港区一般不结冰，偶有薄冰，无碍船舶航行作业。

连云港港为不规则浅海半日潮港。平均海面 2.94 m，平均潮差 3.39 m，平均涨潮历时 5.62 小时，平均落潮历时 6.8 小时。由于西大堤建成后主港区成为三面闭合一面向东开敞的缺口环状港湾，涨潮时潮流向西流入湾内，落潮时向东泄出。

2. 南通港

（1）地理位置

南通港区东濒黄海，南临长江，是海轮进入长江的第一个港口，地理坐标为北纬 32°00′45″，东经 120°48′54″。南通港离上海吴淞 104 km，距长江口 191 km，处于海、江、河联运的枢纽地位。南通港是国家一类开放口岸，国家沿海主要港口。

（2）自然条件

南通港常风向东南，最大风速 26.3 m/s，影响本地区的台风平均每年约 2～3 次，一般 6～8 级，基本不影响船舶正常航行。

港区年平均降水量 1 091 mm，大于 10 mm 的降水日数年平均 33.8 天。

港区年平均雾日为 30.9 天，常发生在晚春和初冬，3 级以下能见度的平均雾日为 11.4 天，对装卸作业和船舶航行影响不大。

港区年平均气温 15℃，最高月平均气温 29.6℃，最低月平均气温为-0.2℃。

南通港常年不封冻。

南通河段为不规则半日周期潮，每天两次涨潮两次落潮。最高潮位 6.38 m；最低潮位 0.42 m；最大潮差 4.01 m；平均潮差 1.96 m。南通河段呈往复流，涨潮流逆江而上，落潮流顺江而下。

3. 南京港

（1）地理位置

南京港地理坐标为北纬 32°05′54″，东经 118°44′。南京港依托华东重镇南京市，经济地位突出，交通条件优越，现已成为我国华东地区及长江流域地区江海换装、水陆中转、货物集散和对外开放的多功能的江海型港口，是我国内河第一大港。

（2）自然条件

南京港常风向东北，年平均风速 2.6 m/s，强风向西北，最大风速 25 m/s，瞬时极大风速 39.9 m/s，夏秋二季的热带气旋（台风）对港区有一定影响。

港区年最大降水量 1 612.3 mm，年最小降水量 567.6 mm，年平均降水量 1 001.8 mm，年平均降雨天 120 天，日降水量大于和等于中雨的天数年平均为 29.4 天。

港区年平均雾日 32 天，雾日以 2、4、8 月居多，一般为辐射雾，持续时间不长。

港区年平均气温 15.4℃，历史最高气温 43℃，最低气温-14℃；年平均降雪日 9 天，最大积雪厚度 51 厘米。

南京港位置属长江感潮段，历年最高水位 10.22 m，最低水位 1.54 m，年平均水位 5.31 m（吴淞零点为基准）；枯水期平均潮差 0.7～0.9 m，洪水期平均潮差 0.3～0.5 m，最大潮差 1.56 m，最小潮差 0.1 m。

（二）上海市港口

上海港是上海市唯一港口。

1. 地理位置

上海港位于中国海岸线中部，地处长江东西运输通道和海上南北运输通道的交汇点，地理坐标是北纬 31°14′，东经 121°39′，是我国沿海的主要枢纽港。

2. 自然条件

上海港全年以东南偏东风为最多，东风及东南风次之，11 月至次年 2 月多西北风，4～8 月多东南风，6～10 月会有台风及随风而来的暴雨，上海受台风影响或袭击主要在 7～9 月，8 月受台风影响时，风力较强，9 月台风常与南下的冷空气结合，产生大暴雨，年平均风速 3.0 m/s，最大风速 30.0 m/s。

港区年平均降水量 1 110.9 mm，年最大为 1 659 mm，最小为 771 mm，历年降水量大于等于 0.1 mm 的日数为 129.1 天，大于等于 5.0 mm 的日数为 55.8 天，大于等于 10.0 mm 的日数为 34.4 天，大于等于 25.0 mm 的日数为 11.4 天。6～7 月为黄梅雨季，持续约 1 个月。

港区年平均雾日 35.7 天，大多发生在 11 月、12 月和 1 月，一般在上午 10 时消散，经日不散的大雾天极少出现。

港区年平均气温 15.8℃，1 月最低 3.7℃，7 月最高，平均 27.8℃。极端最高气温达 40.2℃，极端最低气温为-12.1℃。

上海港属全年不冻港。

长江口和黄浦江均属正规半日潮型，农历每月初三和十八日左右为大潮，初十和二十五为小潮。长江口外方具有回转性，顺时针旋转，通常黄浦江内水流平缓，仅在陆家嘴附近因河道过于弯曲，水流急时紊流。水流流速随季节而变化，最大涨潮流速为每小时 3.5 海里，最大落潮流速为每小时 2.9 海里。

（三）浙江省港口

1. 宁波—舟山港[①]

（1）地理位置

2006 年 1 月 1 日，宁波港舟山港合并为宁波—舟山港。宁波港地理坐标是北纬 29°56′28″，东经 121°51′05″，舟山港地理坐标是北纬 30°00′30″，东经 122°06′00″。宁波—舟山港北起杭州湾东部的花鸟山岛，南至石浦的牛头山岛，南北长 220 km，大陆岸线长 1 547 km，岛屿岸线长 3 203 km。

（2）自然条件

宁波港区常风向西北，频率 13.4%，次常风向东北，频率 11.0%，冬季常风向西北北，夏季常风向东南，强风向东北、东北北，最大风速分别为 38 m/s 和 37 m/s，多年平均大于等于 6 级风天数 32 天，大于等于 7 级风天数 15 天，大于等于 8 级风天数 6 天；本地区雨量充沛，年平均降雨日数 158 天，每年 5～6 月为梅雨季节，7～10 月有台风带来的暴雨，9 月份雨量占全年的 25%，冬季降雨量较少；多年平均气温 16.3℃，极端最高气温 39.4℃，极端最低气温-10℃，

① 资料来源：盐田港国际物流信息平台. http://www.yesinfo.com.cn/info/portMap/port_zs.jsp.

最高月平均气温 28.1℃（7 月），最低月平均气温 4.3℃（1 月）；宁波港水域历来不冻，终年通航。

宁波港属不规则半日潮，年平均最高和最低潮位分别为宁波港区 3.1 m 和 1.43 m，镇海港区 2.19 m 和 1.16 m，北仑港区 2.9 m 和 1.12 m；年平均潮差分别为：宁波港区 1.74 m，镇海港区 1.71 m，北仑港区 1.82 m。

舟山港区常风向北到东南，平均风速 3.3 m/s，强风向偏北、偏西北，最大风速 30 m/s，基本与岸线平行；年平均降水量 1 293.7 mm，多集中在 3～6 月及 9 月，约占全年降水量的 40%；年平均气温 16.3℃，最高为 39.1℃，最低为 -6.1℃；年平均雾日 16 天，春季最多；港域有雾维持时间一般为 6 小时以下；全年无冰冻。

舟山港港内潮汐类型为正规半日潮和非正规半日潮两种。最高潮位 5.04 m，最低潮位-0.05 m，平均潮差 2.54 m。潮流基本呈往复流，平均涨潮流速一般为 1.03～1.54 m/s，最大可达 2.06 m/s，平均落潮流速一般为 0.77～1.08 m/s。

2. 温州港

（1）地理位置

温州港位于我国东南沿海，地理坐标为北纬 28°01′35″，东经 120°38′50″，北邻宁波港、南毗福州港，东南与台湾省的高雄港、基隆港隔海相望，是我国沿海 25 个主要港口之一，是浙南地区南北沿海海运、远洋运输的中心枢纽，也是浙江口岸距离台湾岛内各港口最近的港口。

（2）自然条件

温州港常风向东南东，强风向东北东及东南，强风风速 20 m/s，台风最大风速为 36.8 m/s。年平均台风 4 次，均发生在 7～9 月份。

港区年平均降水量 1 694.6 mm，降水量最多集中在 5～9 月，约占全年降水量的 62%。台风带来的暴雨 24 小时内最大降水量达 200～300 mm，对船舶航行靠泊有一定影响。

港区年平均雾日 14.7 天，多发生在每年 3～4 月份。

港区年平均气温 17.9℃，最高气温 39.3℃，最低气温-4.5℃。

港区全年无冰期。

温州港是不规则半日潮。最高潮位 6.46 m（按吴淞海基面，以下同），最低潮位-0.52 m，最大潮差 6.39 m，最小潮差 0.73 m。

二、港口码头泊位

作为我国长三角地区世界级的大港，上海港拥有的最多的码头泊位数和丰富的岸线长度，是国家综合运输的大通道，宁波—舟山港也拥有着丰富的泊位和岸线长度资源，其余港口由于自身港口地位、腹地经济发展水平的制约，与上海港相比相差甚远。

（一）江苏省港口

1. 连云港港

截至 2006 年底，连云港港共有泊位 41 个，其中生产性泊位 37 个（含 2 个待泊泊位），非生产性泊位 6 个。在生产性泊位中（不含待泊泊位），万吨级以上泊位 29 个，其中 30 万吨级泊位 1 个，10 万吨级泊位 2 个。除煤炭、散粮、木材、集装箱和液体化工品等 12 个专业泊位外，其余 20 个泊位基本上为 2 万吨级以下的通用散、杂货泊位。

2. 南通港

南通港口拥有 15 个泊位，其中 1 000 吨级泊位 3 个，3 000 吨级泊位 4 个，5 000 吨级泊位 2 个，25 000 吨级泊位 2 个，码头岸线长 1 941 m，码头前沿水深 4～10.8 m。新港拥有实际生产作业码头长 427 m，前沿水深 3.5 m，共有 9 个泊位，其中 400 吨级货运泊位 7 个，400 吨级客运泊位 1 个，300 吨级港作船泊位 1 个。

3. 南京港

截至 2010 年底，南京港共有生产性泊位 255 个（其中，万吨级以上泊位 43 个），拥有集装箱、煤炭、矿石、石油、粮食等专业化码头，以及滚装汽车、液体化学品等特种货物专用码头，年通过能力约 1.4 亿吨。

4. 苏州港

苏州港是由张家港港、常熟港、太仓港组成，太仓港区万吨级以上深水泊位 61 个，形成年吞吐 1 亿吨的生产能力，现已形成我国最大的高级润滑油吞吐基地；常熟港区现有 3.5 万吨级泊位 3 个；张家港港区已建成万吨级泊位 25 个，目前是全国最大的木材进口中转港。

（二）上海市港口

上海港海港港区拥有各类码头泊位 1 140 个，其中万吨级以上生产泊位 171 个，码头线总长为 91.6 km；工业用码头泊位 175 个，码头线长度为 24.6 km，其中生产泊位121个，码头线长度为22.2 km，年货物吞吐能力17 051万吨；专用码头泊位965个，码头线长度为67 km，其中生产泊位495个，码头线长度为38.2 km。上海港内河港区有码头泊位818个，最大靠泊能力3 000吨级。

（三）浙江省港口

1. 宁波—舟山港

宁波—舟山港区域是我国港口资源最优秀和最丰富的地区，港域内近岸水深10 m以上的深水岸线长约333 km，港口建设可用岸线约为223 km，其中尚未开发的深水岸线约为184 km。港口目前已建成各类泊位723个，吞吐能力超过2亿吨。

2. 温州港

温州港码头岸线总长4 490 m，岸线3 045 m。现有大、中、小泊位63个（温州港务局管辖的码头泊位15个），其中万吨级泊位2个，另有浮筒泊位4个，其中乐清湾大麦屿有2.5万吨级浮筒泊位2个，港内设有1万吨级和2万吨级浮筒泊位1个，可供大轮水上过驳作业。

三、港口航道信息

上海港和宁波—舟山港是长三角地区天然良港，港阔水深，是世界上知名大港；南京港作为中国地区第一大内河港口，也拥有着优越的航道条件。

（一）江苏省港口

1. 连云港港

港口航道为淤泥质，总长20.35 km，水深9 m，其中外航道63°～243°走向，底宽160 m，弯道段宽为160 m至270 m。通航水深9 m，总长12.35 km，3.5万吨级船舶可双向航行，5万吨级可单向航行。港湾内庙岭航道、老港区航道水深均为9 m，墟沟航道水深7.5 m，康云油码头航道4.5 m。海底为软泥质且连云港潮差大，涨潮时，航道可供吃水13 m以上大型船舶进出港。另外，各港区掉头区水深与各段航道水深保持一致。灌河口区陈家港和燕尾港自然航道长10.2 km，宽80 m，适于5 000吨级以下船舶通过。

2. 南通港

南通港航段指30号灯浮与老海坝灯桩联线到浏黔与施翘河口信号杆的联线，总共为98.8 km，航行于南通航段的船只主要经白茆沙、浏海沙、通州沙至南通港水域，最大通航船舶吨级在3万吨级左右，一般吃水不超过10.5 m。

白茆沙水道全长 44.6 km，航道水深为理论最低潮面下 8.5 m，最大淡吃水 9.7 m，航道最窄处 350 m；通州沙水道全长 22.5 km，航道顺直、航道水深为理论最低潮面下 8.5 m，最大淡吃水 9.7 m，航道最窄处 500 m。南通水道，自龙爪岩以上，主航道水深为理论最低潮面下 10.5 m。

3. 南京港

长江下游从南京到长江口为通海航道，目前龙爪岩至燕子矶航道维护水深 10.5 m，宽大于 200 m，航道转弯半径远远大于 5 倍通航船舶的船长。满载淡吃水水深 9.70 m 以下的海船可常年通航。因受南京长江大桥净空高度和航道水深限制，在桥上游 5 000 吨级船可到芜湖，在中洪水位时可达九江、武汉，3 000 吨级船可到武汉、城陵矶。

4. 苏州港

苏州港拥有优良的长江港口岸线资源。全市拥有长江岸线 139.9 km，其中太仓港区 38.8 km，常熟港区 37.5 km，张家港港区 63.6 km。在所有长江岸线中，可用于港口开发的岸线 61.7 km，其中太仓港区 20.2 km，常熟港区 8.5 km，张家港港区 33 km。在三个港区中，又以太仓港区的深水岸线资源最为优良，其杨林口至浪港口 9 700 m 岸线，为以集装箱码头为主的港口岸线和水运工业岸线，该河段深弘贴岸，岸线顺直，不冻不淤，码头前沿水深 12.5 m，主航道水深 30～40 m，宽度 1 500～2 000 m，5 万吨级船舶可原地调头，是国内绝无仅有的黄金岸线。

（二）上海市港口

上海港主要有三个航道，分别是黄浦江航道、长江口航道和杭州湾航道。黄浦江航道全长 67 km，在吴淞口至闸港的 54.5 km 航道中，吴淞口、高桥和陈家嘴几处浅段和吴泾航道段靠疏浚维持航道宽 140～250 m，水深 8 m（以吴淞基面为准，下同），其余水深大于等于 8.0 m，可乘潮通过 1.5 万吨级船舶，其中吴淞口至龙华港段 36 km 航道可乘潮通航 2.5 万吨级船舶，闸港以上自然水深大于等于 6.5 m，系小船航道。长江口航道全长 106.5 km（至长江口灯船，全长为 117.8 km），航道主槽目前走南港北槽。其间，除园园沙和北槽几处浅段靠疏浚维持航槽的宽 250 m、水深 7.0 m 左右（其余为自然航道，水深大于等于 10.0 m），吃水 9.5 m，2.5 万吨级船舶可乘潮通过。杭州湾航道全长 139 km，属自然航道，目前水深大于等于 8.0 m，乘潮通航 2.5 万吨级油轮。

（三）浙江省港口

1. 宁波—舟山港

宁波港进港航道水深在 18.2 m 以上，25～30 万吨船舶可候潮进出港。宁波港进港航道有两条，北航道和南航道。北航道可通过 2.5 万吨级船舶；南航道除虾峙门外有约 3 km 长的水深为 17.6 m 浅段外，其余水深均达 20 m 以上，15 万吨级以下船舶可自由进出，20 万吨级船舶可候潮进港。

舟山港分为南部海域航道、中部海域航道以及北部海域航道。南部海域航道是舟山港和宁波港共同使用的一条主要的大型船舶航道，该航道全长约 90 km，最窄处宽度约 750 m，水深基本在 30 m 以上，可顺利通航 30 万吨级船舶。中部海域航道中岱山水道进港航道能满足 5 万吨级船舶通航，10 万吨级船舶候潮通过；龟山航门可满足 10 万吨级船舶单向通航要求；灌门水道在缓流配备大型拖轮助航条件下，可满足 15 万吨级船舶单向通航要求；小板门作为贯穿舟山海域的东航路和中航路的必经之地，可顺利通航 10 万吨级船舶。北部海域航道中蛇移门水道水深 25～40 m，最窄处 25 m 等深线之间的距离约 300 m。蛇移门北口外为黄泽洋，最浅水深 22 m，可满足 25 万吨级大型散货船舶进出港要求；南口外为岱衢洋，航道最浅水深 13.6 m，可满足 5 万吨级油轮的进出港水深要求。

2. 温州港

温州港的口内航道全长 47.5 km，按水深状况自西向东分为四段：第一段从起点至部分山脚，长 12 km，最浅水深为 1.1 m，乘潮可通航 500 吨级海轮；第二段从郭公山脚起至杨府山，航道长 6.5 km，灰桥处有一过渡浅滩，水深不足 2.5 m，乘潮可通过浅吃水万吨级海轮；第三段杨府山至龙湾，中经过七都南航道、北航道，南航道长 13.5 km，宽 1 100～2 000 m，滩多水浅，为辅助航道，北航道是空航道，长 14 km，江面宽 800 m，最浅处 2.9 m，乘潮可通过浅吃水万吨级海轮；第四段龙湾至屿头，长 15 km，宽在 1 500 m 以上，航道水深顺直。进口航道是沙头水道，长 12 km，最浅水深 2.5 m，1970 年前为进港主航道，因逐渐淤浅，1973 年调整为辅助航道，供 3 000 吨级以下船舶进出港。

四、港口集疏运条件

长三角地区港口群是港口分布最密集的地区，这一港口群内的港口拥有着便捷优越的港口集疏运条件，已初步形成了密集的铁路公路网，交通十分便捷。

（一）江苏省港口

1. 连云港港[①]

连云港被中国政府确定为中国公路交通 45 个主要枢纽之一。中国“两横两纵”公路交通主骨架有“一横一纵”在连云港交汇，即连霍高速公路（连云港至新疆霍尔果斯）和同三高速公路（黑龙江省同江市到海南省三亚市）。连云港市已建成高速公路共 4 条，运营里程 288.5 km，310 国道、204 国道、327 国道等 10 条国省道纵横连云港市，使连云港公路交通形成高速公路、国道省道、市县公路多档次全方位公路网络。1992 年 12 月 1 日正式投入运营的新亚欧大陆桥，以连云港为东端起点，横贯中国东西部，经中亚、欧洲各国，西至荷兰鹿特丹港， 全长 10 900 km，是连接太平洋和大西洋的最短的欧亚大陆桥，为亚欧联运提供了一条便捷的运输通道，促进了世界经济技术的交流和合作。国内铁路客运、货运，从连云港可直通北京、上海、南京、成都、宝鸡、徐州、济南、广州、汉口、新疆库尔勒等大中城市，并通过京沪线、京九线、陇海线等连接全国各地。

2. 南通港

南通港海、江、河交汇贯通，交通便利，是理想的物资中转地，通过长江可联系苏、皖、赣、鄂、湘、川六省和云、贵、陕等地，与通吕、通扬运河及京杭大运河贯通。在陆路运输方面，有两条公路交叉港区，东西走向的福州至永泰公路从市郊湾边过渡经江口直达永泰县（1991 年后改道过洪塘大桥经金屿、南屿达永泰）；南北走向的国道 316 线与 324 线的连接线从港区中心穿过。

南通市高速公路“一横一纵一环”骨架基本定型，2008 年南通港高速公路建设共完成投资 3.54 亿元，占年度计划的 118%。干线公路“五横六纵一环”网络基本建成，全市国省干线公路省级文明样板路达到 460 km，占总里程的 56.3%。绿色通道达到 550 km，占总里程的 67.3%。铁路运输也取得显著成就，一是铁路车次逐步增加，二是铁路运输量持续攀升，“十一五”以来完成客运量 523 万人，货运量 170 万吨，分别比“十五”增长了 520%和 167%。从 2007 年开始加大了对机场的投入力度，机场扩建一期工程总投资 1.37 亿元，新增航站楼候机大厅 420 km^2，安全保障设施改造更新也在进一步加快建设。

---

① 资料来源：连云港市城乡建设局网. http://www.lygcin,gov.cn.

3. 南京港

南京港具有独特的地理位置和区位优势，是万吨级海轮进江的分界点。京沪、沪宁、宁芜等铁路，沪宁、宁通等高速和104等国道，长江水运主通道，禄口国际机场，鲁宁、甬沪宁输油管道等共同构成完善的集疏运体系。

南京港所在的南京市沿江地理位置优越，有铁路、公路、水路、航空、管道等五种集疏运方式。水路外通海洋，内连长江及众多支流和京杭大运河；铁路主要由京沪、沪宁、宁铜、宁赣、宁西、宁启多条铁路干线与全国铁路网连通；公路主要包括沪宁、宁杭、宁高、宁马、宁洛、宁连、宁通等高速公路和104、205、312、328等国道以及多条省级公路；管道主要有鲁宁管线、甬沪宁管线、仪长管线；航空可通过南京禄口国际机场与各地相连。

4. 苏州港

苏州港有通畅快捷的水陆集疏运通道。沪宁铁路（包括规划中的沪宁调整铁路）、沪宁高速公路、沿江高速公路、苏嘉杭高速公路、沿江高等级公路、312国道、204 国道、苏南五级航道网和规划中镇（江）南（翔）铁路构成了苏州港快捷通畅的水陆集疏运通道。京杭大运河、苏嘉杭高速公路和苏通长江大桥连接南北，水陆交通四通八达，横卧北侧的长江更是通江达海的重要水运干道。

（二）上海市港口

上海港的交通发达便捷，集疏运条件良好。铁路干线有京沪线和沪杭线，港区的开平、北票、张华浜和军工路码头均有铁路专用线；公路通过204、312、318、320国道，分别通往烟台、乌鲁木齐、拉萨和昆明，并与国内其他主要公路干线相通；航空方面，上海的虹桥国际机场和浦东国际机场都是我国最大的航空枢纽之一，国内航线遍及全国除台湾省以外、含香港特别行政区在内的30多个大中城市，国际航线可通往美国、日本、加拿大、法国、新加坡等国家的十多个主要城市；此外，内河航道共有225条，其中通往外省市的干线航道有8条；海上客、货运航线遍及沿海各主要港口，其中客运航线可达大连、青岛、宁波、温州、海门、福州、厦门、广州等地。

（三）浙江省港口

1. 宁波—舟山港

宁波—舟山港位于中国东南沿海、大陆海岸线的中部，南北和长江T字形结构的交汇点上，地理位置适中，是中国著名的深水良港。宁波—舟山港自然条件得天独厚，内外辐射便捷。海上至中国的香港、高雄，韩国的釜山，日本的大阪、神户等港口均在 1 000 海里之内；向内不仅可连接沿海各港口，而且通过江海联运，可沟通长江、京杭大运河，直接覆盖整个华东地区及经济发达的长江流域，是中国沿海向美洲、大洋洲和南美洲等港口远洋运输辐射的理想集散地。

公路运输方面，上海—杭州—宁波北仑高速公路、杭州—南京高速公路、宁波—台州—温州高速公路、宁波—金华高速公路均已全线通车，杭州湾大桥也已建成通车，宁波至上海的车程时间缩短为两小时。铁路运输方面，宁波、镇海、北仑三个港区均有专用铁路通入，并纳入了国家铁路网。北仑港区铁路是萧甬线的延伸，由北仑站接到码头前沿。北仑港区铁路集装箱站已正式开办海铁集装箱联运业务。内陆省市通过铁路到宁波港进行转口贸易十分便捷。航空运输方面，宁波市栎社二级国际机场，民航直达班机有通往北京、上海、广州、武汉、南京、南昌、福州、厦门、兰州等 16 条航线，直航香港包机也已开通。

2. 温州港

温州港交通方便。沿 104 国道抵金华市，可通过浙赣铁路连接全国各地。温州机场离市区 24 km，目前已经开辟至北京、上海、扬州、宁波、厦门、广州、武汉、成都等航线。水路货运航线通大连、厦门等沿海港口以及长江沿线的汉口、九江、南京等地。国际货运航线通往日本、朝鲜、我国的香港特别行政区等 22 个国家和地区。

第二节　港口货物吞吐能力

本节主要介绍长江三角洲地区江苏省、上海市和浙江省的各港口通航概况，以及 1995～2011 年港口货物吞吐量和集装箱吞吐量概况。

一、江苏省港口

江苏省内港口分布较多，连云港港、南京港等港口的货物吞吐能力在国内港口中处于领先的地位。

1. 连云港港

连云港港是国内集装箱海铁联运最大承运港，已经与160多个国家和地区的港口建立通航关系，辟有至欧洲、美洲、中东、东北亚、东南亚等集装箱和货运班轮航线40多条，开通了至日本、韩国、美西、地中海、欧洲、沿海支线、内贸航线等多条集装箱航线，内贸航班直达黄埔、泉州等南方港口，并开通了至韩国仁川、平泽两条大型客箱班轮航线。

2011年，全港累计完成吞吐量16 628万吨，同比增长23.1%；其中外贸吞吐量9 328.1万吨，同比增加19.3%；完成集装箱4.85×10^6TEU，同比增加25.4%[①]。

表5-1 连云港港1995～2011年吞吐量

年份	货物总吞吐量（万吨）	集装箱吞吐量（$\times10^4$ TEU）
1995	1 716	6.55
1996	1 583	8.96
1997	1 652	11.31
1998	1 776	9.16
1999	2 017	11.05
2000	2 708	12.02
2001	3 058	15.60
2002	3 316	20.51
2003	3 752	30.11
2004	4 352	50.20
2005	6 016	100.50
2006	7 332	130.20
2007	8 507	200.30
2008	10 060	300.10
2009	10 843	302.00
2010	12 739	387.10
2011	16 628	485.20

资料来源：根据《中国港口年鉴》（1996～2012）相关资料整理。

① 资料来源：连云港传媒网. http://www.lygmedia.com/lygitv/.

2. 南通港

南通港已开通南通至日本、韩国、中国香港的定期国际集装箱班轮航线，南通港区已同 64 个国家和地区的 170 多个港口通航。

2011 年，南通港港口货物吞吐量突破 1.7 亿吨，达 1.73 亿吨，同比增长 15%；集装箱吞吐量首破 5×10^5 TEU，达 5.4×10^5 TEU，同比增长 16.8%；沿海港口吞吐量有突破，达到 1 000 万吨；外贸货物吞吐量首破 3 000 万吨，达 3 114 万吨；港口建设投资首破 20 亿元，达 21.34 亿元①。

表 5–2　南通港 1995～2011 年吞吐量

年份	货物总吞吐量（万吨）	集装箱吞吐量（$\times10^4$ TEU）
1995	1 610	8.72
1996	1 711	9.31
1997	1 910	12.16
1998	2 017	13.03
1999	2 277	15.81
2000	2 748	18.24
2001	3 511	18.36
2002	3 746	20.50
2003	5 010	24.66
2004	7 218	28.70
2005	8 327	30.10
2006	10 386	36.10
2007	12 339	42.90
2008	13 214	44.30
2009	13 641	35.10
2010	15 070	46.20
2011	17 300	53.98

资料来源：根据《中国港口年鉴》（1996～2012）相关资料整理。

① 资料来源：辽宁电子口岸网. http://www.lneport.gov.cn/.

3. 南京港

南京港是长江流域集装箱货物集散、中转的江海型主枢纽港，码头综合集装箱通过能力 1.84×10^6 TEU，密集的集装箱航线体系可承接上下游中转货物，辐射世界各大港口，完善的船货信息网络为客户提供高效便捷的全程式物流平台。2011 年全年，南京港完成货物吞吐量 1.895 亿吨，同比增长 19.6%。

表 5-3　南京港 1995～2011 年吞吐量

年份	货物总吞吐量（万吨）	集装箱吞吐量（$\times10^4$ TEU）
1995	5 258	14.52
1996	5 348	13.03
1997	5 494	12.51
1998	5 279	11.86
1999	5 922	14.74
2000	6 679	18.88
2001	5 789	20.57
2002	6 108	25.47
2003	6 620	33.63
2004	9 586	11.98
2005	10 686	17.87
2006	10 091	68.56
2007	10 859	95.03
2008	11 125	114.70
2009	12 146	121.00
2010	14 719	145.30
2011	18 950	184.00

资料来源：根据《中国港口年鉴》（1996～2012）相关资料整理。

4. 苏州港

苏州港是上海国际航运中心集装箱枢纽港重要组成部分，是江苏省最重要的集装箱干线港之一，是长江三角洲对外开放的重要依托，是长江中上游地区和西部大开发的重要平台，是集江海河联运和内外贸货物运输、装卸与仓储于一体的多功能综合性港口。目前，常熟港区已与 46 个国家和地区的 203 个国际港口实现通航通商，月到港的集装箱船舶达到 170 多艘次；张家港港区同世界上 40 多个国家和地区的 140 多个港口有货运往来；而太仓港区目前开通的国内国际航线达到了 16 条。

2011 年苏州港完成货物吞吐量达 3.8 亿吨，比上年增长 15.6%，全港集装箱吞吐量达到近 4.7×10^6 TEU，列全国沿海港口第 10 名[①]。

表 5-4　苏州港 1995～2011 年吞吐量

年份	货物总吞吐量（万吨）	集装箱吞吐量（$\times10^4$ TEU）
1995	2 132	10.81
1996	—	11.82
1997	—	11.91
1998	—	10.53
1999	—	12.81
2000	8 028	19.70
2001	8 064	23.20
2002	9 308	29.10
2003	10 329	34.60
2004	13 088	50.90
2005	15 743	75.30
2006	19 011	124.20
2007	23 215	189.60
2008	24 723	257.00
2009	24 634	271.80
2010	32 877	364.40
2011	38 000	470.00

资料来源：根据《中国港口年鉴》（1996～2012）相关资料整理。

① 资料来源：中国新闻网. http://www.data.anto.chinanews.com.

二、上海市港口

上海港是世界著名大港，其货物吞吐能力位居世界前列。上海港是我国沿海的主要枢纽港，是我国对外开放、参与国际经济大循环的重要口岸。上海市外贸物资中99%经由上海港进出，每年完成的外贸吞吐量占全国沿海主要港口的20% 左右。2010 年，上海港货物、集装箱吞吐量均位居世界第一。2011 年全年，上海港货物吞吐量 7.3 亿吨，同比增长 11.4%，其中海港货物吞吐量 6.24 亿吨，内河港货物吞吐量 1.03 亿吨，全港内贸货物吞吐量 3.9 亿吨，外贸货物吞吐量 3.4 亿吨；全港集装箱吞吐量 3.17×10^7 TEU，同比增长 9.2%，国际出口航线 1.21×10^7 TEU，国际进口航线 1.14×10^7 TEU。

表 5–5　上海港 1995～2011 年吞吐量

年份	货物总吞吐量（万吨）	集装箱吞吐量（$\times10^4$ TEU）
1995	16 567	153.0
1996	16 402	197.0
1997	16 397	252.7
1998	16 388	306.6
1999	18 641	421.6
2000	20 440	561.2
2001	22 099	634.0
2002	26 384	861.2
2003	31 621	1 128.2
2004	37 896	1 455.4
2005	44 317	1 808.5
2006	47 040	2 171.9
2007	49 227	2 615.2
2008	58 170	2 800.6
2009	59 205	2 500.2
2010	65 339	2 906.9
2011	73 000	3 173.9

资料来源：根据《中国港口年鉴》（1996～2012）相关资料整理。

三、浙江省港口

浙江省港口吞吐量最大的港口是宁波—舟山港，该港口的货物总吞吐量、集装箱吞吐量和外贸吞吐量在全国范围内也处于领先地位，温州港兼具河口港和海港的功能，这些年货物吞吐能力发展较快。

1. 宁波—舟山港

宁波—舟山港区域是我国港口资源最优秀和最丰富的地区，基本建成国际一流的深水枢纽港和国际集装箱远洋干线港，且已初步形成了四大基地，即集装箱远洋干线港、国内最大的矿石中转基地、国内最大的原油转运基地、国内沿海最大的液体化工储运基地和华东地区重要的煤炭运输基地，成为上海国际航运中心的重要组成部分和深水外港。

2011 年宁波—舟山港完成货物吞吐量为 6.9 亿吨，集装箱吞吐量 1.451×10^7 TEU，外贸货物吞吐量 2 423 万吨，同比增长 18.5%[①]。

表 5-6 宁波—舟山港 1995～2011 年吞吐量

年份	货物总吞吐量（万吨）	集装箱吞吐量（$\times10^4$ TEU）
1995	6 853	16.0
1996	7 639	20.3
1997	8 220	25.7
1998	8 707	35.3
1999	9 660	60.1
2000	11 547	90.2
2001	12 852	121.3
2002	15 398	185.9
2003	18 543	277.2
2004	22 586	400.5
2005	26 881	520.8
2006	42 387	713.5
2007	47 336	943.1
2008	52 048	1 093.4
2009	57 684	1 050.3
2010	63 330	1 314.7
2011	69 000	1 451.0

资料来源：根据《中国港口年鉴》（1996～2012）相关资料整理。

① 资料来源：中国国际海运网. http://www.shippingchina.com/1/corportz.php.

2. 温州港

温州港是一个集河口港、海港于一体的综合性港口，是我国25个沿海主要港口之一。2011年货物吞吐量达到6 950万吨，集装箱吞吐量达到4.7×10^5 TEU，为年计划（4.6×10^5 TEU）的102%，同比增长14.63%。

表5-7 温州港1995～2011年吞吐量

年份	货物总吞吐量（万吨）	集装箱吞吐量（$\times10^4$ TEU）
1995	601	1.9
1996	611	1.8
1997	617	2.6
1998	621	3.6
1999	711	4.7
2000	859	7.4
2001	1 314	10.0
2002	1 676	15.0
2003	2 338	18.1
2004	2 630	21.3
2005	3 075	23.0
2006	3 275	28.2
2007	3 496	35.1
2008	4 263	38.1
2009	5 999	39.4
2010	6 408	41.0
2011	6 950	47.0

资料来源：根据《中国港口年鉴》（1996～2012）相关资料整理。

第三节 港口腹地经济概况

“长三角”地区港口群依托中国经济最发达的长江三角洲区域，港口腹地广阔，经济发达。本节从总体经济概况、重点港口城市和特殊经济区域三个方面分别进行介绍。

一、总体经济概况

长三角地区港口群发展较快，无论是在经济总量和对外贸易方面，还是在产业结构方面都处于全国领先行列，在国民经济和对外贸易中发挥了重要作用。

（一）经济总量

2011 年长江三角洲地区实现生产总值 82 023 亿元，占全国经济总量的 17.4%，其中 9 个城市 GDP 总量超过 3 000 亿元；工业总产值 165 743 亿元，同比增长 18.8%，完成工业投入 15 080 亿元，同比增长 15.2%，其中有 6 个城市规模以上工业总产值超过万亿元；固定资产投资 35 519 亿元，同比增长 16.9%；消费品市场尤为活跃，全年实现社会消费品零售总额达到 27 739 亿元，同比增长 16.4%，其中有 10 个城市总量超千亿元，15 个城市增速超过平均水平。

（二）对外贸易概况

自 20 世纪 90 年代以来，由于长江三角洲各级政府大力推行外向型经济政策以及本地投资环境迅速改善，长三角地区已一跃成为中国经济发展尤其是对外贸易发展最活跃的区域之一。2011 年长三角地区进出口总额达到 12 865.96 亿美元，占全国进出口总额的 36%。其中出口达到 7 387.69 亿美元，占全国出口总额的 38.91%；进口达到 5 478.27 亿美元，占全国进口总额的 31.42%。1985 年至 2011 年间，长三角地区经济的外贸依存度从 18%上升到 87%。其中出口依存度达到 50%，出口成为拉动长三角地区经济增长的最主要动力之一；进口依存度也达到 36%。开放型经济已成为长三角地区经济增长的主要动力。

（三）产业结构

“长三角”地区整体趋向“又好又快”发展，具体表现为现代服务业增长态势明显，75%的城市现代服务业增加值比重出现增长，产业结构基本呈现“三、二、一”的稳定发展格局。从第一产业比重来看，长三角地区只有舟山市为两位数，已经有一半的城市第一产业比重低于 5%，这些城市都处于工业化加速发展时期；从第二产业比重来看，除上海、南京和舟山外，其余城市第二产业增加值比重达到或超过 50%，表明各市对工业经济的依赖程度均较高；从第三产业比重来看，除了舟山外，其他城市第三产业增速均快于第二产业。上海市产业结构优势明显，第三产业比重超过 50%，达到 53.7%。

近年来，长三角地区继续推进产业结构优化升级——加快发展现代服务业，推进信息化与工业化融合，建设全球重要的现代服务业中心和先进制造业基地。具体包括，重点和优先发展包括电子信息产业、装备制造业、钢铁产业和石化产业等产业的重点工业；加快发展新兴产业，主要是新材料产业和新能源产业；巩固提升传统产业，例如纺织服装业和旅游业。

二、重点港口城市

港口城市的形成和发展，在很大程度上受自然地理条件、社会经济条件以及国家经济政策等的影响和制约。地理位置的优越性，加上近代工业、交通的发展，航海技术的进步和国际经济联系的加强，促进了港口城市进一步的发展。长江三角洲地区主要的港口城市有苏州市、上海市和宁波市。近几年，三大港口城市的经济总量、对外贸易总量等都出现了不同程度的增长。

（一）苏州市经济发展概况

1. 经济总量

2011 年苏州市实现地区生产总值突破 1 万亿元，达到 10 500 亿元，按可比价计算比上年增长 12%；全市实现地方一般预算收入 1 100.9 亿元，比上年实际增收 200.3 亿元，增长 22.2%。其中，税收收入完成 929.4 亿元，增长 18.7%；非税收入完成 171.5 亿元，增长 46.2%。

2. 对外贸易

2011 年，苏州市进出口总额突破 3 000 亿美元，增长 9.5%，一般贸易出口所占比重达到 23.7%，比上年提高 3.5%；利用外资结构持续优化，实际利用外资 89.1 亿美元，增长 4.4%，其中服务业实际利用外资 29.3 亿美元，新兴产业和高新技术项目实际利用外资 33.5 亿美元；新增外资企业地区总部和功能性机构 45 个。服务外包发展迅速，实现接包合同额 35.4 亿美元、离岸执行额 20.1 亿美元，分别增长 56%和 57.9%；中方境外协议投资额达到 7 亿美元，增长 48%，总额位居全省第一。

3. 主要工业类产业概况

2011 年苏州市工业经济平衡增长，实现工业总产值 33 319.6 亿元，创造了全国 2.3%的地区生产总值，位次仅次于上海，居全国第二位。其中，规模以上工业总产值 28 212.8 亿元，分别比上年增长 17%和 17.7%。在全市规模以上工业中，私营工业产值 4 883 亿元，增长 19.2%；外资工业产值 19 124 亿元，增长 17.9%。重工业产值 20 802 亿元，轻工业产值 7 411 亿元，分别比上年增长

18.4%和 15.6%。

2011 年，苏州市优势产业稳定发展。通信设备、计算机及其他电子设备制造业、黑色金属冶炼及压延加工业、电气机械及器材制造业、纺织业、化学原料及化学制品制造业、通用设备制造业六大行业实现产值 19 274 亿元，比上年增长 17.9%，占规模以上工业总产值的比重达 68.3%。

2011 年苏州市新兴产业规模进一步壮大。全市着力培育和发展新能源、新材料、生物医药、新型平板显示、智能电网和物联网、节能环保、高端装备制造等战略性新兴产业，促进新兴产业跨越发展。制造业新兴产业实现总产值 10 758 亿元，比上年增长 24.7%，占全市规模以上工业的比重达 38.1%。依托优势龙头企业，加速新型企业集群、产业集聚发展。全市新兴产业特色基地达到 17 个。全市实现高新技术产业产值 10 516 亿元，比上年增长 17.6%，高新技术产业产值占规模以上工业总产值的比重达 37.3%，比上年提高 0.7%。

（二）上海市经济发展概况

1. 经济总量[①]

2011 年，上海市实现国内生产总值（GDP）19 195.69 亿元，按可比价格计算，比上年增长 8.2%。其中，第一产业增加值 124.94 亿元，下降 0.7%；第二产业增加值 7 959.69 亿元，增长 6.5%；第三产业增加值 11 111.06 亿元，增长 9.5%，第三产业增加值占全市生产总值的比重为 57.9%，比上年提高 0.6%；全市按常住人口计算的人均生产总值为 82 560 元。

地方财政收入 3 429.83 亿元，比上年增长 19.4%。其中，增值税 416.7 亿元，增长 7.2%；营业税 1 041.49 亿元，增长 11.5%；个人所得税 314.95 亿元，增长 20.6%；企业所得税 731.05 亿元，增长 20.6%。全年地方财政支出 3 914.88 亿元，比上年增长 18.5%。

2. 对外贸易

2011 年，上海市对外贸易继续增长，全年实现进出口总额 4 374.36 亿美元，比上年增长 18.6%。其中，实现进口总额 2 276.47 亿美元，增长 21%；出口总额 2 097.89 亿美元，增长 16%。在出口总额中，外商及港澳台投资企业出口 1 424.43 亿美元，增长 13.1%；私营企业出口 308.01 亿美元，增长 35.1%；国有企业出口 348.53 亿美元，增长 13.3%；集体企业出口 16.76 亿美元，增长 36.8%。

① 资料来源：2011 年上海市国民经济和社会发展统计公报。

2011全年，上海市批准外商直接投资合同项目4 329项，比上年增长10.8%；合同金额201.03亿美元，增长31.3%；实际到位金额126.01亿美元，增长13.3%。全年第三产业外商直接投资实际到位金额104.3亿美元，增长18.1%，占全市实际利用外资的比重达到82.8%。全年批准总投资在1 000万美元以上的外商直接投资项目256项，合同金额170.18亿美元。至2011年末，在上海投资的国家和地区已达151个。年内新增跨国公司地区总部48家，投资性公司27家，外资研发中心15家。在上海落户的跨国公司地区总部达到353家，投资性公司240家，外资研发中心334家。

3. 主要工业类产业概况

2011年全年实现工业增加值7 230.57亿元，比上年增长7.5%。其中，规模以上工业增加值6 798.28亿元，增长7.4%。在规模以上工业增加值中，轻工业增加值2 046.98亿元，增长9.4%；重工业增加值4 751.3亿元，增长6.5%。全年工业总产值33 834.44亿元，比上年增长6.6%。其中，规模以上工业总产值31 987.44亿元，增长6.4%。

上海市六大重点工业行业为电子信息产品制造业、汽车制造业、石油化工及精细化工制造业、精品钢材制造业、成套设备制造业和生物医药制造业。2011年，该六大重点行业完成工业总产值21 332.66亿元，比上年增长6.5%，占全市规模以上工业总产值的比重达到66.7%，规模以上工业产品销售率达到99%。

（三）宁波市经济发展概况

1. 经济总量[①]

2011年宁波市实现国内生产总值（GDP）6 010.5亿元，按可比价计算，比上年增长10.0%，第一产业实现增加值255.76亿元，同比增长4.0%；第二产业实现增加值3 335.4亿元，同比增长10.0%；第三产业实现增加值2 419.4亿元，同比增长10.7%。三种产业的比重为4.2∶55.5∶40.3，按户籍人口计算人均GDP为104 485元，按常住人口计算人均GDP为77 983元。

2011年宁波市实现财政一般预算收入1 431.8亿元，比上年增长22.2%，增速同比提高0.9个百分点，其中地方财政一般预算收入完成657.6亿元，增长23.8%，增速同比提高1.1%，其中人均工资性收入为24 280元，比去年同期增长11.5%；人均经营净收入为3 997元，比去年同期增长21.0%。

① 资料来源：中国经济网. http://district.ce.cn/newarea/roll/201201/29/t20120129_23024967.shtml.

2. 对外贸易

2011 年，宁波市外贸总量持续扩大，全市实现外贸自营进出口总额 981.9 亿美元，比上年增长 18.4%。其中，出口 608.3 亿美元，增长 17.1%；进口 373.6 亿美元，增长 20.6%。

利用外资快速增长。全年全市合同利用外资 50.2 亿美元，比上年增长 24.0%，增速同比提高 5.8%，实际利用外资 28.1 亿美元，增长 20.9%，增速同比提高 15.6%。第三产业新批项目 206 个，实到外资 15.3 亿美元，增长 119.8%，房地产业实际利用外资 9.0 亿美元，增长 119.5%；全年第三产业实际利用外资占比达到 54.4%，同比提高 24.5%。

3. 主要工业类产业概况

2011 年宁波市全部工业总产值达到 15 390 亿元，全部工业增加值 3 004.8 亿元。其中，规模以上工业总产值达到 11 848 亿元，比上年增长 17.9%，规模以上工业增加值为 2 381.3 亿元，比上年增长 12.2%，高于全省平均增速 1.3%。在全市 34 个大类行业中，除了黑色金属矿采选业外，其余 33 个行业的工业总产值均有不同程度增长。重工业实现产值 8 382.8 亿元，同比增长 19.7%。完成工业投资 668.7 亿元，比上年增长 8%，增速创 2006 年以来新高。其中，技术改造投资 465.3 亿元，同比增长 12.4%，占全部工业投资的 69.6%。

三、特殊经济区域

本节选取长江三角洲地区江苏省、上海市和浙江省部分特殊经济区域，对其所享受的特殊政策和发展现状进行描述。

（一）江苏省

1. 昆山综合保税区

江苏昆山综合保税区于 2009 年 12 月 20 日经国务院批准设立，规划面积 5.86 km^2，位于国家级昆山经济技术开发区内，由全国首个封关运作的昆山出口加工区转型而成。昆山综合保税区是继天津滨海、北京天竺、浦东空港等之后的第八个综合保税区，分两期进行建设和验收：第一期面积 2.86 km^2，已于 2010 年 6 月 29 日通过验收，并正式启动运行；第二期面积 3 km^2，围网、监控等各项基础设施已全部到位，具备了封关运作条件，于 2012 年 9 月 12 日通过了南京海关验收组的预验收。

江苏昆山综合保税区是集出口加工区、保税物流园、保税港区、陆路通关点于一体的特殊经济区域，具有提供保税加工、保税物流、货物贸易、服务贸易、展览展示、口岸服务、研发、检测、维修等服务的功能，可以承担国际中转、配送、采购、转口贸易和出口加工等业务。昆山综合保税区致力于打造“三个基地和三个平台”，三个基地分别为电子信息等产业全球主要加工制造基地、服务昆山辐射华东的保税物流基地、连接国际和国内两个市场的进出口商品交易基地；三个平台分别为引进、消化、吸收再创新的研发实验平台，对制造业、贸易业提供全方位服务的服务贸易实验平台以及简便、快速通关的口岸服务平台。

截至 2012 年 9 月，昆山综合保税区一期已注册项目 174 个，总投资 22 亿美元，注册资本 11 亿美元，实际利用外资 10 亿美元，进出口额占全市外贸份额超过 60%。

2. 张家港保税物流园区

继上海外高桥保税区之后,国务院于 2004 年 8 月正式批准成立第二批区港联动试点，张家港位列其中。张家港保税物流园区作为区港联动试点，是全国第三家正式封关运作的保税物流园区，规划面积 1.53 km^2，分为东、西两区，东区面积 0.64 km^2，西区面积 0.89 km^2，两区分别于 2005 年和 2006 年通过验收，并正式封关运作。

张家港保税物流园区设立于境内关外，依托港口和保税区的双重优势，专门发展仓储和物流产业，同时具备国际中转、国际配送、国际采购和国际贸易四大功能。张家港保税物流园区享受保税区和出口加工区相关政策，在进出口税收方面，比照实行出口加工区的相关政策，即国内货物进入园区视同出口，办理报送手续，实行退税；园区内货物内销按货物进口的有关规定办理报关手续，货物按实际状态征税；区内货物自由流通，不征增值税和消费税。

3. 昆山经济技术开发区①

昆山经济技术开发区创办于 1985 年，1991 年 1 月被江苏省人民政府列为省重点开发区，1992 年 8 月经国务院批准成为国家级开发区。昆山经济技术开发区位于城区东侧，规划总面积 115 km^2，包括一个核心区和两个城市副中心。

经过 20 年的开发建设，昆山经济技术开发区已发展成为全球资本、技术、人才的集聚地，海峡两岸产业合作的集聚区，中国对外贸易加工和进出口重要

① 资料来源：昆山经济技术开发区网页. http://www.ketd.gov.cn/.

基地。作为台商投资最密集的地区之一，昆山经济技术开发区已形成昆山开发区电子信息、光电显示、精密机械、民生轻工、装备制造并举的多元化产业格局，笔记本电脑、液晶面板和显示器及电视整机等产品形成完备的产业链和重要的出口基地。

截至 2010 年 10 月底，昆山经济技术开发区累计批准来自欧美、日韩、港澳台等 43 个国家和地区客商投资的 1 642 个项目，合同外资 149 亿美元，实际到账资金 84 亿美元。其中，投资额超过 1 000 万美元的项目有 516 个，上亿美元的项目有 41 个，独资项目 1 372 个，世界 500 强企业在开发区投资创办了 54 个项目，生产总值达到 1 201.67 亿元，各项主要指标均保持了高位增长态势。

（二）上海市

1. 上海洋山保税港区

作为全国第一个经国务院获准设立的保税港区，上海洋山保税港区于 2005 年 11 月底通过国家有关部委的联合验收，同年 12 月 10 日正式启用。洋山保税港区规划面积 8.14 km^2，由保税区陆域部分、东海大桥和小洋山岛港口区域三部分组成。其中，陆域部分面积 6 km^2，设有口岸查验区、港口辅助区、仓储物流区、国际中转区、采购配送区、加工制造区、商贸服务区等功能区，主要发展和提供集装箱港口增值、进出口贸易、出口加工、保税物流、采购配送、航运市场等产业和服务功能；岛域部分是集装箱深水港码头作业区域，包括洋山深水港一期、二期码头，面积 2.14 km^2，是集装箱装卸、中转的功能区域。

根据国务院关于设立洋山保税港区的批复规定，洋山保税港区主要发展国际中转、配送、采购、转口贸易和出口加工等业务，并可拓展相关功能。洋山保税港区享受保税区、出口加工区、保税物流园区相关的税收和外汇管理政策，税收政策主要有免税、入区退税、启动港退税、免征营业税等；外汇政策主要有保税港区企业可以开立经常项目外汇账户和资本项目外汇专用账户，不实行外汇核销，企业外汇收入可以全额留存，企业外商投资者的利润、股息、红利可以汇出境外等。

2. 上海外高桥保税物流园区

上海外高桥保税物流园区是国务院批准的首家区港联动试点项目，于 2004 年 4 月 15 日通过海关总署联合验收小组验收，封关运作面积 1.03 km^2，园区于 2006 年底基本建成，总投资 33 亿元人民币。

上海外高桥保税物流园区被赋予了国际中转、国际配送、国际采购和国际转口贸易四大功能。园区享受的优惠政策主要包括：进区视同出口即可办理退税手续；加工贸易的货物进区即可办理核销手续；进区储存海关无时间限制；区内可开展流通性增值简单加工；海运直通模式覆盖上海全关区；园区卡口实行智能化管理；区域联动辐射长三角联动；设有报检一站式现场服务；区内企业境外贸易可自由选择结算币种等。

3. 上海漕河泾新兴经济技术开发区①

上海漕河泾新兴经济技术开发区于1991年经国务院批准,成为国家高新技术产业开发区，规划面积5.984 km^2。2003年3月，国务院批准设立上海漕河泾出口加工区，位于园区北面，一期工程约0.9 km^2已于2004年3月封关运作；2004年7月，国务院批准漕河泾开发区扩地发展，在闵行浦江镇扩建浦江高科技园，为国家级的经济技术开发区，总面积10.7 km^2，其中9.4 km^2为高科技产业区，其余为综合配套区。

目前，开发区已形成微电子、光电子、计算机机器软件和新材料等四大产业，建成研究开发、网络运行、金融数据、技术创新四大中心。信息产业是漕河泾开发区的主要支柱产业，占开发区总销售收入的68%。园区内还拥有我国目前最大的生物工程中试基地——中国科学院上海生物工程研究中心及工业微生物研究所等。

2009年，上海漕河泾新兴经济技术开发区实现工业总产值6 502亿元，主营业务收入6 672亿元，工业企业利润总额51亿元，上缴税收总额61亿元。截至2009年底，园区吸引外资项目698个，累计合同金额23亿美元。

（三）浙江省

1. 宁波梅山保税港区

宁波梅山保税港区于2008年2月24日经国务院批准设立，成为继上海洋山、天津东疆、大连大窑湾、海南洋浦之后的中国第五个保税港区，规划面积7.7 km^2。梅山保税港区税收、外汇政策按照《国务院关于设立洋山港保税港区的批复》以及海关总署公布的《中华人民共和国海关保税港区管理暂行办法》等有关规定执行。其中，宁波梅山保税港区的主要税收政策为：国外货物入港区保税；货物出港区进入国内销售按货物进口的有关规定办理报关手续，并按货物实际状态征收税费；国内货物入港区视同出口，实行退税；港区内企业之

① 资料来源：上海开发区网页．http://www.sidp.gov.cn/2009/0623/4168.html.

间的货物交易不征增值税和消费税等。

梅山保税港区的功能定位为：以国际中转、国际采购、国际配送、国际转口贸易和保税加工和保税物流等保税港区功能为主导，以商品服务交易、投资融资保险等金融贸易功能为辅助，以法律政务、中介鉴证、休闲文化、进口展示等服务功能为配套，具备生产要素聚散、重要物资中转等现代功能的国家重要区域性配置中心。

梅山保税港区的规划布局包括码头作业区，规划建设干线集装箱泊位，岸线长约 3 500 m，建设 10 万吨级泊位 10 个；物流仓储加工区，重点发展国际中转、国际配送、国际采购、国际转口贸易、保税加工和保税物流等功能；港口配套服务区，主要发展商品服务交易、投资融资保险等金融贸易功能，以法律政务、中介鉴证、休闲文化、进口展示等服务功能为配套。

2. 宁波保税区[①]

宁波保税区于 1992 年 11 月经国务院批准设立，分东区、西区、南区，总面积 2.3 km^2，是浙江省唯一的保税区，区内享有“免证、免税、保税”政策，是我国对外开放程度最高、政策最优惠的经济区域之一。保税区具有进出口加工、国际贸易、仓储物流三大主体功能。

截至 2011 年，已有近 40 个国家和地区的投资者在区内设立企业 5 000 多家，注册资金达 403 064 万美元，其中外商投资企业 834 家，总投资 36 亿美元。引进高科技项目 128 个，总投资 26 亿美元，尤其是台资企业集聚发展，引进台资企业 137 家，其中生产型企业 61 家，总投资 11.3 亿美元，成为浙江省最大的台资企业集聚地。

截至 2012 年 10 月，宁波保税区（宁波出口加工区）生产总值为 105.38 亿元，其中第二产业 376 766 万元，第三产业 677 018 万元；公共财政预算收入达到 281 590 万元，其中，中央级收入 142 561 万元，地方级收入 139 029 万元；工业生产总值 474.97 亿元，进出口总值 110.57 亿元。目前，宁波保税区已经初步形成计算机产业群、半导体光电产业群、精密机械产业群、留学生创业企业群、软件产业群和国际贸易、仓储物流企业群，成为华东地区高科技产业发展的高地和重要的进出口物流集散地。

① 资料来源：宁波保税区门户网站. http://www.nftz.gov.cn/art/2012/11/19/art_1022_20798.html.

3. 宁波保税物流园区

宁波保税物流园区是 2004 年 8 月国务院批准设立的实施区港联动试点区域，2005 年 8 月封关运作，规划面积 0.95 km^2。园区位于北仑四期港区，东至经五路，南至穿山大道，西至沿江路，北至纬一路和集装箱码头泊位。

宁波保税物流园区享受保税区相关政策。在进出口税收方面，比照出口加工区的相关政策，国内货物进入园区视同出口，办理报关手续，实行退税；园区货物内销按货物进口的有关规定办理报关手续，货物按实际状态征税；区内货物自由流通，不征增值税和消费税。

作为海关监管的“境内关外”特殊区域，宁波保税物流园区具有国际中转、国际转口、国际物流配送、国际国内采购、流通加工等主体功能。园内企业可以在国际、国内市场采购货物，在区内从事仓储、流通加工、分拨配送，开展货物中转、转口贸易等业务。

截至 2007 年 10 月底，园区内共注册工商企业 18 家，注册资金 22 680 万元。据海关统计，园区共受理进出口报关单 7 724 票，进出区货运量 28.8 万吨，进出区货物总值 11.36 亿美元。

4. 宁波经济技术开发区①

宁波经济技术开发区于 1984 年 10 月经中国政府批准成立，总面积 29.6 km^2，是中国建区最早、面积最大的国家级开发区之一。开发区位于母城宁波市东北部，地处北仑港后方，距离市中心仅 27 km。

该开发区设立以来，宁波经济技术开发区以发展工业、利用外资、出口创汇为主，致力于发展现代临港型大工业、先进制造业和高新技术产业，现已成为浙江省、宁波市利用外资和对外开放的龙头，在全国国家级开发区综合评比中列前五名。设立 20 多年来，宁波经济技术开发区 GDP 以年均超过 40%的速度增长，财政收入以年均近 60%的速度递增，增幅居各国家级经济技术开发区前列。2009 年开发区生产总值达到 375.93 亿元，2010 年生产总值达到 468.89 亿元。

---

① 本部分数据根据《宁波开发区年鉴》整理所得。

第六章　珠江三角洲港口群发展现状

珠江三角洲位于广东省中南部、珠江下游，是广东省外向型经济最发达的地区。珠江三角洲地区港口群由粤东和珠江三角洲地区港口组成，该地区的港口主要包括广州港、深圳港、珠海港、汕头港、湛江港、惠州港。珠江三角洲地区港口群毗邻港澳台，是地区间经贸发展的枢纽，同时也是中国对外贸易往来，加强与东南亚、南亚等地区联系的重要门户。

第一节　港口基础设施

本节将介绍珠江三角洲地区广东省内的港口基础设施，分别从港口的自然地理条件、码头泊位、航道信息和集疏运条件等方面进行介绍。

一、自然地理条件

珠江三角洲地区港口群地处北回归线以南，位于我国海岸的南端，属于热带性三角洲。其北面的粤北山区对北来寒流起屏障作用。该地区港口群几乎全年无冰期，但易受台风等影响。珠江三角洲地区不同的港口由于特殊的地理位置，也表现出自身特点。

（一）广州港

1. 地理位置

广州港位于北纬 23°06′，东经 113°36′，地处我国外向型经济最活跃的珠江三角洲地区中心，港区分布在广州、东莞、中山、珠海等城市的珠江沿岸或水域，从珠江口进港，依次为虎门港区、新沙港区、黄埔港区和广州内港港区。

2. 自然条件

广州港每年4～8月多东南风，9月至翌年3月多东北风，热带气旋多产生在5～11月，风力一般为6～9级，阵风可达10～11级。

港区年平均降水量为1 720 mm，多集中于4～8月间，约占全年降水量的60%。冬末春初偶尔有雾，但历时短，年平均雾日数25天，多出现于拂晓至上午9时之间，一般日出即散。

港区年平均气温21.9℃，历年最高为38.7℃，历年最低为0℃。终年不冻。

港区潮汐属不规则半日潮，最高高潮位3.87 m，最低低潮位-0.24 m，平均潮差1.64 m。潮流为沿河道往复流。涨潮流速为0.77～1.03 m/s，落潮流速为1.29 m/s[①]。

（二）深圳港

1. 地理位置

深圳港位于广东省珠江三角洲南部，珠江入海口伶仃洋东岸，毗邻香港。全市260 km的海岸线被九龙半岛分割为东西两大部分。西部港区主要包括蛇口、赤湾、妈湾和东角头以及福永等港区；东部港区位于南海大鹏湾西北部，主要包括盐田和沙渔涌、下洞等港区；此外，还有内河港区，东西港区均与香港九龙半岛隔海相望。

2. 自然条件

深圳港全年盛行东南东风和北北东风，其次为东北风和东风，受季风影响，冬季多为东北风，夏季为东到东南风。全年平均大于6级风的有7.7天，影响本地区的台风年均2次。

港区年平均降水量1 578.4 mm，最大年降水量为2 634.1 mm，年平均降水日大于25 mm的有22天。降水主要集中4～9月，占全年83%。

港区年平均雾日12天，水平能见度小于1 km的雾日有6.4天，主要集中在冬春两季。

港区年均气温22.4℃，极端最高气温为38.7℃，极端最低气温为0.2℃。该港所处地区常年不结冰。

深圳港的最高潮位2.97 m，最低潮位-0.31 m，平均高潮位1.69 m，平均低潮位0.62 m，最大潮差2.72 m，平均潮差1.07 m。

---

① 资料来源：百度百科. http://baike.baidu.com/view/290403.htm.

（三）珠海港

1. 地理位置

珠海港地理坐标为北纬 21°44′，东经 114°20′，南与澳门陆地相连，东与深圳、香港隔海相望，西隔虎跳门、崖门与台山、新会相望，北与中山接壤。

2. 自然条件

珠海港常风向东南及东南偏东，最大风力 42 m/s；春季多东北风，风力 12 m/s；夏季多东南风，风力 24 m/s；秋季多南风，风力 22 m/s；冬季多北风，风力 11 m/s；台风季节为 6～10 月，平均风力大于 30 m/s。

港区平均降水量 2 015 mm，降水集中在 6～8 月，年平均降水日数 136.8 天。一般雾天发生在 12 月至翌年 4 月，每年 2～3 月为多雾天。

港区珠海港年平均气温 22.4℃，终年不冻结。

港区潮汐属不规则半日潮，有日潮不等现象。最高潮位 2.27 m，最低潮位 -1.90 m，平均最高潮位 0.4 m，平均最低潮位-1.7 m。涨潮流速 0.36 m/s，落潮流速 0.2 m/s。

（四）汕头港

1. 地理位置

汕头港地理坐标为北纬 23°21′12″，东经 116°40′20″，位于广东省东部沿海，居福州至广州黄金海岸中央，东临台湾海峡，距高雄 214 海里，西距香港 187 海里，占据韩江、榕江、练江出海口位置。

2. 自然条件

汕头港的常风向与强风向均为东北东向，全年大于 6 级风的出现频率不到 10%。汕头地区受台风影响，平均每年有 3～4 次台风正面袭击或影响本区。有记录的强风最大风速达 52.1 m/s。伴随台风而来的风暴潮对本港也有较大影响，最大增水达 3.02 m。

港区年平均降水量 1 672.2 mm，每年 5～8 月为雨季。1～4 月为雾季。年平均雾日为 22 天，连续碍航雾天数不超过 2 天。

港区年平均气温 21.3℃，历年最高为 37.9℃，历年最低为 0.4℃，全年无冰期。

水文方面，汕头港属不规则半日潮，最高潮位 4.97 m（受风暴潮增水影响），最低潮位-0.3 m，平均潮差 1.03 m。作为弱潮河口海湾，湾内潮流受地形制约，为东西向往复流，涨潮流速鹿屿水道为 1.3 m/s，落潮流速鹿屿水道为 1.54～

2.06 m/s。

（五）湛江港

1. 地理位置

湛江港位于中国大陆最南端的广东省雷州半岛东北部的广州湾内，地理坐标为北纬 21°11′55″，东经 110°24′38″[①]，东接珠三角，西临北部湾，北靠“三南”（大西南、华南、中南），面向东南亚，处于连接南北半球，沟通太平洋、印度洋的中心位置，是中国通往东南亚、非洲、欧洲和大洋洲海上航程最短的港口。

2. 自然条件

湛江港 4～9 月多东及东南风，10 月至翌年 3 月盛行北及东北风，一般 3～4 级，最大达 6～7 级。热带风暴一般发生于 5～11 月，以 7～9 月居多，平均每年 5～6 次波及湛江港，风力大于 8 级以上的出现天数平均每年 7 天。个别年份会受强台风袭击，1954 年 8 月 29 日曾遇 12 级以上大风。1996 年 9 月 9 日受到特大台风袭击，中心附近瞬时极大风速高达 57 m/s。

港区年平均降水量 1 567.3 mm，多集中在 5 月和 9 月，约占全年降水量 56%。平均年雨天数 126 天。年最大降水量 2 411.3 mm，最小降水量 743.6 mm。有雨季、旱季之分。每年 4～9 月为雨季，占年降水量的 80%左右。

港区雾日多集中于 1～4 月，约占全年雾日的 83%，多于午夜形成，次日 10 时后渐散，多为平流雾。多年平均雾日 25.9 天，年最多雾日为 52 天，年最少雾日 11 天。

湛江港地处北回归线以南，属亚热带气候，受海洋气候调节，冬无严寒，夏无酷暑，暑季长，寒季短，温差不大。气温年平均 23.2℃，7 月最高，月平均为 28.9℃，最高曾达 38.1℃；1 月最低，月平均为 15.5℃，最低曾达 2.8℃。气温宜人，草木常青，终年无霜雪，四季通航。年平均雷暴日 100 天，主要发生在 3～11 月。

港区潮汐属不规则半日潮，每一太阳日有两次高潮出现，潮差较大，达 4～6 m，平均高潮位 4.33 m，平均低潮位 2.04 m，最高潮位 7.09 m，最低潮位-0.65 m，平均潮差 0.57 m。潮流方向与航道方向基本一致，在正常情况下，退潮时流速比涨潮时流速快。进口航道最大流速：涨潮 1.54 m/s，退潮 1.95 m/s。港内

① 资料来源：http://www.tadercn.com/mtxy/mtzy/gkzy/14652.shtml.

一般波高 0.3 m，最高 0.8 m，台风时浪高一般不超过 1 m。

二、码头泊位

港口的码头泊位数量不但影响港口的吞吐能力，而且影响到船舶在港的状况和在港装卸和等待装卸的费用，因此，港口的码头泊位是一项重要的港口基础设施。本节将对珠江三角洲地区港口群各港口的码头泊位概况进行介绍。

（一）广州港

广州港港区划分为内港、黄埔、新沙和南沙等四大港区和珠江口锚地，拥有一批设施先进的大型集装箱、煤炭、粮食、石油和化工等专业化深水码头，以及华南地区最大的滚装船码头。广州港现有码头泊位 912 个，长度 51 272.18 m；生产用码头泊位 694 个，长度 38 467.18 m。其中，万吨级以上泊位 49 个，包括 3.5 万吨级以上码头泊位 17 个①。

（二）深圳港

深圳港位于广东省珠江三角洲南部，拥有蛇口、赤湾、妈湾、东角头、盐田、福永机场、沙鱼涌、内河 8 个港区。截至 2010 年底，深圳港拥有各类泊位 176 个，其中万吨级以上深水泊位 69 个，集装箱专用泊位 44 个。港口设计年综合吞吐能力 1.95 亿吨，其中集装箱吞吐能力 1.891×10^7 TEU。客运泊位 18 个，年设计吞吐能力 550 万人次②。

（三）珠海港

珠海港已形成西区以高栏港区为主，东区以桂山港区为主，市区以九洲、香洲、唐家、前山、井岸、斗门等港区为主的三个港口群体，其中高栏和桂山为深水港区，其他为中小泊位区。截至 2011 年底，珠海港泊位 131 个，泊位总长 12 893 m，其中生产性泊位 126 个，泊位总长 12 390 m；万吨级以上泊位 17 个，其中 8 万吨级泊位 3 个，5 万吨级泊位 10 个，1～3 万吨级泊位 3 个③。

（四）汕头港

“十一五”期间，汕头港港口泊位数从 82 个增至 86 个，年通过能力从 2 518 万吨增至 3 282 万吨，其中万吨级以上深水泊位从 16 个增至 18 个。

---

① 资料来源：中国国际海运网．http://www.shippingchina.com/1/corportz.php.

② 资料来源：中国港口年鉴（2011）.

③ 资料来源：2011 年珠海市港口公报.

（五）湛江港

截至 2010 年底，湛江港拥有生产性泊位 125 个，其中万吨级以上深水泊位 34 个，最大泊位 30 万吨级。

三、航道信息

航道是指在内河、湖泊、港湾等水域内供船舶安全航行的通道，由可通航水域、助航设施和水域条件组成。珠江三角洲地区港口群位于珠江三角洲水系，濒临南海，港口航道畅达。

（一）广州港

广州港一港跨广州、东莞、深圳、中山、珠海等五市。港口航道主要由广州港出海航道、广州港内港航道和广州港内河航道三部分组成。

广州港出海航道自珠江口桂山锚地至黄埔港区，沿经珠海、深圳、中山、东莞等市，全长约 153 km，包括大濠水道、榕树头水道、伶仃航道、川鼻航道、大虎航道、坭洲航道、莲花山东航道、莲花山西航道、新沙航道、赤沙航道、大濠洲航道、黄埔航道。

2006 年底，广州港出海航道二期工程和拓宽工程的全线完工，黄埔港区西基调头区至南沙港区段出海航道底标高为-13.0 m，有效宽度 160 m，可满足 5 万吨级船舶乘潮进港；2007 年，随着广州港出海航道三期试挖工程完工，南沙港区至珠江口段出海航道底标高为-15.5 m，有效宽度 230 m，可满足 5 万吨级船舶全天候双向通航和 10 万吨级船舶乘潮通航。

表 6-1　广州港出海航道尺度一览表

航道段名称	长度（km）	底标高（m）	有效宽度（m）	边坡	备注
大濠水道	18.8	-15.5	230	1∶7	部分人工航槽
伶仃航道 G 点以南 伶仃航道 G 点以北	51.1	-15.5 -13.0	230 160	1∶7 1∶5	人工航槽
川鼻航道	11.9	-13.0	160	1∶5	人工航槽
大虎航道	8.2	-13.0	160	1∶5	人工航槽
坭洲航道	8.6	-13.0	160	1∶5	人工航槽
莲花山东航道	7.7	-13.0 （-13.2）	160	1∶5 （1∶2*）	人工航槽
新沙航道	7.1	-13.0	160	1∶5	人工航槽

资料来源：作者根据《广州港出海航道二期工程初步设计说明书》《广州港出海航道三期工程预可行性研究报告》《广州港出海航道三期试挖工程初步设计说明书》等相关资料整理。

* 指岩石段。

广州港内港航道主要指广州港内港港区范围的航道，主要包括西河道、东河道、白沙河、沙贝海、南河道、沥滘航道、东洛围水道、小洲水道、官洲水道、仑头水道、三枝香水道、员岗南水道、新造水道、海心岗水道、汾水头水道、铁桩水道、浮莲岗水道、小虎沥水道、龙穴南水道、凫洲水道等，总长约170 km，可通航 5 000 吨级以下的船舶①。

（二）深圳港

深圳港港口水域面积 106 km^2，陆域面积 16 km^2，分为西部港区和东部港区。西部港区位于珠江口东岸入海前缘，主要包括蛇口、赤湾、妈湾、东角头和福永等港区；东部港区位于南海大鹏湾西北部，主要包括盐田和沙渔涌、下洞等港区。

蛇口港区的进港航道有 2 条，浅水航道长 6 100 m，水深 6 m，宽 80 m，乘潮可进出 5 000 吨级船舶；深水航道长 2 600 m，水深 10.5 m，宽 110 m，乘潮可进出 5 万吨级船舶。

赤湾港区的进港航道，从口门至矾石水道 785 m，水深 10.6 m，宽 120 m，可通航 3.5 万吨级船舶，乘潮则可通航 5 万吨级船舶。候潮锚地在口门外 4 000～8 940 m 范围内的主航道两侧，水深逾 13 m。

妈湾港区的航道长 7 200 m，宽 500 m，水深 11 m，可通航 3 万吨级船舶。乘潮水深 13 m，乘潮持续时间为 2 小时，乘潮可通航 5 万吨级船舶。

东角头港区的进港航道 1 600 m，天然水深约 6 m。

盐田港区的航道为天然航道，可用作锚地的范围很广。交通部将其规划为我国四大国际中转深水港之一。

（三）珠海港

珠海港的航道分为西区、东区和市区三部分，西区、东区为深水航道，市区为 3 000 吨级以下航道。位于西区的高栏港区主航道是按通航 5 万吨级煤炭船舶设计的人工航道；桂山港区为天然水深航道；位于市区、九洲港区的航道原按乘潮通航万吨级船舶的标准设计，目前按乘潮进港 3 000 吨级船舶标准维护；香洲和唐家港区为天然水深航道。

（四）汕头港

汕头港由珠池、广澳、马山、岩石、老港区五大港区组成，汕头港航道全

---

① 资料来源：广州港务局公众信息网. http://www.grport.gov.cn/site/site/portal/grportt/index.jsp.

长 31.95 km，分为港外航道和港内航道。港外航道长 9 400 m，宽 200～500 m，航道水深 4.7～7.0 m；港内航道长 9 150 m，宽 350～500 m，航道水深 5～8 m。

（五）湛江港

湛江港原有航道全长 64.4 km，有斗龙村东航道、龙水岭航道、斗龙村北航道、南三岛南航道、进口航道、南三岛西航道、石头角航道、东头山航道、麻斜航道、麻斜西航道、莫烟楼航道、莫烟楼西航道、调顺岛航道、霞海航道、调顺岛港区港池航道，共 15 段。湛江港原有航道大部分为 13 m 深的天然航道，仅斗龙村北航道 2.8 km 为人工航道，维护水深 9.8 m。另外，南三岛南航道和调顺岛航道有局部浅点，2 万吨级船舶可随时通航，5 万吨级船舶需要乘潮通航。

2003 年 2 月，湛江港 10 万吨级航道通过验收并投入使用；2005 年 12 月，25 万吨级航道工程完工投入使用。25 万吨级航道工程航道总长 45.28 km，航道宽度 310 m，外航道底标高−19.2 m，内航道底标高−19.5 m。

目前，港口部门在现有 25 万吨级航道选线的基础上，按 30 万吨级单向通航标准浚深湛江港出海航道。航道设计长度 54.9 km，其中外段航道长 38.24 km，内段航道长 16.67 km，航道底宽 310 m，边坡 1∶5，航道底标高外段航道−21.6 m，内段航道−21.9 m。

四、港口集疏运条件

本节内容主要包括两个层次：一是港口本身的集疏运条件，二是港口所在地区的集疏运条件。下面将从这两个方面对珠江三角洲地区港口群的港口进行介绍。

（一）广州港

广州港濒临南海，毗邻香港、澳门，与深圳、珠海经济特区相邻，既是华南地区最大的国际贸易港，又是珠江三角洲水网运输中心和水陆运输枢纽，港口交通便利。在公路方面，与汕头、湛江、深圳等省内重要市县均有干线连通，公路网络沟通闽、赣、湘、桂等省区；在铁路方面，有京广、广九、广湛线与全国主干铁路相连，形成铁路运输网；在海上运输方面，广州港北距汕头 276 海里，南距香港 70 海里，西距湛江 273 海里。经虎门出海可达国内沿海各港及世界 100 多个国家（地区）的 600 多个港口。内河可至珠江水系的东江、西江、北江各港。

广州港所处广州市，其集疏运体系也较为完善。在铁路方面，京广铁路是中国南北铁路交通主干线，连接京沈、京承、京包、京沪、京原（平）、石太、石德（州）、陇海（连云港—兰州）、浙赣、湘黔、湘桂、广九等线。此外，还有广州至茂名的铁路干线——广茂铁路，广州至汕头的铁路干线——广梅汕铁路，这两条铁路沟通了广东省东西的交通；在公路方面，广州市的环城高速以及通往广东省各市的公路网络较完善；在航空方面，广州白云国际机场已开辟国内、国际航线 30 条左右，来往于全国主要大中城市（含香港特别行政区）以及曼谷、马尼拉、新加坡、悉尼、墨尔本、吉隆坡等地的航班，可完成客货航空运输；在水运方面，水上客运有广州经济技术开发区的穗港客运口岸、洲头咀客运口岸、增城新塘客运口岸、番禺莲花山口岸、南沙客运口岸等，经营直航香港的水运航线[①]。此外，广州市公交运力不断增强，先后修建了多条城际间高速公路，市内也修建了高架路、公路桥、过江隧道等。广州的长途汽运有到邻近地区的长途汽车及穗港之间的直通巴士，市内交通有公共汽车、电车、专线车、地铁等。

（二）深圳港

深圳港已形成了“东西两翼”共同发展的格局，与之相匹配的“公路、铁路、水路”立体道路支撑体系格局也基本建立。在公路方面，基本形成了“东进东出、中进中出、西进西出、东西沟通”的运输格局。其中，西进西出运输主要由妈湾大道或兴海大道汇集到月亮湾大道或南坪快速路，再与广深高速或 107 国道相连；中进中出运输主要为梅观高速公路与机荷高速或南坪快速路相连，进而与东西部港区相连；东进东出运输由盐排高速、北山大道穿过盐田坳向外与东向深惠公路、惠盐高速相连，或直接向东由盐坝高速直接与惠州方向相连；东西沟通道路主要通过机荷高速、南坪快速路沟通广深高速、107 国道、盐排高速和北山大道；在铁路方面，形成了“广深铁路为干线、平湖站场为节点、平南和平盐铁路为支线”的网络格局；在水运方面，主要集中在西部，通过内河驳船经矾石水道、公沙水道与珠江水网相连到达珠江三角洲各主要城市；在航空方面，深圳宝安国际机场距西部港区仅 22 km，海空联运极为便利。

深圳市已形成了以深水港口和国际机场为枢纽和以公路、铁路、内河、管道为网络的公路、铁路、水路、航空和管道五种运输方式于一体的综合交通运输体系。在公路方面，有广深、深汕高速公路通往广州、惠州、汕头等城市；

---

① 资料来源：广州本地宝. http://gz.bendibao.com/sou/11296.htm.

深圳南有文锦渡、罗湖、沙头角和皇岗口岸直通香港；盐田至惠州的一级汽车专用公路于 1993 年建成。在铁路方面，深圳市现有广深、平南和平盐三条铁路，广深铁路是我国内地连接香港特别行政区的唯一铁路通道，也是深圳市铁路的主骨架；平南铁路为深圳市西部港区后方支撑通道，全长 50.2 km，为国铁 III 级；平盐铁路为东部港区后方支撑通道，全长 20.69 km，为 II 级专用线；此外，深圳市有京九线、广深线接京广线与全国铁路联通。在航空方面，深圳宝安国际机场是具有海、陆、空联运的现代化航空港，作为中国第五大航空港，已开通 107 条国际国内航线，可到达 80 余个国内国际城市和地区，是中国珠江三角区重要的空运基地之一。

（三）珠海港

珠海港交通便捷，在铁路方面，有直通高栏港的货运专线广珠铁路；在公路方面，高栏港高速公路、珠海大道快速干道改造工程、金港路等项目实现了高栏港与珠三角西岸的腹地城市群的快速联通；在海上运输方面，已正式开通高栏至南美乌兹怀亚、高栏至南美布宜诺斯艾利斯的集装箱国际航线，并有高栏至香港、高栏至黄埔、高栏至蛇口、高栏至海口、高栏至长江沿岸、高栏至日照、高栏至梧州的集装箱班轮航线以及高栏港至梧州的散杂货航线；在内河水运方面，西江整治后，5 000 吨级船舶可达肇庆，3 000 吨级船舶可达广西梧州，珠海港的辐射范围将延伸至广西、湖南、贵州等地。

随着广珠铁路、西部沿海高速、江珠高速、广珠高速、港珠澳大桥等陆续开通，以珠海为核心的 2 小时交通圈将逐步形成，江海联运、海铁联运、水陆转运将更加便利。

（四）汕头港

汕头港集疏运体系基本形成。在公路方面，主要公路干线有 324、206、205 国道，深汕高速公路、汕汾高速公路，以及汕头至梅州、汕头至深圳、汕头至福建、江西等干线公路；在铁路方面，广梅汕铁路直接进入珠池港区，连接全国铁路网，成为京九铁路的重要出海通道；在水运方面，内河运输有韩江、榕江、练江三条主要通航河流与港口相连，经韩江可达梅州地区及福建省龙岩地区；溯榕江而上，1 000 吨级以下船舶可达榕城；练江是沟通潮阳、普宁两县的主要水道。此外，汕头港还具备海铁联运、江海直达等运能大、能耗低、污染轻的集疏运功能优势。

汕头市是全国 45 个公路主枢纽城市之一，以高速公路、国道、省道组成的公路网四通八达。国道 324、206 穿过汕头境内，通向全国；深汕高速公路与汕汾高速公路将汕头、深圳和厦门三个经济特区连接起来，成为东南沿海高速公路干线的重要组成部分；沟通汕头与梅州、赣南地区的汕梅高速公路建成通车。汕头全市公路密度为 86.9 $km/100\ km^2$，实现了村村通公路，已基本构建起以高速公路和国道为主骨架的现代化公路网络，市区大部分地方可在半小时内上高速公路，1 小时内到达机场和港口。在航空运输方面，位于汕头市东北澄海区境内的汕头机场可起降波音 737、波音 757 等大中型客机，年客运能力达到 300 万人次，已开通至曼谷、新加坡及国内主要城市（含香港特别行政区）40 多条航线，并办理所有通航城市的货运业务。汕头年航空货运量已跃入全国 11 大机场行列之中。

（五）湛江港

湛江港所属湛江市是国家综合运输体系的重要枢纽，也是粤西地区和环北部湾地区的交通中心枢纽，公路、铁路、水路、航空和管道五种运输方式一应俱全，已形成立体综合运输网络。在水路方面，湛江湾与世界 100 多个国家和地区直接通航；在铁路方面，通过黎湛、广湛、洛湛、粤海铁路及在建的茂湛铁路和合湛、广东西部沿海高速铁路与全国铁路网相连；在公路方面，全市公路里程达 7 000 km，公路交通四通八达，可经国道 325、207，广湛、渝湛、湛徐（闻）高速公路通往全国各地，此外，通往海南、西南的 207 和 325 国道正在按高等级标准改造；在航空方面，粤西地区唯一可供波音 757 客机全天候起降的，湛江民航机场已相继开通至香港、北京、广州、深圳、昆明、成都、海口、三亚等 20 多个大中城市的航班；在管道方面，拥有湛江至茂名原油输送管道以及通往珠三角和大西南的成品油管道，湛江至北海原油输送管道已建成投入使用。

第二节　港口货物吞吐能力

本节主要介绍珠江三角洲地区各港口的通航概况，以及 1995～2011 年的货物吞吐量和集装箱吞吐量情况。

一、广州港

广州港是我国与东南亚、中印半岛、中东、非洲、澳洲和欧洲各国运距最近的大型贸易口岸，也是华南地区最大的对外贸易口岸。广州港与国内 100 多个港口通航，与世界 80 多个国家和地区的 350 多个港口有海上贸易往来，开辟了包括欧洲、北美、东南亚、澳洲等 31 条外贸直航航线。

2010 年 12 月 20 日，广州港港口货物吞吐量突破 4 亿吨大关，成为我国继上海港、宁波—舟山港之后第三个跨入 4 亿吨行列的国际大港，位居全球第五。2011 年，广州港累计完成货物吞吐量 4.48 亿吨，同比增长 5%，集装箱吞吐量 1.44×10^7 TEU，同比增长 13.4%。其中，海港完成货物吞吐量 4.31 亿吨，同比增长 5%，集装箱吞吐量 1.42×10^7 TEU，同比增长 13.4%。

表 6–2　广州港 1995～2011 年吞吐量

年份	货物总吞吐量（万吨）	集装箱吞吐量（$\times10^4$ TEU）
1995	7 299	51.4
1996	7 450	55.8
1997	7 518	68.7
1998	7 863	84.1
1999	10 157	117.7
2000	11 128	143.1
2001	12 823	173.8
2002	15 324	217.3
2003	17 187	276.9
2004	21 520	330.4
2005	25 036	468.3
2006	30 282	665.6
2007	34 325	925.9
2008	34 700	1 100.0
2009	36 395	1 120.0
2010	42 526	1 255.0
2011	44 800	1 440.0

资料来源：根据《中国港口年鉴》（1996～2012）相关资料整理。

二、深圳港

截至2010年12月底，挂靠深圳港的国际班轮航线为230条，比上年底净增加44条。其中，美洲航线60条（含南美航线14条），欧洲航线57条，非洲航线14条，澳洲航线7条，亚洲航线92条。

2011年全年，深圳港口货物吞吐量累计完成2.23亿吨，同比增长1.03%。其中，外贸货物吞吐量1.75亿吨，同比增长2.32%；完成集装箱吞吐量2.26×10^7 TEU，同比增长0.27%，其中重箱1.48×10^7 TEU，同比增长3.15%。

表6–3 深圳港1995～2011年吞吐量

年份	货物总吞吐量（万吨）	集装箱吞吐量（$\times10^4$ TEU）
1995	3 080	28.4
1996	3 021	58.3
1997	3 357	114.9
1998	3 444	195.2
1999	4 663	298.6
2000	5 697	399.4
2001	6 643	507.6
2002	8 767	761.8
2003	11 220	1 065.0
2004	13 537	1 365.9
2005	15 351	1 619.7
2006	17 598	1 847.0
2007	19 994	2 110.4
2008	21 125	2 141.6
2009	19 365	1 825.0
2010	22 098	2 251.0
2011	22 300	2 257.1

资料来源：根据《中国港口年鉴》（1996～2012）相关资料整理。

三、珠海港

珠海港已经开通了高栏—南美乌兹怀亚、高栏—南美布宜诺斯艾利斯的集装箱国际航线，并拥有高栏—香港、高栏—黄埔、高栏—蛇口、高栏—海口、高栏—长江沿岸、高栏—日照、高栏—梧州的集装箱班轮航线以及高栏—梧州的散杂货航线。2011 年，珠海港完成货物吞吐量 7 170 万吨，同比上年增长 18.4%；集装箱吞吐量 8.15×10^5 TEU，同比上年增长 16%。

表 6-4　珠海港 1995～2011 年吞吐量

年份	货物总吞吐量（万吨）	集装箱吞吐量（×10^4TEU）
1995	467	27.50
1996	610	27.08
1997	724	26.40
1998	645	26.20
1999	960	29.40
2000	1 770	31.00
2001	1 998	31.44
2002	2 340	31.70
2003	2 470	41.40
2004	3 203	44.80
2005	3 557	47.84
2006	3 561	52.79
2007	3 713	63.08
2008	4 086	65.50
2009	4 407	55.58
2010	6 056	70.27
2011	7 170	81.49

资料来源：根据《中国港口年鉴》（1996～2012）相关资料整理。

四、汕头港

汕头港担负着粤东、闽西南、赣南地区对外贸易进出货物的运输，与世界 58 个国家和地区的 272 个港口有货运往来。汕头港已开辟了汕头至大连、天津、上海、广州、厦门、深圳等国内航线；与新加坡、泰国、日本、朝鲜、东欧各国、欧盟等 30 多个国家和地区的 60 多个港口开辟了远洋航线。

2011 年，汕头港吞吐能力继续保持较快增长势头，全港货物吞吐量迈上

4 000 万吨新台阶，共完成 4 005 万吨，同比增长 14.1%。其中，内贸货物吞吐量 2 970 万吨，同比增长 18.4%，外贸货物吞吐量 1 035 万吨，同比增长 3.4%；集装箱吞吐量共完成 1.1×10^6 TEU，同比增长 17.7%，成为广东省第五个突破百万标准箱港口。

表 6–5　汕头港 1995～2011 年吞吐量

年份	货物总吞吐量（万吨）	集装箱吞吐量（$\times10^4$TEU）
1995	716	7.0
1996	832	9.0
1997	884	7.4
1998	904	6.3
1999	1 191	11.5
2000	1 284	11.4
2001	1 309	15.8
2002	1 380	20.6
2003	1 470	22.3
2004	1 576	28.5
2005	1 736	36.8
2006	2 015	44.3
2007	2 301	59.4
2008	2 806	71.9
2009	3 102	82.1
2010	3 509	93.5
2011	4 005	110.1

资料来源：根据《中国港口年鉴》（1996～2012）相关资料整理。

五、湛江港

湛江港现有调顺岛、霞山两大港区，与世界 100 多个国家和地区直接通航，进港航道为亚洲地区最深的 30 万吨级航道，正在规划建设 40 万吨级航道。

2011 年湛江港累计完成货物吞吐量 1.553 9 亿吨，比 2010 年增长 13.9%，且连续 4 年保持亿吨以上。其中，湛江港集团货物吞吐量突破 8 000 万吨，集装箱吞吐量突破 3×10^5 TEU。

表 6-6　湛江港 1995～2011 年吞吐量

年份	货物总吞吐量（万吨）	集装箱吞吐量（$\times10^4$TEU）
1995	1 885	2.5
1996	1 769	2.2
1997	2 050	3.3
1998	1 844	2.9
1999	1 751	4.9
2000	2 038	7.5
2001	2 848	8.5
2002	3 586	10.5
2003	3 985	12.9
2004	5 096	16.7
2005	6 620	17.8
2006	8 173	20.4
2007	9 165	27.2
2008	10 404	28.4
2009	11 838	23.2
2010	13 638	32.0
2011	15 539	38.1

资料来源：根据《中国港口年鉴》（1996～2012）相关资料整理。

第三节　港口腹地经济概况

珠三角地区港口群依托中国经济发达的珠江三角洲区域，该区域内的广州市、深圳市是我国经济发达的一线城市，也是我国改革开放的重镇，港口腹地广阔，经济发达。本节从总体经济概况、重点港口城市和特殊经济区域三个方面进行介绍。

一、总体经济概况

珠江三角洲港口群位于我国广东省东部沿海的珠江三角洲经济区内，该经济区由广州、深圳、珠海、佛山、江门、东莞、中山、惠州和肇庆 9 个城市组成，面积 41 700 km^2。近年来，珠江三角洲经济区的工业化进程显著加快，是中国经济最发达和最有活力的都市群。由于毗邻港澳地区，珠江三角洲经济区的经济全球化和市场化进程推进迅速。该经济区已经成为全世界知名的加工制造和出口基地，是全球产业转移的首选地区之一。本书选取经济总量、对外贸易和产业结构三方面对珠江三角洲地区的经济发展现状进行描述。

（一）经济总量①

2011 年，珠三角地区生产总值达 43 720.86 亿元，占广东省生产总值的 80% 以上，占全国生产总值的 9.3%。与 2008 年相比，增长 34.9%；人均 GDP 达 71 693 元，增长 20.6%；地方公共财政一般预算收入 3 674.7 亿元，增长 63.5%；城镇化水平达 83.01%，提高约 3%；全员劳动生产力达 121 409 元，提高 28.5%。

表 6-7　2007～2011 年珠江三角洲地区生产总值和增长率*

城市	2007		2008		2009		2010		2011	
	绝对值（亿元）	增长率（%）	绝对值（亿元）	增长率（%）	绝对值（亿元）	增长率（%）	绝对值（亿元）	增长率（%）	绝对值（亿元）	增长率（%）
广州	7 050.8	14.5	8 216	12.0	9 112.8	11.5	10 605.0	13.0	12 303.0	11.0
珠海	886.8	16.5	992.1	9.0	1 037.7	6.6	1 202.6	12.8	1 403.2	11.3
中山	1 210.7	14.7	1 409.0	11.0	1 564.4	10.2	1 826.3	13.5	2 190.8	13.0
惠州	1 105.0	17.4	1 290.0	12.0	1 414.7	13.2	1 729.9	18.0	–	–
东莞	3 151.0	18.1	3 703.0	14.0	3 763.3	5.3	4 246.3	10.3	4 735.4	8.0
深圳	6 765.4	14.7	7 807.0	12.0	8 201.2	10.7	9 510.9	12.0	11 502.0	10.0
江门	1 095.3	15.0	1 281.0	11.0	1 355.3	10.8	1 550.4	14.3	1 830.6	13.0
肇庆	616.6	15.3	715.9	14.0	846.3	13.6	1 065.9	17.1	1 323.3	14.7
佛山	3 588.5	19.2	4 333.0	15.0	4 814.5	13.5	5 651.5	14.3	6 580.3	12.1
珠三角	25 470.0	18.6	29 746.0	17	32 110	7.9	37 388.0	16.4	43 920.9	17.6

*珠三角地区增长率为名义增长率。

资料来源：根据广州市、珠海市、中山市、深圳市、江门市、肇庆市和佛山市（2007～2011）和惠州市、东莞市（2007～2010）国民经济和社会发展统计公报相关数据以及东莞市统计局《2011 年东莞经济运行情况》、《广东统计年鉴（2011）》整理计算。

① 本部分数据由作者根据《中国统计年鉴（2012）》整理所得。

2011 年，珠三角地区服务业实现增加值 21 741 亿元，服务业增加值占 GDP 比重达 50%，比 2008 年提高 2.3%；以金融业、信息服务业、文化创意产业、现代物流业等为代表的现代服务业发展加快，实现增加值 13 278 亿元，占服务业增加值的比重达到 61.2%，比 2008 年提高 1.1%。先进制造业实现增加值 10 241 亿元，占规模以上工业增加值比重为 51.6%，比 2008 年提高 2.3%，初步形成大装备、大汽车、大航空、大船舶、大轨道产业链齐全的"海陆空"先进制造业体系。

（二）对外贸易概况

珠江三角洲地区外向型经济发达，对外依存度较高。受国际金融危机影响，2009 年进出口贸易总额出现负增长，随着国际经济形势的好转，2010 年实现大幅回升，增长率达 28.4%。2011 年，继续保持高速增长，增速为 16.4%，进出口贸易总额达 8 744 亿美元，占广东省进出口总值的 95.7%，占全国进出口总额的 24.0%。其中，仅深圳就占整个珠三角的 47.4%。

表 6-8　2007～2011 年珠江三角洲进出口贸易总额及增长率*

城市	2007		2008		2009		2010		2011	
	绝对值（亿元）	增长率（%）	绝对值（亿元）	增长率（%）	绝对值（亿元）	增长率（%）	绝对值（亿元）	增长率（%）	绝对值（亿元）	增长率（%）
广州	734.9	15.2	819.5	11.5	767.4	–6.4	1 037.8	35.3	1 161.7	12.0
珠海	398.7	21.5	468.4	17.5	374.4	–20.1	434.8	16.1	516.4	18.8
中山	246.6	6.6	259.1	5.1	244.7	–5.6	311.2	27.2	342.0	9.9
惠州	241.2	13.6	297.4	23.4	292.4	–1.7	342.3	17.1	388.1	13.4
东莞	1 068.7	26.9	1 133.0	6.1	941.6	–17.0	1 213.4	28.8	1 352.2	11.2
深圳	2 875.3	21.1	2 999.6	4.3	2 701.6	–10.4	3 467.5	28.4	4 141	19.4
江门	123.0	14.0	131.6	7.0	110.4	–16.0	143.4	29.9	176.9	23.4
肇庆	34.2	22.8	38.1	11.4	33.8	–7.8	43.9	34.5	57.1	30.1
佛山	378.5	22.2	422.1	11.5	383.4	–9.2	516.6	34.7	609.0	17.9
珠三角	6 101.1	20.3	6 568.8	7.7	5 849.7	–10.9	7 510.9	28.4	8 744.3	16.4

*珠三角地区增长率为名义增长率。

资料来源：根据广州市、珠海市、中山市、深圳市、江门市、肇庆市和佛山市（2007～2011），惠州市、东莞市（2007～2010）国民经济和社会发展统计公报，东莞市统计局《2011 年东莞经济运行情况》，以及海关统计（2011）相关数据整理计算。

（三）产业结构

1. 珠江三角洲地区产业构成

“十一五”期间，珠三角地区三次产业结构比重由 2006 年的 6.3:52.5:41.2 调整为 2010 年的 2.2:48.6:49.2。第一产业和第二产业所占比重逐年下降，第三产业所占比重持续上升。珠江三角洲地区形成了一定规模的产业集群，做大做强电子信息、石油化工、家电等支柱产业；加快发展汽车、装备制造、钢铁等主导产业；积极培育生物、新材料、新能源等战略产业；改造提升纺织服装、食品、建材等传统产业，初步形成了与国际接轨的几个产业带。

（1）出口导向型制造业发达

珠三角地区是我国重要的加工制造业基地，形成了家用电器、纺织服装、电子信息等一大批以出口为导向的优势产业。其中，家电产品种类齐全，生产配套发达，出口一直处于全国领先地位；电子信息业形成了以深圳市、广州市、东莞市、惠州市、佛山市和中山市为主体的电子信息产业走廊，在通信设备、电子器件、软件等多个领域具有较强的国际竞争力。

（2）高新技术产业快速发展

珠三角地区生物医药、新能源等高新技术产业快速发展，成为地区经济发展的新动力。2011 年，深圳市高新技术产业增加值 3 738 亿元，比 2010 年增长 22.2%。其中，生物产业增加值 175 亿元，比上年增长 24%；互联网产业增加值 1 381 亿元，同比增长 18.9%；新能源产业增加值 254 亿元，同比增长 20.7%。高新技术产品产值 11 876 亿元，同比增长 16.7%，占规模以上工业总产值 58.2%，比 2010 年提高了 2.3%。同期，广州市高技术制造业增加值增长 15.5%。其中，医药制造业增长 15.3%，航空航天器制造业增长 17.5%，电子及通信设备制造业增长 17.9%，电子计算机及办公设备制造业增长 10.2%，医疗设备及仪器仪表制造业增长 10.8%。

从产业结构变化趋势来看，至 2009 年底，珠三角地区的资本劳动比上升到 5.714 9，与 1990 年相比增长了 12 倍多，仅次于天津的 7.606 9 万元、上海的 7.230 4 万元和北京的 5.780 1 万元，排在全国第四位。由此，珠三角地区产业结构将继续由最初的劳动密集型产业为主逐步向资本密集型、高新技术型产业转变，由第二产业为主导的工业型经济向由第三产业为主导的服务型经济转变，高技术和服务业将逐渐成为推动经济增长的主要力量，初步形成了以高技术产业为先导、支柱产业为支撑、服务业快速协调发展的产业格局。

2. 珠江三角洲地区重点产业

珠江三角洲地区的重点产业如下：

（1）汽车制造业

汽车制造业是广州工业三大支柱之一。“十五”期间，广州汽车工业高速增长，年均产值和利润增幅均超过 50%。2005 年广州市生产轿车 40.7 万辆，排名首次超过吉林省，紧随上海之后达到全国第二位。广州汽车工业是全市仅次于石油化工制造业的第二大支柱产业，也是广州三大支柱产业增长最快的。

（2）电子信息业

20 世纪 80 年代初，广东珠三角地区凭着优厚的政策和优越的地理位置，承接了大批来自我国香港、台湾地区的电子制造产业。发展至今，珠三角地区已经成为中国高端电子产品制造业的核心区域。2010 年，广东省电子信息制造业销售产值超过 2 万亿元，增长 22.6%，占中国市场的 1/3，为中国电子信息产业第一大省。三星、松下、西门子、索尼、LG 等世界 500 强电子信息企业均已在广东设立制造基地。

（3）石油化工制造业

广东南部沿海从东到西已形成了由广州石化基地、惠州大亚湾石化基地、湛江石化基地组成的一条沿海大石化产业带。伴随着 2009 年 3 月中石油年产量 2000 万吨的炼油项目进驻粤东，石化项目在广东发展迅速，中石油、中海油、中石化三大石油巨头纷纷进入广东，大力发展了珠三角地区的沿海石化产业布局。

（4）家电产业

珠江三角洲地区的家电产业发达，尤其在珠海市，家电产业发展迅速，在全国始终处在领先地位，培育了格力、美的、格兰仕、TCL、康佳等一批具有较强竞争力的企业；珠三角家电企业注重效率的特点使得企业发展速度快，市场占有率大大提升。

（5）高新技术产业

珠江三角洲高新技术产业自 1991 年经原国家科委批准成立珠江三角洲高新技术产业带以来发展迅速。珠三角生产的高新技术产品超过 4 000 种，主要集中在电子与信息技术、生物技术、新材料和光机电一体化四大技术产业。其中电子及通信设备制造业产值占全国三成以上，成为广东的第一经济增长点。

（6）物流业

珠江三角洲地区拥有全国最大的港口群，是我国进出口贸易的重要基地和集散地，大量货物通过港澳完成进出口业务，进出口的物流运输基本上是以集装箱方式由陆路转海路完成。国内货物的集散量占货运总量的大多数，其中高时效、中高附加值的轻工业产品占主要地位。国内物流的主要运输方式目前是以公路运输为主，而铁路运输占有一定比重。在航空货物、邮政包裹以及快递的物流业务上，货值较高，运达时间短，形成快递网络。纵观珠江三角洲地区的物流业渐趋多元化，形成以公路、港口运输为主，铁路、航空为辅的物流运输体系。

（7）金融业

珠江三角洲地区依托资本市场优势和毗邻香港、澳门两个特别行政区的地缘优势，加快建设金融产品创新中心、创业投融资中心，建设粤港金融合作核心区。例如，广州加快建立与国家中心城市地位相适应的现代金融体系和金融服务业高端集聚功能区，不断完善金融资源配置和综合服务功能，加快建设区域金融管理营运中心、银行保险中心、金融教育咨询中心、支付结算中心、财富管理中心、股权投资中心、产权交易中心；佛山以建设广东金融高新技术服务区为主导，合理规划和发展金融后台服务产业，努力打造辐射亚太的现代金融产业后援服务基地。

二、重点港口城市①

珠江三角洲地区主要的港口城市包括广州市、深圳市。这两个城市是我国改革开放的排头兵，在对内改革、对外开放的进程中发挥着重要作用，这两个港口城市在经济总量、对外贸易总量等方面都表现出较好的发展势头。

（一）广州市经济发展概况

1. 经济总量

2011 年，广州市实现地区生产总值 12 303.12 亿元，按可比价格计算，比上年（下同）增长 11.0%。其中，第一产业增加值 203.06 亿元，增长 3.1%；第二产业增加值 4 532.52 亿元，增长 11.5%；第三产业增加值 7 567.54 亿元，增长 11.0%。三次产业增加值的比例为 1.65∶36.84∶61.51。三次产业对经济增长的

① 相关数据来自各市 2011 年国民经济和社会发展统计公报。

贡献率分别为 0.5%、38.8%和 60.7%。

全年来源于广州地区的财政一般预算收入 3 978 亿元，增长 18.8%。其中，国税部门组织收入 2 375 亿元，增长 15.6%；地税部门组织收入 1 148 亿元，增长 20.3%。地方一般预算财政收入 979.47 亿元，增长 20.5%。地方一般预算财政支出 1 185.73 亿元，增长 21.2%。

2. 对外贸易

2011 年，广州市实现商品进出口总额 1 161.72 亿美元，增长 12.0%。其中，商品出口总额 564.73 亿美元，增长 16.7%；商品进口总额 596.99 亿美元，增长 7.8%。

2011 年，广州市新签外商直接投资项目 1 134 个，合同外资金额 67.47 亿美元，分别比上年增长 15.7%和 35.7%。实际使用外商直接投资金额 42.70 亿美元，增长 7.3%。全年经核准境外投资协议金额 4.27 亿美元；对外承包工程和对外劳务合作完成营业额 2.48 亿美元，比上年增长 14.6%。

3. 主要工业类产业概况

2011 年，广州市实现工业增加值 4 096.14 亿元，占全市 GDP 的比重为 33.29%，增长 11.5%，对全市经济增长的贡献率为 35.3%。全年工业总产值 16 718.30 亿元，增长 12.7%；其中规模以上工业企业实现总产值 15 806.84 亿元，增长 12.9%。全市规模以上工业出口产品产值 3 201.95 亿元，增长 14.1%。

全年规模以上汽车制造业、电子产品制造业和石油化工制造业三大支柱产业完成工业总产值 7 580.35 亿元，增长 11.4%，占全市规模以上工业总产值的 47.96%。其中，汽车制造业完成工业总产值 3 066.32 亿元，增长 3.4%，占全市规模以上工业总产值的 19.40%。汽车制造业中汽车零部件制造业增长 12.4%。电子产品制造业和石油化工制造业分别完成工业总产值 2 024.75 亿元和 2 489.28 亿元，分别增长 11.5%和 23.8%。

（二）深圳市经济发展概况

1. 经济总量

2011 年，深圳市生产总值 11 502.06 亿元，比上年增长 10.0%。其中，第一产业增加值 5.70 亿元，下降 22.3%；第二产业增加值 5 343.33 亿元，增长 11.8%；第三产业增加值 6 153.03 亿元，增长 8.5%。第一产业增加值占全市生产总值的比重不到 0.1%；第二和第三产业增加值占全市生产总值的比重分别为 46.5%和 53.5%。人均生产总值 110 387 元，增长 7.3%，按 2011 年平均汇率折算为 17 084 美元。

全年完成地方财政一般预算收入 1 339.59 亿元，比上年增长 21.0%。其中各项税收收入 1 195.14 亿元，增长 20.5%。地方财政一般预算支出 1 590.64 亿元，增长 25.6%。

2. 对外贸易

2011 年，深圳市外贸进出口总额 4 141.00 亿美元，比上年增长 19.4%。其中，出口总额 2 455.25 亿美元，增长 20.2%，占全国出口总额的 12.9%，占全省出口总额的 46.2%；进口总额 1 685.74 亿美元，增长 18.2%。外贸出口总额连续 19 年位居内地大中城市榜首。

全年新签外商直接投资合同项目 2 513 项，合同外资金额 76.33 亿美元，分别比上年增长 30.3%和 35.1%。实际使用外商直接投资金额 45.99 亿美元，增长 7.0%。全年对外承包工程业务完成营业额 97.00 亿美元，比上年增长 25.3%。

3. 主要工业类产业概况

2011 年，深圳市实现规模以上工业增加值 5 228.78 亿元，比上年增长 12.6%。其中，国有企业增加值 247.03 亿元，增长 10.2%；股份制企业增加值 2 125.08 亿元，增长 27.7%；外商及港澳台投资企业增加值 2 781.15 亿元，增长 3.3%。按轻重工业看，轻工业增加值 1 001.16 亿元，增长 2.6%；重工业增加值 4 227.62 亿元，增长 15.3%。

全年规模以上工业销售产值 20 062.55 亿元，比上年增长 13.1%。其中，出口交货值 10 705.79 亿元，增长 6.1%，占规模以上工业销售产值比重 53.4%，比上年下降 3.5%。工业产品销售率 98.3%，比上年下降 0.7%。其中，规模以上通信设备、计算机及其他电子设备制造业增加值 2 820.86 亿元，比上年增长 20.0%，占规模以上工业增加值比重 53.9%。全年高新技术产品产值 11 875.61 亿元，按现价比上年增长 16.7%，占规模以上工业总产值 58.2%，比上年提高 2.3%。其中，电子信息产业 10 451.08 亿元，增长 16.6%；新材料及新能源 650.90 亿元，增长 17.5%；光机电一体化 574.62 亿元，增长 17.1%；生物技术 119.88 亿元，增长 18.5%；环保及其他 79.13 亿元，增长 17.9%。

三、特殊经济区域

本部分选取珠江三角洲地区部分海关特殊监管区域和经济技术开发区，对其开放政策、发展现状和重点发展产业进行介绍。

（一）广州市

1. 广州经济技术开发区

2002 年，广州经济技术开发区、广州高新技术产业开发区、广州出口加工区、广州保税区实行合署办公，形成了全国国家级开发区独一无二的“四区合一”新型管理模式，全区总规划面积 78.92 km^2。2005 年，依托广州开发区设立了萝岗区，面积 393.22 km^2。

广州经济技术开发区是 1984 年经国务院批准成立的首批国家级对外开放区域之一，位于广州市东部，总规划面积 30 km^2，由西区、东区、永和经济区三个分区构成。

广州高新技术产业开发区成立于 1991 年，面积 37.34 km^2，实行“一区多园”管理体制，包括广州科学城 20.24 km^2、天河区天河科技园 12.4 km^2、越秀区黄花岗科技园 1.5 km^2、白云区民营科技园 0.7 km^2、南沙区南沙资讯园 2.5 km^2。此外，广州市政府还将位于海珠区的广州国际生物岛（1.8 km^2）委托广州开发区管委会进行开发建设管理。

广州出口加工区位于广州经济技术开发区东区内，是 2000 年 4 月 27 日经国家批准成立的首批 15 个出口加工区之一，规划总面积 3.05 km^2，首期 0.9 km^2 于 2001 年 3 月 31 日通过海关总署封关验收。本田汽车（中国）有限公司在广州出口加工区设立了全国第一个和最大的整车全部出口的汽车生产基地，吸引了 70 多家汽车配套厂商落户广州开发区，形成广州市东部汽车产业基地。

广州保税区位于广州开发区西区内，1992 年 5 月 13 日经国务院正式批准成立，总面积 2 km^2，1993 年 5 月正式封关运作。参照国际通行的自由贸易区管理模式实行“境内关外”的海关监管政策，主要开展保税物流、保税仓储、加工制造、国际贸易、转口贸易及商品展示业务，保税区外资企业可申请从事国内商品批发、零售、佣金代理、特许经营业务和进出口经营权。广州保税区的功能定位以保税物流为主，加工制造为辅，依托便利的区位优势、优惠的政策优势和高效的体制优势，建立了通达世界的海、陆、空立体直转通关物流系统，成为全国保税物流功能覆盖面最广、业务形态最丰富的保税区，并形成以电脑及其零配件系统产品、模具钢材加工、食用油加工、生活、医疗用品、新型锂电池材料、珠宝加工为主导的若干产业模块。2008 年，广州保税物流园区经国务院批准成立，规划面积为 0.507 km^2，位于广州保税区一期范围内，属于一个“区中有区、网中有网”的特殊监管区域。“四至”范围是：东至东江边，南至金桥路，西至广保大道，北至保盈大道。这是继上海、大连、天津、青岛、张家港、宁波、厦门、深圳 8 个城市设立保税物流园区之后，第九个获批的国家级保税物流园区。

2. 广州南沙保税港区

广州南沙保税港区于 2008 年 10 月 18 日由国务院正式批复设立。港区位于广州市的东南部，总规划面积 7.06 km^2，其中一期封关运作面积 3.7 km^2，包括港口区、物流区、加工区，是全国第五个、广东省第一个正式封关运作的保税港区。该港区是广州唯一的出海口，地处珠江三角洲地理几何中心，方圆 100 km 内聚集着中国经济最活跃的城市群，周边有广州、深圳、珠海、香港、澳门五大国际机场，战略位置突出，具有很强的市场潜力和辐射力。

保税港区享受保税区和出口加工区相关税收外汇政策，除此之外，港区具有明显的区位优势，有利于发展国际中转、配送、采购、转口贸易和出口加工等业务。广州南沙保税港区内的企业可从事：存储进出口货物和其他未办结海关手续的货物、对外贸易，包括国际转口贸易、国际采购、分销和配送、国际中转、检测和售后服务维修、商品展示、研发、加工、制造、港口作业以及经海关批准的其他业务。

在港区运作方面，广州南沙保税港区处于珠江出海口主航道的枢纽位置，区内河道众多，水运岸线资源丰富，是珠江西岸唯一一个专业化深水集装箱码头。拥有 3 500 m 可靠泊世界最大型的集装箱船舶的 10 个 10 万吨级泊位和 420 m 驳船岸线，码头配置了先进的信息系统和机械设备，能够满足整箱、散货拆装箱、冷藏箱、危险品箱等各种货类的堆存、装卸等码头服务，码头全天 24 小时通关作业。此外，港区拥有国内国际航线 30 条，已经进驻了中远、中海、马士基、地中海、达飞、长荣等世界排名前 10 位的国际班轮公司，航线覆盖欧洲、美洲、非洲、东南亚等地区。

（二）深圳市

1. 深圳福田保税区

福田保税区于 1991 年 5 月 28 日经国务院批准设立，1993 年 2 月 18 日隔离围网设施通过海关总署验收，围网面积为 1.35 km^2。福田保税区东起皇岗口岸，北邻广深珠高速公路，南沿深圳河，西至红树林自然保护区，毗邻深圳地铁与香港西北铁路接驳的皇岗地铁总站。

福田保税区致力于发展高科技工业和现代物流业，目前已有 22 个国家和地区的投资者在福田保税区投资，产品主要为微电子、电脑及其零配件、光通信元器件、生物医药工程等。目前福田保税区商品交易市场已投入运作，可协助区内企业开展进出口贸易及与国内企业开展贸易活动。

福田保税区建有一号专用通道，经落马洲大桥直通香港特别行政区。有特殊行驶标志的香港货柜车可自由来往保税区与香港之间，有特殊行驶标志的香港私家车可经一号通道到保税区并在深圳市内行驶。另建有二号通道、三号桥与深圳市区相连，并已开通公共巴士。此外，福田保税区内的各项市政设施均已完善，已完成土地平整及通路、通水、通电、通邮、电信、排污等工程。区内建有供 8 000 人就餐的配餐中心和大型的会议厅，商务配套设施齐全。生活区内建有员工宿舍，商品住宅、酒店、餐厅、银行、学校、医疗机构等设施一应俱全。

2. 深圳盐田港保税区

盐田港保税区于 1996 年 9 月 27 日经国务院批准成立，规划面积 0.85 km^2。2004 年 8 月 16 日国务院批准盐田港保税区和盐田港实施“区港联动”，在盐田港保税物流园区的基础上设立盐田港保税物流园区，规划面积 0.96 km^2，于 2005 年 12 月 30 日通过海关总署等国家部委联合验收。盐田港保税区将置换到紧邻盐田港保税物流园区的后方陆域。

3. 深圳盐田港保税物流园区

盐田港保税物流园区于 2004 年 8 月 16 日经国务院批准设立，与 2005 年 12 月 30 日正式封关运作。园区总面积 0.96 km^2，分南北片区，南片区 0.17 km^2，北片区 0.79 km^2。

在地理位置上盐田港保税物流园区是在原盐田港保税区的基础上建立的，与世界十大集装箱港之一的盐田港港区浑然一体，在南片区以一条 24 小时开通的“绿色通道”与盐田港码头直接相连。该保税物流园区作为高起点、广空间的现代物流发展园区，可实现与国际大港盐田港“无缝对接”。此外，该物流园区与毗邻的港区实施一体化运作，专门发展现代物流业；园区内的企业在海关、检验检疫、外汇、税收等方面享受保税区的优惠政策，实行“入区退税”，即国内货物入园区视同出口，办结出口报关手续后即可申请退税。

4. 深圳出口加工区

深圳出口加工区于 2000 年 4 月经国务院批准成立，位于深圳市东北部，地处深圳市大工业区首期开发区的西片区，围网面积 3 km^2，2001 年 3 月 31 日通过国家八部委联合验收。加工区具有良好的区位优势，距深圳宝安机场 60 km，至盐田国际集装箱港口、广深铁路编组站均约 25 km，离文锦渡、罗湖、皇岗等陆路口岸约 40 km，形成了海、陆、空三维一体的立体交通网络。

园区与毗邻的港区实施一体化运作，专门发展现代物流业；园区内的企业在海关、检验检疫、外汇、税收等方面享受保税区的优惠政策，实行“入区退税”，即国内货物入园区视同出口，办结出口报关手续后即可申请退税。加工区的产业功能包括保税仓储、流通性简单加工和增值服务、全球采购和国际配送、国际中转和转口贸易、检测维修和商品展示等。

深圳出口加工区致力于发展高科技工业和现代物流业。目前，园区已吸引来自美国、日本、法国、意大利、加拿大、中国香港特别行政区和中国台湾地区等 22 个国家和地区的投资者进入，涉及 IT、电子、家电、钟表、五金、家具、国际物流等产业。

第七章　东南沿海港口群发展现状

"东南沿海地区"是指我国长江以南的沿海地区，重要的港口多集中在福建省。福建省港口资源丰富，全省大陆海岸线 3 324 km，约占全国的六分之一，海岸线长度居全国第二，福建省有着众多的优良深水港湾，大型深水港口岸线资源居全国首位。

2009 年，泉州市港区和莆田市港整合组成湄洲湾港，由于湄洲湾港整合时间较短，现有资料不多，而湄洲湾港中泉州港货物吞吐能力所占份额较大，因此本章主要以泉州港为研究对象。2010 年，厦门港和漳州港整合成为厦门港；2011 年，福州港和宁德港也实现整合，组成福州港。

第一节　港口基础设施

本节将从厦门港、福州港和泉州港的自然地理条件、码头泊位、航道信息和集疏运条件等方面介绍东南沿海港口群的基础设施情况。

一、港口自然地理条件

东南沿海港口群与我国台湾岛隔海相望，是我国南北海运和诸多国际航线的必经之路，自然地理位置十分优越，具有发展海运的良好条件。

（一）厦门港

1. 地理位置

厦门港位于北纬 24°29′20″，东经 118°04′15″，地处金门湾和九龙江出海口，面对台湾海峡，东北距福州港 200 海里，距泉州 180 海里，南距广州 389 海里，东距台湾省马公港 27.53 海里，距基隆港 222 海里。港口位于金门湾内，面向东南，由青屿水道与台湾海峡相连，港外有金门、大担及浯屿等岛屿为屏障，周围多山丘，避风条件好，是我国对外贸易港口之一，也是华侨进出内陆的主要门户①。

2. 自然条件

厦门港属于亚热带湿润季风气候，常风向为东北、东南风次之，强风向为东南东及东北，每年 5～10 月为台风季节，平均每年在厦门登陆的台风有 1～2 次。

港区年平均降水量为 1 181.0 mm，5～10 月为雨季，年平均降水天数为 129 天。

厦门港具有少雾的特点，全年雾日约有 22 天，3～5 月为多，浓雾时对航行有影响。

港区年平均气温 20.8℃，最高的 7～8 月，月平均气温 28.3℃，最低的 2 月份，月平均气温 12.5℃。全年无冰期。

厦门港最大潮高 7.55 m，最低潮高-0.25 m，平均高潮 5.49 m，平均低潮 1.50 m，最大潮差 6.92 m，平均潮差 3.98 m；净空限制 52 m。潮流属往复流，落潮流大于涨潮流。涨潮流最大流速 0.46～0.57 m/s，方向 333°。落潮流最大流速 0.61～0.93 m/s，方向 137°。

（二）福州港

1. 地理位置

福州港位于北纬 26°07′42″，东经 119°38′44″，地处中国东南部，东海之滨，台湾海峡西岸，闽江下游，闽江入海口北岸，东隔台湾海峡，北与浙江省毗邻，西北横贯武夷山脉与江西省交界，南连莆田、泉州、厦门，为大陆沿海主要枢纽港之一，是沿海主要外贸口岸及闽台贸易重要港口②。

2. 自然条件

福州港各个港口的风向不尽相同：河口港强风向、常风向均为东北风，罗源湾强风向为西北西风，福清湾和兴化湾强风向和常风向分别为北风、东北风。每年的 5～10 月受台风影响较大，其中 7～9 月为台风盛行期。受台风影响，风力一般为 6～8 级，阵风 9～11 级，最大风速可达 40 m/s 以上。

港区年平均气温 19.3℃，7 月份气温最高，月平均气温 28.2℃，1 月份气温

① 资料来源：中国航运网. http://www.chinaports.com.cn/ports/port_condition.asp?id=71.

② 资料来源：中国航运网. http://www.chinaports.com.cn/ports/port_condition.asp?id=71.

最低，平均为 10℃，最高温度 39.5℃，最低温度-4℃。

港区全年降雨量平均为 1 200～1 740 mm。地区不同，降雨量也不同。河口港年平均降雨量为 1 346 mm，罗源湾为 1 649 mm，福清湾、兴化湾为 1 151 mm。

各港区潮高和流速不尽相同：河口港平均高潮位为 4.5 m，平均低潮位为 0.7 m，平均潮差 3.7 m。罗源湾平均高潮位为 4.9 m，平均低潮位为 0.15 m，平均潮差 5.1 m。福清湾和兴化湾平均高潮位为 4.7 m，平均低潮位为 0.4 m，平均潮差 5.2 m。河口港涨潮最大流速 1.55 m，落差最大流速 1.99 m/s；罗源湾涨潮最大流速为 0.82 m/s，落差最大流速 0.97 m/s；福清湾、兴化湾涨潮最大流速 0.58 m/s，落差最大流速 0.59 m/s。

（三）泉州港

1. 地理位置

泉州港位于北纬 24°53′18″，东经 118°42′58″，地处福建省东南部，与台湾省一水之隔。距晋江入海口约 10 km，外港（后渚）位于洛阳江入海处右岸码头山下，距市区 11 km，距泉州湾口约 15 km。泉州港水路北距福州港 157 海里，距上海港 589 海里；东距台湾省基隆港 152 海里；西南距厦门港 84 海里，距香港 357 海里。

2. 自然条件

港区强风向东北，常风向东北东，冬季以东北风为主，夏季以西南风为主，台风一般出现在 7～9 月。

港区年平均降水 1202 mm，春、夏为雨季。

港区年平均雾日数 6.8 天，1～5 月雾较多，雾的持续时间不长，对船舶航行影响不大。

港区年平均气温 20.7℃，7 月最高，月平均 28.6℃，1、2 月最低，两月平均 12.1℃。全年无冰期。

泉州港属正规半日潮，平均高潮位 4.83 m，低潮位 0.31 m，平均潮差 4.52 m。最大潮差 6.3 m，最小潮差 5.1 m。

泉州湾口为逆时针回旋流。大乍至崇武沿岸一般为东流，流速约 1.54 m/s，湾内逐渐变成往复流。湾内潮流一般是顺深水水道流动，主流经小坠岛与祥芝角之间。湾口至秀涂，大潮潮流流速为 1.63～2.21 m/s。

二、港口码头泊位

厦门港和福州港是东南沿海港口群的重要港口，拥有最多的港口的码头泊位资源和岸线资源。本部分将主要从码头泊位数、生产性泊位数以及万吨级以上泊位数等方面介绍各港口的码头泊位情况。

（一）厦门港

厦门港是一个大、中、小泊位配套的多功能、综合性的现代化大港，由东渡港区、海沧港区、嵩屿港区、刘五店港区、东部港区、客运港区、招银港区、后石港区、石码港区等组成。

截至 2011 年，厦门港拥有生产性泊位 144 个，其中万吨级以上 52 个（含 10 万吨级以上泊位 10 个），是大中小泊位配套的多功能、综合性的现代化港口，集装箱、石油、煤炭等专用码头一应俱全。

（二）福州港

截至 2010 年底，福州港泊位长度达到 15 305 m，“南北两翼”共建有深水泊位 17 个，其中 5 万吨级以上深水泊位 14 个。全港拥有泊位个数 122 个，矿石年通过能力 1 882 万吨，煤炭年通过能力 3 026 万吨，油品年通过能力 616 万吨，集装箱年通过能力 2.42×10^6 TEU，旅客年通过能力 130.1 万人次，汽车年通过能力 5 万辆。

（三）泉州港

泉州港现辖有 4 个港区 16 个作业区，基本形成了大中小码头泊位优势互补、配套设施比较完善、分工比较明确的码头群体，满足服务当地经济发展的需要。

至 2010 年底，泉州港泊位长度 11 888.44 米，建成投产码头泊位 71 个（其中万吨级以上深水泊位 16 个），最大靠泊能力为 30 万吨级。矿石年通过能力 953 万吨，煤炭年通过能力 1 079 万吨，油品年通过能力 5 179 万吨，集装箱年通过能力 1.24×10^6TEU，旅客年通过能力 74 万人次。

三、港口航道信息

东南沿海港口群东临东海，隔台湾海峡与我国的宝岛台湾相望，海运便利，航道条件优越。

（一）厦门港

厦门港引航、检疫锚地分布在鼓浪屿与港仔尾之间海面，水深 10 m 以上，泥质底，锚抓力良好。装卸锚地分布在厦鼓海峡及其附近，其半径为 400 m，水深 10 m 以上，底质为泥。主要装卸作业浮筒可泊万吨级船舶。

关于航道水深，具体来讲，各港区情况不同。厦鼓水道：位于厦门本岛和鼓浪屿之间，为东南至西北走向的狭长水域，长 3.5 km，宽 300～800 m，水深在 7～25 m 之间，最深点 27 m；东渡港区航道：位于内港中段，在火烧屿东侧和厦门岛间，呈北偏东至南偏西走向，长约 1 500 m，宽 600～1 000 m，10 m 等深线距东岸仅 40～60 m，绝大部分水域的水深超过 10 m；青屿水道和浯屿水道,即厦门港外航道：长约 14 km，最大宽度 3 km，最窄为 1.2 km，水深在 12～25 m 之间；嵩鼓水道：位于嵩屿和鼓浪屿之间，该水道至东渡港区 4.2 km，宽度 300～800 m，最窄处为 200 m，水深一般在 10 m 以上，个别浅点在 8～9 m。

（二）福州港

福州港的闽江口内港区有罗星塔、营前、筹东、亭江、壶江 5 处锚地，供船舶引水、检疫、待泊、装卸使用，锚地底质均为沙质。目前主要使用亭江锚地。松下港区的待泊、引水、检疫锚地位于东洛岛东南水域，面积为 3 km^2，水深 12.8～14.5 m，可锚泊 3 万吨级船舶 6 艘。防台避风锚地建设在兴化湾内。江阴港区引水、检疫锚地以及备用锚地规划在进港航道南北侧水域，面积分别为 4.3 km^2 和 3.3 km^2，水深在 18 m 以上。罗源湾港区引水、待泊、检疫锚地规划在口门外北侧水域，面积为 5 km^2，水深在 18 m 以上。

福州港的港内航道自川石岛引航、检疫锚地至马尾码头，航道中有 6 浅滩，万吨级海轮可乘潮进出港，3 万吨级海轮可乘大潮进出港。马尾至台江鳌峰洲航道（即北港航道）长 16.4 km，江面较窄，乘潮可通航 1 500 吨级以下海轮，500～1 000 吨级船舶可直接靠泊码头或锚地。淮安至湾边航道（即南港航道）为季节通航航道。

（三）泉州港

泉州港锚地共有 3 处。外轮引航、检疫锚地，主要设于祥芝锚地，但根据不同季节的风向，又设有崇武锚地。每年 5～8 月西南风季节在祥芝锚地，水深 8.5～13 m，底质为泥沙。每年 9 月至次年 4 月东北风季节在崇武锚地，水深 8.5～11 m，底质为泥沙。装卸锚地及浮筒泊位，位于秀涂至后渚之间，可同时停泊 5 000 吨级船舶 2 艘；3 000 吨级船舶 5 艘。秀涂及石湖锚地抛设万吨级系船浮筒 2 个。七星礁待泊锚地可停泊万吨级船舶 2 艘。

从祥芝锚地至秀涂装卸锚地为外港航道，航道长约 8 海里，一般水深 5～

20 m，最小水深 3.9 m，最小宽度 500 m；秀涂至后渚长约 3 海里，一般水深 5～13 m，最小水深 4.0 m，最小宽度 350 m。自崇武备用锚地至后渚航道长 18 海里，一般水深 5～20 m，最小水深 3.9 m，最小宽度为 300 m，吃水 8 m 的船舶可乘潮进出内港航道，即晋江航道，泥沙淤浅较为严重，进出的船舶均须乘潮航行。

四、港口集疏运条件

东南沿海港口群全部集中于港口岸线资源丰富、优良深水港湾众多的福建省，近些年来，随着福建省经济快速发展，港口的集疏运条件日益完善。

（一）厦门港

厦门港拥有便捷的集疏运网络，已经形成海陆空立体交通体系。在公路方面，通过高集海堤和厦门大桥与全省公路联网，就形成了以福厦、厦漳为骨干的运输网络。截至 2011 年底，厦门市公路通车里程 2 635.13 km；在铁路方面，拥有福厦、龙厦高速铁路和鹰厦线 3 条铁路线，铁路运输以鹰厦铁路为干线，省内与外福线、漳龙线和漳泉线等铁路支线连接；在航空方面，厦门高崎国际机场是我国东南地区重要的区域性航空枢纽，已拥有国内国际航线 30 多条，可通达世界各主要国家的大城市。内河还可通过九龙江干支流和各乡镇河流码头连接。

（二）福州港

福州港的集疏运系统主要包括铁路和公路两种运输方式。在公路方面，福州港主要集疏运有 324、316、104 国道、同三国道主干线、京福高速公路福建段、沈海高速公路福建段、福厦高速公路等，沟通福州港的省内、外腹地；在铁路方面，拥有港区铁路专用一线和港区铁路专用二线，火车可以直达码头前沿装卸货物。此外，福州港有 3 条出省铁路通道担负集疏运任务，第一条通过福马铁路、外福线接鹰厦线完成物资运输。第二条通过横南铁路接入全国铁路网。第三条出省铁路通道——温福铁路自浙江省温州市达福建省福州市，与福马铁路以及福厦铁路相接。

（三）泉州港

泉州港集疏运条件比较便利，以漳泉肖铁路、泉三高速公路、324 国道和省道 203 线、306 线为主体的东西通道与以福厦高速铁路和高速公路、104 国道、省道 307 线、308 线为主体的南北通道共同形成了纵横交错、四通八达的立体交通网，并通过省道201线和城市主干道进入泉州港各主要作业区。

第二节　港口货物吞吐能力

厦门港和福州港是东南沿海港口群货物吞吐量较大的港口。近些年来，随着港口资源的整合，泉州港也快速发展起来。本节将主要从货物总吞吐量、集装箱吞吐量等方面对厦门港、福州港和泉州港的货物吞吐能力进行介绍。

一、厦门港

2011年厦门港全港货物吞吐量完成1.56亿吨，集装箱吞吐量完成6.47×10^6 TEU。2000年以来厦门港货物及集装箱吞吐量的变化如表7-1所示。2011年厦门港分货类吞吐量如表7-2所示。

表7–1　厦门港2000～2011年吞吐量

年份	货物总吞吐量（万吨）	集装箱吞吐量（$\times10^4$ TEU）
2000	1 965	108.5
2001	2 099	129.3
2002	2 735	175.4
2003	3 404	233.1
2004	4 261	287.2
2005	4 771	334.3
2006	7 792	401.3
2007	8 117	462.7
2008	9 702	503.5
2009	11 096	468.0
2010	12 728	582.4
2011	15 600	646.5

资料来源：根据《中国港口年鉴》（2001～2012）相关资料整理。

表 7-2　2011 年分货类吞吐量统计

货物吞吐量（万吨）					集装箱吞吐量（$\times10^4$TEU）	汽车吞吐量（万辆）	旅客吞吐量（万人次）
合计	矿石	煤炭	油品	矿建材料			
13 931	756	1 416	322	2 529	58 243.43	58.6	979.6

资料来源：根据《中国港口年鉴（2012）》相关资料整理。

二、福州港

2011 年，福州港完成货物总吞吐量为 8 218 万吨，同比增长 15.35%，其中外贸货物吞吐量 3 318 万吨，同比增长 22.02%；集装箱吞吐量 1.66×10^6 TEU，同比增长 12.90%。2000 年以来福州港货物及集装箱吞吐量的变化如表 7-3 所示。2011 年福州港分货类吞吐量如表 7-4 所示。

表 7-3　福州港 2000～2011 年吞吐量

年份	货物总吞吐量（万吨）	集装箱吞吐量（$\times10^4$TEU）
2000	2 426	40.0
2001	2 961	41.8
2002	3 907	48.2
2003	4 753	59.8
2004	5 939	70.8
2005	7 443	80.4
2006	8 848	101.2
2007	6 433	120.2
2008	6 703	117.1
2009	8 094	122.3
2010	7 125	147.1
2011	8 218	166.0

资料来源：根据《中国港口年鉴》（2001～2012）相关资料整理。

表 7-4　2011 年分货类吞吐量统计

货物吞吐量（万吨）				集装箱吞吐量（$\times 10^6$TEU）	汽车吞吐量（万辆）	旅客吞吐量（万人次）
合计	矿石	煤炭	油品			
8 218	1 276	2 710	180	166	0	3.95

资料来源：根据《中国港口年鉴（2012）》相关资料整理。

三、泉州港

2011 年，泉州港实现货物总吞吐量为 9 330 万吨，同比增长 10.35%，其中集装箱吞吐量为 1.57×10^6 TEU，同比增长 14.53%。2000 年以来泉州港货物及集装箱吞吐量的变化如表 7-5 所示。2011 年泉州港分货类吞吐量如表 7-6 所示。

表 7-5　泉州港 2000～2011 年吞吐量

年份	货物总吞吐量（万吨）	集装箱吞吐量（$\times 10^4$TEU）
2000	1 712	14.8
2001	2 102	22.6
2002	2 123	27.3
2003	2 512	41.0
2004	3 094	54.3
2005	4 046	63.1
2006	5 135	83.9
2007	6 215	101.9
2008	7 224	120.7
2009	7 666	125.1
2010	8 455	137.0
2011	9 330	157.0

资料来源：根据《中国港口年鉴》（2001～2012）相关资料整理。

表 7-6　2011 年分货类吞吐量统计

货物吞吐量（万吨）					集装箱吞吐量（$\times10^4$TEU）	汽车吞吐量（万辆）	旅客吞吐量（万人次）
合计	粮食	煤炭	油品	矿建材料			
9 330	108	1 216	1 419	1 838	156	0	9.39

资料来源：根据《中国港口年鉴（2012）》相关资料整理。

第三节　港口腹地经济概况

东南沿海港口群的港口都集中分布在中国福建省内，这里的港口腹地主要指的就是福建省的区域。本节将从总体经济概况、重点港口城市以及特殊经济区域三个方面介绍福建省的经济概况。

一、总体经济概况

随着海峡经济区的建设发展，福建省近些年得到快速发展。本节将从经济总量、对外贸易概况和产业结构三个方面对福建省的总体经济进行介绍。

（一）经济总量

福建省 2011 全年实现地区生产总值 17 410.21 亿元，比上年增长 12.2%。其中，第一产业增加值 1 610.61 亿元，增长 4.2%；第二产业增加值 9 167.54 亿元，增长 16.4%；第三产业增加值 6 632.06 亿元，增长 8.6%。人均地区生产总值 46 972 元，比上年增长 11.4%。第一产业增加值占地区生产总值的比重为 9.2%，第二产业增加值比重为 52.7%，第三产业增加值比重为 38.1%。。

财政总收入 2 596.12 亿元，比上年增长 26.3%。其中，地方级财政收入 1 501.16 亿元，增长 30.4%；财政支出 2 196.61 亿元，增长 29.6%。全省国税税收收入（含海关代征）1 676.89 亿元，增长 20.4%；全省地税系统组织各项收入 1 574.58 亿元，增长 37.9%[①]。

① 资料来源：福建省 2011 年国民经济和社会发展统计公报.

（二）对外贸易概况

2011 年，福建省全年进出口总额 1 435.63 亿美元，比上年增长 32.0%。其中，出口 928.42 亿美元，增长 29.9%；进口 507.21 亿美元，增长 36.0%。进出口差额（出口减进口）421.21 亿美元，比上年增加 79.16 亿美元。

批准设立外商直接投资项目 1 039 个，比上年减少 8.8%。新批境外投资企业和境外分支机构 200 家，比上年下降 3.4%；新批中方协议投资额 9.54 亿美元，增长 17.2%。对外承包工程完成营业额 5.04 亿美元，增长 1.1 倍；对外劳务合作完成营业额 3.13 亿美元，增长 34.7%[①]。

（三）产业结构

1. 福建省的产业构成

2011 年，福建省三次产业产值分别为 1 612.24 亿元、9 069.2 亿元、6 878.74 亿元，三次产业在地区生产总值的构成比例分别为 9.2%、51.6%、39.2%。改革开放以来，福建三次产业结构变化较为合理，呈现第一产业比重下降，第二产业和第三产业比重都稳步上升的趋势。目前，第二产业占据主导地位，第三产业其次，第一产业比重最低，且三次产业对经济的贡献率分别为 3.3%、67.2%、29.5%。

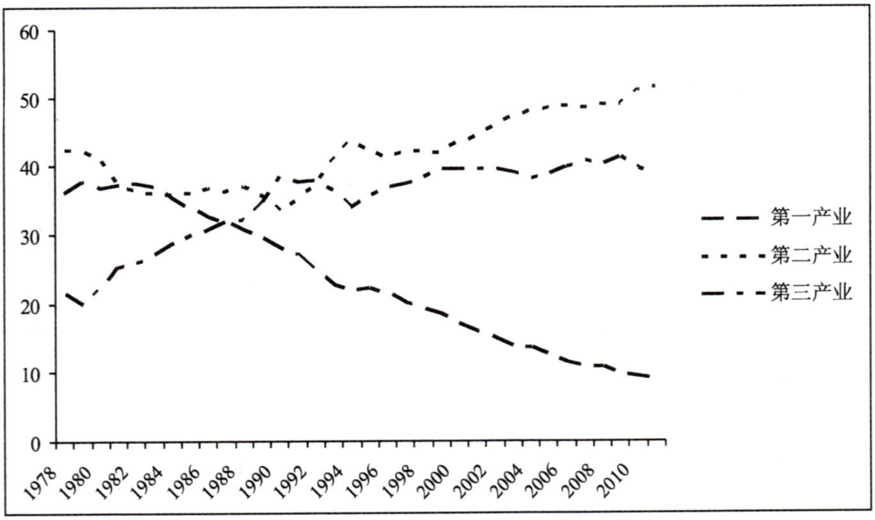

图 7–1　改革开放以后福建省的三次产业结构变化图

资料来源：作者根据相关资料整理。

① 资料来源：福建省 2011 年国民经济和社会发展统计公报.

2. 福建省的重点产业

机械装备业、电子信息业、石油化工业是福建省的主导产业。2011 年，规模以上工业中三大主导产业实现增加值 2 715.22 亿元，增长 17.3%。其中，机械装备业实现增加值 1 206.35 亿元，增长 16.4%；电子信息业实现增加值 625.96 亿元，增长 22.6%；石油化工业实现增加值 882.91 亿元，增长 14.3%。高技术产业实现增加值 773.48 亿元，比上年增长 21.8%。

规模以上工业的 37 个行业大类中有 34 个增加值增速为两位数。其中，燃气生产和供应业增加值比上年增长 27.1%，通用设备制造业增长 22.2%，农副食品加工业增长 12.0%，皮革、毛皮、羽毛（绒）及其制品业增长 16.4%，纺织业增长 18.2%，化学纤维制造业增长 17.8%，石油加工、炼焦及核燃料加工业下降 17.5%，化学原料及化学制品制造业增长 15.1%，有色金属冶炼及压延加工业增长 27.8%，非金属矿物制品业增长 20.7%，黑色金属冶炼及压延加工业增长 15.5%，电力、热力的生产和供应业增长 15.2%。

二、重点港口城市

东南沿海地区重点城市主要包括厦门市、福州市和泉州市。本部分将重点介绍这三个城市的经济总量、对外贸易和主要工业类产业等方面。

（一）厦门市经济发展概况

1. 经济总量

2011 年，厦门市全年地区生产总值（GDP）2 535.80 亿元，按可比价格计算，比上年增长 15.1%。其中，第一产业增加值、第二产业增加值、第三产业增加值分别为 24.68 亿元、1 304.10 亿元、1 207.02 亿元。其中财政总收入实现 651.83 亿元，地方级财政收入 370.77 亿元。在地方级财政收入中，税收收入完成 314.85 亿元。其中，企业所得税、个人所得税、城市维护建设税、印花税、土地增值税合计增收 74.07 亿元，分别增长 40.5%、27.3%、100.8%、26.7%和 62.6%。

2. 对外贸易

2011 年，厦门市外贸进出口总值 701.67 亿美元，比上年增长 23.0%。其中，出口总值 426.47 亿美元，进口总值 275.20 亿美元，贸易顺差 151.27 亿美元。私营企业进出口总值、三资企业进出口总值、一般贸易进出口总值、对台进出口贸易总值分别为 229.56 亿美元、354.44 亿美元、392.20 亿美元、72.36 亿美元。

2011 年，厦门新批外商投资项目 368 个，合同利用外资 22.42 亿美元，实际利用外资 17.26 亿美元。引进千万美元项目 91 个，合同外资 17.01 亿美元，其中新批项目 37 个，合同外资 6.37 亿美元，增资项目 54 个，合同外资 10.64 亿美元。至年底，历年累计共有 50 个全球 500 强公司在厦投资 92 个项目，投资总额为 42.5 亿美元，合同利用外资 21.5 亿美元①。

3. 主要工业类产业概况

2011 年全年全部工业总产值 4 569.97 亿元，比上年增长 18.2%，工业增加值 1 116.71 亿元，占全市地区生产总值的 44.0%。至年底，全市规模以上工业企业 2 258 家，工业总产值 4 464.83 亿元，其中产值超亿元的企业有 489 家，产值 3 920.35 亿元，占全市工业总产值的 87.8%，产值增量 755.22 亿元。在规模以上工业中，重工业完成产值 3 059.04 亿元，比上年增长 21.6%；轻工业完成产值 1 405.79 亿元，增长 11.8%，重工业与轻工业之比为 2.2:1。

电子、机械、化工是厦门市三大支柱行业。支柱行业规模以上工业企业 1 270 家，占全市规模以上工业企业数的 56.2%；工业总产值 3 370.48 亿元，占全市规模以上工业的 75.5%，对全市规模以上工业增长的贡献率为 76.5%，拉动全市规模以上工业增长 14.0%。电子行业工业总产值 1 622.08 亿元，增长 22.2%；机械行业工业总产值 1 132.66 亿元，增长 13.2%；化工行业工业总产值 615.75 亿元，增长 19.9%。

（二）福州市经济发展概况

1. 经济总量

2011 年，福州市实现地区生产总值 3 734.78 亿元，比上年增长 13.0%。其中：第一产业增加值、第二产业增加值、第三产业增加值分别为 325.09 亿元、1 737.50 亿元、1 672.19 亿元。三次产业对经济增长的贡献率分别为 2.8%、55.5% 和 41.7%。

全市完成财政总收入（不含基金）506.01 亿元。其中，地方财政收入 320.04 亿元，增长 29.1%；地方财政支出 365.32 亿元，增长 39.2%②。

2. 对外贸易

2011 年，进出口贸易增长较快，实现进出口总额 347.25 亿美元，增长

---

① 资料来源：厦门市 2011 年国民经济和社会发展统计公报.

② 资料来源：厦门市 2011 年国民经济和社会发展统计公报.

41.16%，其中进口总额 105.94 亿美元，出口总额 241.31 亿美元。从出口主体看，外资企业出口 86.13 亿美元，内资企业出口 155.18 亿美元，分别增长 5.92%和 89.64%。从出口方式看，一般贸易出口 170.88 亿美元，加工贸易出口 69.20 亿美元，分别增长 95.19%和 1.33%。从出口产品看，高新技术产品出口 35.92 亿美元，下降 9.63%，机电产品出口 98.82 亿美元，增长 21.65%。

2011 年全年，福州市新批合同外资项目 170 项，合同外资金额 17.70 亿美元，增长 5.78%；实际利用外资（按验资口径）12.77 亿美元，增长 7.78%。

3. 主要工业类产业概况

2011 年，福州市完成全部工业总产值 5 873.36 亿元，增长 15.8%，实现工业增加值 1 390.05 亿元，占全市 GDP 的 37.2%，对 GDP 增长的贡献率达到 44.8%。全年完成规模以上工业总产值 5 536.50 亿元，增长 16.1%[①]。

水产业、电子信息业、机械工业、轻纺工业、房地产与建筑建材业、旅游业等产业是福州市的主导产业。其中，2011 年，完成纺织服装及化纤制造业产值 861.95 亿元，比上年同期增长 19.1%，冶金及冶金制品制造业产值 662.09 亿元，比上年同期增长 27.5%，完成交通运输设备制造业产值 404.12 亿元，比上年同期增长 13.2%，完成电子及通信设备制造业产值 788.06 亿元，比上年同期增长 7.4%[②]。

（三）泉州市经济发展概况

1. 经济总量

2011 年，泉州市实现地区生产总值（GDP）4 270.89 亿元，比上年增长 13.5%，经济总量连续 13 年保持全省第一。其中，第一产业增加值、第二产业增加值、第三产业增加值分别为 151.86 亿元、2 668.02 亿元、1 451.01 亿元。第二、第三产业对 GDP 增长的贡献率分别为 77.2%和 22.1%，分别拉动 GDP 增长 10.4%和 3.0%。

2. 对外贸易

全年进出口总额达 170.66 亿美元，比上年增长 51.6%。其中，出口 107.84 亿美元，进口 62.82 亿美元。

2011 年，泉州市批准设立外商直接投资合同项目 170 项，比上年增长 9.0%，投资总额 41.29 亿美元，比上年增长 60.7%；合同外资金额 19.82 亿美元。新批

① 资料来源：福州市 2011 年国民经济和社会发展统计公报.

② 资料来源：福州市 2011 年国民经济和社会发展统计公报.

外商投资超千万美元（含增资）的项目由上年的 100 家增加到 110 家。

3. 主要工业类产业概况

全年完成工业总产值 9 064.70 亿元，其中规模以上工业 8 231.99 亿元，分别比上年增长 24.9%和 26.3%。全年实现工业增加值 2 428.82 亿元，比上年增长 17.1%，工业对经济增长的贡献率达 69.9%。

纺织鞋服、建筑建材、工艺制品、食品饮料、机械制造业、石油化工、电子信息、汽车及配件、修船造船和生物医药业是泉州市的支柱产业。泉州市支柱产业 2011 年产值情况见表 7-7。

表 7-7　2011 年规模以上工业中五大传统及五大新兴产业产值情况

指标			绝对数（亿元）	比上年现价增长（%）
规模以上工业产值			8 231.99	32.3
产业	五大传统产业		5 146.31	34.4
	其中	纺织鞋类	2 953.88	34.3
		建筑建材	764.73	31.2
		工艺制品	324.34	32.9
		食品饮料	478.42	31.2
		机械制造	624.93	42.5
	五大新兴产业		1 425.02	25.8
	其中	石油化工	1 193.75	23.9
		电子信息	129.10	33.5
		修船造船	9.52	127.0
		汽车及配件	68.46	33.7
		生物制药	24.20	44.0

资料来源：根据 2011 年泉州市国民经济和社会发展统计公报相关资料整理。

三、特殊经济区域

本节依据海关特殊监管区的相关资料，选取厦门、福州和泉州三市典型的特殊经济区域进行简单的介绍，以期对该地区特殊经济区域有大概了解。

（一）厦门市

1. 厦门出口加工区

厦门出口加工区是经国务院批准设立，由海关监管的特殊区域，实行境内关外管理，海关实行“一次申报、一次审查、一次查验”24 小时通关服务的通关模式。厦门出口加工区位于福建省东南部经济最繁荣、工业最发达、最具有发展潜力的“厦、漳、泉”金三角地区的突出部，是中国沿海珠江三角洲与长江三角洲经济发达地区之间的连接点，与台湾岛隔海相望，且与内外市场联系方便，内陆腹地辐射范围可扩展到福建、浙江、江西、湖南等省。加工区具有优越的港口条件，海沧港区是海峡两岸船舶直航试点口岸厦门港的重要组成部分，规划可建万吨级泊位 36 个，年吞量可达 7 000～9 000 万吨，是中国东南沿海重要的货物出海口。此外，加工区还具有良好的城市依托，全长 6 km 的海沧大桥把海沧与厦门市连为一体①。

2. 厦门海沧台商投资区

厦门海沧台商投资园区于 1989 年 5 月经国务院批准设立，规划面积 100 km^2，分为海沧港区、新阳工业区、南部工业区和新市区，为厦门面积最大、批准最早的台商投资区。

海沧港区规划面积约 12.4 km^2，主要发展港口、能源工业及仓储保税业等。港区集疏运便利，贯穿港区的铁路专用线与鹰厦铁路连接，促进了港区处理能力的增强。新阳工业区是海沧台商投资区目前重点开发区域和厦门市的重点工业区，规划面积 29.6 km^2，该工业区重点发展资金技术密集型的中小型工业，产业布局以机械、电子、精细化工、塑胶、新型建材等为主。南部工业区规划面积 17.7 km^2，主要发展化工特别是石化中下游等技术、资金密集型的大型现代化工项目。海沧新市区规划面积 27.6 km^2，主要发展商贸、金融、房地产、旅游以及娱乐休闲业②。

（二）福州市

福州保税港区

2010 年 5 月 18 日，国务院正式批准设立福州保税港区。福州保税港位于福清的福州新港（江阴港区），总面积 9.2 km^2，由福州保税物流园区、铁路物流园区、福清出口加工区及福州新港 1 号码头至 9 号码头等四个区域整合，福

---

① 资料来源：http://www.fujian.gov.cn/ggfwpt/qykb/kftzqjs/xm/201008/t20100816_274409.htm.

② 资料来源：http://www.fujian.gov.cn/ggfwpt/qykb/kftzqjs/xm/201008/t20100813_273730.htm.

州保税港区具备港口作业、国际中转、国际配送、国际采购、转口贸易、出口加工、商品展示七大功能，是在港口作业区和与之相连的特定区域内，集港口作业、物流和加工为一体，具有口岸功能的海关特殊监管区域[①]。

（三）泉州市

泉州出口加工区

泉州出口加工区于 2005 年 6 月 3 日经国务院批准设立，规划面积 3 km^2（不包括生活配套用地）。该出口加工区位于国道 324 北侧，磁灶与紫帽交界处，地理位置优越，距离泉州晋江机场 18.4 km，高速公路 5.9 km，距厦门港 85 km，距晋江围头港 47.2 km、晋江深沪港 44.9 km，距石狮石湖港 36.4 km。

泉州出口加工区已于 2009 年 1 月 16 日正式封关运作，在拓展保税物流功能基础上，成为集保税区、保税物流园区和出口加工区等功能于一体的综合外向型特殊经济区域。区内基础设施“八通一平”配套完善，海关、检验检疫、工商、税务、金融、运输、仓储等机构一应俱全。区内落户企业享有海关提供的简单、快捷的通关便利，不用踏出园区即可办理一切进出口手续，此外还享有出口加工区和泉州、晋江规定的各种优惠政策[②]。

① 资料来源：http://baike.baidu.com/view/3653464.htm.

② 资料来源：http://www.fujian.gov.cn/ggfwpt/qykb/kftzqjs/qz/201008/t20100820_277115.htm.

第八章　西南地区港口群发展现状

西南地区港口群由粤西、广西沿岸和海南省的港口组成。该地区的港口的布局以湛江港、北部湾港和海口港为主，这些港口服务于西部地区开发，促进了当地与外部的经济交流，推动着区域发展。

湛江港是新中国成立后自行设计和建造的第一个现代化港口，是西南地区亿吨大港之一，处于西南出海主通道的地位；北部湾港，全称“广西北部湾港”，是在 2009 年由防城港、钦州港和北海港三个港口整合而成，是面向东盟的亿吨现代化枢纽港和国际航运中心；海口港作为主枢纽港，是海南省对外贸易的重要口岸和海南省国际集装箱干线港口。

第一节　港口基础设施

本节将从自然地理条件、码头泊位、航道信息和集疏运条件等四个方面分别介绍湛江港、北部湾港和海口港的基础设施情况。

一、港口自然地理条件

港口自然地理条件主要包括两部分内容：一是港口所处的地理位置；二是港口的自然条件，包括风况、降水、雾况、气温、冰况、水温和潮汐等要素。本部分将从港口的地理位置和自然条件两方面对此进行介绍。

（一）湛江港

1. 地理位置

湛江港的地理坐标为北纬 21°11′55″，东经 110°24′38″，地处我国大陆最南端，位于广东省西南部、雷州半岛东北部的广州湾内，东临南海，南望海南岛，西靠北部湾，背依大西南，港湾周围岛屿环绕形成天然屏障，港内水深浪静，水域广阔。

2. 自然条件

湛江港4月至9月多东风及东南风。10月至次年3月盛行北风及东北风，风力一般3～4级。热带风暴一般发生于5月至11月，平均每年5～6次波及本港。年平均雷暴日100天，主要发生在3～11月。

湛江港有雨季、旱季之分。每年4～9月为雨季，降水多集中在5月至9月，年最大降水量2 411.3 mm，最小降水量743.6 mm，年平均降水量1 567.3 mm，约占全年56%。

港区雾日多集中于1月至4月，约占全年雾日的83%，多年平均雾日25.9天，年最多雾日为52天，年最少雾日11天。

港区属亚热带气候，冬无严寒，夏无酷暑，暑季长，寒季短，温差不大。年平均气温23.2℃。

湛江港海域属不规则半日潮，潮差较大，最高潮位7.09 m，最低潮位−0.65 m，平均潮差0.57 m。港内一般波高0.3 m，最高0.8 m，台风时浪高一般不超过1 m。

（二）北部湾港

1. 地理位置

广西北部湾港地处广西壮族自治区南端，位于南海北部湾北岸，东起与广东交界的洗米河口（北纬20°54′，东经107°29′），西至中越界河北仑河口（北纬22°28′，东经109°46′）。广西北部湾港背靠大西南、面向东南亚、东临粤港澳，是我国西南地区最便捷的出海通道，也是我国与东盟国家海上贸易的重要口岸，地理位置十分优越。

2. 自然条件

北部湾港属于亚热带季风气候特点，夏季偏南风，冬季偏北风，风力不大，多年平均风速为5 m/s。夏季易受台风影响。

港区降水集中在夏季，多集中在6月至9月，雨量充足，占全年降水量的66%。雾天次数较少，集中在春季。

港区冬无严寒，夏无酷暑，四季如春，气候宜人，平均气温22℃，无结冰现象。

北部湾港海域为非正规全日潮，浪差大、流速大、潮流具有往复流特征。

（三）海口港

1. 地理位置

海口港位于北纬 20°1′，东经 110°21′，位于海南岛北部、海口湾中部海岸线上，是一个近似半圆形的开阔海湾，东与铺前湾交界，西接澄迈湾，南靠海口市，北隔琼州海峡与广东省的雷州半岛相望。

2. 自然条件

港区每年 4 月至 6 月多东南风，风力不大；冬季多东北风，风力达 6 级。5 月至 10 月为台风季节，风力达 11～12 级。台风侵袭时伴随大雨、暴风和暴雨，对船舶进出、装卸过驳作业有影响。

港区雨季在 6 月至 9 月。最大年降水量为 2 282.3 mm，最小年降水量为 874.4 mm，年平均降雨量 1 684.5 mm。

港区冬春两季有雾，多在清晨至上午 9 时之间，年平均雾日约 32.6 天，能见度小于 1 km 的大雾年平均为 8.1 天。

海口港属亚热带气候，夏长无冬，春秋不分。年平均气温 23.9℃，7 月份气温最高，月平均 28.1℃，极端最高气温 40.5℃，1 月份气温最低，月平均 17.3℃，极端最低气温 2.8℃。

海口港海域的潮汐属不规则日潮混合潮型，一个月内日潮天数为 15～18 天，其他时间为正规半日潮，且潮汐不等现象显著。平均高潮 2.04 m，最高高潮 4.25 m；平均低潮 0.90 m，最低低潮-0.25 m。海流以潮流为主，且有明显的往复流特征。涨潮流以东流为主，落潮流以西流为主。

二、港口码头泊位

与环渤海、长三角和珠三角地区港口群的码头泊位相比，这一地区的码头泊位资源并不丰富。在这一地区，北部湾港与其他港口相比，所拥有的码头泊位是较多的。

（一）湛江港

截至 2010 年底，湛江港泊位长度 15 757 m，拥有生产性泊位 125 个，其中万吨级以上深水泊位 34 个，年综合货物通过能力达 1.3 亿吨，其中货物 1.01 亿吨，集装箱 1.6×10^5 TEU，汽车 266 万辆[①]。

---

① 资料来源：《中国港口年鉴（2011）》。

（二）北部湾港

截至 2010 年底，广西北部湾港泊位长度 24 694 m，共有生产性泊位 217 个，其中万吨级以上泊位 49 个，最大靠泊能力 20 万吨，设计年通过能力为：货物综合通过能力 12 181 万吨，其中货物 10 341 万吨，集装箱 1.3×10^6 TEU，汽车 40 万辆，旅客 491 万人次①。

（三）海口港

截至 2010 年底，海口港泊位长度 3 300 米，拥有泊位 36 个，其中矿石的泊位年通过能力 348 万吨，集装箱 1.01×10^6 TEU，旅客 503 万人次，汽车 55 万辆②。

三、港口航道信息

下面主要从港口的航道长度、范围、航道水深等方面对湛江港、北部湾港和海口港这三个港口加以介绍。这当中，北部湾港又包括了防城港、钦州港和北海港。

（一）湛江港

湛江港原有航道全长 64.4 km，有斗龙村东航道、龙水岭航道、斗龙村北航道、南三岛南航道、进口航道、南三岛西航道、石头角航道、东头山航道、麻斜航道、麻斜西航道、莫烟楼航道、莫烟楼西航道、调顺岛航道、霞海航道、调顺岛港区港池航道，共 15 段。航道大部分为 13 m 深的天然航道，仅斗龙村北航道有 2.8 km 为人工航道，维护水深 9.8 m，另南三岛南航道和调顺岛航道有局部浅点，2 万吨级船舶可随时通航，5 万吨级船舶需要乘潮通航。此外，湛江港 25 万吨级航道总长 45.28 km，航道宽度 310 m，外航道底标高 19.2 m，内航道底标高 19.5 m；30 万吨级航道设计长度 54.9 km，其中外段航道长 38.24 km，内段航道长 16.67 km，航道底宽 310 m，边坡 1∶5，航道底标高外段航道 21.6 m，内段航道 21.9 m。

（二）北部湾港

由于北部湾港由防城港、钦州港、北海港三港口整合而成，因此关于北部湾港的航道信息，这里将对这三个港口分别加以介绍。

---

① 资料来源：《中国港口年鉴（2011）》。

② 资料来源：《中国港口年鉴（2011）》。

1. 防城港

防城港航道原设计全长 6.9 海里，分三牙、西贤、牛头三个航段，共四个转折点。经过不断改造，现航道最小曲率半径已达到 1 000 m。三牙、西贤航道底宽 100 m，底标高 8.0 m，边坡比 1∶10；牛头航道底宽 80 m，底标高 8.2 m，边坡比 1∶5，整个航道走向曲率半径为 2 000 m，有利于船舶安全进出港口[①]。

2. 钦州港

钦州港主要有钦州港东、西两水道。西航道：万吨级，底宽 95～110 m，设计通航水深 9.6 m，底标高为 6.6 m，至勒沟作业区航道全长 24.4 km。东航道：3 万吨级，该航道连贯 11 个作业区，航道全长 33.7 km。设计底宽 110～120 m，设计通航水深 12.3 m，底标高为 8.9 m[②]。

3. 北海港

北海港分为北海港新（石步岭港区）、老港区航道和铁山港区航道。

北海新老港区航道走向为由南向北，向东折转进入新、老港区。航道的第一段与第二段、第二段与第三段间，均由半径为 600 m 的曲线水道过渡。内外航道总长约 17.28 km，水深 8～12.9 m，航道宽 100～130 m，助航灯浮 19 座，1～4 号标为对标，检验锚地设 0 号专用标。铁山港区航道在排敦至青龙沙段，长 10 km，宽 750～1 400 km，水深 6～18 m，从青龙沙开始分东西两水道，均属自然航道。东水道长 8.5 km，宽 800 m，水深 6～10 m，出口栏门沙宽 2.5 km，水深 2.2～3.5 m。西水道长 10 km，宽 800～1 600 m，水深 8～10 m，其中有浅滩长 1.5 km，水深 2.7 m。

（三）海口港

海口港从外锚地至港口门的主航道 4 984 m，宽 100 m，水深 9.0 m。自港口至港池航道长 800 m，水深 9.0 m 左右，航道吃水限制 6 m[③]。

四、港口集疏运条件

西南地区港口群背靠北部湾，濒临南海，拥有着便捷的海运条件，路上运输铁路、公路近些年来发展较快，形成了以海运为主的港口集疏运系统。

---

① 资料来源：http://www.chinaports.com.cn/ports/news.asp?id=90&news_Id=11817.

② 资料来源：百度百科 http://baike.baidu.com/view/290423.htm.

③ 资料来源：百度百科 http://baike.baidu.com/view/290404.htm.

（一）湛江港

湛江港集疏运条件较好。湛江港开通了疏港公路，拓展了对外运输的能力；铁路有黎湛线、三茂线和粤海线；机场现有航线 20 多条，有飞往北京、广州、深圳等多座大中城市的航班；此外，湛江港还有一条由茂名石油化工公司之湛江港口的原油输油管道 115.5 km。湛江港所在的湛江市交通发达，拥有港口、民航机场、铁路、高速公路与全国及世界各地相通，交通运输业发达。

（二）北部湾港

这里将从防城港、钦州港、北海港三个方面对北部湾集疏运条件进行介绍。

1. 防城港

防城港地处连接中国资源丰富的大西南和经济活跃的东南亚地区的枢纽地带，水陆交通便利。南防高速公路直达港口，与西南公路出海大通道相连，防城港可以直接与全国公路联网；铁路经南防线、黎钦线与全国铁路相连。特别是经南昆线、水柏线、内昆线抵达防城港，可大大缩短运距时空；海运开辟连接珠三角、长三角、环渤海等经济圈的国内航线，并已与 70 多个国家和地区的 220 个港口通航，海运网络覆盖全球。

2. 钦州港

公路方面，钦州港达贵阳、重庆、成都、昆明和长沙的高速公路、高等级干线公路均已贯通。铁路方面，钦州港已建成的铁路有南钦、黎钦、钦北、钦防、钦（州）—钦州港等五条铁路。港内勒沟专用线、鹰岭专用线经钦港线可通过南防线、钦北线、黎钦线等铁路与南昆、黔桂等全国铁路联网。西南货物由昆明经钦州出海仅约 900 km，铁路运距比防城港短约 25 km，比北海港短约 80 km，比湛江港分别短约 136 km、294 km，比广州港分别短约 517 km、667 km。海运方面，钦州港可与世界各港口通航，目前已经与 50 多个国家和地区的港口建立了贸易往来。

3. 北海港

公路方面，随着中国西南地区到广西沿海地区高速公路的相继建成通车，北海港距南宁 204 km，距贵阳 994 km，距成都 1 717 km，北海港的公路集疏运能力大大增强。铁路方面，随着钦北、南昆铁路的全线通车，北海港与大西南的运输动脉已经贯通，形成西连大西南各省，中连湘西、豫西、桂西，东连广东的铁路交通网络，使北海港与全国铁路网络连成一片。海运方面，开通了海口、涠洲岛及下龙湾等国际国内航线。航空方面，北海港机场已开通了至全国各大中型城市航线十多条，年旅客吞吐量达 30 多万人次。北海已经初步实现了以港口为龙头，港航结合，海陆空配套的立体交通运输网络①。

（三）海口港

公路方面，海口港已与海南岛内东、中、西三条干线公路相连，可通往全岛各地，南至三亚，西达八所，中抵五指山市。水路方面，可通往本岛及全国各主要港口，并已开通至广州、香港、湛江等地客运航线。铁路方面，海口市已开通穿越琼州海峡的粤海铁路通道，火车通过轮渡从大陆直达海口。航空方面，已开通至广州、长沙、武汉、成都等城市的航线。海上国际航线方面，已与日本、新加坡、科威特等国家和地区有贸易运输往来。

第二节　港口货物吞吐能力

北部湾港口受益于防城港、钦州港和北海港的港口资源的整合，港口货物吞吐能力在这一地区处于领先地位，其他港口的发展也较快。本节将主要从货物吞吐量、集装箱吞吐量等方面对港口吞吐能力进行介绍②。

一、湛江港

近些年来，湛江港货物吞吐能力不断增加。从 2000 年到 2010 年的 11 年间，货物吞吐量和集装箱吞吐量分别增长了 570%和 330%，其中货物吞吐量于 2009 年突破了亿吨大关。2000～2011 年湛江港货物及集装箱吞吐量的变化如表 8-1 所示。

表 8-1　湛江港 2000～2011 年吞吐量

年份	货物总吞吐量（万吨）	集装箱吞吐量（$\times 10^4$ TEU）
2000	2 038	7.48
2001	2 205	8.53
2002	2 627	10.50

① 资料来源：百度百科 http://baike.baidu.com/view/2316308.htm.

② 资料来源：《中国港口年鉴（2011）》，部分数据经整理得到。

续表

年份	货物总吞吐量（万吨）	集装箱吞吐量（$\times10^4$ TEU）
2003	2 866	11.90
2004	3 780	16.70
2005	4 647	17.77
2006	5 664	20.40
2007	6 075	27.20
2008	6 682	28.40
2009	11 838	23.20
2010	13 638	32.00
2011	15 539	38.07

资料来源：根据《中国港口年鉴》（2001～2012）相关资料整理。

2010 年，湛江港完成货物吞吐量 1.363 8 亿吨，比上年增长 15.2%。其中，外贸货物吞吐量 4 760 万吨，比上年增长 3.8%；完成内贸货物吞吐量 8 878 万吨，比上年增长 22.4%；集装箱吞吐量 3.2×10^5 TEU，比上年增加 8.9×10^4 TEU，大幅度增长 38.2%；完成旅客吞吐量 1 051 万人次，据全国港口第三位，比上年大幅度增长 27.9%；完成滚装车辆 138 万辆，比上年大幅度增长 15.6%。2011 年湛江港分货类吞吐量如表 8-2 所示。

表 8-2 2011 年分货类吞吐量

货物吞吐量（万吨）				集装箱吞吐量	汽车吞吐量	旅客吞吐量
合计	金属矿石	煤炭	液体散货	（$\times10^4$ TEU）	（万辆）	（万人次）
15 539.49	3 380.63	946.3	3 038	38.07	153.91	1 196.42

资料来源：根据《中国港口年鉴（2012）》相关资料整理。

二、北部湾港

2009 年广西北部湾港整合合并后，发展速度迅猛。2010 年北部湾港共完成货物吞吐量 11 923.04 万吨，比上年增长 42.06%。其中，外贸货物 7 194.58 万吨，比上年增长 22.57%；出港货物 3 707.08 万吨，比上年增长 39.47%；集装箱吞吐量 5.6×10^5 TEU，比上年增长 85.12%。2011 年北部湾港分货类吞吐量如

表 8-3 所示。

表 8-3　2011 年分货类吞吐量

货物吞吐量（万吨）				集装箱吞吐量（$\times10^4$ TEU）	汽车吞吐量（万辆）	旅客吞吐量（万人次）
合计	矿石	煤炭	油品			
15 330.6	3 990.9	5 420.4	2 140.9	73.82	2.4	30.25

资料来源：根据《中国港口年鉴（2012）》相关资料整理。

三、海口港

海口港货物吞吐量近几年发展迅速，从 2003 年至 2010 年，货物吞吐量和集装箱吞吐量分别增长了 329%和 278%。2003 年以来海口港货物及集装箱吞吐量的变化如表 8-4 所示。

表 8-4　海口港 2003～2011 年吞吐量

年份	货物总吞吐量（万吨）	集装箱吞吐量（$\times10^4$ TEU）
2003	1 329	16.20
2004	1 416	19.90
2005	2 118	21.68
2006	2 127	24.50
2007	2 373	28.60
2008	2 614	34.60
2009	4 855	43.50
2010	5 700	61.30
2011	4 524	80.80

资料来源：根据《中国港口年鉴》（2004～2012）相关资料整理。

2010 年，海口港货物吞吐量 5 700 万吨，同比增长 17.4%，其中集装箱 6.134×10^5 TEU，滚装汽车 220 万辆，旅客 1 149 万人。

第三节　港口腹地经济概况

近年来，西南沿海地区港口群迅速崛起，建设与发展速度日新月异。这主要得益于背靠腹地深广、资源富集、发展潜力巨大的广西、云南等省区。本节主要从总体经济概况、重点港口城市发展以及特殊经济区域等方面介绍港口腹地的经济概况。

一、总体经济概况

西南地区港口群的港口腹地辐射范围较广，包含了广西、云南、贵州、四川、广东西部等地区。根据研究内容，本部分只重点介绍北部湾地区总体经济概况，将主要从港口腹地的经济总量、对外贸易和产业结构三个方面加以介绍。

（一）经济总量

北部湾地区生产总值从 2005 年的 1 180 亿元增加到 2010 年的 3 022 亿元，年均增长 16.3%，高于全区平均 2.4%，占全区比重由 2005 年的 29.6%提高到 2010 年 31.8%；全社会固定资产投资从 2005 年的 563 亿元增加到 2010 年的 2 797 亿元，年均增长 37.8%，高于全区平均 3.1%，占全区比重由 2005 年的 31.8%提高到 2010 年 35.6%；财政收入从 2005 年的 142 亿元增加到 2010 年的 441 亿元，年均增长 25.5%[①]。2011 年，广西北部湾经济区生产总值达到 3 862.33 亿元，是 2007 年的 2.26 倍。按可比价格计算，4 年的年均增长 15.8%，高于同期全区 GDP 年均增长 2.5%，特别是 2009 年，在国际金融危机的影响下，依然保持 16.0%强劲增长速度，在全国 21 个经济特区、新区、经济区中排名第二，已成为我国经济增长最快、经济最活跃的地区之一。2011 年，全社会固定资产投资、财政收入、进出口分别达到 3 655.36 亿元、588.55 亿元、113.11 亿美元，4 年年均分别增长 39.5%、27.9%、29.0%[②]。

---

① 资料来源：广西北部湾经济区“十二五”时期（2011～2015）国民经济和社会发展规划。

② 资料来源：http://www.gxtj.gov.cn/ztlm/zgtjkfrzl/szgx/201209/t20120929_20249.html.

（二）对外贸易

近些年，北部湾的开放合作不断深化。泛北部湾经济合作论坛已成功举办了五届，成为推动泛北部湾经济合作的重要平台和品牌。南宁—新加坡经济走廊加快推进，沿线国家智库发布了联合倡议。广西与越南、印尼、菲律宾、马来西亚、新加坡等泛北国家签署经贸合作协议或专业合作协议。一批交通、港口、旅游、农林渔业、能源等领域的合作项目正在推进。为加强国内省市与广西北部湾经济区的合作，广西与广东、海南、湖南、重庆、云南、四川、上海、贵州、河南、福建等省市签署了省市区合作协议，合作不断深入。

北部湾经济区对外开放的不断扩大，促进了进出口贸易的快速增长。2011年1月至10月，外贸进出口总额完成91.35亿美元，累计同比增长56.2%。其中，出口额完成37.47亿美元，累计同比增长36.1%。

（三）产业结构

北部湾地区三次产业结构由2005年的23.61∶31.17∶45.22调整为2010年的16.95∶39.42∶44.63，其中工业比重由23.6%提高到31.4%，工业化率达到1.85%。

临海产业集群逐步形成。初步形成以石化、冶金、林浆纸、电子、能源、轻工食品为主的产业布局。北海、防城港、钦州三市燃煤电厂、钦州中石油1 000万吨炼油、中石油1 000万方原油储备库一期、钦州金桂林浆纸等一批重大产业项目建成投产；防城港红沙核电、金川集团铜镍冶炼深加工、北海炼油异地改造石油化工、南宁燃煤电厂等一批重大项目已经开工建设；防城港钢铁精品基地项目已获国家发改委同意开展前期工作，钦州中石油二期、北海林浆纸一体化等项目前期工作加快推进。围绕重大产业项目配套，一批产业链项目已建成投产。重点产业园区产业集聚效应初显。中国电子集团北海产业园已经开园。台商投资的（南宁）轻纺产业园已有麦斯集团等一批纺织服装、制鞋企业投产。钦州石化产业园、防城港大西南临港工业园、北海电子产业园实现了工业产值超百亿元。钦州港经济开发区升级为国家级经济技术开发区①。

二、重点港口城市发展

这里选取西南地区的一些重点港口城市加以介绍。其中，由于在北部湾港

① 资料来源：广西北部湾经济区“十二五”时期（2011～2015）国民经济和社会发展规划。

口群中防城港吞吐量所占比重较大，钦州港和北海港相对较小。因此，以下选取防城港作为北部湾的重点港口城市。

（一）湛江市经济发展概况

1. 经济总量

2011 年，湛江市实现生产总值 1 708.22 亿元，按可比价格计算，比上年增长 13.0%。其中，第一产业增加值、第二产业增加值、第三产业增加值分别为 338.09 亿元、733.59 亿元、636.54 亿元。财政总收入 465.09 亿元，比上年增长 36.3%；地方财政一般预算收入 80.03 亿元，比上年增长 26.4%。地方财政一般预算支出 186.15 亿元，增长 25.0%。

2. 对外贸易

全年外贸进出口总额 44.04 亿美元，增长 24.7%。其中，进口总额 23.09 亿美元，出口总额 20.95 亿美元。在出口额中，一般贸易出口 18.43 亿美元，增长 23.0%，占全市外贸出口总值的 88.0%；加工贸易出口 1.69 亿美元，下降 0.5%。全年签订利用外资项目 25 个，比上年增长 92.3%；合同外资金额 3.15 亿美元，增长 200.2%；实际利用外资金额 0.53 亿美元，增长 44.9%。

3. 主要工业类产业概况

2011 年，湛江市全部工业完成增加值 665.28 亿元，增长 13.7%，规模以上工业企业实现增加值 600.75 亿元，增长 14.5%；轻工业增加值 199.58 亿元，增长 19.6%；重工业增加值 401.17 亿元，增长 11.9%。在规模以上工业中，农副食品加工业、石油加工炼焦业、石油和天然气开采业、电气机械及器材制造业、电力热力的生产和供应业、木材竹藤棕草制品业、化学原料及化学制品制造业、非金属矿制品业、家具制造业、造纸及纸制品业、塑料制品业、黑色金属采矿业、专用设备制造业、金属制品业、饮料制造业等行业年产值均超 20 亿元，全年实现产值 1 565.81 亿元，占全市规模以上工业总产值的 88.0%[①]。

（二）防城港市经济发展概况

1. 经济总量

2011 年，防城港年全市实现生产总值 419.84 亿元，增长 15.6%。其中，第一产业增加值 57.70 亿元，增长 5.2%；第二产业增加值 224.27 亿元，增长 19.7%；第三产业增加值 137.86 亿元，增长 14.1%。第一、第二、第三产业增加值占生

---

① 资料来源：2011 年湛江市国民经济与社会发展统计公报。

产总值的比重分别为13.7%、53.5%和32.8%，对经济增长的贡献率分别为5.0%、63.0%和32.0%。2011全年，实现财政收入44.35亿元，增长26.3%。其中，税收收入31.04亿元，非税收收入13.30亿元，一般预算收入28.30亿元，一般预算支出60.77亿元。

2. 对外贸易

2011年全年，货物进出口总额再创历史新高，达到41.06亿美元，增长46.8%。其中，进口总额31.62亿美元，出口总额9.44亿美元。外贸进出口总额和出口额增幅分别高出全国平均水平34.2%和7.9%。外贸进出口规模在全区排名第2位。进口依旧保持优势地位，占全区进口总量近30%，稳居全区首位。全年边贸成交额162.40亿元，增长16.9%，其中，进口101.96亿元，出口60.44亿元。

3. 主要工业类产业概况

2011全年，全部工业实现总产值669.54亿元，增长36.7%，实现增加值193.97亿元。其中，规模以上工业产值635.32亿元，增长38.2%，规模以上工业增加值181.47亿元，增长19.9%。全市规模以上工业企业148家，其中产值超亿元企业93家，增加16家。全年规模以上工业中，轻工业增加值84.79亿元，增长8.6%；重工业增加值96.68亿元，增长31.5%，对规模以上工业增长贡献率达78.1%，拉动规模以上工业增长15.6%[①]。

（三）海口市经济发展概况

1. 经济总量

2011全年，海口市实现地区生产总值712.75亿元，比上年增长12.3%。其中，第一产业增加值48.16亿元，增长6.5%；第二产业增加值177.91亿元，增长13.5%；第三产业增加值486.68亿元，增长12.4%。第一、第二、第三产业对GDP增长的贡献率分别为3.4%、26.2%和70.4%。财政收入持续较快增长，全年实现财政总收入188.82亿元，比上年增长15.3%。其中，地方财政一般预算收入60.93亿元，增长21%；全年财政地方一般预算支出99.74亿元，比上年增长24.9%。

2. 对外贸易

2011年海口市外贸进出口总值39.4亿美元。外贸出口15.2亿美元，增长

① 资料来源：2011年防城港市国民国民经济和社会发展统计公报。

16.4%。外商投资企业进出口 21.9 亿美元。欧盟为第一大贸易伙伴，对欧盟进出口为 11.4 亿美元，增长 39.8%。以一般贸易为主，完成进出口 29.3 亿美元，增长 0.8%，占同期海口市进出口总值的 74.4%。全市新签外资协议合同 39 宗，新签协议合同总投资 0.97 亿美元；全年实际外商直接投资 4.07 亿美元。其中，合资企业投资 0.13 亿美元，下降 85.4%。

3. 主要工业类产业概况

2011 年，海口市工业生产增长较快。全年全市完成工业总产值 539.33 亿元，比上年增长 14.7%。全市规模以上工业企业实现产值 504.25 亿元，其中轻工业产值 222.92 亿元，重工业产值 281.34 亿元。高新技术企业继续领先。全市 30 家重点高新技术企业共完成工业总产值 187.45 亿元，占全市规模以上工业总产值的 37.2%。重点行业发展稳定。汽车、医药、食品、电器机械四个重点行业全年累计完成工业总产值 371.47 亿元，比上年增长 17.9%，占全市规模以上工业产值的 73.7%。全年产值上亿元的工业企业 75 家，共完成产值 466.85 亿元，占规模以上工业总产值的 92.6%，净增产值 90.83 亿元。全年累计产值超 10 亿元的企业有 9 家，共完成产值 254.41 亿元，比上年净增 75.1 亿元[①]。

三、特殊经济区域

下面将主要介绍西南地区的两个特殊经济区域——广西钦州保税港区和南宁经济技术开发区。

（一）广西钦州保税港区

广西钦州保税港区于 2008 年 5 月 29 日经国务院正式批准设立，这是继上海洋山、天津东疆、大连大窑湾、海南洋浦、宁波梅山之后的全国第六个保税港区，是我国中西部地区唯一的保税港区，也是我国西部沿海唯一的保税港区。港区规划总面积 10 km^2，由码头作业区、保税物流区、出口加工区和综合服务区组成，一期 2.5 km^2 已建成。

钦州保税港区是全国唯一被列为整车进口口岸的保税港区，享受保税、退税、免税等特殊优惠政策，以及广西北部湾经济区开放开发等优惠政策。钦州保税港区具有口岸、物流、加工三大功能，可以开展货物储存、国际贸易、国际采购与分销配送、国际中转、商品展示、加工研发、港口作业、检测维修服

① 资料来源：2011 年海口市国民经济与社会发展统计公告。

务以及海关允许的其他业务。

钦州保税港区是中国距东盟最近的保税港区，地处中国—东盟国际大通道和西南地区出海的最前沿，优越的地理位置吸引包括中海运和中外运在内的众多航运和物流公司进驻。港区 2010 年 1 月至 5 月的集装箱吞吐量相当于 2009 年钦州港全年集装箱的吞吐量的一半，跃居环北部湾各港口前茅；目前，已开通每周 5 班至中国香港特区的航线、中海集团 5 000 TEU 南北直航航线，即将开通内至我国台湾岛、外达东盟各国的航线①。

（二）南宁经济技术开发区

南宁经济技术开发区创建于 1992 年，2001 年 5 月经国务院批准成为国家级经济技术开发区。开发区位于南宁市南部，管辖区总面积为 504 km^2，开发区水、陆、空交通非常便利，距南宁国际机场只有 15 km，有通往机场的高速公路，距南宁铁路货运站 3 km，距南宁北大货运码头 5 km，江南汽车客运站落在开发区内，开发区的汽车货运站已经筹建完成。

南宁国家经济技术开发区实行“三园两区”的管理模式，东面为金凯工业园，西侧为银凯工业园，南端为空港经济区，中部为北部湾科技园和中央商住区，各园区功能互补，规划建设为“以第二产业为主，多产业协调发展的现代化综合性新城区”。

金凯工业园，是南宁国家经济技术开发区创建最早的工业园区，目前已建成运营，占地约 10 km^2。该工业园是广西最大的日韩（外资）企业集中区，共有 600 多家国内外知名企业进驻，以精细化工、纸制品深加工、食品加工等支柱产业为主导的产业集群已初具规模。

银凯工业园，位于南宁国家经济技术开发区西侧，占地 10 km^2，是以机械制造、电气设备制造和新材料制造为主的综合性产业园区。

北部湾科技园，规划总面积 1.5 万亩，是南宁国家经济技术开发区最新规划建设的科技园区，主要发展目标包括总部基地、服务外包、高科技产业（光电产业、新能源产业）等。

中央商住区，占地面积 10 km^2，重点发展商住、休闲、娱乐等产业，为工业园区提供配套服务。

① 资料来源：http://www.qzbsg.gov.cn/Summary/Details?cid=0.

空港经济区的规划目标是成为南宁未来城市发展的新引擎，我国西南地区具有最高水准的国际化和智能化航空新城，中国—东盟自贸区空港经济合作的创新示范区，南宁—新加坡通道经济带的北轴心。在空港经济区起步发展期（2010 年至 2015 年），预计用地规模 60 km^2，将打造成为区域性的交通、流通、商贸枢纽门户和北部湾经济合作区域的临空产业中心。

第九章　我国台湾地区港口群发展现状

第一节　我国台湾岛内港口群的总体概况

我国的台湾岛四面环海，港口也就成为岛内对外的主要的交通管道。岛内现在可供人、货进出的港口大致可分为六大类，包括国际商港、国内商港、商港区域外兴建的特种货物装卸以及其他特殊设施、工业专用港或工业专用码头、交通船码头等。台湾本岛海岸线长约 1 143 km，目前具有国际地位的港口有 11 个，平均约 104 km 就有一个国际港，港口腹地多所重叠。

台湾本岛目前有四座国际商港，分别是岛内第一大港高雄港、第二大港基隆港、新兴港台中港以及东部最大港花莲港，还有一座国际商港辅助港台北港，港口的分布如图 9-1 所示。这五个主要港口分别位于台湾岛的北、中、南及东部地区，提供进出口货物发展所需的服务，作为各区域主要货物的集散地，对促进区域发展具有一定功能。

依据台湾当局交通主管部门关于岛内商港整体发展规划（2013～2018）的研究成果，对高雄港、花莲港、基隆港、台中港以及台北港的发展进行了定位，目标是将高雄港发展成为集装箱转运枢纽港，花莲港发展成为东部水泥、矿（砂）石及石材储运港，基隆港和台中港发展成为以近洋航线为主的集装箱港，台北港发展成为北部地区主要远洋集装箱港。随着经济的起飞，岛内商港也开始飞速的发展，吞吐量不断增加，在应对经济增长需求的同时，其作为世界综合运输的枢纽也起到不可忽视的作用。

本章主要从港口基础设施、港口营运统计以及经济腹地三个方面介绍台湾岛内的四个主要的国际商港以及主要的辅助港。

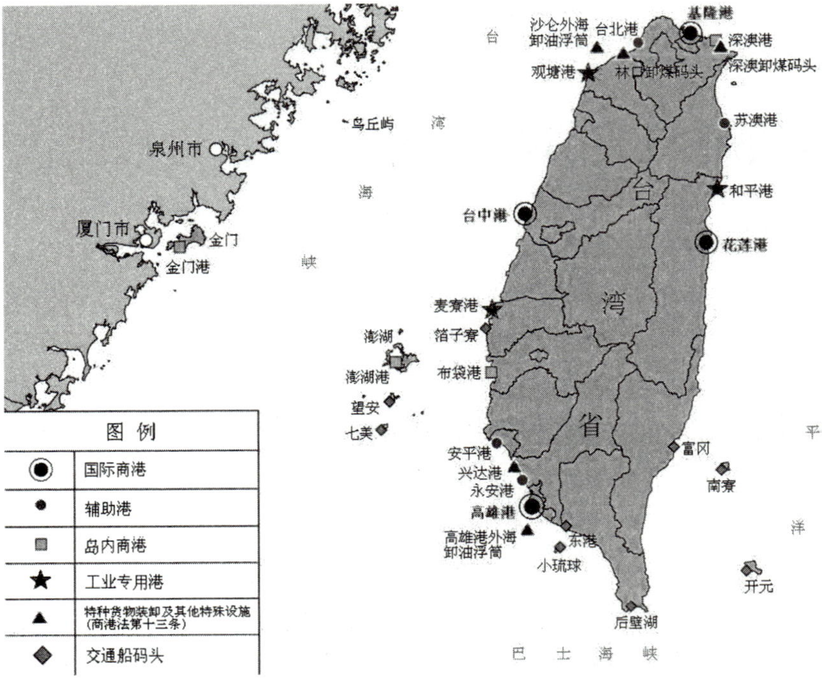

图 9-1 我国台湾岛内港口分布

资料来源：作者根据相关资料整理。

第二节 港口基础设施

本节将从各港口的自然地理条件、港口设施情况以及集疏运条件方面介绍各个港口。

一、自然地理条件

这一部分对我国台湾岛内各港口的地理环境和自然条件进行介绍，主要集中于高雄港、花莲港、基隆港和台中港，台北港不再详细阐述。

（一）高雄港

高雄港位于我国台湾岛西南沿海的高雄市，濒临南海，隔台湾海峡与大陆福建省相望，是台湾岛南部最重要的商港，也是岛内最大的港口，成为东南亚、印度洋、欧洲及美洲与东北亚间海上航运的重要转运中心。

1. 地理环境

高雄港位于地势平坦的高雄冲积平原，四周除寿山、半屏山及凤山丘陵等处外，地表均覆盖由爱河及前镇河携带沉积物堆积而成的现代冲积层；地质分布以粉土质中细沙层及黏土质粉土层为主；高雄港的四周分布寿山断层、凤山断层、右昌断层及仁武断层，其中寿山断层未列为活动断层，“9·12”地震后，依台湾当局相关主管部门的地区震度划分，高雄市地区改为地震乙区，地表最大水平加速度 Z 值取 0.23。

2. 自然条件

高雄港年平均温度约为 25.3℃，7 月的平均温度最高，达 29.3℃，1 月为平均气温最低的月份，为 19.3℃。

港区年平均降雨量约为 170.0 mm，以 6 月的降雨量最多，达 513 mm，1 月的平均降雨量最少，为 9.06 mm。该地区年降雨日数约为 82.7 天，降雨日数最多的月份为 8 月，超过 15 天，降雨日数最少的月份为 12 月，只有约 1 天。

港区年平均相对湿度约为 74.7%，其中 6 月的相对湿度最高，为 79.4%，12 月的相对湿度最低，为 70.0%。

港区年平均气压为 1 011.9 hPa，每年 12 月的平均气压最高，为 1 017.3 hPa，8 月的平均气压最低，为 1 005.6 hPa。

港区年日照时数为 2 373.9 h，日照时数最多的月份为 7 月，达 244.9 h，约 10 天；日照时数最少的月份为 1 月，仅 47.5 h，约 2 天。

港区内夏季风向以西向为主，平均风速为 2.5 m/s；冬季风向以北向为主，平均风速为 2.3 m/s。

依据历年所测，高雄港外海的流速、流向情形，在大潮期间，其最大流速为 80 cm/s，流向涨潮时为 SE 向，退潮时 NW 流，大致退潮时流速较涨潮时为快；高雄港冬季波高约为 60～70 cm，周期约为 5.33～6.19 s 之间，主要波向为 NW—WSW；夏季波高约为 92.4～103.4 cm，周期约为 6.5 s，主要波向为 WSW—SW。

（二）花莲港

花莲港位在花莲市的东北角，东临太平洋，西依中央山脉，是台湾岛东部最大的港，也是东部唯一的国际港。

1．地理环境

花莲县位于我国台湾省东部，境内可分为中央山脉、海岸山脉、纵谷平原及离岛等四大地区，花莲县总面积为 4 628.6 km^2，海拔 100 m 以下的面积仅占 9%，大部分的土地集中于海拔 100～2 500 m 之间，整个花莲县主要地形特征为平原少而山地面积多且地形陡峭；花莲地区地质以第三纪及第四纪为主，年代较浅，地质脆弱，又地处欧亚板块与菲律宾板块交接地带，断层的活动相当频繁，海底上层为疑似沉积层（松粗砂含少量砾石），其厚度约为 5～20 m，其下始为基盘，基盘属青灰色含砾泥层，其层面向东倾斜，愈近岸沉积层愈薄，愈向海侧沉积层愈厚；花莲地区位于东部地震带及琉球地震带的重叠区域，地震发生频繁，"9·12"地震后，依台湾当局相关主管部门的地区震度划分，花莲地区改为地震甲区，地表最大水平加速度 Z 值取 0.33。

2．自然条件

花莲港年平均温度约为 23.6℃，7 月的平均温度最高，达 28.6℃，1 月为平均气温最低的月份，为 17.9℃。

港区年平均降雨量约为 184.6 mm，以 10 月的降雨量最多，达 451.8 mm，1 月的平均降雨量最少，为 57.6 mm。该地区年降雨日数约为 147.8 天，降雨日数最多的月份为 9 月，超过 15 天，降雨日数最少的月份为 7 月，大约为 7 天。

港区年平均相对湿度约为 76.0%，其中 6 月的相对湿度最高，为 80.4%，12 月的相对湿度最低，为 70.4%。

港区年平均气压为 1 011.3 hPa，每年 1 月的平均气压最高，为 1 018.5 hPa，8 月的平均气压最低，为 1 003.8 hPa。

港区年日照时数为 1 626.4 h，日照时数最多的月份为 7 月，达 275.2 h，日照时数最少的月份为 1 月，仅 64.4 h。

根据花莲港气象观测站 2003～2010 年的风力数据显示，夏季风向以 W—WSW 向为主，平均风速为 3.26 m/s。冬季风向以 ENE 向为主，平均风速为 4.3 m/s。

根据花莲海域的海流实测资料可知，春季时海流流向以 NNE 为主，即与海岸平行的方向；冬季则以 NE—SW 向占较大比例，夏季及秋季受台风影响流向较不固定，以全年流况来看流向以 SE—NNE 方向占大部分，最大流速约在 70～75 c m/s 之间；花莲港冬季波高约为 110～170 cm，周期约为 7.4～8.6 s 之间，主要波向为 E—SE；夏季波高约为 85～121 cm，周期约为 7～8.4 s，主要波向为 E—SSE。

（三）基隆港

基隆港位于我国台湾省北部的基隆市，地处富贵角与鼻头角中间，是台湾岛北部重要的天然良港，也是海运转运中心辅助港——高价值货物进出口港，是环岛航运的主要枢纽港。

1. 地理环境

基隆市面积 90%以上为山地，平地仅分布于港口周缘及主要河谷的狭长地带。坡度在 5%以下地区主要集中在基隆港口平原及河谷地区沿岸，港口东北侧的海底地形急剧下降而为深陷的海沟，港口东侧的海岸水深，地形亦为陡降的深陷地形，东防波堤端往外数十米即有 40 m 的水深，仅港口西侧至外木山渔港间的海域较为平缓；基隆港附近海岸地质大多属冲积层，由高地地层斜向东下降，其地质以砂岩为主。位于港外 2.5 海里外的基隆屿为安山岩所形成，海底地质从港口至仙洞鼻之间大部分系砂质，部分混有贝壳或泥沙；由于地壳变动因素，基隆港附近地区有不少断层及褶皱，大多呈东北或西北走向，其中基隆断层为一逆断层，断层线通过基隆港后向东北延伸，而穿过和平岛东南正滨里附近后进入海域。“9·12”地震后，依台湾当局相关主管部门的地区震度划分，基隆地区改为地震乙区，地表最大水平加速度 Z 值取 0.23。

2. 自然条件

基隆港年平均温度约为 22.7℃，7 月的平均温度最高，达 29.5℃，1 月为平均气温最低的月份，为 15.7℃。

港区内年平均降雨量约为 309.9 mm，以 9 月的降雨量最多，达 491.5 mm，7 月的平均雨量最少为 102.3 mm。该地区年降雨日数约为 186.7 天，降雨日数最多的月份为 1 月，超过 19 天，降雨日数最少的月份为 7 月，大约为 7 天。

港区年平均相对湿度约为 76.0%，其中 2 月的相对湿度最高，为 80.1%，7 月的相对湿度最低，为 72.1%。

港区年平均气压为 1 010.3 hPa，每年 1 月的平均气压最高，为 1 018.1 hPa，8 月的平均气压最低，为 1 002.4 hPa。

港区年日照时数为 1 368.9 h，日照时数最多的月份为 7 月，达 244.9 h，约 10 天，日照时数最少的月份为 1 月，仅 47.5 h。

根据基隆港气象观测站 2003～2010 年的风力数据显示，夏季风向以 NE 向为主，平均风速为 2.9 m/s。冬季风向以 NNE 向及 NE 向为主，平均风速为 4.1 m/s。

根据基隆海域的海流实测资料可知，每年 9～11 月涨潮流向主要为 WNW 向，退潮流向为 ESE 向，1～4 月涨潮流向主要为 NW 向，退潮流向为 SE 向，流向约与海岸线平行，平均流速为 10.3～61.7 cm/s（0.2～1.2 节），表层、中层流速相差不大，流向约呈一致，而以中层流速稍大，最大流速一般皆大于 77.2 cm/s；基隆港冬季波高约为 100～180 cm，周期约为 6.5～7.5 s 之间，主要波向为 NE—NNE；夏季波高约为 49.1～158.1 cm，周期约为 6.6～7.7 s，主要波向为 NNE—ENE。

（四）台中港

台中港旧称梧栖港，位于台中县清水镇。港口背向大度山，濒临台湾海峡，大甲溪及大肚溪分别自其南北出海，地形上突出于台湾海峡西海岸，与高雄港、花莲港、基隆港同为本岛四大国际港，以港口吞吐量而言，台中港目前为台湾岛内的第二大港，仅次于高雄港。

1. 地理环境

台中港区系位于台湾岛西海岸的中部，港址处为一平坦且岸线平直的滩岸，沿岸平原属全新现代冲积层，其来源为邻近地区各河川所带下的砂石及海岸漂沙淤积所造成；港区表层土壤主要系由河川上游携带的泥沙，并受风浪流的作用形成巨厚的现代冲积层。本冲积层主要系由凝聚性的沉泥质沙土所组成，偶夹薄层的沙土质沉泥及黏土。在地表冲积层之下，依序为上新世及更新世为固结的头嵙山层，上新世地层、卓兰层及锦水页岩层等。

台中港位于西部地震带上，附近有三义埔里地震密集带及造成“9·12”大地震的车笼埔断层，地震十分频繁。“9·12”地震后，依台湾当局相关主管部门的地区震度划分，台中地区改为地震甲区，地表最大水平加速度 Z 值取 0.33。

2. 自然条件

台中港年平均温度约为 23.1℃，7 月的平均温度最高，达 29.1℃，1 月为平均气温最低的月份，为 15.6℃。

港区内年平均雨量约为 110.2 mm，以 6 月的雨量最多，达 255.1 mm，1 月的平均雨量最少，为 20.23 mm。该地区年降雨日数约为 85.7 天，降雨日数最多的月份为 6 月，超过 11 天，降雨日数最少的月份为 10 月，未满 3 天。

台中港年平均相对湿度约为 77.1%，其中 2 月的相对湿度最高，为 81.4%，10 月的相对湿度最低，为 73.6%。

港区年平均气压为 1 009.8 hPa，每年 1 月的平均气压最高为 1 016.7 hPa，8

月的平均气压最低，为 1 002.9 hPa。

港区年日照时数为 2 199.34 h，日照时数最多的月份为 7 月，达 256.8 h，约 11 天，日照时数最少的月份为 2 月，仅 123.7 h。

根据台中气象观测站 2003～2010 年的风力数据显示，夏季风向以 NNE 向及 N 向为主，平均风速为 4.0 m/s。冬季风向以 NNE 向及 NE 向为主，平均风速为 6.6 m/s。

台中港海岸流况主要由沿岸流、风驱流、潮流及黑潮所组成，堤头附近流向约为 WSW 向，流速大部分介于 10～60 cm/s，最大流速为 116.3 cm/s；台中港冬季波高约为 140～233 cm，周期约为 6～7 s 之间，主要波向为 N—NNE；夏季波高约为 85～143 cm，周期约为 5.3～6.7 s，主要波向为 W 及 N—NNE。

二、港口基础设施

港口设施可区分为基础设施和上部设施两种，其中基础设施主要指码头、泊位和桥道等。本部分着重介绍各个港口的航道、回船池、船渠、助航设施、码头与栈埠设施以及修造船设施等。

（一）高雄港

1. 港口发展

自公元 1684 年清政府设立台湾府起，就开始对高雄港锐意经营，其遂成为高屏地区物产集散的商港。公元 1858 年，依《中英天津条约》，于公元 1863 年将高雄港开辟为国际贸易港，正式成立高雄关。

2. 港口基础设施

高雄港第一港口朝 NW 向，现有防波堤长 1 877 m，航道最窄有效宽度为 84.1 m，水深 11 m；第二港口朝 SW 向，现有防波堤长 3 512 m，航道最窄有效宽度为 170 m，水深 16 m。

航道：现有航道全长 18 km，其中主航道 12 km，支航道 6 km。

回船池：第一港口回船池直径约 400 m，水深 11 m；第二港口回船池直径约 500 m，水深 16 m。

船渠：目前高雄港内计有 1～10 号船渠。

助航设施：目前高雄港主要的导航设施包括灯塔、灯杆为主及 VT MS 系统。

码头与栈埠设施：高雄港现有码头 121 座，长度 27 788 m。其中营运码头共计 91 座，长度 22 015 m，水深自 4.5～16 m 不等。码头使用形态包括集装箱码头 23 座、杂货码头 31 座、大宗干散货（干散）码头 19 座、大宗液体散货（液散）码头 13 座、谷类码头 3 座，以及客货运码头 2 座。另有 30 座非营运码头，总长度 5 773 m。另高雄港南港港区有国际造船公司、钢铁公司、大林炼油厂及大林发电厂的专用码头。

修造船设施：高雄港的干船坞位于 10 号码头旁，船坞长 116 m，宽 19 m，可供 6 000 t 以下、船长 110 m 及船宽 18 m 以下的船舶进坞修理，另有国际造船公司的修造船厂，该公司的船坞长 950 m，宽 92 m，可建造百万吨级的船舶。

（二）花莲港

1. 港口发展

花莲港于 1930 年 10 月开始兴建，1939 年 10 月竣工，第二次世界大战爆发后港口设施悉遭破坏，于 1946 年开始修复，至 1956 年完成，后因货运量逐年上升，为配合货运发展趋势，于 1959 年 4 月至 1991 年 12 月完成第一至四期扩建工程，现今可让 3～10 万吨级的船舶自由进出本港。

2. 港口设施

花莲港港口朝 SW 向，港口段主航道宽度为 275 m，水深 16.5 m；现有港口东防波堤长 4 015 m，西防波堤长 1050 m。

航道：外港区主航道：宽 275 m，水深 16.5 m；内港区主航道：宽 100 m，水深 10.5 m。

回船池：外港回船池：直径 700 m，水深 14 m；内港回船池：直径 200 m，水深 10.5 m。

助航设施：奇莱鼻灯塔、花莲港灯塔、东防波堤突堤灯杆、西防波堤突堤灯杆、花莲港导灯前灯、花莲港导灯后灯、花莲东防波堤突堤末端灯杆、信号台，等等。

码头与栈埠设施：花莲港现有码头 25 座，长度 4 741 m，其中营运码头共计 18 座，长度 4 003 m，水深自 7.5～14 m 不等。码头使用形态包括沙石码头 6 座、水泥码头 4 座、矿石码头 1 座、杂货码头（含油品）6 座、客运码头 1 座。另有 3 座公务码头及 4 座非营运码头供公务船调度及船舶调节，长度 738 m，水深自 6.5～9.5 m 不等。

修造船设施：船舶修造区位于花莲港 16 号码头、海巡署租地东侧，紧邻渔业专业区，厂房区面积 8 225 m^2、船坞区面积 17 644 m^2，共计 25 869 m^2，船坞长 180 m、宽 28 m、深 9.5 m，船坞可供 15 000 吨级船舶建造维修之用。

（三）基隆港

1. 港口发展

基隆港自公元1886年建港，第二次世界大战时港口设施受损惨重，战后耗费四年防波堤整建及码头复旧等工程始告完成。基隆港自1969年起兴筑第一集装箱基地（现西岸北柜场），并逐期增辟第二（现东岸集装箱储运场）、第三集装箱基地（现西岸南柜场），后于1984年进行第二集装箱基地改建工程，1989年进行第三集装箱场桥式机安装工程，目前基隆港计有码头56座。

2. 港口设施

基隆港港口朝NW向，港口段主航道宽度为280 m，水深20～26 m；现有港口东防波堤长560 m，西防波堤长500 m，其余海堤包括东碎波堤及西碎波堤。港口相关设施说明如下。

航道：外港区主航道自东防波堤灯杆至东 22 号码头西侧的安澜灯杆连接直线，与西防波堤灯杆至西19号码头南端联机之间水域，为基隆港进出港的主航道，航道方向为朝南偏东10°，相当于南南东向，与东北季风方向夹55°角，船舶进港时受恒风的影响较小；东19号码头与安澜灯杆间为内港港口是内港区航道，宽度为355 m。

自外港区航道进入内港的船舶需于东 11 号码头前方水域右转约 70°，东11号至西19号码头间水域宽约400 m。目前西17～18号码头前航道已浚深至15 m，以配合靠泊Post-Pana max级集装箱轮的操航需要，其余内港区航道水域亦已浚深至12.0 m。

回船池：回船池直径约650 m，目前已全面浚深至15.5 m，在拖船协助下，已可因应大型船舶回转需求。

助航设施：东防波堤灯杆，东延伸防波堤灯杆，西防波堤灯杆，东碎波堤灯杆，八尺门灯杆。

码头与栈埠设施：基隆港现有码头56座，长度9 985.6 m，其中营运码头共计40座，长度7 922 m，水深自3～14.5 m不等。码头使用形态包括集装箱码头15座、杂货码头8座、水泥码头1座、油类码头2座、散装码头12座，以及客货运码头2座。另有16座非营运码头，长度2 106.44 m，水深自3.0～9.0 m，包括军用码头7座（E4码头不计列）、海巡署码头1座、港勤码头5座、起水码头2座及海关专用码头1座。

修造船设施：基隆港修造工厂原位于西18号、西19号码头间，由于该区位影响西岸集装箱储运场的船席调度及后线土地使用，原址已改建为集装箱码头。基隆港的水域范围内有台湾国际造船公司基隆厂的修造船设备，位于和平岛西侧，包括船坞 3 座，其中最大船坞长 275 m 宽 45 m，可建造 15 万吨的船舶，修造船的能力十分充足。

（四）台中港

1. 港口发展

20 世纪 60 年代初，岛内各地积极进行经济建设，进出口贸易急遽增加，当时对外贸易货物的进出，均仰赖高雄港及基隆港。经 1968 年 3 月由相关部门设新港项目小组负责新港址选择，于 1971 年开始第一期建港工程，1976 年完成后正式展开营运通航，嗣后持续办理第二、三期工程，至 1982 年完成并启用，台中港成为岛内自行设计并施工完成的包括商港、工业港、渔港等综合性项目的人工国际港。

2. 港口设施

港口段主航道宽度为 350 m，水深 16 m，可提供 4 000 TEU 级集装箱船及海岬型（Capesize 级）散货轮顺利进泊；现有港口南防波堤长 1 397 m，北防波堤长 2 818 m，加上四周海堤包括北防沙堤、北海堤、南北内堤及南海堤等，合计总长度约 21 600 m。

航道：台中港自完成港口第二期扩建工程及航道浚深拓宽工程后，港口主航道宽 350 m，另考虑台中港海况、气象因素，航道两侧保留部分水域作为操船余裕；港内南北向主航道从北回船池至南回船池宽为 400 m（两侧码头法线间距由北至南分别为 710 m、600 m 宽），水深均为 16 m，可满足大型船舶进港的操航安全。

回船池：北回船池直径 1 000 m，水深 16 m；南回船池直径 1 100 m，水深 16 m。

船渠：分为工作船渠和浅水船渠。工作船渠水域面积约 6.3 ha，四周岸壁式码头水深约介于 3.0～4.5 m 间，中央突堤码头水深达 7.0 m。浅水船渠水域面积约 4.0 ha，渠内水深介于 4.5～5.0 m 间。

助航设施：包括位于北防波堤堤头的灯杆及雷控标、位于南防波堤的灯杆及雷控标、位于北内防波堤的灯杆、位于南内防波堤的灯杆、位于北围堤区的主航道指向灯标，以及船舶交通服务中心。

码头与栈埠设施：台中港现有 50 座营运码头，总长度 12 329 m，其中谷类码头 2 座、管道（液体货物）码头 1 座、散杂货码头 18 座、客货码头 1 座、大宗散杂货码头 4 座、集装箱码头 8 座、水泥码头 3 座、管道（化学品）码头 8 座、煤炭码头 4 座及废铁码头 1 座。此外，尚有供港勤船、工作船或公务船停泊但未予编号的浅水码头及岸线，其中浅水船渠码头目前供工作船及海巡部门第三海巡队舰艇停靠；工作船渠码头供港务局拖船、平台船、水驳船及民间交通船停靠，其东、西向岸线由中油公司油驳船及民间油驳船停靠；#101 码头南侧岸线供台电专用拖船停靠。

码头后线储转区除集装箱通栈设施外的仓栈设施有杂货通栈 12 座、水泥筒仓 22 座、堆货场 12 处、谷仓 3 座及液体储货槽 276 座等，为落实装卸仓储业务开放民间投资经营政策，截至 2011 年 7 月底已成功引入 62 家公、民营企业投资经营。

修造船设施：台中港的修造船设施位于台中港北侧一号码头旁，船坞长 155 m、宽 28 m、深 8 m。

（五）台北港

1. 港口发展

台北港于 1993 年由台湾当局交通主管部门开始规划，初期仅计划兴建两座码头供东沙北运使用。1999 年变更为综合性商港并更名为台北港。原由基隆港务局管理，2012 年 3 月 1 起由港务公司基隆港务分公司管理。

2. 港口设施

台北港港口朝 W 向，港口段主航道宽度为 300 m，水深 14.5～16 m；现有港口北防波堤长 5 263 m，南防波堤长 1 550 m。港口相关设施说明如下：

航道：外航道宽 400 m，水深 16.5 m；内航道宽 300 m，水深 16 m。

回船池：外港区回船池直径 900 m，水深 16.5 m；内港区回船池直径 720 m，水深 15.5 m。

助航设施：LT3 北堤警示灯杆、LT1 北延伸堤导航灯杆、SB2 海上灯标、SB6 海上灯标、SB8 海上灯标、SB10 海上灯标、LT7 海上灯标。

码头与栈埠设施：台北港现有营运码头 15 座，长度 3 774 m，水深 6.5～16 m 不等。码头使用形态包括集装箱码头 3 座及杂货（含油品）码头 12 座。

三、集疏运条件

（一）高雄港

高雄港的内陆集疏运交通便利。高雄港集装箱集疏运在台湾岛内以公路和铁路为主，外运中转则以海运为主。岛内公路四通八达，主要有环岛公路，北部、中部和南部横贯公路，以及南北第一、第二高速公路，即所谓以两纵十二横构成的公路网，这些公路连接岛内所有县市及主要工业区和港口。

高雄港的铁路运输系统亦较发达，西部纵贯铁路与南北环线铁路相衔接，形成环岛铁路网，并将全岛各县市及主要城镇、工业区和港口连成一体，成为全岛交通大动脉。此外，高雄港内还有一条过港隧道贯通各集装箱码头，通过海底隧道可使港区与高雄市区相通，港区公路与高雄市区公路连接成网，有铁路和干线公路与港口衔接。

高雄港的海运线路向东南亚各国和世界其他国家和地区特别是向香港特区辐射，用以完成高雄港中转集装箱的集疏运任务。

目前高雄港各集装箱中心的联外道路说明如表 9-1 所示。

表 9-1　高雄港集装箱中心联外道路一览表

集装箱中心	联外道路
第一集装箱中心	新生路→渔港路→中山高速公路
第二集装箱中心	
第三集装箱中心	
第四集装箱中心	过港隧道→新生路→渔港路→中山高速公路
第五集装箱中心	港内道路→新生路→渔港路→中山高速公路
第六集装箱中心	南星路→沿海路→中山路→中山高速公路

资料来源：作者根据相关资料整理。

（二）花莲港

花莲港主要有两条公路贯穿其中，一是“县 193 公路”，一是“台 9 号公路”。“县 193 公路”北端起自“台 9 号公路”三栈地区，经七星潭达美仑，长约 11.5 km，路宽约 6 m，由美仑经花莲市、吉安至光华长约 11 km，路宽由 18～24 m，设双向二或四车道，在此段“县 193 线公路”紧邻港区，为港区车辆必经之路，兼具有分隔港区与市区的功能。“台 9 号公路”为花莲地区最重要的联外干道，往北可经宜兰至台北，往南可直抵台东，计划朝全线路面 30 m 四车道拓宽。

铁路运输主要有花莲临港线和花莲港车站。花莲临港线现行业务以货运为主，尤其是将东部开采的水泥沙石运至花莲港装船，运至台湾岛西部的“东沙西运”托运业务，在花莲车站、北埔车站与花莲北号志站之间形成三角线。花莲港车站位于花莲县花莲市，为铁路管理局花莲临港线的铁路车站，除有货运之外，还有承担部分客运功能。

海上航线北通苏澳、基隆，南接兰屿、绿岛及高雄、澎湖等地，联外航线遍及美、日、韩、菲以及澳洲和东南亚各地。

（三）基隆港

基隆港陆上交通有中山高速公路、北部第二高速公路、北基公路及铁路通往台北，并有滨海公路通往东部兰阳平原到苏澳港，由于台湾岛位处泛太平洋海运必经航路，加上该港临近本岛政经中心的都会区，因此吸引许多国际定期商轮弯靠该港，成为亚太地区重要的集装箱港口。

基隆港集装箱港区分为东岸集装箱储运场及西岸集装箱储运场。东岸集装箱储运场目前是经由东海街及中正路衔接中山高速公路，待东岸联外道路完工后，基隆港东岸集装箱储运场可经由东岸联外道路衔接万瑞快速道路、中山高速公路及基隆港西岸港区联外道路。西岸集装箱储运场可经由港西联外道路连接环岛西线高速公路（北二高）。基隆港联外道路网如图 9-2 所示。

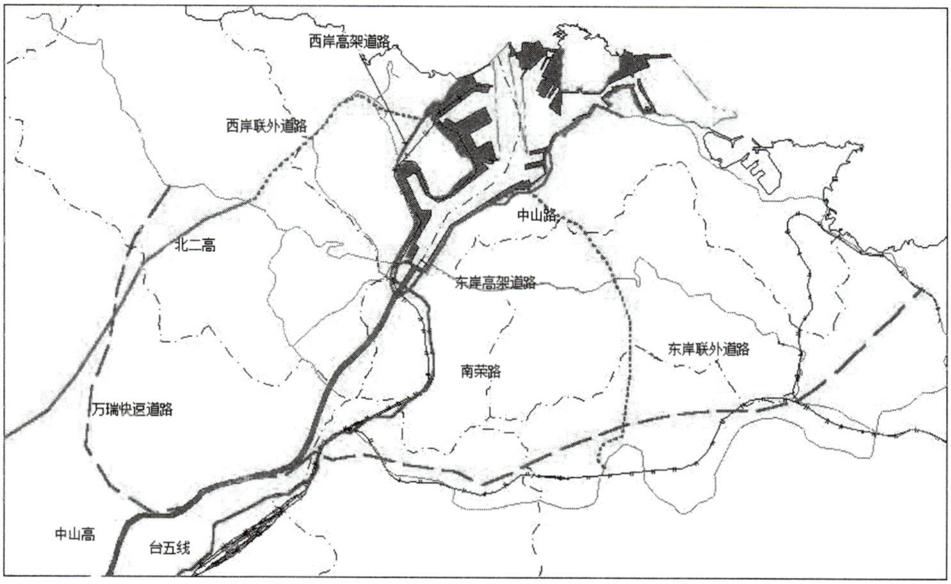

图 9–2　基隆港联外道路网

资料来源：作者根据相关资料整理。

（四）台中港

台中港拥有完善的陆上交通路网，五条联外道路以辐射状连接省道、西滨快速道路及高速公路，加上优越的地理条件，即在联外航运上位居东北亚、东南亚航线中点，且据亚洲地区与欧美环球航线中的有利位置，将台中港推向联外海运的关键地位，大大提升了台中港的经营优势。

目前台中港营运区包括北码头区、北突堤区、中码头区、中突堤区、西码头区及南码头区等各船席间的主要道路均已辟建完成；至于联外交通系统，台中港目前联外交通运输以公路为主，主要联外道路包括台 1、台 17 及台 61（西滨快速道路）等省道，特一号（台 10）、特二号（台 12）、特三号（县 136）线，以及 1 号、3 号及 4 号干线公路等，形成一完善的交通路网，各道路在台中港段的容量充裕，道路服务水平极佳。整体而言，台中港交通相当便捷，港区及联外道路系统及车流分流状况均优于岛内其他国际商港。

台中港联外交通图如图 9-3 所示。

图 9-3　台中港联外交通图

资料来源：作者根据相关资料整理。

（五）台北港

台北港联外道路主要有台 15 线，台北港第二期联外道路（台 61 甲线）连接台 61 线，西向快速公路八里新店线（台 64 线）。

第三节 港口货物吞吐能力[①]

本节主要介绍自 2002 年到 2011 年间各个港口集装箱吞吐量和散货吞吐量情况，进而说明各个港口的发展情况。

一、集装箱吞吐量

本部分主要介绍高雄港、基隆港、台中港和台北港集装箱吞吐量。花莲港以一般散杂货运输为主，1996 年开始，花莲港开始运输进出口集装箱，但运量极不稳定，集装箱相关设施只有临时货柜集散站一座，后停止集装箱运输[②]，所以不再阐述花莲港集装箱吞吐量情况。

（一）高雄港

高雄港进出转口总集装箱量，于 2002～2004 年间呈现上升情形，由 2002 年的 8.49×10^6 TEU 提升至 2004 年的 9.71×10^6 TEU，2005 年减少 2.4×10^5 TEU 后，2006 年至 2007 年呈现上涨现象，2007 年总集装箱量为 1.024×10^7 TEU，2008 年及 2009 年适逢世界金融海啸，高雄港集装箱营运量呈现衰退的现象，2009 年装卸量为 8.58×10^6 TEU，2010 年及 2011 年呈现增长情形，2011 年总集装箱量为 9.64×10^6 TEU。

高雄港进口集装箱自 2002 年至 2004 年实现提升后，2005 年至 2009 年 5 年中除 2007 年其余年期皆呈现衰退现象，自 2010 年起呈现增加现象，进口集装箱由 2002 年至 2011 年增长了 25.84%；出口集装箱由 2002 年至 2011 年 10 年中，除 2005 年及 2009 年呈现衰减情形外，其余年期均呈现上涨现象，出口集装箱由 2002 年至 2011 年增长了 32.40%；转口集装箱于 2002 年至 2011 年呈

① 资料来源：台湾当局交通主管部门的统计数据库。

② 资料来源：福建省交通运输厅网页。http://www.fjjt.gov.cn/hxjt/last/mtht/hszh/201011/t20101118_48057.htm.

现起伏现象，转口集装箱由 2002 年至 2011 年成长率衰退 0.32%。

高雄港 2009 年和 2010 年进口、出口、转口的占有率分别约为 26%、27% 及 47%，由此显示高雄港集装箱是以转口为主。

表 9-2 是高雄港 2002～2011 年集装箱量统计表。

表 9-2　高雄港 2002～2011 年集装箱量统计表

年份	总计（TEU）	进口（TEU）	出口（TEU）	转口（TEU）	集装箱总量年增率（%）
2002	8 493 052	1 979 844	1994489	4 518 719	–
		23.30%	23.50%	53.20%	
2003	8 843 366	2 194 445	2052397	4 596 524	4.12
		24.80%	23.20%	52.00%	
2004	9 714 116	2 399 480	2279956	5 034 680	9.85
		24.70%	23.50%	51.80%	
2005	9 471 056	2 375 211	2278807	4 817 038	−2.50
		25.10%	24.10%	50.90%	
2006	9 774 671	2 314 087	2304544	5 156 040	3.21
		23.70%	23.60%	52.70%	
2007	10 256 830	2 581 222	2553564	5 122 044	4.93
		25.20%	24.90%	49.90%	
2008	96 765 55	2 535 931	2695010	4 445 614	−5.66
		26.20%	27.90%	45.90%	
2009	8 581 274	2 226 416	2314217	4 040 641	−11.32
		25.90%	27.00%	47.10%	
2010	9 181 211	2 380 710	2515201	4 285 300	6.99
		25.90%	27.40%	46.70%	
2011	9 636 289	2 491 445	2640767	4 504 077	4.96

资料来源：根据台湾当局交通主管部门的统计资料库系统的相关资料整理。

2011 年进港集装箱货的主要货种为植物产品、矿产品、化学或有关工业产品，纸浆、纸、纸制品及印刷品，金属及其制品，出港集装箱货则以化学或有关工业产品，塑料、橡胶及其制品，纺织品及其制品，金属及其制品及机械、电力、电器及其制品为主。

（二）基隆港

基隆港集装箱吞吐量于 2002～2007 年间呈现上升情形，由 2002 年的 1.92×10^6 TEU 提升至 2007 年的 2.22×10^6 TEU。2008 年及 2009 年适逢世界金融海啸，基隆港集装箱营运量呈现衰退的现象，2009 年装卸量为 1.58×10^6 TEU，2010 年增长至 1.76×10^6 TEU，2011 年则小幅降低至 1.75×10^6 TEU。

基隆港进口集装箱由 2002 年提升至 2004 年后，自 2005 年至 2011 年中除 2007 年及 2010 年进口集装箱量为上升情形外，其余年期皆呈现衰退的现象；出口集装箱量由 2002 年至 2007 年逐年增长，自 2008 年至 2011 年出口集装箱除 2010 年增长 14.3%，其余年期则呈现衰退的情形；转口集装箱于 2002 年至 2008 年呈现上升现象，其中 2006 年及 2007 年的涨幅达 34.92%及 46.74%，2009 年及 2010 年则衰减 49.84%，至 2011 年则小幅上升 1.79%。

基隆港 2010 年和 2011 年进口、出口、转口的占有率分别约为 48%、45%及 7%，显示基隆港集装箱是以进出口为主，转口集装箱仅占基隆集装箱总量的比例不到 10%，如表 9-3 所示。

表 9–3　基隆港 2002～2011 年集装箱量统计表

年份	总计（TEU）	进口（TEU）	出口（TEU）	转口（TEU）	集装箱总量年增率（%）
2002	1 918 598	924 762	889 385	104 451	–
		48.20%	46.40%	5.40%	
2003	2 000 706	980 352	903 891	116 463	4.28
		49.00%	45.20%	5.80%	
2004	2 070 192	1 029 400	946 441	94 351	3.47
		49.70%	45.70%	4.60%	
2005	2 091 457	1 026 361	954 235	110 861	1.03
		49.10%	45.60%	5.30%	
2006	2 128 815	1 014 758	964 488	149 569	1.79
		47.70%	45.30%	7.00%	
2007	2 215 484	1 025 470	970 532	219 482	4.07
		46.30%	43.80%	9.90%	

续表

年份	总计（TEU）	进口（TEU）	出口（TEU）	转口（TEU）	集装箱总量年增率（%）
2008	2 055 259	920 436	892 676	242 147	−7.23
		44.80%	43.40%	11.80%	
2009	1 577 825	743 194	686 600	148 031	−23.23
		47.10%	43.50%	9.40%	
2010	1 763 900	857 672	784 760	121 468	11.79
		48.60%	44.50%	6.90%	
2011	1 749 386	854 137	771 603	123 646	−0.82
		48.80%	44.10%	7.10%	

资料来源：根据台湾当局交通主管部门的统计资料库系统的相关资料整理。

2011 年进港集装箱货的主要货种为化学或有关工业产品，塑料、橡胶及其制品，非金属矿产制品，金属及其制品及机械、电力、电器及其制品；出港集装箱货则以化学或有关工业产品，塑料、橡胶及其制品，纺织品及其制品，金属及其制品及机械、电力、电器及其制品为主。

（三）台中港

台中港进出转口总集装箱量，于 2002～2009 年间呈现波动现象，于 1.19×10^6 TEU 及 1.25×10^6 TEU 间起伏，2008 年适逢世界金融海啸，台中港集装箱量衰退约 5×10^4 TEU，2009 年后则呈现上升趋势。

进口集装箱自 2002～2011 年每年有稳定增长，其中 2010 年进口集装箱量增长率为 21%（约增加 1.1×10^5 TEU），至 2011 年台中港的进口集装箱约 6.1×10^5 TEU；出口集装箱于 2002～2011 年间呈现些微起伏现象，除 2005 年、2008 年及 2011 年为衰退情形，其余年度的出口集装箱量皆呈现增长的趋势，其中 2010 年增长率为 17.1%，至 2011 年台中港的出口集装箱约为 5.5×10^5 TEU；转口集装箱于 2002～2011 年间呈现起伏现象，至 2011 年台中港的转口集装箱约为 2.2×10^5 TEU。

台中港 2010 年和 2011 年进口、出口、转口的占有率分别约为 44%、40% 及 16%，显示台中港集装箱是以进出口为主，转口集装箱仅占台中港总集装箱量的 1/5。

表 9-4 是台中港 2002～2011 年集装箱量统计表。

表 9-4　台中港 2002～2011 年集装箱量统计表

年份	总计（TEU）	进口（TEU）	出口（TEU）	转口（TEU）	集装箱总量年增率（%）
2002	1 193 657	430 680	436 365	326 612	-
		36.10%	36.60%	27.40%	
2003	1 246 027	434 594	455 243	356 191	4.39
		34.90%	36.50%	28.60%	
2004	1 245 186	441 949	476 047	327 190	−0.07
		35.50%	38.20%	26.30%	
2005	1 228 915	448 180	464 561	316 174	−1.31
		36.50%	37.80%	25.70%	
2006	1 198 530	458 006	473 858	266 666	−2.47
		38.20%	39.50%	22.20%	
2007	1 247 750	47 860	490 083	285 807	4.11
		37.80%	39.30%	22.90%	
2008	1 239 412	480 549	462 231	296 632	−0.67
		38.80%	37.30%	23.90%	
2009	1 193 943	490 838	473 977	229 128	−3.67
		41.10%	39.70%	19.20%	
2010	1 356 952	596 000	554 986	205 966	13.65
		43.90%	40.90%	15.20%	
2011	1 383 578	607 118	552 459	224 001	1.96
		43.90%	39.90%	16.20%	

资料来源：根据台湾当局交通主管部门的统计资料库系统的相关资料整理。

进出港集装箱货量由 2002～2010 年呈现波动情形，且台中港集装箱货物以出港为主。2011 年进港集装箱的主要货种为化学或有关工业产品，塑料、橡胶及其制品，纸浆、纸、纸制品及印刷品，非金属矿产制品，金属及其制品；出港集装箱货则以化学或有关工业产品，塑料、橡胶及其制品，纺织品及其制品，金属及其制品及机械、电力、电器及其制品为主。

（四）台北港

台北港集装箱码头1998年2月开始营运后，集装箱营运量逐年增加，2009～2011年总柜量增加296 616 TEU，增加幅度达83.1%。

台北港进出港集装箱量自2009年集装箱业务开始营运后逐年增加。2011年进港集装箱货是以矿产品，化学或有关工业产品，塑料、橡胶及其制品，纸浆、纸、纸制品及印刷品，金属及其制品为主；2011年出港集装箱货种则是以化学或有关工业产品，塑料、橡胶及其制品，纺织品及其制品，金属及其制品及机械、电力、电器及其制品为主，具体如表9-5所示。

表9–5　台北港2009～2011年集装箱量统计表

<table>
<tr><th>年份</th><th>总计（TEU）</th><th>进口（TEU）</th><th>出口（TEU）</th><th>转口（TEU）</th><th>集装箱总量年增率（%）</th></tr>
<tr><td rowspan="2">2009</td><td rowspan="2">356 778</td><td>97 235</td><td>107 561</td><td>151 982</td><td rowspan="2">–</td></tr>
<tr><td>27.30%</td><td>30.10%</td><td>42.60%</td></tr>
<tr><td rowspan="2">2010</td><td rowspan="2">434 745</td><td>143 964</td><td>176 337</td><td>114 444</td><td rowspan="2">21.85</td></tr>
<tr><td>33.10%</td><td>40.60%</td><td>26.30%</td></tr>
<tr><td rowspan="2">2011</td><td rowspan="2">653 394</td><td>218 591</td><td>237 194</td><td>197 609</td><td rowspan="2">50.29</td></tr>
<tr><td>33.50%</td><td>36.30%</td><td>30.20%</td></tr>
</table>

资料来源：根据台湾当局交通主管部门的统计资料库系统的相关资料整理。

二、散货吞吐量

（一）高雄港

高雄港近10年进出口散货量，自2002年的7 457.5万吨增长至2004年的8 632.5万吨，2005年至2011年7年中虽2007年增加926.2万吨，但整体却呈现下降的趋势，2002～2011年间高雄港进出口散货量衰减1 259.7万吨，衰减幅度为16.89%。高雄港进出口散货中以矿产品为最大宗，2011年矿产品进出口量达618万吨，占当年进出口总量的84.33%。

高雄港近10年进口散货量，2002～2004年为上涨的情形，2005年至2011

年 7 年中除 2007 年散货进口量为增加情形，其余年期皆出现衰退现象，2002～2011 年间高雄港进口散货量衰减 1 469.9 万吨，衰减幅度为 20.34%。高雄港进口散货中以矿产品为最大宗，2011 年矿产品进口量为 618 万吨，占当年进出口总量的 85.84%。

高雄港近 10 年出口散货量于 2002～2011 年间除 2006 年、2008 年及 2011 年的散货出口量为下降情形，其余年的散货出口量皆出现增长现象，高雄港出口散货量增加 210.3 万吨，增加幅度达 90.91%。

高雄港进口散货量以矿产品为主，2011 年矿产品进口量占总进口量的 86%，其次为化学或有关工业产品，占总进口量的 7%。高雄港主要出口散货以矿产品为主，2011 年矿产品出口量占总出口量的 65%，其次为化学或有关工业产品，2011 年矿产品出口量占总出口量的 24%。

图 9-4 所示是 2002～2011 年高雄港散货货量比较。

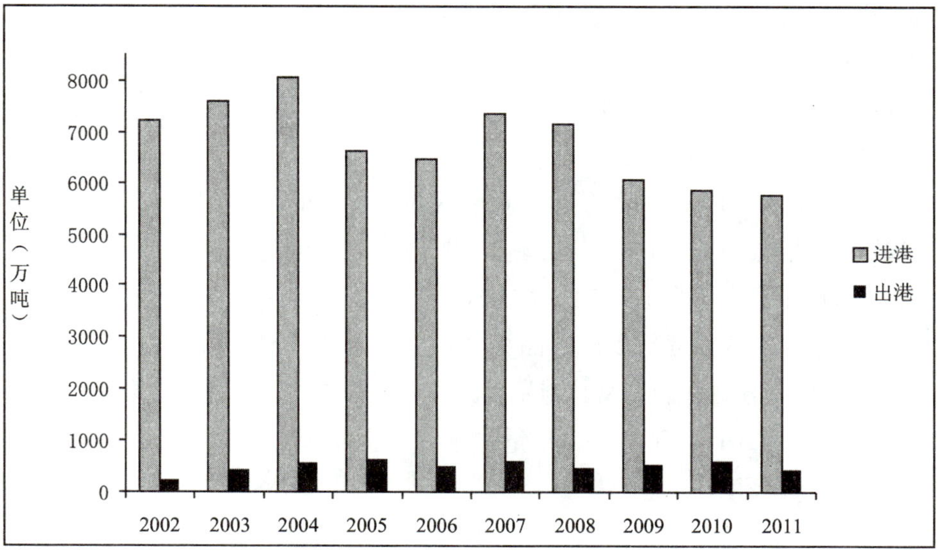

图 9-4　2002～2011 年高雄港散货货量比较

资料来源：作者根据相关资料整理。

高雄港主要进出口散货以矿产品、化学或有关工业产品、植物产品、金属及其制品等货物为大宗。高雄港附近县市的工业区、科学园区及加工出口区则以传产、化学及石化、金属、电子及光电、集成电路、绿能、生物科技及机械制造业等产业为主，整合进出口货种及产业分布数据，高雄港进出口散货主要为供应岛内西南部产业所需，与产业分布及发展有相当重要的关联性。

（二）花莲港

花莲港近 10 年进出口散货量呈现衰退的情形，自 2002 年的 784.6 万吨逐年下滑至 2011 年的 458.8 万吨，其中虽 2007 年及 2010 年各有 63.88%及 16.84%的涨幅，但花莲港散杂货进出口量的趋势仍呈现衰退情形，2002～2011 年间花莲港进出口散货量衰减 325.8 万吨，衰减幅度达 41.53%。花莲港进出口散货中以矿产品为最大宗，2011 年矿产品进出口量达 362.2 万吨，占当年进出口总量的 79.0%，其次为木竹藤制材及其制品，进出口量达 94.6 万吨，占当年进出口总量的 20.6%。

花莲港近 10 年进口散货量呈现波动的情形，其中 2002 年至 2006 年呈现衰退的情形，2007 年至 2011 年 5 年中除 2009 年减少 37.2%进口散货外，其余年皆呈现增加的趋势，尤其 2007 年及 2010 年各有 114.2%及 60.4%的涨幅，唯 2002 年至 2011 年间花莲港进口散货量仍衰减 170.2 万吨，衰减幅度达 39.6%。花莲港进口散货中以矿产品为最大宗，2011 年矿产品进出口量达 146.6 万吨，占当年进出口总量的 63.5%，其次为木竹藤制材及其制品，进出口量达 94.6 万吨，占当年进出口总量的 36.5%。

花莲港近 10 年出口散货量呈现衰减的情形，2002～2011 年间花莲港进出口散货量衰减 155.6 万吨，衰减幅度 43.8%。花莲港进口散货中以矿产品为最大宗，2011 年矿产品进出口量达 197.6 万吨，占当年进出口总量的 99.0%。

花莲港进口散货量以矿产品为主，2011 年矿产品进口量占总进口量的 64%，其次为木竹藤制材及其制品、占总进口的 36%。花莲港主要出口散货以矿产品为主，2011 年矿产品出口量占总出口量的 99%，详情如图 9-5 所示。

（三）基隆港

基隆港近 10 年进出口散货量呈现波动的情形，自 2002 年的 1 488.0 万吨逐年下滑至 2004 年的 1 304.6 万吨，2005 年增加至 1 319.7 万吨后，2006 年开始衰减至 2007 年的 806.6 万吨。2008 年至 2011 年进出口散货量则呈现起伏的情形，其中 2009 年适逢世界金融海啸，进出口散货量较 2008 年衰减了 203 万吨，2002 年至 2011 年间基隆港进出口散货量衰减 804.7 万吨，衰减幅度达 54.1%。基隆港进出口散货中以矿产品为最大宗，2011 年矿产品进出口量达 618 万吨，占当年进出口总量的 90%。

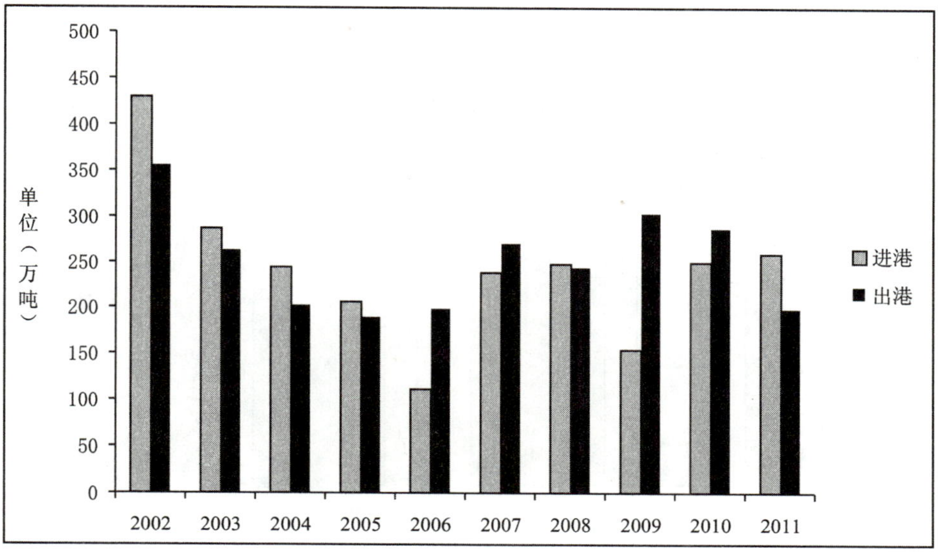

图 9–5　2002～2011 年花莲港散货货量比较

资料来源：作者根据相关资料整理。

基隆港近 10 年进口散货量呈现波动的情形，其中 2005 年、2008 年及 2010 年呈现增长的情形，其余年期则呈现衰退的现象，2002 年至 2011 年间基隆港进口散货量衰减 771.6 万吨，衰减幅度达 53.04%。基隆港进口散货中以矿产品为最大宗，2011 年矿产品进口量为 618 万吨，占当年进出口总量的 90%。

基隆港近 10 年出口散货量呈现衰减的情形，2002 年至 2011 年间基隆港出口散货量衰减 33.1 万吨，衰减幅度达 99.8%，基隆港主要出口散货中原以矿产品为主，2007 年开始大幅减少，至 2011 年时已无矿产品出口量。

基隆港进口散货量以矿产品为主，2011 年矿产品进口量占总进口量的 91%。基隆港 2011 出口散货量极少，以杂项制品及卑金属及其制品为主。

基隆港主要进出口散货以矿产品、化学或有关工业产品为大宗，基隆港附近县市的工业区及科学园区则以传统产业、电子及机械制造业等产业为主，综合进出口货种及产业分布资料，基隆港进出口散货主要为供应岛内北部产业所需，与产业分布及发展有相当重要的关联性。

图 9-6 为 2002～2011 年基隆港散货货量比较。

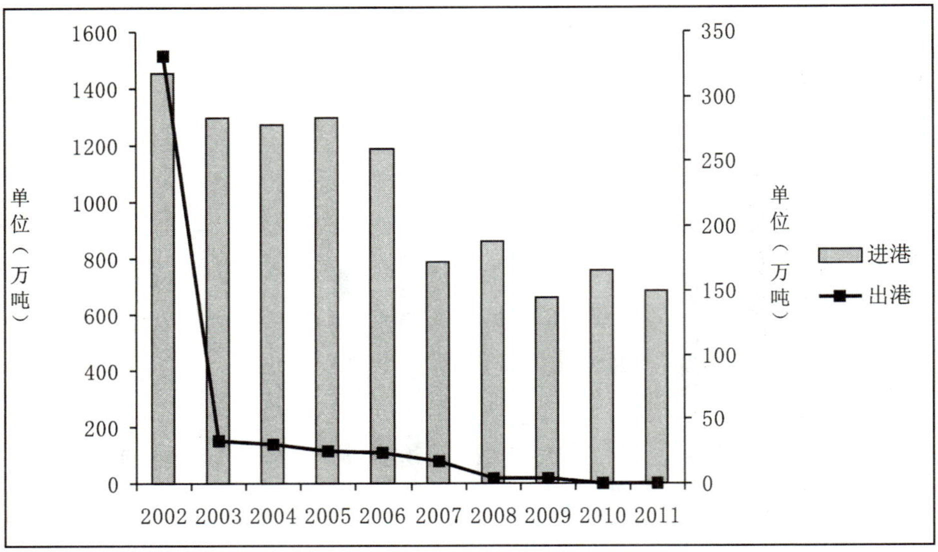

图 9-6 2002～2011 年基隆港散货货量比较

资料来源：作者根据相关资料整理。

（四）台中港

2002 年至 2011 年台中港进出口散货量呈现波动情形，其中 2005 年、2007 年及 2011 年呈现衰退情形，其余年期则呈现上升现象。进出口货种里以矿产品中的煤占最大量，2011 年煤的进出口量达 2 426 万吨，占进出口总量的 52.9%。

2002 年至 2011 年台中港进口散货量呈现波动情形，其中 2005 年、2007 年及 2011 年呈现衰退情形，其余年期则呈现上升现象。进口货种里以矿产品中的煤占最大量，2011 年煤的进出口量达 2 426 万吨，占进出口总量的 53.0%。

2002 年至 2011 年台中港出口散货量呈现波动情形，其中 2003 年、2006 年及 2008 年呈现增长情形，其余年期则呈现衰退现象，唯台中港的散货出口量较少。出口货种里以化学或有关产品的化工原料、矿产品的石膏及焦炭占最大量，2011 年化工原料、石膏及焦炭的进出口量为 4 万吨、3.9 万吨及 2.3 吨，占进出口总量的 30.3%、29.2%及 17.3%。

台中港进口散货量以矿产品为主，2011 年矿产品进口量占总进口量的 89%。台中港主要出口散货以矿产品为主，2011 年矿产品出口量占总出口量的 47%，其次为化学或有关工业产品，2011 年产品出口量占总出口量的 30%。

台中港主要进出口散货以矿产品为大宗，台中港附近县市的工业区、科学园区及加工出口区则以传产、化学、电子、金属及机械制造业等产业为主，综合进出口货种及产业分布资料，台中港进出口散货主要为供应岛内北部产业所需，与产业分布及发展有相当重要的关联性。

其 2002～2011 年散货货量比较如图 9-7 所示。

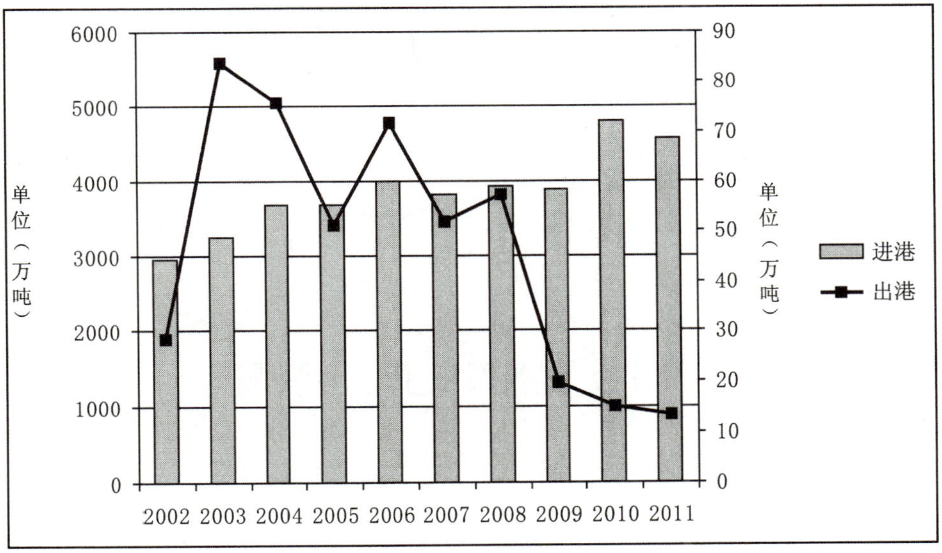

图 9-7　2002～2011 年台中港散货货量比较

资料来源：作者根据相关资料整理。

（五）台北港

台北港近 8 年的散货量增加 1 006.4 万吨，其中 2007 年减少 163.5 万吨，其余年期皆呈现上涨的趋势，货种则以矿产品及化学或有关工业产品为主。

其 2002～2009 年散货量统计如图 9-8 所示。

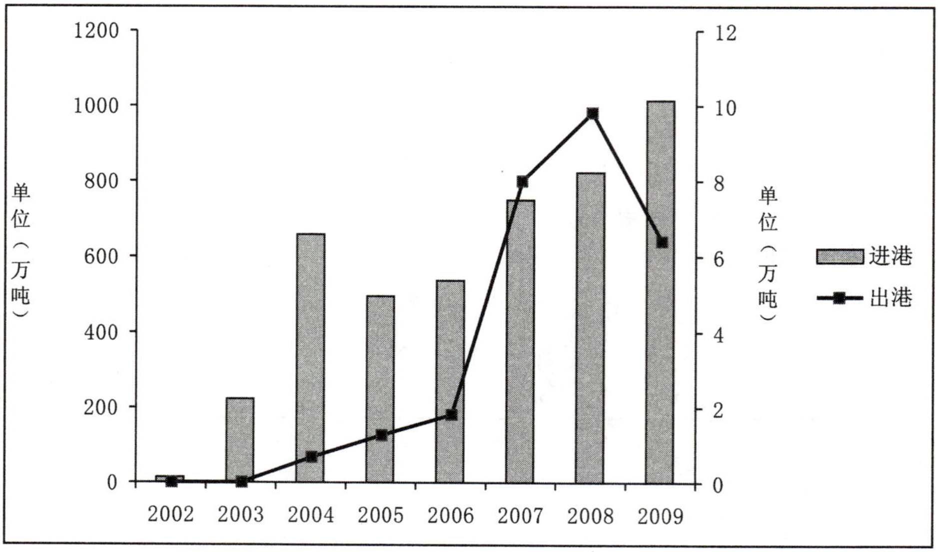

图 9–8　台北港 2002～2009 年散货量统计

资料来源：作者根据相关资料整理。

第四节　港口腹地经济概况

一、台湾岛内总体经济概况

岛内经济是一个由当局主管投资和逐渐减少的外来投资引导的动态的资本主义经济体，当局在经济体系内扮演的角色逐步缩小。实施市场经济后，不论投资、消费或储蓄等皆能自由选择，很多大型的公营银行及企业逐步迈向私有化。过去 30 年内，年均经济增长率达到 8%，而出口导向政策赚取的外汇为工业化提供资金保证。据统计，2011 年岛内 GDP 初值 137 570.46 亿新台币，同比增长 4.0%，人均 GDP 20139 美元[①]。

岛内早期工业主要是纺织和食品加工工业，到 20 世纪六七十年代，轻工加工工业比较发达，到 80 年代才发展了轻化工工业，工业占经济比重 42%，其

① 资料来源：http://tieba.baidu.com/f?kz=1425763334。

中劳动密集型工业占 14.9%，资本及技术密集工业占 19.2%。目前，岛内制造业种类较多，在亚洲地区位居前列，工业产品包括汽车、飞机、轮船、石油化工产品，钢铁、机械、电器、电脑与电子消费品，纺织品与服装、鞋、玩具、体育用品，加工食品及手工艺品等，大部分用于出口。

二、各港口经济腹地范围及产业分布

港口经济腹地是指港口货物吞吐和旅客集散所及的地区范围，依商港港务管理规则划定了工业区、科学园区以及出口加工区，为高雄港、花莲港、基隆港和台中港服务。因全岛幅员有限，且客货运输网发达，运输时间差异小，各港的经济范围重叠，因此各国际商港间的经济腹地界线不明显。

（一）高雄港①

高雄市的总面积为 2 950.5 km^2，2011 年的总人口数为 277.4 万，人口增长率约为 1.15%。截至 2011 年，第一产业从业人数比例下降至 3.23%，第二产业从业人数比例上升至 36.61%，第三产业从业人数比例约维持在 60%左右，目前第三产业为高雄市最主要的经济领域。

依商港港务管理规则，高雄港的管辖海域和地界区划，北至云林县及嘉义县交界，东至屏东县及台东县交界处为界。为区隔出高雄港的陆域经济腹地范围，将界限沿县界延伸至岛内陆域，包括嘉义县市、台南市、高雄市及屏东县。各县市工业区、科学园区及加工出口区的主要产业分布如表 9-6、表 9-7 和表 9-8 所示。高雄港附近为台南地区的重化工业重镇，以往以石化及钢铁相关制造业为主，近年来则逐渐发展成以高科技产业为重。

表 9-6　高雄港辖区工业区分布

县/市名	工业区			产业形态					
	名称	面积（ha）	进驻厂商（家）	传统产业	化学或石化制造业	金属制造业	电子制造业	汽车零件制造业	机械制造业
嘉义县	民雄工业区	243.8	225	√	√	√	√		
	头桥工业区	87.5	88	√	√	√	√		
	朴子工业区	21.5	46	√	√	√			
	义竹工业区	15.7	23	√	√	√			
	嘉太工业区	59.4	88	√	√			√	

① 数据来源：台湾当局经济主管部门的网站。

续表

县/市名	工业区			产业形态					
	名称	面积（ha）	进驻厂商（家）	传统产业	化学或石化制造业	金属制造业	电子制造业	汽车零件制造业	机械制造业
台南市	永康工业区	74.7	157	√	√	√	√		
	官田工业区	227	177	√	√	√	√		
	新营工业区	124	163	√	√	√	√		
	安平工业区	200	569	√	√	√	√		
	台南科技工业区	100.5		√	√	√	√		√
高雄市	大发工业区	374.2	600	√	√	√	√		
	凤山工业区	11	92	√	√	√	√		
	大社工业区	109.9	12	√	√	√	√		
	仁武工业区	21	40	√	√	√	√		
	永安工业区	64.4	69		√	√			
	林园工业区	403.2	29	√	√				
	临海工业区	1560	541	√	√	√	√	√	
屏东县	内埔工业区	103.3	66	√		√			
	屏东工业区	113.2	144	√	√		√		√
	屏南工业区	281	97	√	√	√			√

资料来源：根据台湾当局经济主管部门网站的相关资料整理。

表 9–7　高雄港辖区科学园区分布

县/市名	科学园区			产业形态			
	名称	面积（ha）	进驻厂商（家）	光电	集成电路	绿色能源	生物科技
台南市	南科台南园区	1 043	–	√	√	√	√
高雄市	南科高雄园区	570	–	√	√	√	√

资料来源：根据台南科学工业园区网站相关资料整理。

表 9–8　高雄港辖区加工出口区分布

县/市名	加工出口区			产业形态					
	名称	面积（ha）	进驻厂商（家）	传统产业	电子制造业	半导体制造业	化学制造业	金属制造业	机械制造业
高雄市	高雄园区	72.4	87		√	√			
	楠梓园区	97.8	94		√		√	√	√
	软件园区	7.9	154						
	临广园区	9	49		√		√		√
屏东县	屏东园区	123	31	√			√	√	√

资料来源：根据台湾当局经济主管部门的加工出口区管理处网站相关资料整理。

（二）花莲港

花莲的总面积为 4 628.6 km^2，2011 年的总人口数为 33.7 万，人口增长率约为−0.58%。截至 2011 年，产业结构的变化情形并不明显，第一产业占全市总就业人口的比率为 10.2%，第二产业的比率为 24.3%，第三产业的比率为 65.5%，目前第三产业为花莲县最主要的经济领域。

依商港港务管理规则，花莲港的管辖海域和地界区划，北至宜兰县及花莲县交界，南至台东县及屏东县交界处为界。为区隔出花莲港的陆域经济腹地范围，将界限沿县界延伸至岛内陆域，包括花莲县及台东县。各县区的主要产业分布如表 9-9 所示。

表 9–9　花莲港辖区产业分布

县/市名	工业区	
	名称	主要产业
花莲县	和平工业区	传统产业（水泥业为大宗）
	光华乐活创意园区	传统产业（石材加工业为大宗）
花莲市	美仑工业区	传统产业（石材加工业为大宗）
台东市	丰乐工业区	传统产业、精密机械及化学制造业

资料来源：根据台湾当局经济主管部门网站的相关资料整理。

（三）基隆港

基隆市的总面积为 132.76 km^2，2011 年的总人口数为 38 万，人口增长率约为-1.1%。截至 2011 年，产业结构的变化情形并不明显，第一产业比率变化不大，为 0.58%，第二产业比率升至 30.23%，而第三产业比率降至 69.19%，目前第三产业为基隆市最主要的经济领域。

依商港港务管理规则，基隆港的管辖海域和地界区划，西至桃园县及新竹县交界，东至宜兰县及花莲县交界处为界。为区隔出基隆港的陆域经济腹地范围，将界限沿县界延伸至岛内陆域，包括基隆市、新北市、台北市、桃园县及宜兰县。各县市的主要产业分布如表 9-10 和表 9-11 所示。

表 9–10　基隆港辖区工业区分布

县/市名	工业区			产业形态						
	名称	面积（ha）	进驻厂商（家）	传统产业	化学或石化制造业	金属制造业	机械制造业	电子制造业	信息软件业	汽车制造业
宜兰县	龙德工业区	236.09	253	√	√					
	利泽工业区	329.05	149	√	√					
基隆市	大武仑工业区	29	87	√						
新北市	土城工业区	107	344	√		√	√	√		
	五股工业区	140.55	1 417	√	√		√	√		
	瑞芳工业区	38.71	71	√						
	树林工业区	21.75	71	√		√	√	√		
台北市	南港软件工业园	8.2	345					√	√	
桃园县	大园工业区	204.38	185	√	√		√			
	观音工业区	632.12	373	√						√
	中坜工业区	432.9	522	√						√
	平镇工业区	104	145				√	√		
	林口工业区	52.44	194	√				√		
	龟山工业区	131	214	√		√		√		
	桃园幼狮工业园	61.57	120	√	√	√	√	√		

资料来源：根据台湾当局经济主管部门网站的相关资料整理。

表 9-11　基隆港辖区科学园区分布

县/市名	科学园区			产业形态			
	名称	面积（ha）	进驻厂商（家）	光电业	信息软件业	生技业	半导体业
宜兰县	竹科宜兰园区	71	–	√	√	√	√
桃园县	竹科龙潭园区	106.94	–	√	√	√	√

资料来源：根据新竹科学园区网站相关资料整理。

（四）台中港

台中市的总面积为 2 214.9 km^2，2011 年的总人口数为 2 664 394，人口增长率约为 0.6%。截至 2011 年，第一产业从业人数比例下降至 3.6%，第二产业从业人数比例上升至 40.8%，第三产业从业人数比例约维持在 55%左右，目前第三产业为台中市最主要的经济领域。

依商港港务管理规则，台中港的管辖海域和地界区划，北至桃园县及新竹县交界，南至云林县及嘉义县交界处为界。为区隔出台中港的陆域经济腹地范围，将界限沿县界延伸至岛内陆域，包含新竹县市、苗栗县、台中县南投县、彰化县及云林县。各县市的主要产业分布如表 9-12、表 9-13 和表 9-14 所示。

表 9-12　台中港辖区工业区分布

县/市名	工业区			产业形态				
	名称	面积（ha）	进驻厂商（家）	传统产业	化学及石化制造业	电子制造业	机械制造业	金属制造业
新竹县	新竹工业区	517	455	√	√		√	
苗栗县	竹南工业区	73.6	52	√	√	√		√
	铜锣工业区	50.84	87	√	√	√		√
	头份工业区	94.65	21	√	√	√		√
台中市	大里工业区	77.21	277				√	√
	大甲幼狮工业园	218.47	244		√			√
	台中港关联工业园	142.83	108	√		√	√	√
	台中工业区	580	1054	√	√	√	√	√

续表

县/市名	工业区			产业形态				
	名称	面积（ha）	进驻厂商（家）	传统产业	化学及石化制造业	电子制造业	机械制造业	金属制造业
南投县	竹山工业区	22.05	70	√				
	南岗工业区	412	481		√			√
彰化县	全兴工业区	246.8	163	√		√		√
	彰滨工业区	3643	484	√	√		√	√
	芳苑工业区	160	124	√				
	田中工业区	27.94	62	√	√		√	
	福兴工业区	45.21	59	√	√		√	
	埤头工业区	18.35	31	√	√		√	
云林县	元长工业区	16.2	28	√				√
	丰田工业区	39.76	33	√				√
	斗六工业区	203	263	√	√			√
	云林科技工业园	512.07	147	√	√		√	√
	云林离岛基础工业园	–	–		√			

资料来源：根据台湾当局经济主管部门网站的相关资料整理。

表 9–13　台中港辖区科学园区分布

县/市名	科学园区			产业形态							
	名称	面积（ha）	进驻厂商(家)	光电业	信息软件业	生技业	半导体业	药品及医疗器材产业	集成电路	精密机械产业	绿能产业
新竹县	竹科新竹园区	653	–	√	√	√	√				
	新竹生物医学园区	38.1	–					√			
苗栗县	竹科竹南园区	123	43	√	√	√	√				
	竹科铜锣园区	349.7	–	√	√	√	√				

续表

县/市名	科学园区			产业形态							
	名称	面积（ha）	进驻厂商(家)	光电业	信息软件业	生技业	半导体业	药品及医疗器材产业	集成电路	精密机械产业	绿能产业
台中市	中科台中园区	413	–	√					√	√	
	中科后里园区	255	–	√			√			√	
彰化县	中科二林园区	631	–	√		√	√			√	√
云林县	中科虎尾园区	97	–	√					√	√	
南投县	高等研究园区	261	–	能源研究、光电产业研发、地区核心产业应用研究、永续环境研究、地区文史研究及其他具有前瞻性且无制造污染之虞的产业研究机构							

资料来源：根据台中科学工业园区及新竹科学园区网站相关资料整理。

表 9–14　台中港辖区加工出口区分布

县/市名	加工出口区			产业形态			
	名称	面积（ha）	进驻厂商（家）	光电产业	面板	金属制造业	机械制造业
台中市	台中园区	26.12	47	√			
	中港园区	119.06	61		√	√	√

资料来源：根据台湾当局经济主管部门的加工出口区管理处网站相关资料整理。

三、自由贸易港区[①]

（一）高雄港

1. 设置区域

高雄港第一至第五集装箱储运中心总面积 397.69 ha，其中第一集装箱储运

① 资料来源：台湾当局交通主管部门的统计数据库。

中心面积 19.01 ha，第二集装箱储运中心 51.23 ha，第三、五集装箱储运中心面积 212.93 ha、第四集装箱储运中心面积 114.52 ha；中岛商港区 30～39 号码头区，面积 17.72 ha。

2. 主要进驻产业运营状况

截至 2011 年底，已进驻的厂商计有 27 家。高雄港自由贸易港区自 2005 年正式营运以来，营运成效均逐年攀升。依据统计数据显示，自由贸易港区 2007 年至 2011 年贸易量如表 9-15 所示。

表 9-15 高雄港自由贸易港区进驻产业及营运状况一览表

年份	进驻厂商家数（家）	贸易量（吨）			贸易值（千元新台币）		
		合计	进口	出口	合计	进口	出口
2007	19	44 096	24 050	20 046	3 853 323	1 740 415	2 112 908
2008	25	90 663	59 836	30 827	6 930 317	4 428 532	2 501 785
2009	25	281 857	203 828	78 029	10 440 068	7 292 101	3 147 967
2010	26	382 342	264 561	117 781	20 453 937	13 039 398	7 414 539
2011	27	424 832	289 214	135 618	20 906 616	14 507 992	6 398 624

资料来源：根据台湾当局交通主管部门统计资料库系统的相关资料整理。

（二）基隆港

1. 设置区域

基隆港自由贸易港区范围覆盖基隆港东岸 6～22 号码头后线约 14 ha，及西岸 11～33 码头后线，约 53 ha。另，为扩大自由贸易港区的功能，1999 年 9 月 16 日经相关主管部门核准营运许可，正式将西 7～9 码头后线，约 4.1 ha，纳入自由贸易港区，三区域总面积计有 71 ha。

2. 主要进驻产业运营状况

截至 2011 年底，已进驻的厂商计有 13 家，基隆港自由贸易港区自 2005 年正式营运以来，除 2009 年受全球金融风暴影响以外，营运成效均逐年攀升。依据统计数据显示，自由贸易港区 2007 年至 2011 年贸易量如表 9-16 所示。

表 9-16　基隆港自由贸易港区进驻产业及营运状况一览表

年份	进驻厂商家数（家）	贸易量（吨）			贸易值（千元新台币）		
		合计	进口	出口	合计	进口	出口
2008	10	18 332	8 216	10 116	4 149 331	1 923 807	2 225 524
2009	10	9 902	4 200	5 702	940 190	347 625	592 565
2010	13	10 129	5 862	4 267	1 768 214	1 055 403	712 811
2011	13	29 891	16 186	13 705	4 824 814	2 675 897	2 148 917

资料来源：根据台湾当局交通主管部门统计资料库系统的相关资料整理。

（三）台中港

1. 设置区域

台中港自由贸易港区配置范围除包括北码头区、北突堤区、中码头区、中南突堤区及西码头区北侧等码头区，总面积 536 ha。

2. 主要进驻产业运营状况

截至 2011 年底，已进驻的厂商计有 29 家，产业类别以油品掺配储转、汽车物流转口、港区货栈、谷类仓储转口、纸浆储转发货、塑料原料贸易物流、海底光纤电缆仓储转运、盐品加工、自行车零组件重整包装、化学品贸易仓储物流、免税烟酒等 11 大类。

自由贸易港区自 2005 年正式营运以来，除 2009 年受全球金融风暴影响以外，营运成效均逐年攀升。依据统计数据显示，自由贸易港区 2007 年至 2011 年贸易量如表 9-17 所示。

表 9-17　台中港自由贸易港区进驻产业及营运状况一览表

年份	进驻厂商家数（家）	贸易量（吨）			贸易值（千元新台币）		
		合计	进口	出口	合计	进口	出口
2008	25	1 331 802	693 224	638 578	40 492 710	22 048 400	18 444 310
2009	26	960 405	512 005	448 401	22 406 017	11 183 403	11 222 613
2010	29	2 666 240	1 435 981	1 230 260	61 113 543	32 017 056	29 096 487
2011	29	2 903 100	1 361 945	1 541 155	90 962 504	43 047 542	47 914 962

资料来源：根据台湾当局交通主管部门统计资料库系统的相关资料整理。

（四）台北港

台北港自由贸易港区第一阶段营运范围，包括已填筑完成陆域，现有管制区后线 79 ha 的区域，其中包括第一散杂货中心、第二散杂货中心、第三散杂货中心、临时油品储运中心及车辆物流中心，未来完工后的整体规划陆域面积达 1 038 ha，目前已有东立物流、友亦企业和台塑石化等三家业者进驻。其营运状况如表 9-18 所示。

表 9–18　台北港自由贸易港区进驻产业及营运状况一览表

年别	进驻厂商家数（家）	贸易量（吨）			贸易值（千元新台币）		
		合计	进口	出口	合计	进口	出口
2008	2	28 256	8 485	19 771	6 723 477	2 360 412	4 363 065
2009	2	31 823	12 858	18 965	9 621 752	4 928 872	4 692 880
2010	3	276 840	122 491	154 349	33 870 487	16 270 115	17 600 372
2011	3	696 620	310 791	385 829	59 291 811	30 273 945	29 017 866

资料来源：根据台湾当局交通主管部门统计资料库系统的相关资料整理。

‖ 比较分析篇

第十章　两岸港口规模与特殊经济区域比较

港口规模是一个港口综合实力的代表，可以通过港口的基础设施和港口吞吐量等指标来衡量；同时，作为腹地型港口，其发展离不开港口周边特殊经济区域的建设，尤其是保税港区的发展和运营，对港口竞争能力的提升具有重要的作用。因此，本章主要针对两岸港口的规模与特殊经济区域进行比较。

第一节　两岸港口规模比较

两岸相比较，大陆港口基础设施快速发展，万吨级专业化泊位快速增加，同时，港口吞吐量和集装箱吞吐量在世界的排名也快速提升；而台湾岛内港口作为老牌的知名港口，也具有较强的基础设施建设和吞吐能力。因此，本节主要将两岸港口的基础设施和吞吐量作为港口规模的指标进行比较分析。

一、基础设施比较

截至 2011 年底，大陆港口拥有生产用码头泊位 31 968 个，其中沿海港口生产用码头泊位 5 532 个，内河港口生产用码头泊位 26 436 个；大陆港口拥有万吨级以上泊位 1 762 个，其中沿海港口万吨级及以上泊位 1 422 个，内河港口万吨级及以上泊位 340 个，如表 10-1 所示。

表 10-1　2011 年底大陆万吨级及以上泊位构成

泊位吨级	全国港口（个）	沿海港口（个）	内河港口（个）
1～3 万吨级	708	548	160
3～5 万吨级	311	216	95
5～10 万吨级	528	449	79
10 万吨级及以上	215	209	6
合计	1 762	1 422	340

资料来源：《2011 年公路水路交通运输行业发展统计公报》。

大陆万吨级及以上泊位中，专业化泊位 942 个，通用散货泊位 338 个，通用件杂货泊位 322 个，如表 10-2 所示。

表 10-2　2011 年底大陆港口万吨级及以上泊位概况

泊位用途	数量（个）
专业化泊位（集装箱泊位）	942（302）
煤炭泊位	178
金属矿石泊位	52
原油泊位	68
成品油泊位	111
液体化工泊位	123
散装粮食泊位	33
通用散货泊位	338
通用件杂货泊位	322

资料来源：《2011 年公路水路交通运输行业发展统计公报》。

台湾岛内主要港口共有码头 252 座，岸线总长度约为 54 844 米。其中，大部分为营运码头，主要的码头使用形态为集装箱码头、杂货码头、大宗散货码头及水泥码头等，如表 10-3 所示。

表 10-3　2011 年底台湾岛内港口码头概况

港口	码头总数（座）	总长度（m）	营运码头（座）	非营运码头（座）	码头使用形态
高雄港	121	27 788	91	30	集装箱码头 23 座、杂货码头 31 座、大宗散货（干散）码头 19 座、大宗散货（液散）码头 13 座、谷类码头 3 座，以及客货运码头 2 座
花莲港	25	4 741	18	7	砂石码头 6 座、水泥码头 4 座、矿石码头 1 座、杂货码头（含油品）6 座、客运码头 1 座
基隆港	56	9 985	40	16	集装箱码头 15 座、杂货码头 8 座、水泥码头 1 座、油类码头 2 座、散装码头 12 座，以及客货运码头 2 座
台中港	50	12 329	50	0	谷类码头 2 座、管道（液体货物）码头 1 座、散杂货码头 18 座、客货码头 1 座、大宗散杂货码头 4 座、集装箱码头 8 座、水泥码头 3 座、管道（化学品）码头 8 座、煤炭码头 4 座及废铁码头 1 座

资料来源：作者根据相关资料整理。

二、吞吐量比较

在 2012 年全球货物吞吐量排名前 20 名大港口中，大陆占据 12 席，其中宁波—舟山港和上海港位居第一和第二大港位置，如表 10-4 所示。从增长速度来看，港口货物吞吐能力出现三极分化，其中上海港、广州港、秦皇岛港和烟台港增速小于 3%，处于“弱增长”或“负增长”；宁波—舟山港、天津港和青岛港增速在 3%～10%之间，全年基本保持了稳步增长，这主要得益于其充沛的腹地货源及良好的揽货与服务能力；大连港、唐山港、营口港、日照港和深圳港的增速均超过了 10%，是大陆的“潜力港”。

表 10-4　2012 年全球货物吞吐量前 20 大港口排名

排名	港口	国家及地区	货物吞吐量（亿吨）	增速(%)
1	宁波—舟山	中国	7.44	7.2
2	上海	中国	7.36	2.2
3	新加坡	新加坡	5.38	1.2
4	天津	中国	4.76	5.5
5	鹿特丹	荷兰	4.42	1.6
6	广州	中国	4.34	1.2
7	青岛	中国	4.02	7.2
8	大连	中国	3.73	10.4
9	唐山	中国	3.58	16.3
10	釜山	韩国	3.11	6.1
11	营口	中国	3.01	15.4
12	日照	中国	2.81	11.1
13	香港	中国香港	2.70	-2.6
14	秦皇岛	中国	2.63	-5.9
15	黑德兰	澳大利亚	2.44	21.7
16	南路易斯安那	美国	2.41	0.5
17	光阳	韩国	2.32	12.7
18	深圳	中国	2.01	11.5
19	烟台	中国	1.97	-0.2
20	蔚山	韩国	1.85	11.4

资料来源：上海国际航运研究中心《2012 年全球港口发展报告》。

随着物流效率的改进，集装箱化率和集装箱吞吐量成为衡量港口业发展的重要指标。在 2012 年全球集装箱吞吐量排名前 20 名大港口中，大陆占据 7 席，其中上海港连续三年位居第一大港位置，如表 10-5 所示。

表 10-5 2012 年全球集装箱吞吐量前 20 大港口排名

排名	港口	国家及地区	集装箱吞吐量（$\times10^4$ TEU）	增速（%）
1	上海	中国	3 253	2.6
2	新加坡	新加坡	3 160	5.5
3	香港	中国香港	2 310	−5.4
4	深圳	中国	2 294	1.6
5	釜山	韩国	1 703	5.3
6	宁波—舟山	中国	1 617	9.3
7	广州	中国	1 452	1.5
8	青岛	中国	1 450	11.4
9	迪拜	阿联酋	1 327	2
10	天津	中国	1 230	6.3
11	鹿特丹	荷兰	1 187	0.2
12	巴生	马来西亚	999	4.1
13	高雄	中国台湾	984	2.1
14	汉堡	德国	893	−0.9
15	安特卫普	比利时	863	−0.3
16	洛杉矶	美国	808	1.8
17	大连	中国	806	25.9
18	丹戎帕拉帕斯	马来西亚	772	2.9
19	厦门	中国	720	11.5
20	丹戎不碌	印尼	638	10

资料来源：上海国际航运研究中心《2012 年全球港口发展报告》。

2012 年，台湾岛内商港集装箱吞吐量达 13.88×10^6 TEU，创历年新高，较上年增加 3.4%。各港以高雄港 9.78×10^6 TEU 居首，增长 1.5%，其中转口柜 4.67×10^6 TEU，占 47.8%[①]。在 2012 年全球货物吞吐量排名前 20 名大港口中，高雄港位居第十三位。在全盛时期，高雄港和基隆港曾分别位列世界第三大和第七大集装箱港口，对岛内经济发展的贡献极大。但是 20 世纪 90 年代以来，大陆与邻近国家的港口快速发展，使台湾岛内各商港的竞争力受到影响，客货运吞吐量成长有限。

① 资料来源：《101 年交通施政成果》。

第二节　两岸港口吞吐量变动情况比较

基于各港口近十年的货物吞吐量和集装箱吞吐量，本节从大陆和台湾岛内港口货物总吞吐量和集装箱吞吐量的变化角度，对比分析两岸港口吞吐量的增长和波动情况。

一、货物吞吐量变动比较

近年来，大陆港口货物吞吐量持续增长，除 2009 年受全球金融危机冲击外，其余各年份均保持了较快的增长态势；相比之下，台湾岛内港口货物吞吐量总体变化不大，一些年份出现了负增长的现象。

（一）大陆港口货物吞吐量变化

2002 年以来，大陆港口货物吞吐量持续增长，除 2009 年受全球金融危机冲击港口货物吞吐量增长较慢外，其余各年份均保持了较快的增长态势，且多数年份的增长率为两位数字，甚至达到了 20% 以上，如图 10-1 所示。

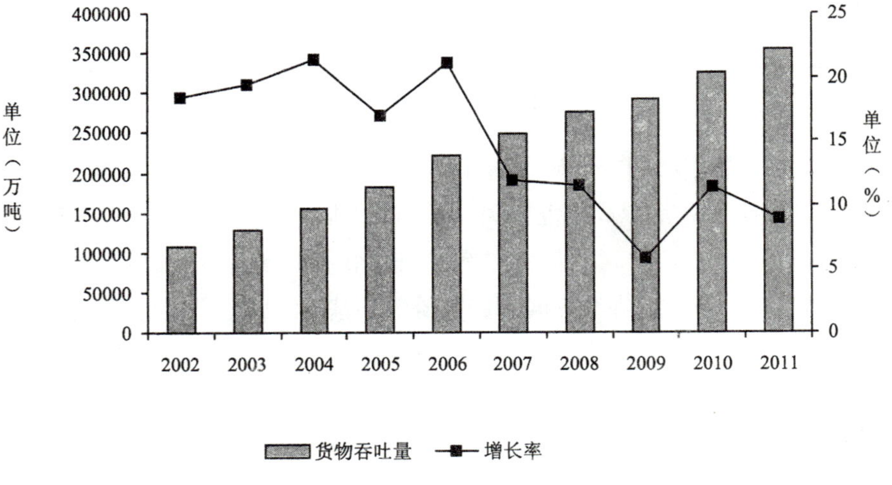

图 10-1　2002～2011 年大陆主要港口货物吞吐量及增长率

资料来源：作者根据相关资料整理。

由图 10-1 可知，大陆九大港口的货物吞吐量在 2002～2011 年的 10 年间由 10.79 亿吨增长为 35.5 亿吨，增加了 229%。具体到每个港口，过去 10 年各港口货物吞吐量的增长是不平衡的。各港口货物吞吐量的绝对增长量如图 10-2 所示。

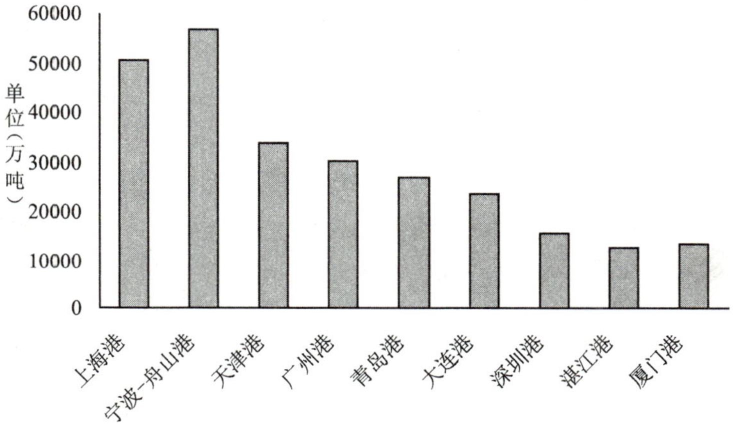

图 10–2　2002～2011 年大陆主要港口货物吞吐量的绝对增长量

资料来源：作者根据相关资料整理。

由图 10-2 可知，2002 年至 2011 年，宁波—舟山港货物吞吐量的绝对增长量居于首位，上海港和天津港分列第二位和第三位，而湛江港居于末位。从绝对增长量的角度来看，近年来，宁波—舟山港、上海港和天津港具有较强的竞争力，而深圳港、厦门港和湛江港竞争力较弱。

（二）台湾岛内港口的货物吞吐量变化

与大陆港口的持续增长有所差别，近年来，台湾岛内港口货物吞吐量总体呈现出小范围的波动，其中 2005 年、2006 年、2008 年、2009 年和 2011 年均出现负增长，尤其是 2009 年受全球金融危机冲击，其吞吐量跌幅在 10%以上。

2002～2011 年台湾岛内主要港口的货物吞吐量及增长率如图 10-3 所示。

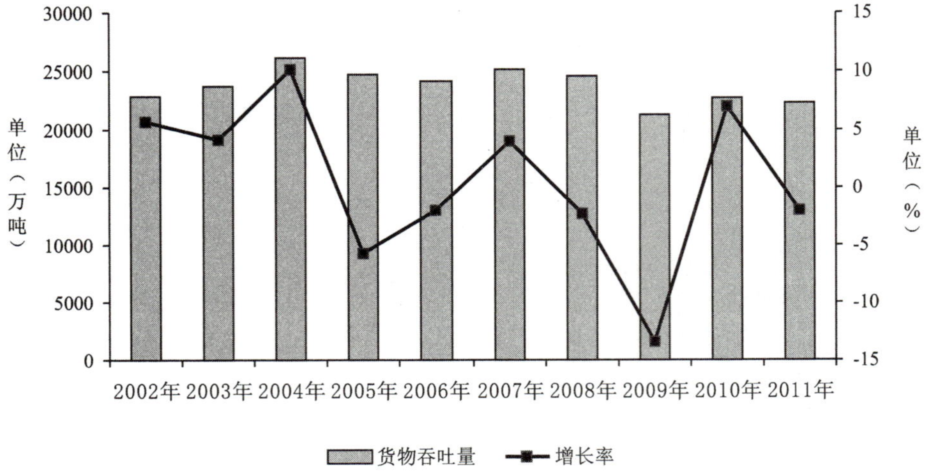

图 10-3　2002～2011 年台湾岛内主要港口货物吞吐量及增长率

资料来源：作者根据相关资料整理。

由图 10-3 可知，台湾岛内四大主要港口的货物吞吐量在 2002～2011 年的 10 年间起伏波动，总体来看，由 2002 年的 22 790 万吨减少至 2011 年的 22 291 万吨。然而具体到各个港口，过去 10 年其货物吞吐量的增长呈现非均衡性，各港口货物吞吐量的绝对增长量如图 10-4 所示。

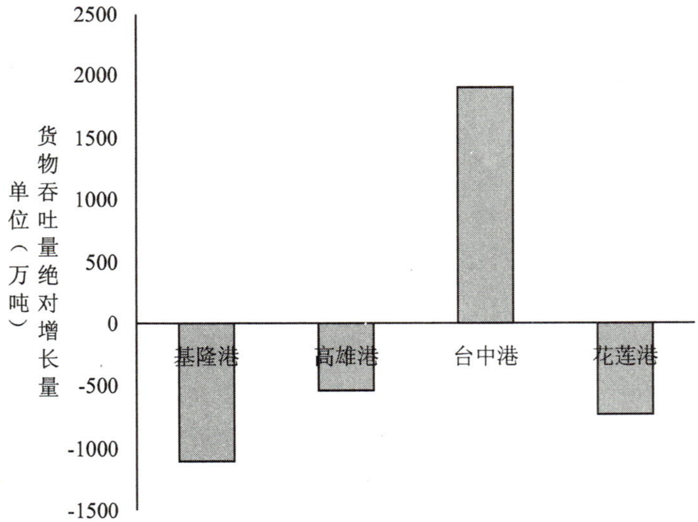

图 10-4　2002～2011 年台湾岛内主要港口货物吞吐量的绝对增长量

资料来源：作者根据相关资料整理。

由图 10-4 可知，2002 年至 2011 年，仅台中港货物吞吐量的绝对增长量为正值，基隆港、高雄港和花莲港的绝对增长量均为负值，且基隆港货物吞吐量减少量最大。

二、货物吞吐偏移量情况比较

吞吐量的变化无法反应某港口由于货源吸引能力提升（或下降）而对其他港口货源的吸引能力（或港口货源丢失）产生的影响。为了定量地刻画港口对货源的吸引能力，本书将引入国际学者常用的“偏移量”概念①。

（一）偏移量的概念

在任何一个港口体系内，一定时期内，各个港口的增长量都可以分解为“分享”和“偏移”两部分。分享增长是指当某一港口以整个港口体系吞吐量的平均增长率增长时所获得的增长量；偏移增长是指某一港口的实际吞吐量增长量与分享增长量的偏差数额。对于增长速度较快的港口来说，偏移增长量为正，而对于增长速度较慢的港口来说，偏移增长量为负值。偏移增长量的计算方法如下：

$$SHIFT_i = ABSGR_i - SHARE_i = TP_{it_1} - \left(\sum_{i=1}^{n} TP_{it_1} / \sum_{i=1}^{n} TP_{it_0} \right) TP_{it_0}$$

其中，$SHIFT_i$ 为 i 港口 (t_0, t_1) 期间的偏移增长量，$ABSGR_i$ 为 i 港口于 (t_0, t_1) 期间的绝对增长量，$SHARE_i$ 为 i 港口于 (t_0, t_1) 期间的分享增长量，TP_{it_0} 和 TP_{it_1} 分别为 i 港口在 t_0 和 t_1 时刻的吞吐量（货物吞吐量或集装箱吞吐量），$\sum_{i=1}^{n} TP_{it_0}$ 和 $\sum_{i=1}^{n} TP_{it_1}$ 分别为 t_0 和 t_1 时刻港口体系的总吞吐量。

（二）大陆港口货物吞吐量的偏移量

由偏移量公式计算得知，大陆各港口货物吞吐量的偏移增长量如图 10-5 所示。

① Notteboom, T. E. Concentration and load centre development in the European container port system. *Journal of Transport Geography*，1997，5(2)：99-115.

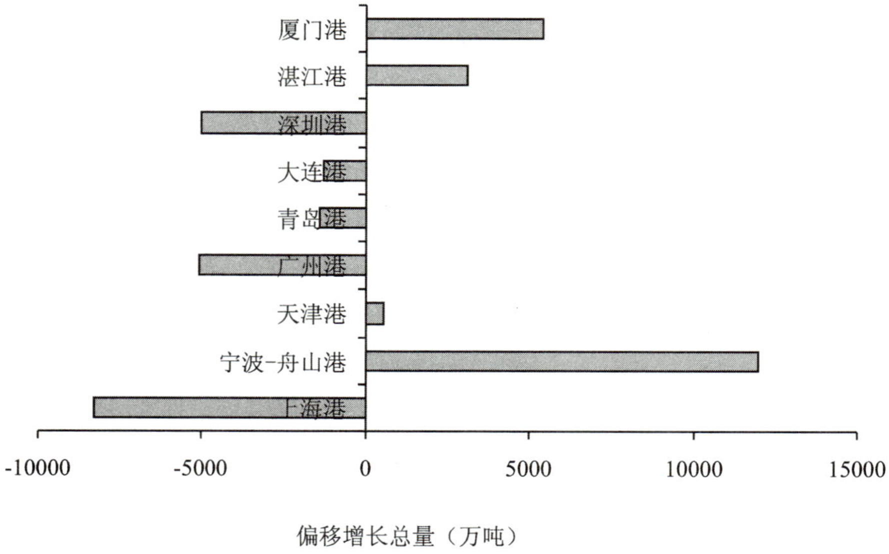

图 10–5　近 10 年大陆主要港口货物吞吐量的偏移增长总量

资料来源：作者根据相关资料整理。

由图 10-5 可知，2002 年至 2011 年的 10 年期间，宁波—舟山港、厦门港、湛江港和天津港的偏移增长总量均为正值，且宁波—舟山港偏移增长量最大，历年偏移增长量数据也显示，近 10 年来，宁波—舟山港的偏移增长量多为正值，在 2006 年更是创下了 9 818 万吨的峰值；此外，上海港、广州港、深圳港、大连港和青岛港的偏移增长量均为负值，且上海港的负偏移量最大。从偏移增长量的角度来看，宁波—舟山港、厦门港、湛江港和天津港增长速度较快，竞争力较强，而上海港就发展速度而言，不如宁波—舟山港。

综合上述分析可知，一方面，货物吞吐能力的持续增长是近十年大陆地区港口发展的总体性趋势；另一方面，大陆地区港口货物吞吐量的增长呈现出非均衡性，即各港口的增速存在较大的差异，其中宁波—舟山港无论是绝对增长量还是偏移增长量均处于绝对的优势地位，厦门港、湛江港和天津港也处于相对竞争优势地位。

（三）台湾岛内港口货物吞吐量的偏移量

由偏移量公式计算得知，台湾岛内各港口货物吞吐量的偏移增长量如图 10-6 所示。

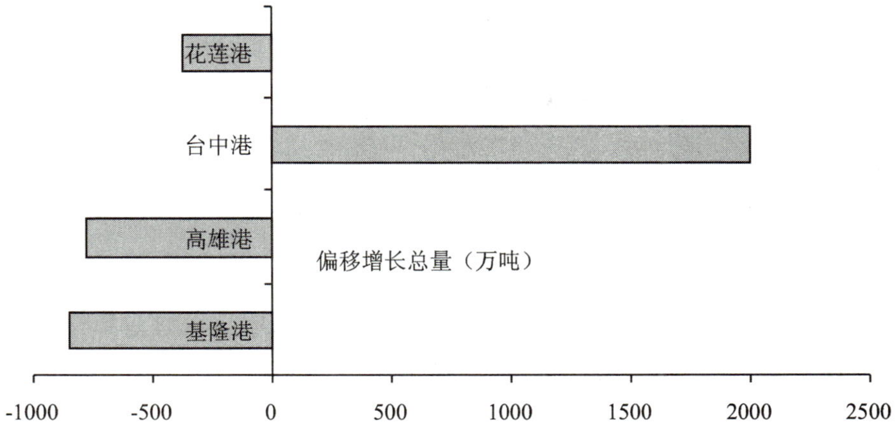

图 10-6　近 10 年台湾岛内主要港口货物吞吐量的偏移增长总量

资料来源：作者根据相关资料整理。

由图 10-6 可知，2002 年至 2011 年的 10 年间，台中港的偏移增长总量为正值，基隆港、高雄港和花莲港的偏移增长量均为负值，这也从另一个侧面说明，台中港的吞吐量增长更多来源于台湾岛内其他港口货物的分流。

三、集装箱吞吐量变动比较

近年来，除了 2009 年受金融危机影响出现负增长以外，大陆港口的集装箱吞吐量保持了较高的增长速度，台湾岛内港口的集装箱吞吐量则呈现缓慢增长的趋势。

（一）大陆的集装箱吞吐量变化

伴随着大陆港口的快速发展，集装箱运输也开始起步并发育定型，基本形成了集装箱干线港、区域重要集装箱港和区域性港的运输网络体系[①]。2009 年在国际金融危机冲击下，大陆港口走过了 V 字形道路的转变，集装箱吞吐量回落，这是大陆港口 30 多年来第一次出现的集装箱吞吐量负增长。但总体来看，大陆港口集装箱吞吐量发展快速，自 2003 年起一直保持世界第一，近 10 年年均增长率在 30%左右。

本研究选取的大陆九大港口近 10 年的集装箱吞吐量及增长率如图 10-7 所示。

① 杜麒栋．中国港口发展新时期的特征与挑战．中国港口，2012（5）：1～5.

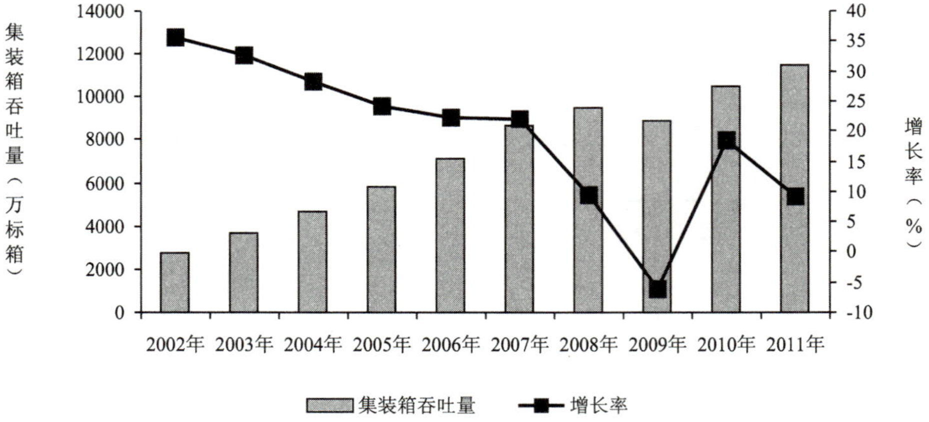

图 10-7　2002～2011 年大陆主要港口集装箱吞吐量及增长率

资料来源：作者根据相关资料整理。

由图 10-7 可知，大陆九大港口的集装箱吞吐量在 2002～2011 的 10 年间由 2.75×10^7 TEU 增长为 1.15×10^8 TEU，增加了近 316%。具体到每个港口，过去 10 年其集装箱吞吐量的增长是不平衡的，各港口集装箱吞吐量绝对增长量如图 10-8 所示。

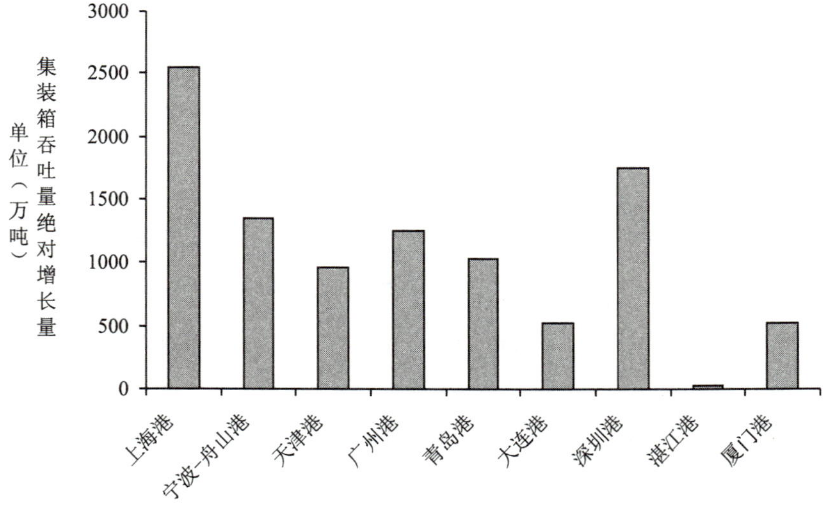

图 10-8　2002～2011 年大陆主要港口集装箱吞吐量的绝对增长量

资料来源：作者根据相关资料整理。

由图 10-8 可知，2002 年至 2011 年，上海港集装箱吞吐量的绝对增长量居于首位，深圳港和宁波—舟山港分列第二位和第三位，而湛江港居于末位。从绝对增长量的角度来看，近年来，上海港、深圳港和宁波—舟山港具有较强的竞争力，而大连港、厦门港和湛江港竞争力较弱。

（二）台湾岛内港口的集装箱吞吐量变化

对于台湾岛内港口，总体来看，除 2009 年受金融危机影响出现负增长外，各港口集装箱吞吐量呈现稳定增长态势，且多数年份增长率在 10%以上。

2002～2011 年台湾岛内四大集装箱港口的吞吐量如图 10-9 所示。

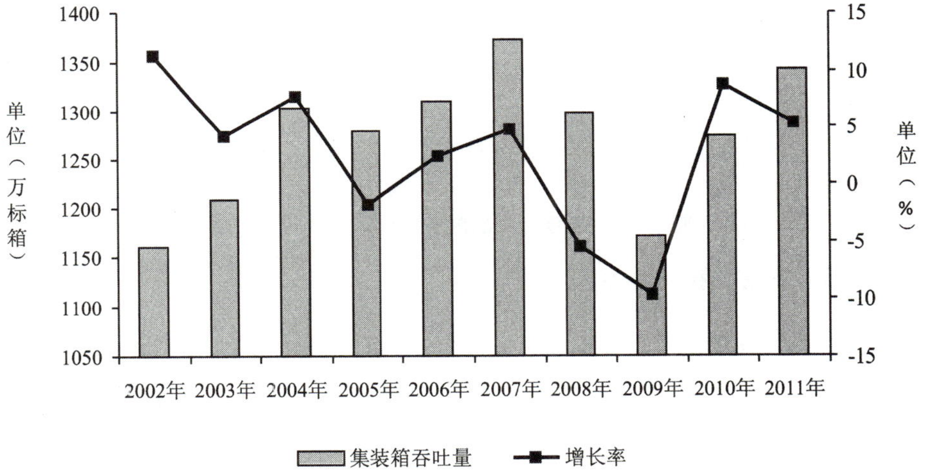

图 10-9　2002～2011 年台湾岛内主要港口集装箱吞吐量及增长率

资料来源：作者根据相关资料整理。

由图 10-9 可知，台湾岛内四大集装箱港口的吞吐量在 2002～2011 年的 10 年间由 1.16×10^7 TEU 增长为 1.34×10^7 TEU，增加了 15.66%。具体到每个港口，过去 10 年其集装箱吞吐量的增长是不平衡的。各港口集装箱吞吐量绝对增长量如图 10-10 所示。

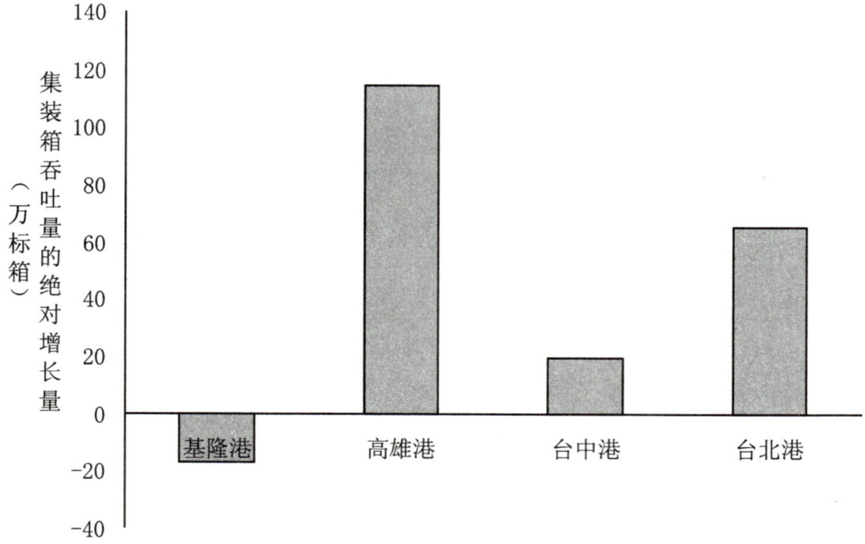

图 10-10　2002～2011 年台湾岛内主要港口集装箱吞吐量的绝对增长量

资料来源：作者根据相关资料整理。

由图 10-10 可知，2002 年至 2011 年，高雄港集装箱吞吐量的绝对增长量居于首位，台北港和台中港分列第二位和第三位，而基隆港呈现负增长。从绝对增长量的角度来看，近年来，高雄港和台北港呈现出明显的竞争优势，而基隆港呈现出明显的竞争劣势。

四、集装箱吞吐偏移量情况比较

通过对两岸各大港口集装箱吞吐量的变化量及偏移量进行比较分析可知，两岸各大港口的集装箱吞吐能力基本呈现持续增长的总体性趋势，但港口集装箱吞吐能力的竞争格局均呈现出集中化趋势。

（一）大陆港口的集装箱吞吐量偏移量

由偏移量公式计算得知，大陆各港口集装箱吞吐量的偏移增长量如图 10-11 所示。

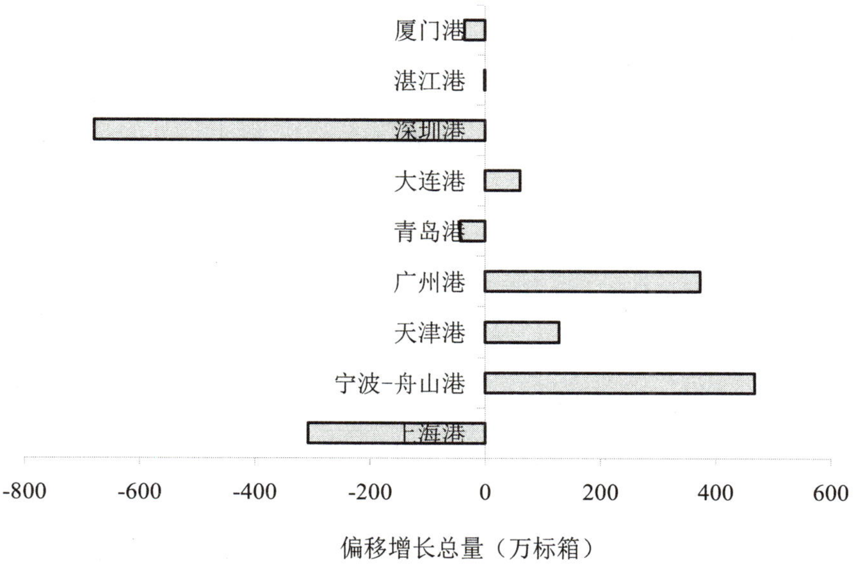

图 10–11　近 10 年大陆各主要港口集装箱吞吐量的偏移增长总量

资料来源：作者根据相关资料整理。

由图 10-11 可知，2002 年至 2011 年的 10 年期间，宁波—舟山港、广州港、天津港和大连港的偏移增长总量均为正值，且宁波—舟山港偏移增长量最大，历年偏移增长量数据也显示，近十年来，宁波—舟山港的偏移增长量均为正值；此外，深圳港、上海港、厦门港、青岛港和湛江港的偏移增长量均为负值，且深圳港的负偏移量最大。从偏移增长量的角度来看，宁波—舟山港、广州港、天津港和大连港增长速度较快，竞争力较强，而深圳港发展相对较慢。

综合上述分析可知，一方面，集装箱吞吐能力基本呈现持续增长的总体性趋势；另一方面，大陆各港口集装箱吞吐能力的竞争格局呈现出集中化趋势，宁波—舟山港和广州港在箱源的竞争和处理能力方面始终保持明显的优势地位，大连港和天津港也处于相对竞争优势地位。

（二）台湾岛内港口的集装箱吞吐量偏移量

由偏移量公式计算得知，台湾岛内各港口集装箱吞吐量的偏移增长量如图 10-12 所示。

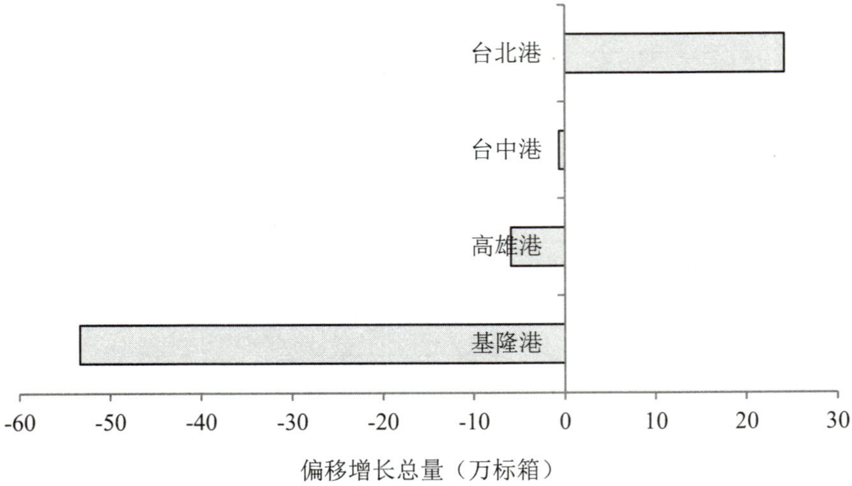

图 10–12　近 10 年台湾岛内各主要港口集装箱吞吐量的偏移增长总量

资料来源：作者根据相关资料整理。

由图 10-12 可知，2002 年至 2011 年的 10 年间，台北港的偏移增长总量为正值，基隆港、高雄港和台中港的偏移增长量均为负值，且基隆港的负偏移量最大。

综合上述分析可知，一方面，台湾岛内各主要港口集装箱吞吐能力基本呈现持续增长的总体性趋势；另一方面，台湾岛内各主要港口集装箱吞吐能力的变化程度却相差较大，台北港作为新兴的集装箱港口，箱量增长速度较快，而高雄港虽然集装箱增长绝对量较大，但其箱量增长速度相对较慢。

第三节　两岸港口特殊经济区域比较

基于各个港口的发展方向，两岸港口的特殊经济区域具备不同的功能和产业格局，本节主要针对两岸各港口特殊经济区域的功能定位、主导产业以及运营状况进行比较分析，其中涉及大陆的 7 个省份、3 个直辖市、1 个自治区和台湾岛内的特殊经济区域，共包括大陆的 13 个保税港区、7 个保税物流园区、8 个经济技术开发区以及岛内的 4 个自由贸易区等区域。

一、两个特殊经济区的功能与主导产业

根据本书第二篇中对大陆及岛内各个地区港口特殊经济区域的介绍，总结各特殊经济区的功能定位及主导产业，如表 10-6 所示。

表 10-6　两岸港口特殊经济区域功能及主导产业

所属区域	特殊经济区域名称	功能定位及主导产业
辽宁省	大连大窑湾保税港区	重点发展港口作业、国际中转、国际配送、国际采购、转口贸易、出口加工、商品展示等七大功能性业务，并拓展金融贸易、信用保险等相关功能
	大连保税物流园区	以电子、机械、塑料、家用电器为主的加工产业，以汽车为主体的国际贸易大市场
	大连经济技术开发区	石油加工、通用设备制造、化学原料及化学用品制造、计算机及其他电子设备制造、交通运输设备制造
京津冀地区	天津经济技术开发区	电子通信、汽车、装备制造、石油化工、生物医药、食品饮料、航天、新能源新材料等八大产业
	天津保税物流园区	国际贸易、现代物流、出口加工和商品展销四大功能
	天津东疆保税港区	主要拓展国际中转、国际配送、国际采购、国际转口贸易和出口加工等五大功能，重点发展现代物流业、进出口加工制造业和各类服务产业
山东省	青岛前湾保税港区	主要开展集装箱拆拼、临港增值加工、物流仓储、集装箱国际中转等业务
	青岛保税物流园区	集码头作业、国际海运物流、保税物流等业务一体化运作的模式，实现供应链的陆上延伸
	青岛经济技术开发区	重点建设港口、家电电子、石化、汽车、造修船、海洋工程“六大产业集群”

续表

所属区域	特殊经济区域名称	功能定位及主导产业
江苏省	昆山综合保税区	打造“三个基地和三个平台”，三个基地为电子信息等产业全球主要加工制造基地、服务昆山辐射华东的保税物流基地、连接国际和国内两个市场的进出口商品交易基地；三个平台为研发实验平台、服务贸易实验平台以及口岸服务平台
	张家港保税物流园区	专门发展仓储和物流产业，同时具备国际中转、国际配送、国际采购和国际贸易四大功能
	昆山经济技术开发区	电子信息、光电显示、精密机械、民生轻工、装备制造并举的多元化产业格局
上海市	上海洋山保税港区	主要发展国际中转、配送、采购、转口贸易和出口加工等业务
	上海外高桥保税物流园区	国际中转、国际配送、国际采购和国际转口贸易四大功能
	上海漕河泾新兴经济技术开发区	形成微电子、光电子、计算机机器软件和新材料等四大产业，建成研究开发、网络运行、金融数据、技术创新四大中心
浙江省	宁波梅山保税港区	以国际中转、国际采购、国际配送、国际转口贸易和保税加工、保税物流为主导，以商品服务交易、投资融资保险等金融贸易为辅助，以法律政务、中介鉴证、休闲文化、进口展示等服务功能为配套
	宁波保税区	形成计算机产业群、半导体光电产业群、精密机械产业群、留学生创业企业群、软件产业群和国际贸易、仓储物流企业群
	宁波保税物流园区	具有国际中转、国际转口、国际物流配送、国际国内采购、流通加工等主体功能
	宁波经济技术开发区	致力于发展现代临港型大工业、先进制造业和高新技术产业
广东省	广州经济技术开发区	电脑及其零配件系统产品、模具钢材加工、食用油加工、生活、医疗用品、新型锂电池材料、珠宝加工为主导的若干产业模块
	广州南沙保税港区	有明显的区位优势，有利于发展国际中转、配送、采购、转口贸易和出口加工等业务
	深圳福田保税区	致力于发展高科技工业和现代物流业，发展微电子、电脑及零配件、光通信元器件、生物医药工程等产业

续表

所属区域	特殊经济区域名称	功能定位及主导产业
广东省	深圳盐田港保税物流园区	与毗邻的港区实施一体化运作，专门发展现代物流业
	深圳出口加工区	产业功能包括保税仓储、流通性简单加工和增值服务、全球采购和国际配送、国际中转和转口贸易、检测维修和商品展示等
福建省	厦门出口加工区	具有优越的港口条件，海沧港区是海峡两岸船舶直航试点口岸厦门港的重要组成部分
	厦门海沧台商投资区	重点发展资金技术密集型的中小型工业，产业布局以机械、电子、精细化工、塑胶、新型建材等为主
	福州保税港区	具备港口作业、国际中转、国际配送、国际采购、转口贸易、出口加工、商品展示七大功能
	泉州出口加工区	在拓展保税物流功能基础上，集保税区、保税物流园区和出口加工区等功能于一体的综合外向型特殊经济区域
广西壮族自治区	钦州保税港区	具有口岸、物流、加工三大功能，可以开展货物储存、国际贸易、国际采购与分销配送、国际中转、商品展示、加工研发、港口作业、检测维修服务以及海关允许的其他业务
	南宁经济技术开发区	以第二产业为主，多产业协调发展的现代化综合性新城区
台湾省	高雄港自由贸易区	贸易、仓储、物流、货柜（物）的集散、转口、转运、承揽运送、报关服务、组装、重整、包装、修配、加工、制造、展览或技术服务等
	基隆港自由贸易区	运输方面以货柜为主，以散货为辅，并且有数条国内外客轮航线固定停靠
	台中港自由贸易区	有油品掺配储转、汽车物流转口、港区货栈、谷类仓储转口、纸浆储转发货、塑料原料贸易物流、海底光纤电缆仓储转运、盐品加工、自行车零组件重整包装、化学品贸易仓储物流、免税烟酒等，共11大类
	台北港自由贸易区	杂货中心、临时油品储运中心及车辆物流中心

资料来源：作者根据相关资料整理。

从表 10-6 可以看出：

（1）大陆的港口特殊经济区域大致可分为保税港区、保税物流园区、经济技术开发区等几大类。其中，保税港区和保税物流园区重点以国际贸易、国际物流、港口作业等作为主要功能，经济技术开发区则主要开展石油化工、家电、新型材料等产业，尤其是创新型产品和高科技产品的制造。

（2）台湾岛内的特色经济区域主要是自由贸易区，功能上多数是提供仓储、转运等国际贸易需要的物流服务，以响应全球运筹管理、贸易自由化及国际化等经营模式。

二、保税港区的运营状况比较

大陆的特殊经济区域虽然享受较早的开放度，但是与台湾岛内的自由贸易区相比，其在物流、信息和资金流方面还有不少差距。大陆从 2006 年开始实施的保税港区融合了保税区和港区的综合功能，其开放特征更接近台湾岛内的自由贸易区。目前，大陆已经有 13 个保税港区较具规模。为此，本部分将重点对大陆的保税港区与台湾岛内的 4 个自由贸易区的营运状况进行比较分析。

（一）大陆地区保税港区运营状况

保税港区自设立以来，口岸监管逐步到位，招商引资全面推进，税收收入不断增加，各项资产的投资额逐年提高，港区的货物吞吐量和集装箱吞吐量也是逐年上升，整体运行态势良好，带动了相关地区经济的增长。2011 年大陆地区 13 个保税港区实际进出口额、外商投资总额和从业人数统计如表 10-7 所示。

除了海南洋浦保税港区外，其余保税港口的实际进口或者出口总额都呈现同比增长的趋势，特别是宁波梅山保税港区和厦门海沧保税港区，实际进出口总额同比增长最大。

除此之外，大陆的保税港区在不到 10 年的时间里取得了快速发展，仅 2011 年有统计的 7 个保税港区共吸引外资投资总额为 10.54 亿元，创造了 40 745 个就业岗位，形成了以国际贸易为导向，以物流为基础，具有装卸运输、保税仓储、国际贸易等功能的高度对外开放区域。

表 10-7 2011 年大陆 13 个保税港区相关数据统计表[①]

经营单位	出口（万美元）		进口（万美元）		外商投资总额（万美元）	期末从业人数（人）
	总计	同比（美元值）	总计	同比（美元值）		
天津东疆保税港区	32 904.0	266.5	198 681.7	250.6	30 957	1 900
大连大窑湾保税港区	94 274.2	-37.0	122 356.7	21.4	0	3 000
洋山保税港区	298 083.3	152.9	290 870.5	22.5	25 269	8 000
张家港保税港区	52 631.8	1.0	479 351.4	28.0	512	3 972
宁波梅山保税港区	2 669.5	—	3 809.3	667.3	4 594	9 233
厦门海沧保税港区	85 939.8	3781.5	71 286.4	3 290.5	38 128	12 140
青岛前湾保税港区	29 798.7	39.3	75 667.6	87.2	—	—
深圳前海湾保税港区	147 610.8	16.8	41 057.1	-10.5	—	—
广州南沙保税港区	44 092.4	551.2	41 004.8	189.1	6 000	2 500
广西钦州保税港区	6 131.2	—	20 613.4	—	—	—
海南洋浦保税港区	8.3	-51.3	504.1	-17.1	—	—
重庆两路寸滩保税港区（水港）	1 5839.8	0.2	19 246.6	489.9	—	—
重庆两路寸滩保税港区（空港）	55 145.3	—	27 746.5	—	—	—

资料来源：作者根据相关资料整理。

（二）台湾岛内自由贸易区运营状况

台湾岛内港口自由贸易区整体运营状况良好，除了 2009 年金融危机以外，4 个自由贸易区的营运成效均逐年攀升，具体如表 10-8 所示。

① 资料来源：《中国港口年鉴（2012）》。

表 10-8　2008～2011 年台湾岛内自由贸易港区进驻产业及营运状况一览表

自由贸易区	年份	进驻厂商数（家）	贸易量（吨）			贸易值（千元新台币）		
			合计	进口	出口	合计	进口	出口
高雄港自由贸易区	2008	25	90 663	59 836	30 827	6 930 317	4 428 532	2 501 785
	2009	25	281 857	203 828	78 029	10 440 068	7 292 101	3 147 967
	2010	26	382 342	264 561	117 781	20 453 937	13 039 398	7 414 539
	2011	27	424 832	289 214	135 618	20 906 616	14 507 992	6 398 624
基隆港自由贸易区	2008	10	18 332	8 216	10 116	4 149 331	1 923 807	2 225 524
	2009	10	9 902	4 200	5 702	940 190	347 625	592 565
	2010	13	10 129	5 862	4 267	1 768 214	1 055 403	712 811
	2011	13	29 891	16 186	13 705	4 824 814	2 675 897	2 148 917
台中港自由贸易区	2008	25	1 331 802	693 224	638 578	40 492 710	22 048 400	18 444 310
	2009	26	960 405	512 005	448 401	22 406 017	11 183 403	11 222 613
	2010	29	2 666 240	1 435 981	1 230 260	61 113 543	32 017 056	29 096 487
	2011	29	2 903 100	1 361 945	1 541 155	90 962 504	43 047 542	47 914 962
台北港自由贸易区	2008	2	28 256	8 485	19 771	6 723 477	2 360 412	4 363 065
	2009	2	31 823	12 858	18 965	9 621 752	4 928 872	4 692 880
	2010	3	276 840	122 491	154 349	33 870 487	16 270 115	17 600 372
	2011	3	696 620	310 791	385 829	59 291 811	30 273 945	29 017 866

资料来源：作者根据相关资料整理。

（三）保税港区与自由贸易区运营状况比较

通过对大陆保税港区和台湾岛内自由贸易区运营状况的比较，可以看出，大陆地区保税港区具有较大的规模，并且呈现出较高的增长率和发展潜力，已经成为大陆地区港口与陆地区域相融和的保税物流层次最高、政策最优惠、功能最齐全、区位优势最明显的监管区域。台湾岛内的自由贸易区规模较小，但具备相对完善的配套体系，如良好的外贸形势、经济运行态势和税收监管政策等。

第十一章　两岸港口管理政策比较

虽然港口的运营直接受到航运市场和国际经济贸易景气度的影响，港口管理体制也是影响港口效率的重要因素之一。与大陆相比，台湾岛内港口就吞吐量而言虽然不及大陆港口规模大，但港口运营管理市场化程度相对较高。本章主要从港口规划政策、价格政策、投融资政策、理货管理和引航政策等方面对比分析两岸港口的管理政策。

第一节　两岸港口管理体制变革

由于政治、历史等原因，大陆港口的港、航业务从新中国成立之时就由中央政府交通部进行监管，关税由中央政府海关总署管理，这与台湾岛内存在着明显的不同。因此，大陆的港口管理体制演进主要围绕港政事务进行介绍，而台湾岛内由于早期港、航和关税是统一管理的，故而除了重点介绍港口管理之外，还介绍了港口管理与航运管理、港口与海关的变迁关系。

一、大陆港口管理体制演进历程

以 1984 年的天津港试点改革和 2004 年的《港口法》出台为关键节点，可将新中国成立后大陆港口管理体制变迁大致分为三个阶段。

（一）中央政府主导时期

从新中国成立到 20 世纪 80 年代，大陆主要实行的是一种中央政府直接领导下的港口管理体制。这一时期，虽然中央政府或将港口和航运进行一体化来管理，或将港口和航运分开管理，但港口的管理始终是计划经济体制下由政府主导的政企合一的管理模式。虽然在 20 世纪 50 年代后期也曾实行过沿海主要港口的管辖权限下放到地方，但60年代初又收归中央统管。交通部代表中央行使港口管理权，管理和控制包括战略规划、港口计划、重要基础设施投资决策和港口码头建设以及运营等各项事务；港口企业的损益也由中央政府负责，当地省级或是市级的政府对港口部门没有控制权。

国家主导的政企合一的管理模式是在当时特殊的时代背景下产生和发展的，这种体制可以充分利用有限的资金，集中全国力量建设几个重要港口，使大陆港口在资源相对匮乏的年代得到了快速发展。但是，高度集中的港口管理体制也存在着诸多弊端，不能充分调度和发展地方政府的主动性，也无法适应经济社会发展对港口服务的要求；且这些中央政府所有、管理的港口，运营效率不高，港口竞争力不足。

（二）中央和地方双重领导到地方为主时期

从20世纪80年代中期起一直到21世纪初，大陆在不改变港口资产所有制性质的前提下开始了港口经营机制的改革，改革重点是将由中央直接领导的港口管理体制改为由中央和地方政府“双重领导，地方为主”的管理体制。这一突破是从天津港开始的。1984年6月，天津港实行交通部与地方“双重领导”的管理体制，形成了中央政府和天津市政府共同管辖的管理模式。此后，中央政府逐步摆脱了对港口的经营和管理事务，将港口的经营和管理下放到地方，形成了以“地方为主”的港口管理体制。到1987年，几乎所有的大陆港口（除了秦皇岛港）都下放到了地方。与此同时，港口的建设资金来源也开始出现多元化趋势，中央政府、地方政府、外商投资和商业银行贷款等多方面共同出资，极大地促进了大陆港口的建设和发展。

这个时期的港口管理体制改革有其积极意义，这种由集权向分权的改革极大地调动了地方政府的积极性，促使许多地方政府把城市建设发展和港口建设结合起来，有力地促进了港口的发展。但是，这种管理体制仍旧属于政企不分的管理模式，使得港口行政职责重叠，港口资源得不到充分利用，港口运营效率也有待进一步提升。

（三）港口管理公司化发展时期

港口管理改革的方向是公司化，这是适应港口现代产业发展的要求。2004年，大陆港口公司化进程加快，《港口法》和《港口经营管理规定》的出台，标志着大陆港口公司化进程步入了新的时期，《港口法》也是大陆首部行业性法律，为港口管理公司化发展奠定了战略基础。

《港口法》旨在港口产业中引入现代企业制度，更多地依靠市场的力量引导港口产业的发展，优化港口运营和管理中政府的干预。在实践中，大陆各个港口城市都将政企合一的港务局拆分为港口管理局和港口企业，前者是独立的省级或者市级的港口管理局，后者是一种简单的商业实体的组织形式。

中央政府和省级相关的交通部门分别负责全国和省级的关于港口发展的相关政策和法律的战略性规划和阐述；中央政府不再保留任何港口资产的所有权；各级政府也不再参与港口的经营与管理，公司化的港口要在市场中和其他的商业实体进行竞争与合作。

二、台湾岛内港口管理体制演进历程

同大陆港口管理体制相似，台湾岛内的港口管理体制也经历了政企合一到市场化的过程，但是台湾岛内港口公司化进程与大陆相比起步较晚，其在相当长的一段时间内，不断优化调整“航、港、关税”的管理结构，并确定了“地主港”的运营模式。

（一）日据时代末期的港口管理体制

日据时代末期（1943～1945 年），台湾岛内的港口管理主要实行“航、港、关税合一”的体制，即由港口的管理机关统管该港口的航政、港政与关税事务。在这一时期，日本占领者在基隆港所在的台北州设立“港务部”，作为基隆港的营运机关，并由“台湾总督府”的“交通局”监督。1943 年，为统一港口的管理事宜，成立直属于“台湾总督府”的基隆港务局；此外又在另一重要港口高雄港设立“高雄港务局”，这两个港务局均直隶于“台湾总督府”，港口的“航、港、关税”等事项都受到“台湾总督府”的统一管理。

（二）光复后的港口管理体制

1945 年到 1999 年这一时期是台湾全岛光复之后的港口管理体制阶段。这一时期，根据“航、港、关税”三者的关系，又可分为以下两个主要的阶段。

1. 各港口“航、港、关税分立”管理体制时期

1945 年到 1946 年，“航、港、关税”又经历了短暂的分立阶段，这主要表现在以下三个方面。

（1）航政管理。1945 年，台湾行政长官公署的交通处设立了航务管理局，综合管理台湾的航政管理业务，并在基隆、高雄两个港口分别设立了办事处，而台湾行政长官公署交通处的航务管理局并不受中央主管机关的管辖。

（2）港务管理。1945 年底，由台湾行政长官公署交通处在基隆、高雄两个主要港口分别设立基隆港务局和高雄港务局，设立之初仍沿袭了日据时期的港务局编制。

（3）关税管理。1945 年底基隆和高雄港务局成立时，又将日据时期所管辖的"关税"分离出来，改制为"财政部台北关"以及"财政部台南关"，交由其管理。

2. 各港口"航港合一"管理体制时期

1946 年到 1999 年，台湾的主要港口逐步进行"航港合一"管理体制改革。各港务局开始兼管航政管理业务，此前负责航政管理的航务管理局被裁撤，旗下的基隆及高雄的办事处分别被并入基隆及高雄港务局，在旗下另设航政组接办航政管理业务,同时裁撤台湾行政长官公署交通处下设的"航运恢复委员会"。1947 年台湾行政长官公署裁撤，台湾省政府正式成立，交通主管机关将台湾岛内的航政管理业务委托台湾省政府代管，实际业务的执行则由各港务局办理。基隆及高雄港务局下各设"航政组"。

1947 年底，原隶属基隆及高雄市政府的"水上警察所"改制为"港务警察所"，直属于"台湾行政长官公署警务处"，并受港务局的监督指挥，采用双重领导制，建立了"港政"与港区"警政"合一的管理体制。同年底，台湾岛内检疫总所成立，原属于港务局管辖的检疫业务移出，海港检疫所也划出港务局的编制。

1949 年初，台湾省通运公司及各港务公司的码头装卸监理处一并裁撤，另由各港务局设立码头管理处接办。此后，仍维持委托台湾省政府暂行代管各个商港的管理体制。"航港合一"的局面一直持续到 1999 年台湾岛内实行商港管理体制改革时为止。

（三）"航港合一"至"政企分离"

1999 年，台湾岛内开始实行港口管理体制改革。各港务局改为由"航政司"掌管商港的业务。商港的规划与兴建计划，是由交通主管部门拟订后再报请当局高层核定施行。在港湾与码头管理方面，则依据《商港港务管理规则》及《商港栈端口管理规则》施行。当局高层主管机关下设 4 个"商港管理机关"，包括基隆、台中、高雄及花莲等 4 个港务局。另外，各港务局就近设立分局或办事处，管理其辖区内的辅助港与岛内商港。未属于当局高层主管机关管辖的商港是金门与马祖的商港，这两个商港分别由金门县政府及连江县政府所设港务处管理。

（四）“政企分离”时期

2012 年至今，是台湾岛内港口管理的政企分离时期。为适应港口公司化的发展趋势，2012 年 3 月 1 日，岛内航港体制进行了重大变革，港务局的角色一分为二：岛内有关航政及港政公权力事项由航港局负责，而港口经营业务则由港务局改制的“港务股份有限公司”（以下简称港务公司）负责。其中，航港局为交通主管机关的直属单位，职掌有关航政及港政行政管理事务。港口经营业务则由港务局改制的“港务公司”负责，总公司下分为基隆、台中、高雄及花莲港务分公司（以下简称港务分公司）经营各港，各港务分公司原有业务和市场保持不变，但需要各分公司在市场竞争中不断提升港口竞争力。

三、两岸港口管理体制演进历程的比较

根据前面对两岸港口管理体制演进的说明，可整理出如表 11-1 所示的比较结果。

由于政党体制及历史背景等方面的差异，两岸港口的管理体制演进过程存在着明显的不同，但两岸的港口管理都旨在提升港口的竞争力及经营效率，都是向着政企分离的目标发展的。根据两岸港口管理体制演进历程的比较表可以看出：

（1）在逐步市场化的过程中，大陆的港口管理体制经历了中央政府高度集中——中央和地方政府双重领导——地方政府为主——公司制改革四个阶段；而台湾岛内港口经历了行政管理——公司制改革两个主要阶段。

（2）大陆的港口管理体制在 2004 年开始逐步实施政企分离，地方政府将主要扮演行政管理角色，港口的经营则由公司化的港口企业完成；台湾岛内的港口管理体制与大陆相比起步较晚，2012 年才实施政企分离，航港局及其分局管理港口的航政事务，港务公司及港务分公司负责港口的经营与管理，其中港务公司多属于官办性质的企业。

（3）大陆港口的经营是由地方政府负责，港口资源由各个地方政府的国有资产监督管理委员会监管，而在同一港口城市内也可能有不同的港口企业负责不同港区的营运；台湾岛内的联外港口则全部由港务公司负责，各联外商港则由不同的港务分公司负责营运，只有人事及财务由港务公司统筹调度和管理，各港口间的资源由当局统一调度，除了装卸作业大部分由民营企业负责。

表 11-1　两岸港口管理体制演进比较

<table>
<tr><th colspan="3">大陆</th><th colspan="3">台湾岛内</th></tr>
<tr><th colspan="2">时期</th><th>年份与体制</th><th colspan="2">时期</th><th>年份与体制</th></tr>
<tr><td colspan="3" rowspan="2"></td><td rowspan="5">政企合一时期</td><td>航、港、关税合一</td><td>1943～1945 年（日据时代末期）由基隆港务局及高雄港务局统一管理</td></tr>
<tr><td>航、港、关税分立</td><td>1945～1946 年
由港务管理局管理航政、港务局管理港务及财政部台南及台北关管理关税</td></tr>
<tr><td rowspan="2">政企合一时期</td><td>中央政府领导时期</td><td>1949～1984 年
交通部统管港口一切活动及决策</td><td>1999 年前</td><td>1946～1999 年
港口经营及航政业务委托“台湾省政府”交通处办理，隶属交通处的各港务局负责港口营运及航政业务</td></tr>
<tr><td>双重领导时期</td><td>1984～2004 年
分别由中央政府及地方政府双重领导</td><td rowspan="2">1999 年后</td><td>1999～2012 年
设立基隆、台中、高雄及花莲港务局，管理各联外商港及各港辖区的航政业务</td></tr>
<tr><td colspan="2" rowspan="2">政企分离时期</td><td rowspan="2">2004 年至今
属于公共部门的港口管理局及各港的商业企业经营管理</td><td></td></tr>
<tr><td colspan="2">政企分离时期</td><td>2012 年至今
由航港局管理航政业务，港务公司负责港口的经营管理</td></tr>
</table>

资料来源：作者根据相关资料整理。

第二节　两岸港口规划政策比较

两岸的港口规划在规划主体、规划范围和审批程序等方面存在较大差异，但是两岸港口规划的总目标都是为了更好地利用港口资源。本节主要从规划分类、原则、编制、审批、规划法律效力和存在的问题等方面对两岸港口规划政策进行对比。

一、大陆港口规划政策

大陆的港口规划分为港口布局规划和港口总体规划两大类。规划强调了港口服务国家经济发展的原则，港口规划的主要行政管理部门是交通部和各级省市人民政府。虽然大陆港口规划的管理体制在不断完善，但仍存在较大的改善空间。

（一）港口规划的分类与原则

交通部规划研究院编制的《港口规划体系研究报告》中对港口规划做出了如下定义："港口规划是指根据经济与社会发展的要求，合理制定港口发展战略、发展目标和发展方向，对未来时期的港口设施布局及建设等做出综合部署和全面安排，是建设、管理港口的基本依据。"

1. 港口规划的分类

《中华人民共和国港口法》（以下简称《港口法》）将港口规划确定为两种，即港口布局规划和港口总体规划。

港口布局规划是指港口的分布规划。港口布局规划包括全国港口布局规划和省、自治区、直辖市的港口布局规划。对港口资源丰富、港口分布密集的区域，可以根据需要编制跨省、自治区、直辖市或者省、自治区行政区内跨市的港口布局规划。港口布局规划主要确定港口的总体发展方向，明确各港口的地位、作用、主要功能与布局等，合理规划港口岸线资源，促进区域内港口健康、有序、协调发展，并指导区域内港口总体规划的编制。港口布局规划的专项规划包括分层次港口布局规划、分运输系统港口布局规划、港口资源整合规划及其他专项规划。

港口总体规划主要确定港口性质、功能和港区划分，根据港口资源条件、吞吐量预测和到港船型分析，重点对港口岸线利用、水陆域布置、港界、港口建设用地配置等进行规划。港口总体规划的专项规划包括港区总体规划、港口集疏运设施规划和港口仓储、保税、物流等园区规划及其他专项规划。

2. 港口规划的原则

（1）充分利用国家的港口资源。首先，港口规划制定者应该对腹地经济进行考察并相应地确定港口的布局、规模和功能；其次，集疏运条件直接影响到港口功能的发挥，规划时要注重集疏运的通达性；再次，各种自然条件，如航道尺度、风力、波浪、潮汐等，均会对港口功能的实现起到不同的作用，也是规划港口时应考虑的重要问题。

（2）充分发挥港口效能。港口的基本功能是为社会经济提供服务，港口的建设应以满足和促进社会经济的发展为限，特别是港口作为社会基础设施投资巨大、回收期长，因此合理的港口布局对充分发挥每一个港口的效能尤为重要。

（3）充分体现国家经济发展的战略。港口是水路运输的一个重要环节，与其他运输方式也有着极为密切的关系，港口规划自然成为国家交通运输当中进行宏观调控的重要内容，需要充分体现国家的经济发展战略。

（二）港口规划的编制和审批

1.《港口法》对港口布局规划的编制和审批程序规定

全国港口布局规划由交通部报国务院批准后公布实施。跨省、自治区、直辖市的港口布局规划由国家交通部征求相关省、自治区、直辖市人民政府和国务院有关部门意见后批准并公布实施。

国家交通部应当自收到征求意见的材料之日起30个工作日内提出意见。交通部同意或者提出的修改意见被采纳或者在上述规定期限内未提出意见的，有关省、自治区、直辖市人民政府可依法公布实施。有关省、自治区、直辖市人民政府对交通部提出的修改意见有异议的，报国务院决定。

2.《港口法》对港口总体规划的编制和审批程序规定

《港口法》根据港口的地位和作用不同，对主要港口和地区重要港口以及一般性港口的总体规划的编制主体和审批程序做出了明确规定。

主要港口以及地区性的重要港口的总体规划由港口所在直辖市、市人民政府港口行政管理部门或者省、自治区人民政府确定的具体实施港口行政管理的部门编制；主要港口所在城市是直辖市的，其港口总体规划由直辖市人民政府港口行政管理部门报交通部和直辖市人民政府审批；不是直辖市的，其港口总体规划由港口所在市的港口行政管理部门报经市人民政府审核后，由市人民政府报国家交通部和省、自治区人民政府审批；重要港口的总体规划由省、自治区、直辖市人民政府征求国务院交通主管部门意见后批准，公布实施。

一般性港口的总体规划，由港口所在市、县人民政府港口行政管理部门编制，由港口所在市、县的港口行政管理部门报市、县人民政府审批。

（三）港口规划的法律效力

港口规划的法律效力主要体现在：港口规划必须依法编制，依法审批，依法实施与管理，依法修编与调整。港口规划一经批准，应当严格执行，任何单位和个人不得擅自更改。

国家和地方一直在探索和完善港口规划建设管理的法律法规。自 2004 年《中华人民共和国港口法》实施之后，《港口规划管理规定》和《港口建设管理规定》也相继颁布实施，这些法律法规的颁布构建起一系列较为完善的港口规划建设的法律法规体系，港口规划法律体系的建设使得港口必须按照法律法规的要求实施港口建设，以此避免岸线资源的浪费和不合理的重复性建设。表 11-2 反映了 20 世纪 90 年代至今大陆主要的港口规划的政策法规。

表 11-2　大陆主要的港口规划相关法律法规

颁布日期	文件名称	颁布单位/文件编号	内容摘要
1990-02-04	《港口总体布局规划编制办法》	〔1990〕交计字 58 号	介绍港口总体布局规划的内容、原则和方法等内容
1999-04-15	关于修改《沿海港口工程初步设计文件编制规定》的通知	交水发〔1999〕175 号	修改原发布文件中涉及港口定员及生活福利建筑物的内容
2003-06-28	《中华人民共和国港口法》	中华人民共和国主席令第 5 号	规定港口的规划建设、经营、安全与监督管理及法律责任等内容
2007-04-24	《港口建设管理规定》	交通部令 2007 年第 5 号	规定港口建设的程序管理、市场管理、信息报送及法律责任等内容
2007-12-17	《港口规划管理规定》	交通部令 2007 年第 11 号	规定港口规划的编制、审批、公布、实施、监督管理和法律责任等内容
2009-11-06	《港口经营管理规定》	交通运输部令 2009 年第 13 号	规定港口的资质管理、经营管理、监督检查以及法律责任等内容
2012-05-22	《港口岸线使用审批管理办法》	交通运输部、国家发展和改革委员会	规定港口岸线的使用、开发利用及审批管理等内容

资料来源：作者根据相关资料整理。

（四）大陆港口规划存在的主要问题

大陆港口规划有法有据，形成了比较完善的规划体系，对指导大陆港口发展起到了极为重要的作用，但在具体规划、实施层面也还存在一些问题。这主要表现在以下几个方面。

1. 规划实施的严肃性与控制性不够

由于大陆《港口法》颁布较晚，相关的法规可操作性较差，又缺乏有效的执法手段，导致港口规划缺乏严肃性，控制性不够。这主要表现在具体的实践当中，地方政府经常会因为个别项目进行规划调整，规划调整的随意性问题严重。

2. 规划的前瞻性、适应性不够

由于大陆目前处于经济转型期，经济社会发展快、变化大，规划的前瞻性、适应性自然难度系数较大；此外，由于港口规划制定者自身不合理的主观意志的干预，对区域经济社会发展、城市发展和港口发展缺乏全面、清晰、准确的认识，真正做到前瞻性、适应性难度很大，而规划的前瞻性、适应性不够，也损害了规划的权威性。

3. 港城矛盾突出

近些年来，港口规划与城市、交通、工业、旅游等规划衔接与协调停留在表面，不能达到真正协调，导致港口与城市对岸线、土地发展空间的争夺，港口集疏运对城市交通以及城市环境产生消极影响，港城矛盾严重。

二、台湾岛内港口规划政策

台湾岛内幅员有限，但四周环海，加上外贸在经济活动中扮演着重要的角色，因此港口密度较高，各主要港口间的距离有限，港口腹地并不明显。为有效管理及充分利用港口资源，避免恶性竞争导致资源的浪费，台湾岛内的港口编制了港口规划政策。

（一）港口规划的分类与原则

岛内港口的整体规划工作由台湾当局主管部门在 1995 年起每 5 年编制一次，整体规划的主要目的是对港口资源进行有效利用，提升岛内港口的竞争力以满足产业发展的需求。

1. 港口规划的分类

整体规划分为两个层次。除交通主管部门编制的《商港整体发展规划》外，各港口依据整体规划中所赋予各港口的定位，提出自身的《整体规划及未来发展计划》，研究确定未来五年内的整体建设计划，作为未来港口发展的依据。

岛内港口规划依规划层次可分为由台湾当局主导的商港整体规划和由各港口管理单位研究确定的未来五年的建设计划，整体规划工作主要依据内外部环境、各港本身的条件，基于资源最有效利用的原则拟订各港的定位，作为各港口研究确定建设计划的依据。台湾岛内港口规划依据港口功能可分为联外商港规划和岛内联商港规划两类。整体规划工作主要以联外商港为主，而岛内联商港的整体规划主要着重在离岛航运的规划。

2. 港口规划的原则

《台湾地区商港整体发展规划》已进入第5期的规划，不同时期的内外部环境不同，整体规划的目标、使命及发展策略也会随之调整，但规划原则并无太大变动，主要表现在：

（1）有效利用港口资源，避免不适当的投资及竞争；

（2）依据内外部环境及各港口本身条件，赋予各港口最合适的定位；

（3）提升港口的服务水平，满足产业的运输需求；

（4）引进港口相关产业，提升港口的运量。

（二）港口规划的编制和审批

交通主管部门研究确定的整体规划，赋予各港口的定位及其发展目的，是各港口整体规划及未来发展计划的指导原则。整体规划由运输研究所编制，经交通主管部门核定后再转送“经济建设委员会”（以下简称“经建会”），由经建会委员讨论修正通过后再转当局高层核定。

各港的整体规划及未来发展计划由各港自行拟订，送交通主管部门审核通过后再转送经建会及上级机关核定。

（三）港口规划的法律效力

商港整体规划依行政命令编制并不具有法律效力，商港的整体规划不只是交通主管部门及上级机关审批商港相关建设的重要依据，也是航港建设基金年度分配的重要参考资料。各港的《整体规划及未来发展计划》也必须依照整体规划中所赋予各港口的定位及发展，据此编列执行计划，并报送上级单位核定后才能取得相关经费。

台湾岛内的商港整体规划虽没有法律效力，但却是各级单位审核港口建设计划以及预测航港建设基金分配的重要依据，各港口所提送的计划，如果不符合整体规划中所罗列的相关指导原则，除非内外部环境有重大变化，否则几乎得不到通过的机会。

（四）台湾岛内港口规划存在的主要问题

1. 运量预测结果准确性欠佳，无法充分掌握港口的发展需求

港口运量预测是探讨未来需求及分配港口资源最重要工具，由于预测主要基于以往的运量记录，短期或可接近实际作业量，但长期预测无法预知产业的转型。此外，国际航运转运作业及再加工出口作业所衍生的转运量对于产业生态发展影响甚大，使得产业发展预测十分困难，港口运量预测虽可提供量化的数据，但其准确性偏低，与实际发展产生过大的偏差，根据运量预测的结果所进行的整体规划也可能与事实脱节。虽然经常性内外部环境分析可提供较佳的参考数据，但这些短期信息无法满足港口整体规划年期（40 年）的需求。

2. 港口管理单位与其他主管机关互动互信欠佳，协调沟通不易

一方面，港务公司或以往的港务局是交通主管部门下属的机关，本身地位不高，并且港区内的土地也非全部由港务管理机关所拥有，本身拥有的资源有限；另一方面，在都市的发展过程中，紧邻水域的水岸成为民众休憩及亲水的最佳去处，而对于使用率较低的码头用地，港务管理机关也想将其转型，作为可获取较高利益的相关设施用地。此外，港区作业所衍生的交通及环保问题，也使港务管理机关与地方政府间的利益纠葛不清，长期处于对立状况，部分地方政府甚至要求分享港务管理机关的营运盈余。对于整体规划中的土地变更使用、港口集疏运建设以及环境保护事项都必须与地方政府或其他机关进行协商，港务管理机关在地位不高和资源有限的状况下，往往力不从心，协调过程并不顺利，进而影响到整体规划的落实执行。

3. 未来整体规划的执行机关并不明确

以往政企合一，各港务局由交通部主管直门接管辖，存在直接隶属关系，交通主管部门也依据整体规划的内容审批相关计划；政企分离后，各港口成为港务公司的分支机构，港务公司对各港口拥有绝对的主控权，公部门未来是否需要为官办企业的经营进行整体规划，值得斟酌，而官办企业虽有政策使命，但亏损太多也会导致绩效欠佳甚至主管去职问题，未来商港的整体规划在政企分离后是否仍由行政机构制定，值得做进一步探讨及协商。

三、两岸港口规划政策的比较

根据前面对两岸港口规划政策的说明，可整理出如表 11-3 所示的比较结果。

表 11-3　两岸港口规划政策比较

<table>
<tr><th colspan="3">区域</th><th>大陆</th><th>台湾岛内</th></tr>
<tr><td colspan="3">法源依据</td><td>港口法</td><td>行政命令</td></tr>
<tr><td colspan="3">定义</td><td>港口规划是指根据经济与社会发展的要求，合理制定港口发展战略、发展目标和发展方向，对未来时期的港口设施布局及建设等做出综合部署和全面安排，是建设、管理港口的基本依据</td><td>整体规划工作的主要目的是为了有效利用港口资源，提升岛内的港口竞争力以满足产业发展的需要，内容包括但不限于以下项目：
（一）前言；（二）现况分析；（三）过去 5 年整体港口发展的执行检讨；（四）外部环境变化检讨分析；（五）内部环境变化检讨分析；（六）面临课题分析；（七）发展目标及策略研究拟订；（八）各港口发展定位的检讨；（九）未来运量预测；（十）预估财务计划</td></tr>
<tr><td colspan="3">原则</td><td>充分利用国家的港口资源
充分发挥港口效能
充分体现国家经济发展的战略</td><td>港口资源有效的利用，避免不适当的投资及竞争
依据内外部环境及各港口的本身条件，赋予各港口最合适的定位
提升港口的服务水平，满足产业的运输需求
引进与港口相关产业以提升港口的运量</td></tr>
<tr><td rowspan="4">规划分级</td><td rowspan="2">上位</td><td>规划</td><td>港口布局规划
（上位指导纲领）</td><td>岛内商港整体发展规划
（上位指导纲领）</td></tr>
<tr><td>编制及审批</td><td>全国港口布局规划，由国务院交通主管部门经征求国务院有关部门和有关军事机关的意见编制，报国务院批准后公布实施</td><td>交通主管部门所研究拟订的整体规划由“运输研究所”办理，经交通主管部门核定后再转送经建会，由经建会委员讨论修正通过后再转当局高层核定</td></tr>
<tr><td rowspan="2">各港</td><td>规划</td><td>港口总体规划</td><td>整体规划及未来发展计划
（细部执行计划）</td></tr>
<tr><td>编制及审批</td><td>由港口行政管理部门经征求有关部门和有关军事机关的意见编制后，会同有关人民政府批准并公布实施</td><td>各港口的整体规划及未来发展计划由各港自行拟订，报送交通主管部门审核通过后再转送经建会及上级机关核定</td></tr>
<tr><td colspan="3">港口规划的效力</td><td>港口规划一经批准，应当严格执行，任何单位和个人不得擅自更改</td><td>依行政命令办理并未有法律效力，但各港的计划若与整体规划的指导原则不符，获得通过的机会将十分渺茫</td></tr>
<tr><td colspan="3">未来发展</td><td>加强规划的控制性</td><td>明确未来整体规划的执行机关</td></tr>
</table>

资料来源：作者根据相关资料整理。

两岸的港口规划都是为了更好地利用港口资源，发挥出港口服务经济发展的功能，在具体的港口规划的行政内容上，两岸也存在着较多的相同之处。但由于港口管理体制的不同，两岸港口规划也存在着一些不同。根据上表两岸港口规划政策的比较，可以看出：

（1）大陆的港口布局规划仅对港口规划的目的及方向进行定义，港口总体规划内容较为详细，包括过去港口发展的总结、内外部环境变化和未来发展战略和路径；台湾岛内港口规划的内容更为翔实，包括对以往执行情形的检讨等至少十个明确的工作项目。

（2）两岸港口规划的原则除对资源利用及各港定位相同外，由于两岸经济体规模不同，各自港口规划的主要考虑也有所不同：大陆以反映国家整体经济发展策略为主要考虑；而台湾岛内则是以提高港口的服务水平以提升产业的竞争力为主要考虑，而以再加工出口作业的规划为整体规划的主轴，以促进产业发展及港口运量。

（3）大陆港口规划是依法编制，一经批准后，各港必须据以执行，而台湾岛内的港口规划依行政命令办理，并未有法律效力，但若是各港的整体规划及未来发展计划与整体规划的定位不符，通过交通主管部门审批的可能性也不大。

（4）台湾岛内港口 2012 年进行政企分离改革，由单一事业体负责所有国际港口的经营，未来整体规划（上位计划）的执行机关并不明确。

第三节　两岸港口价格政策比较

伴随两岸港口管理体制改革，两岸港口价格政策各有特点。大陆的港口价格政策针对外贸和内贸运输方式不同，由各级政府采取不同的管理政策，外贸运输是全国统一定价，且对大部分内贸价格的组成要素做出了统一的价格规定。台湾岛内则由各港口自行制定收费标准，主管部门对价格则采取上限的管理模式，而内贸部分的价格则由市场来决定。本节主要从价格政策制定主体、制定依据、经营性收费和行政性收费等方面比较分析两岸港口价格政策的异同。

一、大陆港口价格政策

在逐步的"政企分离"的体制改革中，大陆港口价格管理经历了从集权管理到分级管理的变革。目前，大陆的港口价格管理实行统一领导、分级管理制度。港口价格政策主要包括港口经营性收费制度和港口行政性收费制度两大类。

（一）港口价格政策制定主体与依据

根据港口经营活动不同，大陆对内贸和外贸两类服务制定了不同的收费规定。对于不同的贸易方式，在港口定价权和定价主体等方面也存在着不同。

1. 港口定价权与定价主体

大陆港口价格均由各级物价部门规定，由政府定价。其中外贸港口价格主要由交通部负责制定港口收费规则，经国家发改委核定批准各项收费的价格标准。地方港口内贸活动的价格制定权则下放至地方政府交通主管部门，收费标准则由地方物价部门进行审批。对于大多数的内河港口而言，拥有定价权的主体是省级交通主管部门，然而一部分省份的港口内贸定价权已经下放至地区（市）一级甚至更加细化。

2. 港口收费的相关规定

目前，大陆港口外贸活动的收费实行统一管理，收费项目的设置、规则的制定和费率水平主要依据《中华人民共和国交通部港口收费规则（外贸部分）》。此后，交通部根据港口行业的发展变化又出台补充了相关说明与条例解释，比如2002年《交通部、国家发展计划委员会关于对外贸船舶及货物港口收费实行优惠的通知》，2004 年《关于修改〈中华人民共和国交通部港口收费规则（外贸部分）的决定〉》，等等。

对于港口的内贸活动，1992年颁布的内贸《港口费收规则》曾长期实施。此后，交通部和国家发展和改革委员会在2005年联合发布《关于调整港口内贸收费规定和标准的通知》，从2005年8月1日起统一沿海和长江干线、黑龙江水系主要港口的内贸收费规定，规范了港口内贸收费项目。其中，货物港务费和船舶使用费（包括引航费，拖轮费、停泊费等）实行政府定价，货物装卸作业费等劳务收费实行市场调节价，即货物和集装箱（国际标准集装箱除外）在港口进行装卸作业的包干费、仓储费等用由港口经营人自行决定。

（二）港口经营收费制度

港口对货物进行装卸作业和各种服务工作，为船舶提供港口设施和劳务，因而港口经营人相应地向货主和船方收取港口经营费用。其中主要计费单位为船舶净重吨位或马力、停泊天数、货物吨数和集装箱数。

港口经营收费项目包括引航、移泊费，租用船舶、机械、设备和委托其他杂项作业费，系、解缆费，停泊费，开、关舱费，港口作业包干费，货物堆存保管费和（内河）驳船取送费等。

在上述收费项目中，引航、机械租赁、停泊等作业费用与船舶相关，可以统称为船舶使用费，而港口作业包干费和货物堆存保管费与货物相关，统称为货物装卸作业费。船舶使用费率如表 11-4 所示。

表 11–4　船舶使用费率表

编号	项　目	计费单位	费率（元）		说　明
1	引航费	净吨（马力）	A	0.5	
		净吨（马力）/海里	B	0.005	
		净吨（马力）	C	0.16	过闸引领
2	移泊费	净吨（马力）	0.22		各港港内移泊
3	引航员滞留费	每人每小时	20		
4	系、解缆费	每次	A	107	2 000 净吨及 2 000 净吨以下船舶在码头
			B	159	2 000 净吨及 2 000 净吨以下船舶在浮筒
			C	213	2 000 净吨以上船舶在码头
			D	318	2 000 净吨以上船舶在浮筒
5	停泊费	净吨（马力）/日	A	0.23	
			B	0.05	
		净吨（马力）/小时	C	0.15	
6	开、关舱费	每舱口	A	264	2 000 净吨及 2 000 净吨以下船舶
			B	530	2 000 净吨以上船舶
		每块舱盖	C	75	全集装箱船使用集装箱专用索具
7	起货机工力费	每重量吨	A	1.08	
		每体积吨	B	0.54	

资料来源：《关于修改〈中华人民共和国交通部港口收费规则（外贸部分）〉的决定》的航行国际航线船舶港口费率表。

散杂货在装卸过程中收取货物装卸作业费，对于申请使用起货机械和浮吊等设施，另需收取相关起货机费及人工服务费；为了促进外贸运输，简化集装箱港口服务流程，交通部针对集装箱港口服务制定了包干费，包干费涵盖了原散杂货在港口的各项收费（不含堆场堆存费用）。表 11-5 是 2004 年交通部出台的外贸集装箱装卸和过境包干费率。

表 11-5　外贸进出口集装箱货物装卸包干费和过境包干费率

箱 型			装卸包干费（元/箱）	过境包干费（元/箱）
标准箱	20 英尺	装载一般货物的集装箱	425.5	659.5
		空 箱	294.1	503
		装载一级危险货物的集装箱	467.9	725.2
		冷藏重箱	467.9	725.2
		冷藏空箱	324.1	502.4
	40 英尺	装载一般货物的集装箱	638.3	1000.2
		空 箱	441.1	768.6
		装载一级危险货物的集装箱	702	1088.2
		冷藏重箱	702	1088.2
		冷藏空箱	486.1	753.4

资料来源：《关于修改〈中华人民共和国交通部港口收费规则（外贸部分）〉的决定》的外贸进出口集装箱装卸包干费、国际过境集装箱港口包干费率表。

（三）港口行政收费制度

大陆港口的行政事业性收费主要指港口建设费、港务费和港口设施保安费。

港口建设费属于政府性基金，收入全额上缴国库，用于港口的公共基础设施建设支出，包括航道、船闸、防波堤、锚地等基础设施建设，以及支持保障系统建设的支出，如海事、救援、打捞和应急通信等。港口的建设费用由海事管理机构直接向货主征收，或者委托船代和货代公司等机构代为收取。随着大陆港口体制改革的完成，原来中央直属和双重领导的港口管理体制下的港口代为征收的港口建设费用，现在除个别港口以外，已经移交至政企分开后的港口企业，而征收到的资金将缴入交通部港建费收入专户。

港务费是港口用以维修、保养港口建筑物和疏浚航道以利于船舶和货物安全进、出港口及使用便利而向船舶和货物所征收的费用。与港口建设费类似，港务费也是由港口的港务集团向货主进行征收。

港口设施保安费主要用于港口保安设施（设备）的建设、维护和管理以及相应的保安人力的劳务支出。根据《关于收取港口设施保安费有关事宜的通知》规定，港口设施保安费只针对港口的外贸活动。港口设施保安费为港口设施的经营人向外贸承运人或收货人收取的费用，并由港口行政管理部门进行监督和指导。

二、台湾岛内港口价格政策

台湾岛内港口费率制度，光复后一度曾沿袭日据时期的旧制，原则上采用统一费率制度，其后随着工商业的发展和港口服务发展的需要，逐渐脱离统一费率的制度，转而由各港务分公司自行制定费率标准，最终演进为现行的制度。

（一）港口价格政策制定主体与依据

1. 定价权及定价主体

台湾岛内商港主要可分为联外商港、辅助港、岛内商港及工业专用港及特种货物装卸设施，其中联外商港、辅助港及岛内商港的费率项目及上限由航港局拟定，再报请交通主管机关核定。工业专用港的收费项目、费率及计算方式则需由经济和交通主管部门共同订定。特种货物装卸设施的收费项目及费率则由该设施的事业机构或指定的机关拟订，再由该设施的目的事业主管机关核定。

2. 港口收费的相关规定

台湾岛内商港收费制度的标准主要是以商港法规为基本依据，各联外商港依此制定其收费项目标准的费率及其上限，而各辅助港则以联外商港的费率标准为主，内联商港的收费标准则以《国内商港港口业务的项目及费率上限标准表》中所规定的标准收费。工业港则依据《产业创新条例》制定的《工业专用港及工业专用码头港口费用收费办法》作为其收费项目及费率标准。特种货物装卸设施则依据商港法规，由目的事业主管机关制定相关项目及费率。

（二）港口经营收费制度

船舶自港外等候入港开始，引水、拖船、带解缆、货物装卸、存放等相关费用便开始计收，各项目除引水费其余皆由港口或码头营运单位收取，上述相关费用为港口业务费率，主要分为港湾业务费及码头业务费。

港湾业务费收费的项目包括码头停泊费、浮筒费、拖船费、带解缆费、给水费及垃圾清理费；码头业务费则包括装卸费、设备使用费、一般货物滞留费、栈租费、码头通过费、地磅使用费、一般码头夜工设备费及杂项工作费。以散货轮为例，上述相关费用如表 11-6 所示。

表 11-6 散货轮的港湾业务费及码头业务费收费项目表

项目		类别	计费单位	岛内航线计价
港湾业务费	码头停泊	1.一般船舶费率 2.货柜轮费率	元/每船每小时	联外航线的 4 折
	浮管费		元/每船每小时	联外航线的 4 折
	拖船费		元/每小时	同联外航线
	带解缆费	1.缆工费：带缆、解缆 2.设备费：带缆船、带缆车	元/每次	同联外航线
	给水费	1.码头给水：设备费、水费 2.水驳给水：设备费、水费	元/每吨（水重）	同联外航线
	垃圾清理费		元/每船每日	同联外航线
码头业务费	装卸费	一般货物装卸费	元/吨（货物重）	同联外航线
		散装谷类进出谷仓装卸费		同联外航线
		自卸船装卸费		同联外航线
		废铁专用码头装卸费		同联外航线
		自动卸煤系统装卸费		同联外航线
	设备使用费	一般使用费	元/0.5 时	同联外航线
		重件货物加成使用费	元/吨（货物重）	同联外航线
	一般货物滞留费		元/每吨每日（货物重）	同联外航线
	栈租费		元/吨（货物重）	同联外航线
	码头通过费	一般货物	元/吨（货物重）	联外航线之 5 折（由进出港各收一半）
		管道货物		
	地磅使用费	按吨计费者	元/每吨每次（货物重）	同联外航线
		按车计费者	元/每车每次	同联外航线
	一般码头夜工设备费		元/每阶段	同联外航线
	杂项工作费	点工费	元/每人每日	同联外航线
		翻舱费	元/吨（货物重）	同联外航线
		扫舱费	元/舱	同联外航线
		行李搬运费	元/件	同联外航线
		驳船服务费	元/每吨每日（货物重）	同联外航线
		开盖舱盖费	元/每次每日	同联外航线
		改装费	元/吨（货物重） 元/包 元/箱	同联外航线

资料来源：作者根据相关资料整理。

此外，还有专门针对货柜作业的货柜码头业务费，包括货柜装卸费、机械使用费、货柜滞留费、货柜码头通过费、地磅使用费、货柜码头夜工设备费、冷冻货柜供电费以及货柜拆柜费。

目前，台湾岛内的工业专用港有麦寮港及和平港，工业专用港的港口费用分为管理费、使用费及服务费，其中管理费是由当局高层主管机关向工业港使用人依其进出口货物吨数征收，使用费及服务费相关说明如表 11-7 所示。

表 11–7　台湾岛内工业专用港相关费用收费项目表

		项目	类别	费率	适用港口	
					麦寮港	和平港
管理费				元/吨（货物重）	✓	✓
使用费		港湾设施使用费		元/吨（货物重）	✓	✓
		建筑物使用费	港务行政办公室	元/每月每坪	✓	✓
			港勤办公室　（麦寮港）		✓	
服务费	港湾服务费	一般码头停泊费		元/时	✓	✓
		货柜轮码头停泊费		元/时	✓	
		拖船费		元/时/艘	✓	✓
		领港船使用费		元/时		✓
		带解缆费	缆工费：带缆、解缆	元/次	✓	✓
			设备费：带缆船、带缆车			
		拖船缆绳费		元/条/次	✓	✓
		给水费	水费	元/吨（水重）	✓	✓
			设备费			
		垃圾清理费		元/船/日	✓	✓
	栈埠服务费	装卸费	煤	元/吨（货物重）		✓
			水泥、熟料			
			水泥、熟料			
			副料（铁渣、石膏）			
			黏土、矿泥等			
			其他、石灰石			
			砂石、下脚料			
		仓储费	栈租	元/每吨每日（货物重）		
			滞留费			
		一般码头夜工设备费		元/时段		

资料来源：作者根据相关资料整理。

（三）港口行政收费制度

为促进国际商港建设及发展，航港局就进入港口的船舶依其总吨位、离境的上下客船、旅客依其人数及装卸的货物依其计费吨量计算，向船舶运送业、离境旅客、货物托运人收取商港服务费，商港服务费则缴交航港建设基金，全部用于商港相关设施的建设。主要用途包括防坡堤、航道等公用基础设施的建设，参与国际港口相关组织、港口保全、管制与设备建置等的支出，配合航港发展需要有关的交通设施、环保节能设施等支出以及为商港服务的行政管理费用。

商港服务费的收费方式分为联外及岛内航线两种。对于联外航线，可以选择按航次或者按期缴纳，对于岛内航线的船舶商港服务费，按岛内航线船舶费率的四成计收。

三、两岸港口价格政策比较

根据前面对两岸港口价格政策的说明，可整理出如表 11-8 所示的两岸港口价格政策比较结果。

两岸的港口价格政策的不同主要在于大陆是由中央统一制定标准，台湾岛内则是由各航港分局自行拟定。根据表 11-8 可以看出如下不同。

（1）大陆的港口外贸价格实施统一定价，由交通部制定相关标准，内贸价格则由地方政府的交通主管部门统一定价；台湾岛内的港口内外贸价格则是由各航港局拟定后，再报请交通主管机关核定。

（2）大陆收费规则分为外贸及内贸的制定标准；台湾岛内则是由各港自行制定各项的收费标准，主要针对联外航线进行定价，岛内航线的费用则根据联外航线的定价给予折扣。

（3）两岸港口行政收费差异较大，大陆为建设费和港务费，而台湾岛内为商港服务费，上述费用，经地方（大陆）及当局高层（台湾岛内）分配拨用后，可供服务于港口基础设施以及保障保安设施建设修复。大陆在港务相关费用中，特意针对港口的基础设施及保安设施，收取港务费及港口设施保安费，台湾岛内则没有这种情况。

（4）台湾岛内另有针对工业港的收费规则，包含管理费、使用费及服务费，其中管理费为当局高层主管机向工业港使用人依据其进出口货物吨数征收的费用，使用费为港湾设施的使用费用，服务费则如同商港包含港湾业务费及码头业务费。

表 11–8　两岸港口价格政策比较

<table>
<tr><th colspan="2">比较项目</th><th>大陆</th><th>台湾岛内</th></tr>
<tr><td colspan="2">定价权及定价主体</td><td>外贸港口由交通部负责制定港口收费规则
内贸活动由地方政府交通主管部门制定港口收费规则</td><td>由航港局拟定，再报请交通主管机关核定</td></tr>
<tr><td colspan="2">收费制度</td><td>外贸部分：中华人民共和国交通部港口收费规则
内贸部分：关于调整港口内贸收费规定和标准的通知</td><td>各港口各自制定各项收费标准的上限</td></tr>
<tr><td rowspan="2">收费费率</td><td>外贸</td><td>依《中华人民共和国交通部港口收费规则》</td><td>依各港的收费标准</td></tr>
<tr><td>内贸</td><td>依《关于调整港口内贸收费规定和标准的通知》</td><td>依外贸的定价给予折扣</td></tr>
<tr><td colspan="2">税收与行政性收费</td><td>建设费：用于港口的公共基础设施建设支出（对货主收费）
港务费：用以维修，保养港口建筑物和疏浚航道以利于船舶和货物安全进、出港口和使用便利（对船舶及货物收费）
港口设施保安费：港口保安设施（设备）的建设、维护和管理以及相应的保安人力的劳务支出（对外贸承运人及收货人收费）</td><td>商港服务费：用于有收取商港服务费商港的建设（对船舶及货主收费），分岛内和联外航线两种收取方式</td></tr>
<tr><td colspan="2">港埠费用</td><td>● 船舶使用费：引航、机械租赁、停泊
● 设备和委托其他杂项作业费
● 系、解缆费，停泊费，开、关舱费</td><td>港湾业务费：引航、码头停泊费、浮筒费、拖船费、带解缆费、给水费及垃圾清理费</td></tr>
<tr><td colspan="2">装卸费</td><td>装卸作业费：散杂货各项港口装卸费、集装箱港口作业包干费和货物堆存保管费等</td><td>码头业务费（装卸费）：装卸费、设备使用费、一般货物滞留费、栈租费、码头通过费、地磅使用费、一般码头夜工设备费及杂项作业费、货柜装卸费、机械使用费、货柜滞留费、货柜码头通过费、地磅使用费、货柜码头夜工设备费、冷冻货柜供电费、货柜拆柜费</td></tr>
<tr><td colspan="2">其他收费规则</td><td></td><td>工业港收费以依据《产业创新条例》订定的《工业专用港及工业专用码头港埠费用收费办法》为准，可分为：管理费、使用费、服务费和引水费</td></tr>
</table>

资料来源：作者根据相关资料整理。

第四节　两岸港口投融资政策比较

大陆与台湾岛内的投融资政策虽不尽相同，但在投资结构中，两岸港口的国有资本都占有主导地位。随着港口业不断改革和国际化发展，近年来两岸也都在积极推动投资主体多元化和投资渠道多元化。本节主要从投融资政策的发展变化、投融资主体和投融资方式三个方面介绍两岸投融资政策的异同。

一、大陆港口投融资政策

伴随着大陆港口管理体制的改革，其港口建设投融资也从单一形式逐步发展成了多种投资主体和投资渠道共存的港口投融资政策。

（一）港口投融资政策的发展

在改革开放之前，大陆一直实行的是高度集中的计划经济体制，因此在港口投融资政策中，政府是投资的唯一主体，中央政府不仅负责项目决策、投资管理以及项目管理的全部工作，还要对港口企业的经营负责，实行的是一种国家预算内的拨款制度。

从改革开放之后到20世纪90年代，大陆开始了对港口投融资政策的探索，进行了对港口建设市场机制的初步改革。1979年，国务院批准了《关于基本建设投资实行贷款方法的报告》和《基本建设贷款试行条例》，对国家投入的资金实行有偿使用的政策，在基本建设上实行“拨改贷”政策；1985年国务院颁布了《关于中外合资建设港口码头优惠待遇的暂行规定》，在法律层面明确了国家给予中外合资建港的优惠待遇政策；1990年，交通部颁布《公路、水运交通产业政策实施办法》，提出了在统一规划下，多方筹集和有效使用建设资金，本着“谁投资、谁使用、谁受益”的原则，提倡货主自建专用码头和专用航道，多渠道、多形式、多层次地吸引国外投资。

从1992年起，大陆港口投融资政策深化改革，对于港口建设的投资管理进一步细化。1993年中共中央发布《关于建立社会主义市场经济体制若干问题的决定》，其中将投资项目分成了竞争性、基础性和公益性三类，并根据不同的情况分别确定了投融资政策；2002年又将港口公用码头的设施的建设、经营列为鼓励外商投资的项目，且在投资比例方面没有任何限制。随着地方港口投融资建设的细则对政策的补充和完善，我国大陆地区港口的投融资政策显现出多样性和复杂性，适应国际形势变化和国民经济快速发展的需要。表 11-9 反映了改革开放之后相关的港口投融资政策。

表 11-9　港口投融资相关政策

年份	法律法规	相关内容
1979	《关于基本建设投资实行贷款方法的报告》和《基本建设贷款试行条例》	对国家投入的资金实行有偿使用的政策
1985	《港口建设费征收办法》	港口建设费作为政府性基金，征收范围为 26 个国务院批准的港口
1985	《关于中外合资建设港口码头优惠待遇的暂行规定》	外国合营者在中华人民共和国境内，同中国的公司、企业共同投资兴办合营企业建设港口码头，合营期可超过 30 年
1986	《关于内地省、区、市在沿海集资建设港口码头的试行办法》	经国家批准的列入计划的沿海地区的航道、防坡堤、港池等基础设施由国家投资，堆场、仓库、装卸设备等建设投资由投资者自行筹集
1990	《公路、水运交通产业政策实施办法》	在统一规划下，多方筹集和有效使用建设资金，本着"谁投资、谁使用、谁受益"的原则，提倡货主自建专用码头和专用航道，吸引国外投资
1991	《外商投资企业和外国企业所得税法实施细则》	鼓励外国投资港口建设
1992	《关于深化改革，扩大开放，加快交通发展的若干意见》	允许外商独资建设货主专用码头和专用航道；外商投资开发经营成片土地时，可在地块范围内建设和经营专用港区和码头
1997	《关于搞好国有大中型企业的若干政策和措施》	规定对港口建设项目实行项目资本金制度
2001	《2001～2010 年公路水路交通行业政策及产业发展序列目录》	提出水路交通投融资要通过中央投资、地方筹资、社会融资、利用外资等渠道，增加水路交通建设投入；鼓励通过发行债券、股票等方式，拓宽融资渠道
2002	《外商投资产业指导目录》	取消港口公用码头中方控股的要求
2004	《港口法》	国家鼓励国内外经济组织和个人依法投资建设、经营港口，保护投资者的合法权益
2004	《关于投资体制改革的决定》	要进一步放宽社会资本的投资领域，允许社会资本进入法律法规未禁入的基础设施、公用事业及其他行业领域；鼓励和引导社会资本以独资、合资、合作、联营、项目融资等方式，参与经营性的公益事业、基础设施建设

资料来源：作者根据相关资料整理。

（二）港口投融资主体

大陆的《港口法》将港口的设施分为公用基础设施和经营设施。公用基础设施是由县以上各级人民政府负责建设，公用基础设施指用于港口公用的航道、防波堤、锚地栈桥以及配套的水电通信等设施；而非公用的基础设施和经营设施则由港口经营人所使用并自行建设、维护和管理，其中生产性码头泊位、仓库、堆场、设备以及为船舶服务的通信导航和环保设施则为港口的非公用基础设施。

1. 政府

为了保证港口的建设，国家法律规定各级政府应当保证港口公用设施建设资金的投入。《港口法》明确规定：县级以上有关人民政府应当保证必要的资金投入，用于港口公用的航道、防波堤、锚地等基础设施的建设和维护；应当采取措施，组织建设与港口相配套的航道、铁路、公路、给排水、供电、通信等设施。

一方面，各级政府通过港口建设费作为政府性基金，用于水运基础设施建设。根据1985年国务院颁布的《港口建设费征收办法》，港口建设费作为政府性基金，征收范围为26个国务院批准的港口，用于包括沿海港口（含停靠海轮的泊位）的码头、防波堤、港池、航道、港区道路等基础设施以及水上过泊措施项目等水运基础建设；另一方面，各级政府可以通过土地等政策，对港口建设给予支持。根据2001年5月交通部颁布的《2001～2010年公路水路交通行业政策及产业发展序列目录》，鼓励各级政府通过营造土地、置换土地或直接划拨土地以及“以工代赈”和“以粮代赈”等方式，对水路交通基础设施建设给予政策性优惠。

2. 外资机构

大陆从改革初期起就积极吸引外资机构投资港口建设。1985年国务院颁布的《关于中外合资建设港口码头优惠待遇的暂行规定》提出，中外合资建设港口码头，合营期可超过30年，所得税从获利的年度起第一个五年免交，第二个五年减半，以后经营困难的经批准优惠期尚可延长，允许合营企业投资较少、利润率高的项目互相补偿。1992年，交通部下发的《关于深化改革，扩大开放，加快交通发展的若干意见》中取消中外合资的限制，允许外商独资建设货主专用码头和专用航道，进一步扩大港口建设的投资主体和资金来源渠道。另外，根据原国家计委、国家经贸委颁布的《外商投资产业指导目录》，从2002年4

月 1 日起，大陆取消了港口公共码头的中方控股要求。这一政策实质上是鼓励港口投融资进一步引进外资走市场化道路。

3. 国内企业

国内经济机构在投资港口建设方面的政策与外商投资基本相同。《港口法》第一章第五条明文规定："国家鼓励国内外经济组织和个人依法投资建设、经营港口，保护投资者的合法权益。"通过法律的形式保障了各个港口建设经营主体的多元化。2004 年 7 月，国务院颁布的《关于投资体制改革的决定》提出，要进一步放宽社会资本的投资领域，允许社会资本进入法律法规未禁入的基础设施、公用事业及其他行业领域；鼓励和引导社会资本以独资、合资、合作、联营、项目融资等方式，参与经营性的公益事业、基础设施建设。

（三）港口投融资方式

2001 年 5 月，交通部颁布《2001～2010 年公路水路交通行业政策及产业发展序列目录》，提出水路交通投融资要通过中央投资、地方筹资、社会融资、利用外资等渠道，增加水路交通建设投入。鼓励通过发行债券、股票等方式，拓宽融资渠道，为大陆港口建设投资方式的多元化奠定了法律基础。

目前，大陆港口的投融资模式有：政府投资，"地主港"模式融资，贷款融资，上市融资，发行债券，企业投资，融资租赁和 BOT 方式融资。

地主港模式融资是指在地主港模式下，首先由政府控股的港务公司进行港口的建设规划，并进行招标和融资完成岸线和土地建设，在基础设施建成后，通常由港口经营人租用或建设具体的码头库场项目，向港务公司缴纳出租费用。

商业银行贷款和国家开发银行的政策性贷款支持了国家重点港口的建设和发展。其中，国家开发银行作为现代化政策产业银行，其贷款成为港口建设的主要资金来源，而商业银行借款手续比政策性银行简单，灵活性较大，利率水平与政策性银行没有区别，贷款期限较短，企业可根据建设进度需要随时办理借款。

一些港口根据条件通过发行内部集资建设债券筹集了部分建港资金，更有一部分港口通过政企分离的契机，将企业加以股份制改造，向社会募集港口建设资金。1992 年天津港率先通过定向募集股份设立股份有限公司。1997 年经中国证监委批准，天津港在香港挂牌上市，从资本市场筹集到了建设资金。

而融资租赁则是港口为解决港口机械设备老化问题，提高港口机械装卸效率进行的资金筹措。港口通过融资租赁，筹得了资金，解决了港口资金缺乏与港口生产经营固定资产不足的矛盾。

BOT（Build-Operate-Transfer）指政府与私营财团的项目公司签订港口特许权协议，由项目公司筹集资金和建设公共基础设施。项目公司在特许经营期内拥有、运营该项目设施，通过收取服务费用以回收投资、偿还贷款并获取合理利润。特许经营期满后，项目无偿移交政府。

二、台湾岛内港口投融资政策的发展

以 1980 年颁布的相关商港法规为重要节点，台湾岛内的港口投融资政策可以分为公布前和公布后两个阶段，但无论是在哪个阶段，台湾岛内港口的投融资主体以及资金来源都以公部门为主，形成了投资渠道多元化，但以公部门为主体的特点。

（一）港口投融资政策的发展

1. 相关商港法规公布前

在相关商港法规公布之前，台湾岛内港口装卸大都仍以散杂货及散货为主，码头后方建有仓库，部分货物以铁路运送，港区紧邻人口集中的市区，码头后方空间有限。台湾岛内的经济在陆续推动十大建设计划后，开始蓬勃发展，并有大量的出口外销货物，再加上 1967 年起海运货柜运输开始兴起，基隆及高雄两港也在 1972 年起开始货柜的装卸作业，1973 年十大建设中的台中港也展开建港工程，台中港是人工港，港区内的土地大多以浚挖航道的砂土填筑新生地取得，部分公共土地则办理无偿拨用。

在相关商港法规公布前，各港务局并未界定明确的港区范围，因此港区水域内部分由后线业者配合其本身货物的装卸需求，自行投资兴建的码头，并非由港务局所管辖及调度，如高雄港内的钢铁厂、炼油厂、造船厂等公营事业单位各建有其专用的码头，基隆港内除中船的码头外，由于后线并无充裕的土地可供产业发展，因此并未有高雄港的情形发生，台中港的码头则全部由公部门投资兴建，但装卸作业则开放由民间业者经营，成为台湾岛内港口装卸作业民营化的开端。

2. 相关商港法规公布后

相关商港法规公布后，对业者参与港口设施的兴建及营运赋予官方依据，但商港法规并未制定施行细则，各港务局在办理业者投资港口建设或参与营运作业的方式依不同的考虑，因地制宜而有不同方式，其中的主要方式包括：

（1）由港务管理机构兴建完成后，租予单一业者经营；

（2）由港务管理机构兴建完成后，委托业者经营装卸作业；

（3）以招标或协议方式由业者以“合作兴建”形式负责硬件设施的兴建，并在“免租使用期间”负责码头的营运，约满后则享有优先承租权利；

（4）业者以 BOT 方式投资经营港设施（政企分离后，港务公司不能再承办此项业务）。

其余岛内港口设施的投融资发展如表 11-10 所示。

表 11–10　台湾岛内港口投融资发展

时期	发展情形	资金来源
1976 年前	港务局以地主港方式经营，相关设施皆由政企合一的港务管理机关负责兴建	公部门预算
1976 年后	非收益性设施由港务局负责兴建，具有自偿性特点的营运设施开放业者以“合作兴建”的方式投资兴建，并享有“免租使用期”以抵偿其投资费用，相关设施的产权归属港务管理机关	1. 公部门预算（航港建设基金） 2. 民间资金（含业者自有资金及金融机构贷款）
1994 年后	非收益设施	公部门投资
	自偿性较低财务无法自偿的营运设施	港务管理机关（公部门）
	具有自偿性的营运设施	民间业者以“合作兴建”或 BOT 投资经营
2012 年政企分离	非收益设施	公部门编列预算委托港务公司执行
	自偿性较低财务无法自偿的营运设施	申请基金辅助不足额由港务公司的营运基金支出
	具有自偿性的营运设施	开放业者投资或由港务公司自建

资料来源：作者根据相关资料整理。

（二）港口投融资主体

台湾岛内的港口基本上是以地主港的方式经营，在装卸作业民营化前，港口的建设及营运皆由港口管理机构负责，装卸作业则由没有特定雇主的码头工人负责，港口的建设及相关设施皆由公部门编列预算支应，港口管理机关则将其年度盈余缴交当局财政，民间资金基本上并不投入港口的建设及营运。

港口装卸作业民营化作业推动之后，民间业者以“合作兴建”方式投入资金，进行港口相关设施的兴建及机具的购置，并负责设施的营运，港口收益性设施的投资主体已逐渐由公部门转移至民间业者（包括外资），采用“合作兴建”模式的港口设施的产权归属港务管理机构，业者在取得银行贷款上可取得产权计划方便。

1994年及2000年《奖参条例》及促参法规公布之后，业者可以以BOT方式投资港口设施并取得较长的特许年限，也可取得地上权，而其投资过程中也必须取得银行的相关承诺，BOT方式对业者的资金筹措较“合作兴建”模式更为有利。政企分离之后，港务管理机构为受公部门委托的事业体，并不具有办理 BOT 计划的身份，港务公司脱离公部门行政机构相关法令的束缚之后，经营弹性有所提升，除了可自营装卸作业外，可以以合资、参股、合作兴建等不同管道与业者共同参与港口的营运。

1. 公部门

台湾岛内国际商港非收益性设施的兴建，是由公部门透过航港建设基金或其他渠道拨款给予公营的港务公司，进行非收益设施的兴建及维护工作，公营的港务公司亦可以将本身的营运基金进行非收益性及自偿性较低的营运设施的兴建工作。

工业专用港的非收益设施的部分，公部门并不予以补贴或拨款，而由业者向使用者收取相关费用，公部门并未涉入工业专用港的兴建。

2. 外资机构

外资机构在岛内从事港口建设，在持股方面有所限制，但可以以分公司或分支机构的名义在岛内进行运作。外资投入港口建设或营运的方式包括：

（1）航商向港务管理机构承租码头营运；

（2）与岛内业者合资成立特许公司以“合作兴建”方式或 BOT 方式（政企分离后已不适用）参与港口的建设与营运；

（3）透过股票市场取得公司的经营权。

台湾岛内的港口营运规模有限，再加上种种限制，对外资的吸引力有限，外资投入的规模不大，除航商租赁专用码头营运外，港口投资仍以本地的业者为主。

3. 岛内企业

台湾岛内的港口，为提升民间企业的经营弹性，增加装卸效率，由早期的工具港模式向地主港发展，政企分离（2012 年）后，公营的港务公司除了动用营运基金，扩大港口各项硬件的投资外，也加强与业者间的合作关系，除了原先的“合作兴建”租赁、委托经营等模式外，还可以以合资、入股的方式与企业体共同参与港口的营运。

台湾岛内的民间企业在装卸作业由无特定雇主的码头职业公会垄断时期，并未有参与港口营运的空间，在相关商港法规公布前，业者在紧邻水域的厂区兴建码头自行营运，也是另一种参与港口建设的方式。

台湾岛内奉行自由经济，但仍存在相当数量的公营事业，公部门为管控重要物资，以公部门资金设置大型公营事业来带动经济发展。相关商港法规公布前，台湾岛内的港口并未有明确的港口范围，部分港口邻近港区水域的土地，并非全由港口管理机构或政府所拥有，码头后方土地甚至码头本体为业者所拥有。相关商港法规公布后，确定了装卸作业民营化的目标，1999 年码头工人全面退出港口装卸作业后，台湾岛内港口的装卸作业及收益性设施的建设及营运皆由民间业者主导，企业资金陆续投入港口的营运，其资金取得方式和一般企业并无太大的差别。

1990 年《促进产业升级条例》公布，台湾岛内的工业区依此条例建设工业专用港及工业专用码头，以供应特定工业区内厂商原物料及成品输出入之用，该设施为由公营事业投资兴建，一定期限后营运权及产权需移转 BOT 模式，只有工业区专用码头是针对特定对象服务而设立的，不得供该工业区以外的使用。

（三）港口投融资方式

台湾岛内的港口以往以“地主港”的模式经营，港区范围内的相关设施皆由港务管理机关负责，资金也由政府所征收的商港建设费中支付，装卸作业则由码头工人公会负责，业者参与的空间十分有限，早期港口建设的资金皆由公部门筹措及负担。

港口装卸作业民营化启动之后，码头工人的角色逐渐衰弱，由民间的装卸公司取代，而财力较为雄厚的航商或货量较大的业者则以“合作兴建”的方式投资兴建营运设施，并在特定年限内享有“免租使用”的权利，以回收投资于硬件的费用，但限于相关法令，免租使用大多不超过 20 年，再加上所有设施的产权归属港口管理机构，向银行的贷款额度受限，除非是大型业者，否则资金筹措的压力较大。

《奖参条例》及《促产条例》公告之后，大型港口的建设及营运可依 BOT 方式交由业者投资兴建，由于法令较为完整，且业者可取得相关设施的地上权，特许年限也由原先的 20 年延伸至 50 年以上，取得银行的融资条件也就较为优惠。

2012 年政企分离及组织再造后，港务公司已丧失行使公权力的地位，成为营运公司，港务公司以港区范围内的公共土地营利，所获得盈余除部分上缴当局财政外，余下可保留作为营运基金，经营弹性大增，也不大适合以“地主港”的形式继续经营。未来港务公司可以以合资、入股、合作兴建、租等不同的营运方式与业者共同参与港口的经营。未来港口建设及营运，除非收益设施仍由公部门负责外，收益性营运设施的资金来源将呈现多样化，和一般投资案并无太多的区别，但对外资仍将有所限制。

三、两岸港口投融资政策比较

根据前面对两岸投融资政策的说明，可整理出如表 11-11 所示的比较结果。

表 11–11　两岸港口投融资政策比较

<table>
<tr><th colspan="2">地域</th><th>大陆</th><th>台湾岛内</th></tr>
<tr><td colspan="2">法源依据</td><td>《中华人民共和国港口法》</td><td>● 商港法规（岛内通用）
● 产创条例（适用工业港）
● 促参法规（适用工业港）
● 奖参条例（已于 1989 年由促参法规取代）
● 促产条例（适用工业港，已于 2010 年由产创条例取代）</td></tr>
<tr><td>投融资主体</td><td>政府</td><td>● 各级政府通过港口建设费作为政府性基金，用于水运基础设施建设
● 各级政府可以通过土地等政策，对港口建设给予支持，对水路交通基础设施建设给予政策性优惠</td><td>● 由公部门透过航港建设基金或其他管道拨款予公营港务公司进行非收益设施的兴建及维护工作</td></tr>
</table>

续表

地域		大陆	台湾岛内
投融资主体	外资机构	● 1992年取消中外合资的限制，允许外商独资建设货主专用码头和专用航道，进一步扩大港口建设的投资主体和资金来源管道 ● 2002年4月1日起，取消了港口共享码头的中方控股要求	● 航商向港务管理机构承租码头营运 ● 与岛内业者合资成立特许公司以“合作兴建”方式或BOT方式（政企分离后已不适用）参与港埠的建设与营运 ● 透过股票市场取得公司的经营权 ● 部分设施对外商投资比例设限
	国内企业	投资港口建设方面的政策与外商投资基本相同	● 公营的港务公司可以以本身的营运基金进行非收益性及自偿性较低的营运设施的兴建工作 ● 民营企业依商港法规产创条例及促参法规资
投融资方式		● 政府投资“地主港”模式融资 ● 贷款融资 ● 上市融资 ● 发行债券 ● 企业投资 ● 融资租赁 ● BOT方式融资	● 当局投资“地主港”模式融资 ● 合资 ● 入股 ● 租赁 ● BOT方式融资

资料来源：作者根据相关资料整理。

由于政体和历史文化的不同，两岸港口的投融资政策在投融资主体和投融资方式上存在着差异与区别，但都朝着投资主体和渠道多元化的方向发展，这是两岸港口投融资政策的相同的地方。

根据表11-11两岸投融资政策的比较，可以看出：

（1）两岸港口投资主体中针对外资机构的资格限制有所不同，大陆因港口管理机关隶属地方政府，对外资的限制较台湾岛内宽松，外资大多与地方政府合资成立装卸公司营运；在台湾岛内，外商须成立公司才能参与港口的建设与营运，部分设施对外商投资比例设限，因此投资的规模不大，除航商租赁专用码头营运外，港口投资仍以台湾岛内的业者为主。

（2）两岸港口投资主体中除公共部门外，大陆主要是由外商及国内企业进行投资建设，其中由于政体等因素，大陆主要的投资主体为国有企业；而在台湾岛内，公营及民营企业为国内主要投资者，公营港务公司可利用自有资金投资港口设施，而民营企业依据商港法规、产创条例以及促参法规投资，外商由于种种限制投入的规模不大。

（3）两岸港口投融资方式与一般商业投资的管道并无太大差异，大陆部分隶属地方政府的港务集团也以上市的方式募集资金，台湾岛内的港务公司为隶属交通主管部门的公营事业单位，可透过航港建设基金及公司盈余取得港口建设及营运的资金，但所负担的政策任务业相对较大，而收益性设施及装卸作业则以民间企业的资金为主。

第五节　理货管理与引航政策对比

在引航和理货管理方面，两岸的港口差异较大。台湾岛内没有特殊针对理货的管理，而是将其涵盖在了港口的装卸服务的过程中。大陆的理货业务则一直处于垄断和半垄断的服务状态；在引航方面，大陆对于外轮实施的是强制引航政策，而台湾岛内则主要根据进出港船舶吨位来实施引航政策。

一、大陆的理货与引航政策

新中国成立之初，大陆成立了外轮理货公司服务于港口装卸过程的理货业务；而引航服务在《港口法》实施之前，一直由交通部门直接管理和运营，2004年港口政企分离改革之后，各主要港口成立了事业型引航站，服务于港口引航业务的管理。

（一）理货政策

对于外轮的装卸作业，大陆采用的是强制理货政策，但长期以来港口的理货业务是由外轮理货总公司独家经营，在理货市场上占有实际垄断地位的是各地港务集团公司。随着我国新一轮港口体制改革的逐步展开，理货体制也随着发生了新的变化。

2002年，交通部出台了《关于组建第二家外轮理货公司有关问题的通知》，标志着理货市场开始逐步开放；2003年3月根据《国务院办公厅转发交通部等部门关于深化中央直属和双重领导港口管理体制改革意见的通知》，为保证理货的公正性，促进理货质量的不断提高，港口理货要引入竞争机制，每个港口可先设立两家理货企业；将各港外轮理货公司从港口企业中分离出来，自主经营；将中国外轮理货总公司向各港外轮理货公司收取管理费的方式改为持有各港外轮理货公司一定的股份，具体比例由交通部组织中国外轮理货总公司与港口企业共同协商确定后，报财政部办理相关的股权确认及产权变更手续。

2004年正式实施的《港口法》对理货业务规定实施行政审批制度，理货的经营审批权依然归交通部门管理，此外要求港口理货业务经营人不得兼营货物装卸经营业务和仓储经营业务。2009 年交通部出台的《港口经营管理规定》，明确规定从事理货服务需按一定程序取得《港口经营许可证》。目前，大陆正在进一步加强理货行业市场监管，完善公平竞争机制；修订并完善理货章程和费收规则，完善理货费收监管制度以及建立理货行业信息报送制度，搭建水运信息共享和服务平台，不断完善理货管理制度。

（二）引航政策

大陆对外轮实行的强制性引航政策，1983年颁布的《中华人民共和国海上交通安全法》第十三条规定："外国船舶进出中华人民共和国港口或者在港内航行、移泊以及靠离港外系泊点、装卸点等，必须由主管机关指派引航员引航。"2002年颁布的《船舶引航管理规定》是大陆强制引航制度的法律依据。对于中国籍船舶原则上不强制引航。

《船舶引航管理规定》（以下简称《规定》）是目前实行的最高级别的国务院部门规章。该《规定》对引航机构的性质、引航的体制、强制引航制度、运行机制等都做了详尽的说明。《规定》第四、五、六、七条对引航机构的体制做了明确的规定。交通部主管全国引航工作，具体负责制定国家引航政策和规章，并监督实施；负责划定、调整并对外公布引航区；负责批准引航机构的设置；会同有关部门制定引航收费标准和管理规定，并监督实施；负责引航业务管理和指导；负责引航员培训、考试和发证的管理工作。市级以上地方人民政府港口主管部门的引航管理职责是：贯彻执行有关引航的法律、法规、规章和政策；负责筹建引航机构；负责监督管理引航收费；负责引航业务监督和协调。海事管理机构的引航管理职责是：贯彻执行有关引航的法律、法规、规章和政策；

负责对引航实施安全监督管理；组织实施引航员培训、考试和发证工作。

《港口法》对引航做出规定，表明引航是港口工作的重要一环。除强制引航的要求外，引航管理还涉及引航机构的设置、引航区划定、引航机构和引航员的管理等。对于这些管理内容，《港口法》授权交通部制定具体的管理办法。

二、台湾岛内的理货与引航政策

与大陆不同，台湾岛内的理货服务是涵盖在港口装卸服务中，而对于引航，台湾岛内有单独的引水专项法规，引航也不是全部外轮强制性引航。

（一）理货制度

台湾岛内并不像大陆一样，将理货服务从港口装卸服务中独立出来，相关商港法规订定《船舶货物装卸承揽业及船舶理货业管理规则》，并未对理货业者数量进行限制，仅针对船舶货物装卸承揽业的最低资本额、作业机具、公共意外责任险投保金额、筹设与营业许可的申请、核发、换发、许可证费的收取及其他应遵行事项的相关规则，及船舶理货业的营业项目、筹设与营业许可的申请、核发、换发、许可证费的收取及其他应遵行事项的相关规则进行规范。

但是，台湾岛内特殊的码头工人雇佣形式曾经是影响港口装卸服务的重要因素。在码头工人雇佣合理化实施之前，基隆、高雄、花莲、苏澳四港的码头工人皆属自由职业工人身份，码头工人无固定的雇主，并自组“职业工会”，实施装卸费对内分配制；港务局依《码头装卸工人管理办法实施细则》执行码头工人的登记、编组、训练、作业调派、工资、奖惩与劳保等管理与代办业务。此种制度下，港务局、航商与码头工人关系为：在装卸作业过程中，航商货主因货物装卸作业需要而向港务局办理装卸委托，并依据交通主管机关所制定的港口费率收费标准缴纳装卸费用，而港务局在接受委托后，即由码头作业单位准备所需的机器工具，并通知装卸队调派工人从事装卸工作。港务局所收装卸费的分配是依交通处函发的对内分配表中所订的比例分配的。

在这种体制下，码头工人形成了世袭制，不仅垄断人力资源，且影响社会就业公平性，使港口当局难以精简人力，妨碍机械化作业所需专业人才、技术人才的引进，结果造成码头工人平均年龄偏高、工作态度良莠不齐；加上各个码头的装卸作业以派任方式进行，航商并没有选择良好装卸服务的权利，引起航商的抱怨与抗争。

为了改进码头工人雇佣合理化及装卸作业绩效，岛内于 1997 年陆续推动各港务局码头作业民营化。1998 年，高雄港开始装卸作业民营化，1999 年基隆港实施码头装卸民营化，解除港务局与码头工人纠缠不清的雇佣关系。2012 年 8 月 22 日《船舶货物装卸承揽业管理规定》公布实施，其中包括经营船舶货物装卸承揽业的最低基准、营运方式、筹设申请、营运许可证请领等。台湾岛内的码头装卸作业从此迈入新纪元。

（二）引航制度

台湾岛内各商港基于航道及航行安全，于 1945 年 9 月 28 日公布相关“引水专项法规”，在来年 4 月 1 日实行后为了落实港区航行安全，由交通主管机关自 1953 年 3 月 19 日起开始实施强制引水制度，且鉴于引水人的业务素质良莠不齐，于 1962 年 10 月 2 日颁布《引水人管理规则》，审核及管理引水人的任用、训练及规定其作业模式。为改良引水制度，提升引水效率及港口竞争能力，自 1998 年 4 月 1 日起积极地进行改革。

1. 放宽岛内航线船舶免引水的规定

当地航政主管机关得依其港区或水域的航行条件，对该等岛内航线客货船舶及港区工程用的船舶及同一船长在航行该港或该水域数航次以上，经认可无安全顾虑者，免除强制引水。目前，花莲港 5 000 总吨以下，基隆、台中 8 000 总吨以下，高雄 10 000 总吨以下的该等船舶，经当地航政主管机关核准者可免强制引水。

2. 因地制宜改革两人引水制度

台中港及花莲港都自 1998 年 4 月 1 日起将两人引水改为一人引领为原则，节省航商一半的成本，也减少引水近一半的收入，高雄港则是自 1998 年 7 月 8 日起，将原要求两人引水的 20 000 总吨以上的船放宽为 45 000 总吨以上，第二位引水人收费打六折。

3. 合理调整引水费计收标准

自 1998 年 4 月 1 日起台湾岛内注册船舶比照外轮收费，取消其三分之二优待的规定，以符合国际化的要求。

4. 统一夜行时段与降低夜间加成费用

夜航时段统一为日落至日出，夜间加成一律调降为五成。

5. 成立“引水咨询委员会”

为建立航商与引水人正式沟通机制，使有关引水问题能获得充分讨论与咨询，仿照香港、新加坡例，自 1999 年设置“引水咨询委员会”，商讨引水制度及引水费率合理化相关事宜。

台湾岛内于2002年1月30日修正的“引水专项法规”，为目前引水制度的法律规范。依“引水专项法规”的规定，本地注册船舶在1 000总吨以上，非本地注册船舶在500总吨以上，航行于强制引水区或出入强制引水港口时，均应雇用引水人；非强制引水船舶，当地航政主管机关认为必要时，也得规定雇用引水人；但军舰、公务船舶、引水船、未满1 000总吨的船舶、渡轮、游艇、其他经当地航政主管机关核准的岛内航线或港区工程用的船舶以及未满五百总吨的非本地注册船舶并不适用台湾岛内的强制引水。除此之外，2002年“引水专项法规”还针对引水业务、引水人资格及引水人执行业务等相关内容进行了规定。

引水的地方主管机关为当地的航政主管机关，负责执行各项引水规定、引水人的登记、船舶指定或雇用长期引水人的核准等任务。

三、两岸理货与引航政策的比较

大陆的理货服务经历了从垄断到逐步开放的改革，而台湾岛内并没有类似的情况。但是，由于台湾岛内特殊的码头工人装卸服务体系，包含在码头装卸服务中的理货业务，实际上也随着台湾岛内码头作业服务民营化而不断改进。

根据前面对两岸理货与引航政策的说明可整理出如表11-12所示的比较结果。

表11-12 两岸港口引航政策比较

地域	大陆	台湾岛内
法源依据	船舶引航管理规定	引水专项法规
高层主管机关及其负责项目	交通部： ● 制定国家引航政策和规章，并监督实施 ● 划定、调整并对外公布引航区 ● 批准引航机构的设置 ● 会同有关部门制定引航收费标准和管理规定，并监督实施 ● 引航业务管理和指导 ● 引航员培训、考试和发证的管理工作	交通主管部门下设航港局： ● 制定引航相关规章 ● 引水区域的划分 ● 引水人办事处设置 ● 引水费率的核准 ● 强制引水的实施及不适用船舶的核定 ● 引水人监督及管理等事项规则的订定

续表

		大陆	台湾岛内
地方主管机关及其负责项目		市级以上地方政府港口主管部门： ● 贯彻执行有关引航的法律、法规、规章和政策 ● 负责筹建引航机构 ● 负责监督管理引航收费 ● 负责引航业务监督和协调	按港口管辖区域分设航港局分支机构： ● 负责执行各项引水规定 ● 船舶指定或雇用长期引水人的核准 ● 监督引水人办事处 ● 引航业务监督和协调
其他管理机关及其负责项目		海事管理机构： ● 贯彻执行有关引航的法律、法规、规章和政策 ● 负责对引航实施安全监督管理 ● 组织实施引航员培训、考试和发证工作	海事相关事项的管理及执行机构为航港局及其分支机构
强制引航	法源	船舶引航管理规定	引水专项法规
	规定	● 强制引水船舶： 1. 外国籍船舶 2. 由海事管理机构会同市级地方人民政府港口主管部门提出报交通部批准发布应当申请引航的中国籍船舶法律 3. 行政法规规定应当申请引航的其他中国籍船舶 ● 非强制引水船舶： 中国籍船舶原则上不强制引航	● 强制引水船舶： 1. 本地注册船舶在 1 000 总吨以上 2. 非本地注册船舶在 500 总吨以上 ● 非强制引水船舶： 1. 军舰 2. 公务船舶 3. 引水船 4. 未满 1 000 总吨的船舶 5. 渡轮 6. 游艇 7. 其他经当地航政主管机关核准的国内航线或港区工程用的船舶 8. 未满 500 总吨的非台湾船舶

资料来源：作者根据相关资料整理。

在两岸的强制引航政策中，大陆强制引航的船舶以非中国籍船舶为主，中国籍的船舶原则上不强制引水。台湾岛内对本地注册及非本地注册的船舶则分别规定船舶总吨数实施强制引水，对公务船及特定船舶实施非强制引水。

第十二章　两岸港口滨水区开发模式比较

随着港口城市的发展以及国际上一些典型滨水区开发案例的传播，大陆和台湾岛内也纷纷开展了滨水区开发与再开发的实践。同时，大陆和台湾岛内在滨水区开发的目标、功能定位及开发模式等方面均呈现出不同的特征，在一定程度上体现了两岸港口城市的发展趋势。

第一节　大陆滨水区开发实践

大陆的滨水区开发，大多目的在于加快城市复兴和城市新型综合功能体的打造，树立城市新形象。再开发过程中注重金融贸易、商业、文化、旅游休闲等特色的汇集，在开发中政府扮演了重要角色，运作的企业主体也多为地方的国有企业。

本节主要选取上海市、青岛市、大连市、天津市和广州市等沿海城市滨水区开发的典型实例，对滨水区开发的主体、原则及开发模式等方面进行介绍。

一、陆家嘴金融贸易区开发

陆家嘴金融贸易区（以下简称“陆家嘴”）是中国唯一用“金融贸易”命名的国家级开发区，位于上海浦东新区西侧、黄浦江和苏州河的交汇处，总规划面积为 28 km^2。1990 年启动开发以来，凭借上海强大的经济实力和优越的政策环境，陆家嘴区域已初步形成以证券交易中心、信托投资公司、金融租赁公司等为主的金融机构体系，成为中国金融投资机构最集中、要素市场最完备、资本集散功能最强的金融集聚区之一，也是国内较为成功的区域开发案例之一。

（一）政府主导、企业运作的开发模式

浦东新区开发的行政体制是管委会模式，在这样的大体制下，浦东新区设立了陆家嘴金融贸易区开发公司（以下简称“陆家嘴公司”）负责陆家嘴的总体开发，承担陆家嘴区域内的征地、动迁、规划、市政建设和区域管理等职能。开发公司的设立适应了浦东“小政府、大社会”的需要，突破了行政级别和行政编制的制约，也为借助公司体制撬动金融资本、社会资本来克服政府财力有限、开发投入不足提供了条件。

陆家嘴公司是政府意志的体现者，但又是区别于行政事业单位的企业，如何使政府的开发意志通过开发公司得以贯彻执行需要一系列的制度安排，包括治理结构、干部管理体制和考核体系等。

（二）政府土地支持、资本市场为主的融资模式

浦东新区在当时财政困难的情况下，为启动陆家嘴地区土地开发，在土地资源的获取方面采取了一定的创新政策，财政部门对陆家嘴公司投入的注册资本金为 17.4 亿，陆家嘴公司获得了陆家嘴区域内 80% 的土地使用权。

拥有大量土地资本但缺少现金资本的陆家嘴公司为了实现快速自我积累和发展，以土地为依托，以土地滚动开发为推进方式，充分发挥土地的资本效应和资本市场的融资功能，进行多渠道融资。具体方式有以地合资、以地集股、以地招商（即土地批租）和以地抵押等。

（三）规划引导和政策支持

国家级金融贸易开发区的功能定位为陆家嘴指明了产业发展方向。在此基础上，上海市政府完成《上海陆家嘴中心区规划设计方案》的编制。该方案为陆家嘴的发展绘制了蓝图和规范，是陆家嘴公司推动陆家嘴开发建设的依据。

政府推动和政策支持是陆家嘴快速发展的重要保证。1990 年，国务院批准上海浦东成为国内第一个对外资金融机构有限制地开放国内市场的试点区域。1995 年，国务院允许在陆家嘴注册的外资金融机构在浦西和外高桥保税区设立分支机构，允许在浦东试点外资银行经营人民币业务，允许在浦东新区设立外资或中外合资保险机构。2005 年，中国人民银行在陆家嘴设立上海总部，行使央行供给市场操作、金融市场监管、跨市场风险防范、金融信托分析研究等职能。同时，上海市政府在税收减免、人才引进、行政审批等方面，为金融企业制定了一系列优惠政策。

二、上海金桥开发区的建设

上海金桥出口加工区是 1990 年经国家批准成立的国家级经济技术开发区，位于上海市浦东新区中北部，西连陆家嘴金融贸易区，北接外高桥保税区，南邻张江高科技园区，总规划面积 27.38 km^2。

（一）规划建设主体

1990 年 9 月设立开发区，以金桥集团进行开发建设。2003 年国家批准成立作为海关特殊监管区的金桥出口加工区（封关 1.08 km^2）后，成立金桥（南区）管委会，与金桥集团一体化运作，既行使区域开发职能，也行使政府管理职能。

（二）开发中的市场运作

金桥开发公司成立于 1990 年 9 月，1997 年 12 月更名为上海金桥（集团）有限公司。作为承担金桥开发区建设发展重任的国有企业，是金桥开发区唯一的一级土地开发商和功能集成服务商，主要负责开发区规划范围内的土地开发、基础建设、招商引资、产业发展和功能配套。其控股子公司上海金桥出口加工区开发股份有限公司为上交所上市公司（浦东金桥，A 股股票代码 600639），其核心竞争力是功能集聚区的设计、开发、经营和管理能力；核心品牌是“金桥”和“碧云”；核心产品是“开发区及功能集聚区市场化的产业、商业、住宅、办公、研发、学校等建筑房产”。金桥集团公司、金桥股份公司在推进开发区建设的同时，采取“租售并举”的经营策略，已建成总量约 1 000 000 km^2 的工业厂房、研发办公楼，约 600 000 km^2 的别墅、公寓、商铺、商务办公楼和公共配套物业等租赁物业，为下一步经营发展打下了坚实基础。

（三）地方政府的支持

上海市政府给予金桥开发大力支持，根据《上海市服务业发展“十二五”规划》，为放大国家服务业综合改革试点的示范效应，上海市政府决定开展市级服务业综合改革试点工作。首批试点区域包括浦东新区金桥出口加工区等 10 个区域。“十二五”期间，金桥将根据上海市和浦东新区产业发展导向，实现“创新驱动、转型发展”，倾力建设“智造金桥、生态金桥、人文金桥”，使金桥成为“上海先进制造业核心功能区、生产性服务业聚集区、战略性新兴产业先行区、生态工业示范区”。

三、青岛、大连老港区开发

青岛市和大连市是大陆海滨旅游的胜地，随着老港区在航道、泊位和空间上越来越不能满足船舶大型化的需求，新港区建设和老港区的重新开发，成为这两个城市滨水区建设的两大主题。

（一）老港区再开发定位

青岛港老港区西迁之后，港口功能将转化为邮轮母港和配套服务，周边辐射城区规划建设成为集金融、商贸、旅游、餐饮、酒店、居住、办公于一体的"蓝色 CBD"，经过 3～5 年，周边功能建成之后，小港湾一带将成为通关、餐饮、酒店、娱乐休闲、观光等综合生活区，最终目标是打造以邮轮母港为龙头的东海岸服务业集聚区。

在老大连港港区，2011 年 8 月 1 日，中信地产重点投资的大连港国际邮轮中心南部项目暨大连港多元都会发展区奠基。大连港集团与中信集团联手开发建设大连国际邮轮中心项目，将打造集邮轮母港、历史文化、旅游休闲、高端商务及精品商业为一体的世界级滨海城市综合体。

（二）新港城建设

青岛市为董家口港区的开发建设，专门成立了董家口港建设指挥部和青岛港口投资建设（集团）有限公司，董家口港区的快速发展得益于"政府主导和公司市场化运作"的模式。2012 年 4 月青岛市委、市政府决定由青岛港集团重组青岛港投集团，青岛港集团接管董家口港区，资产、债务、人力等全部无偿划拨给青岛港集团，青岛市政府在税收等方面继续给予青岛港投集团一定的政策倾斜，支持港区的开发建设。新重组的青岛港投集团职能未发生根本变化，主要负责 72 km^2 的董家口港区开发建设与运营，对全市港口资源统筹规划和综合利用，同时有序开发临港 50 km^2 的物流园区。青岛港集团以重组青岛港投集团公司为契机，加快港口转型升级，拟利用 5 年左右的时间，再造一个 3 亿吨规模的新港区。

大连市为了寻求更大的发展空间，进而带动工业的发展，推动全局城市化步伐，也将在"十二五"期间在太平湾再造一个大连港。目前，太平湾临港经济区的整体规划已经完成，主航道已经投入建设，防护堤以及码头正进入施工阶段，临港新城的建设也正式启动。整个工程共计投资 300 亿元，其中一期投资 100 亿元，建成万吨级泊位 15 个，港口建设完成也将达到 3 亿吨吞吐量。同时，在港口的东边规划了 20 km^2 左右的物流基地，为物流的发展留下了发展空间。同样按照“政府主导、市场化运作”模式要求，大连太平湾临港经济区管委会代表大连市委、市政府对新区经济、社会及有关事务实行统一领导和治理，而港口、物流及城市建设以大连港集团为主。

青岛市和大连市都通过“政府主导和市场化运作”开发模式进行新港城的建设，这样既可以充分保障港口与地方经济协调发展，也可以使国有资本充分进行市场化运作，增强融资能力，解决港口开发投资巨大的问题。

四、天津津湾广场开发

津湾广场位于天津市海河之滨，其北面是天津火车站，东面是具有百年历史的解放北路金融街，津湾广场建设是海河综合开发工程的重要项目之一。

（一）规划定位

津湾广场所建位置的原址在建国前曾是法国的租界区，鲜明的法式建筑风格使得该地区有着深厚的法国文化底蕴。津湾广场项目开发的目标是打造天津第一座 24 小时不夜城，是融合现代化欧式建筑于一体的开放、和谐、生态、智能的高端商务商业聚集区，并作为天津金融城的标志性区域。

津湾广场是一个集剧场、影院、餐饮、购物、商务办公、星级酒店、写字楼、中心广场、会议展览等多种业态为一体的综合性建筑群，其占地面积约 46 000 m^2，地上建筑面积约 95 000 m^2，地下建筑面积约 75 000 m^2，由五座地上商业建筑及地下停车场共同构成，还设有 7 000 m^2 开放式广场与 10 000 m^2 沿海河亲水平台。

（二）开发过程

津湾广场于 2008 年启动建设，项目总占地面积 0.125 km^2，总建筑面积 810 000 m^2，分为两期建设。津湾广场一期工程具体分为五大空间：精致休闲空间，以高端消费展示中心、商务休闲餐饮为主；都市活力空间，以高端商务餐饮、商务俱乐部为主；魅力视听空间，建设津湾时代剧场，主演大型歌舞剧；时尚娱乐空间，以高端酒吧、咖啡厅、高档西餐厅、休闲 KTV 为主；欢乐时光空间，以影院时尚购物、餐饮娱乐为主。津湾广场一期于 2009 年 9 月建成并实现全面经营。

二期工程于 2010 年开工，为高端商务区，包括高级商务办公写字楼、高级公寓、酒店、高档零售业及高端会议中心。由汤臣集团与天津金融城合资共同开发，总斥资 8.25 亿元。该工程由 7 号楼至 10 号楼 4 栋建筑组成。其中，8 号楼的建筑高度为 240 米，由 58 层主楼及 10 层裙房组成。9 号楼建筑总高度 299.8 米，由 66 层主楼与 6 层裙房组成。此外，这 4 栋建筑的地下部分，将配有地下车库等，与津湾广场一期建筑相互连接，可以停放汽车 3000 余辆。二期工程至 2012 年全部投入使用。

（三）政府主导、公司市场化运作的开发模式

由天津市建设管理委员会批准建设，津湾广场由天津城投集团下属全资子公司——天津金融城开发有限公司开发建设。建设资金采用自筹方式，通过招标选定项目具体承包人。城投集团为国有独资公司，主要负责经营城市资源、融通社会资金、投资城市建设。其经营范围主要包括：海河综合开发改造、市区快速路网、地铁、城市环境绿化等项目的投资、建设、运营管理；道路改造、河道治理、地下管网等城市基础设施配套项目的投资、建设、经营；市政公用基础设施的特许经营及转让等。

津湾广场二期工程，由汤臣集团与天津金融城合资成立的津湾房产建设有限公司、津湾置业有限公司共同开发建设。专业的商业运营管理提供强大保障。国内知名商业管理团队为项目开业后的运营提供专业的商业及物业管理服务。在保证商户顺利经营的同时，营造繁荣有序的商业氛围，确保津湾广场未来的高效运营以及行业竞争力。

五、广州南沙新区开发

南沙新区地处珠江三角洲的几何中心，成为继上海浦东新区、天津滨海新区、重庆两江新区、浙江舟山群岛新区和兰州新区之后的第六个国家级新区，是广州市城市空间发展战略中“南拓”的一个重要组成部分。

（一）战略定位

南沙新区位于广州市，依托珠三角地区。1990 年 6 月，南沙确定为重点对外开放区域和经济开发区。2012 年 9 月，国务院正式批复《广州南沙新区发展规划》。2012 年 10 月，《广州南沙新区发展规划》（以下简称《规划》）正式对外公布。

根据国务院批准的《规划》，南沙新区发展总的战略定位是：立足广州、依托珠三角、连接港澳、服务内地、面向世界，建设成为粤港澳优质生活圈和新型城市化典范、以生产性服务业为主导的现代产业新高地、具有世界先进水平的综合服务枢纽、社会管理服务创新试验区。南沙新区将成为中国南方对外开放的重要海上门户、粤港澳全面合作的综合试验区、广州科学发展的龙头示范区、珠三角湾区的宜居家园。未来，南沙新区将大力发展商业商贸、科技创新、教育培训、航运物流和信息会展等现代服务业以及高端临港工业和海洋产业。

（二）开发规划

基础设施、迎商环境、服务质量、生态环境等方面的建设，将使得未来的南沙不仅是“经济的新区”，还将成为“城市的新区”。

起步建设阶段（2011～2015 年）。到 2015 年，经区划调整后的南沙新区，在经济、社会、生态环境、国际化等方面居广州市前列。

基本建成阶段（2016～2030 年）。到 2030 年，南沙新区在经济、社会、生态环境、国际化等方面应基本达到 2010 年香港及其他国际先进城市水平。

最终建成阶段（2030～2050 年）。到 2050 年，南沙新区在经济、社会、生态环境、国际化等方面应达到香港及其他国际先进城市水平。

（三）政策需求

国家级战略支持。将南沙上升为粤港澳全面合作的国家级新区，给予财税支持和项目安排倾斜，赋予粤港澳合作体制机制改革和社会管理创新的先行先试权。

管理权限与考核制度支持。赋予南沙新区管理机构省级管理决策权限；按照对不同区域的主体功能定位，实施差别化的评价考核原则，对南沙重点进行先进制造业和生态保护的评价。

财税政策支持。设立“南沙发展基金”并给予专项补助资金；实行企业所得税“三免三减半”，在一定期限内按 15% 税率征收企业所得税；建设免税购物商店，率先进行增值税扩围和深化增值税转型改革。

金融创新支持。支持建设国家金融综合配套改革试验区和国际性加工贸易结算中心；建设航运交易所和华南商品期货交易所；发展离岸金融、融资租赁、产业投资基金；试点外汇制度改革。

土地管理制度改革。扩大南沙规划范围；用地计划指标国家单列并在指标安排上予以倾斜；允许港澳企业与内地企业成立项目公司，进行土地一级开发和连片开发；对以土地作价入股参与具体项目建设的，不视为土地使用权转让。

口岸管理与创新通关支持。探索粤港、粤澳游艇出入境便利化措施，试点“两地牌一证通”政策；建立“一地两检”农产品检验检疫制度；将南沙港区口岸作为汽车整车进口口岸；授权南沙相关机构签发赴港澳通行证业务。

航运和物流政策。扩大南沙保税港区范围；对注册在保税港区内的纳税人从事海上国际航运、货物运输、仓储、装卸搬运业务取得的收入免征营业税；对注册在南沙新区的保险企业从事国际航运保险业务取得的收入免征营业税；对南沙保税港区的企业建设自用设备材料免关税和进口环节税。

教育与科技政策。支持粤港澳在南沙合作建设国际教育合作特区，率先实现内地、港澳与国际职业资格的“一试三证”；开展港澳和国外高校在南沙合作办学试点；支持引进各类国际教育培训机构。

产业和亘大项目支持。将南沙客运港确定为珠三角邮轮母港；优先布局安排一批国家级、省级和市级粤港澳合作项目、重大科技专项、战略性新兴产业和公共服务设施项目；支持南沙新区申办重大国际性展会和活动。

人才和社会保障政策。支持南沙开展与港澳的社会保障服务衔接和居住证改革试点。

第二节　台湾岛内港城滨水区开发实践

台湾岛内的滨水区开发多数从民众的亲水需求出发，立足为本地居民打造休闲观光和文化艺术的公共空间。滨水区开发实践主要分为港区内土地的运用、港区内渔港以及港区外土地的运用等，商业功能较少，休闲游憩的色彩较为浓厚。

一、滨水区开发缘由和目的

商港发展的过程必然与邻近的都市发生密切关系，随着港口的蓬勃发展，都市的活动也会增大，因而带动对土地及活动空间的需求，最后因空间不足或开发上的不协调，引发港市发展冲突问题。最明显的是，商港设施与都市景观不协调、污染物资的装卸运输以及进出港区的交通等影响，将造成港区邻近的都市环境质量低落。就商港而言，紧邻市区的作业设施易遭居民抵制，连联外交通也因都市土地问题而无法畅通。诸如此类发展上的问题，必须以寻求适当的规划方法来解决。

随着都市的不断扩展以及土地资源相对减少，与港口接壤的市区土地，往往是一个高度都市化城市最后开发的处女地,也为都市保留了相当的开发潜力。但在都市发展的过程中，或因都市计划限制，或因港区封闭而造成土地开发落后，未充分使用的港区土地常呈现出一片荒凉的景象。随着人口的成长、都市活动的不断增加，都市发展也随之向外扩张，最终必然向港区延伸，造成对港区周边土地重整再利用。在具备视野景观的港区岸线土地，往往都会被要求开放以配合都市更新，以营造整体优质的都市环境，否则最终难以获得成功。因此，港区亲水游憩空间对都市发展及提升民众生活质量，扮演着重要的角色。

二、商港滨水区开发的原则

以一个商港的发展历程而言，在经济高度发展的时期，必然以配合整体经济发展为其主轴，较不重视人民生活亲港、亲海的要求，自然就不会积极为后来都市发展保留所需的自然环境及亲水空间。此外，在一个城市高度都市化进程中，人口将更为集中，在都市土地地价愈发高涨的情形下，市民休闲游憩场所愈显缺乏。如果港口能适时提供亲水性的海岸空间，正可以补足市民休闲游憩的需求。由于经济快速发展，人民生活水平提高，对于海洋性休闲游憩活动需求殷切。因此，为了满足民众亲水的基本需要，在商港发展的规划及开发上，必须重视港区亲水游憩空间的规划。为民众提供优质的水岸空间，已是一个现代化港口必备的元素。

近年来，台湾岛内积极推广“兼具观光及亲水性港口”，将使用率低或经济效益低的港区范围转型为兼具观光及亲水功能的空间,但在转型需求尚未明确，民间业者尚未有意愿投资或经营转型后的业务时，不宜贸然行之，以免造成既有港口资源的低度使用，而预定引进的产业也未能顺利推进的窘境。因此，各码头区需依其条件及预定引进产业的特性，分阶段逐步进行转型工作，并采用以下原则：

（1）确定码头原装卸作业功能已逐渐被取代或顺利转移至其他作业区或港口，且无业者愿意继续经营时，再进行转型作业；

（2）已有业者对预定引进的产业表达积极投资意愿或业者另有另类转型规划构想时，再进行招商作业；

（3）采用分阶段转型及里程碑控制，确定前阶段转型绩效良好时，才进入下阶段转型计划；

（4）启动相关法令的修订工作，对投资业者提供较完备的保障；

（5）相关主管机关的协商有明确的定论后再进行招商作业；

（6）有使用者或营运者顺利移转至其他区位后再行招商；

（7）对于营运盈余的目标使用，自偿性较低的行业，将避免引进或将引进的优先级延后。

依据以上的原则，最大困难在于既有使用者的搬迁及未来投资业者意愿的评估，公共部门在无法充分掌握业者意愿的状况下，贸然进行招标作业可能会导致乏人问津的窘境。码头转型的重点为码头后线的土地利用，所投资兴建的设施也以陆上设施为主，以港口的立场，将仍可营运的码头转型作为观光游憩或商业用途。除非转型后业者的投资十分踊跃且营运状况良好，否则对港口的经营收入并不一定有所帮助。另由于各码头区所引进各项活动的特性并不相同，还需分别研究拟订其转型方式，且采用分阶段执行及里程碑控制，在前一阶段执行时所遭遇的问题未顺利解决前，不宜贸然进入下一阶段。

目前，岛内已经成功的案例包括高雄港的休闲活动区域，基隆港市也朝此方向发展，计划将东岸码头区发展成为客运、观光及亲水游憩区域，而其中许多开发转型的相关问题仍需由跨部会的公私单位讨论协商。

三、滨水区开发实例

台湾岛内商港的港区范围大多属于管制区域，一般民众无法到管制区域内，港区的管制水域为一般民众与海岸的阻隔区域，这会引起民众的不满。近年来地方行政部门及港口管理单位共同合作将未开发、使用率较低或设备老旧的港口区域逐一开放，作为港城发展及休闲游憩的规划区。按照开发更新区域的隶属关系不同，岛内滨水区规划大致可以划分为港区范围内的滨水区更新改造、港区内渔港的更新改造和港区范围外临近滨水区更新三类。

（一）港区范围内土地运用

台湾岛内商港港区内部分土地由于使用率低、闲置过久、设备老旧、具有文化特质或具有观光特性等因素，经由直接开放既有设施、新建设施或既有设施改建的方式，逐渐开放供民众游览。其中有休闲活动区、文化艺术区及亲水游憩区，说明如下。

1. 休闲活动区

港口区域中的休闲活动区有基隆港的光华塔及海洋广场。光华塔为 1967

年启用的深蓝色伞状造型灯塔，可看到内外港及船舶出入的景致；位于基隆港最深处的海洋广场，属于新建设施，为可供欣赏基隆港美景之处。高雄港的休闲活动区包括观海台、渔人码头、星光码头（星光水岸公园）及真爱码头，高雄港将经济效益偏低及使用率较低的码头赋予主题及特性后开放给民众进入，为民众提供休闲娱乐、美食、亲水活动、观光游艇及大型活动的活动场所。

2. 文化艺术区

台湾岛内商港将从前的作业中心、旧仓储或码头转型为文化艺术特区，如高雄港的港史馆、驳二艺术特区及流行音乐中心，港史馆为港务局各单位办公处所及港务作业中心，保留 90 年历史的红色楼房，于 2002 年成立港史馆对外开放参观；驳二艺术特区原为台糖码头的闲置仓库，经整理并保持仓库原貌，为艺术创作者拥有别于艺术殿堂外狂放自在的挥洒空间；流行音乐中心位于爱河与高雄港域的交接地带，中心区域含有多种展演空间、流行音乐展示区、文化展示中心、河港航运停泊码头及旅运服务、流行音乐产业社群空间及音乐艺术与海洋科技文创产业。

花莲港的维纳斯艺廊成立于 1980 年，由老旧仓库参仿新加坡克拉码头改建，多年来积极推动文艺、环保、小区经营等文艺活动，算是台湾岛东部历史最悠久的画廊。

3. 滨海游憩专区

台中港预定将梧栖渔港北侧目前尚未使用面积的约 60 公顷的区域，发展成临海休闲游憩设施专区，提供主题乐园、亲水世界、户外泳池、健康休闲度假中心等游憩相关设施及附属设施。

（二）港区内渔港

台湾岛内近年积极推动渔港转型政策，将传统渔业与观光业结合发展观光渔业，并重新整顿传统渔港的港区，将以往给人腥臭脏乱印象的渔港转变为目前民众休闲处所之一。台湾岛内商港区内均含有渔港港区，基隆港内有正滨渔港，台中港内有梧栖渔港，高雄港内有前镇渔港等 9 处渔港，花莲港内有花莲观光渔港。

正滨渔港从前为繁荣极盛的渔货港，现在虽较为没落，仍保有朴实风貌，目前基隆市政府将其积极开发成假日休闲怀旧码头，期待往日荣景将再现于此。

梧栖渔港目前积极朝生产、休闲、观光方向发展，期望能间接带动港区周边繁荣发展，渔港区内部有渔港景观、游憩码头、休闲活动……等区域，成为中部人们享受滨海休闲生活之处。除此之外，渔港区内还规划有“蓝色公路”航线，提供民众出海游览的行程。

高雄港内目前有 9 处渔港，其中前镇渔港为高雄港内最大的渔港，且为目前岛内停泊渔船吨级最大、渔获量最多的远洋渔港，居岛内渔业龙头地位，该渔港经过多年建设经营，已与区域内完善的渔业附属设施共构出绵密的卫星产业网，并成为台湾岛内最重要的远洋渔业基地。前镇渔港目前除延续渔港生产功能外，为适应岛内民众生活及消费形态变迁，将积极调整渔港多元化使用，使渔业生产价值提升，兼具观光休闲、文化教育和海上交通等多功能发展。除前镇渔港外，其余的 8 处渔港也朝观光渔港的方向发展

花莲观光渔港港区内除登船上岸码头外，另规划有游客行前解说室、候船室、鲸豚救援站、观景台、农渔特产展售室、露天咖啡座、海洋生态展示区等精致特色区域，除了能获得海洋生态知识外，也能看到岛内传统渔业转型的艰辛路程与成果。其中赏鲸休闲码头是以港务局旧房舍改装设立，是台湾岛内第一座规划为娱乐渔船专用码头，赏鲸船由此出海，探寻太平洋鲸豚的踪迹。

台湾岛内的游艇制造业十分发达，以往因海岸线管制，民众无法从事水域游憩活动，近年来管制已逐渐松绑，民众的消费能力也逐渐提升，对海上游憩活动的需求也逐年增加，以往限于诸多规定，游艇活动的推展处处受到钳制。近年来由于相关法规的修订，游艇活动的发展契机已逐渐成形，未来区域适当的渔港将逐渐转型作为游艇作业基地，台北港（基隆港的辅助港）的近期发展计划中既包括游艇港的兴建，也应该适应发展潮流。

（三）港区范围外邻近土地

台湾岛内港埠区域外常有些较为特色区域，如基隆港北侧的和平岛滨海公园，目前在沿海部分地区为海滨公园，园区内有重要的海蚀地形景观，除了特殊的地形外，露出地层的生物本体化石、生痕化石、恶劣条件下生长的海滨植物及退潮时海蚀平台的潮间带生物亦为本区自然环境的重要资产。另台中港北侧的高美湿地及野生动物保育区大甲溪出海口南侧，广达 1 500 公顷的高美湿地，拥有丰富的天然资源，泥质及沙质滩地，加上与河口沼泽地带镶嵌在一起，孕育了丰富又复杂的湿地生态。目前湿地区有台湾全岛最大族群的云林莞草区，形成干湿相间伴有植物生长的复杂地形，因为地形种类多变，生态种类亦相当复杂，提供鸟类充足的食物来源，曾在高美湿地栖息的鸟类有多达 120 余种，是台湾岛内少数几处雁鸭集体繁殖区之一，主要物种为鸟类、鱼类、蟹类及其

他无脊椎类等生物，为台湾岛内重要的生态保育区。

第三节　两岸港口滨水区开发比较

根据本章第一、二节对两岸港口滨水区开发模式的说明，整理出如表 12-1 所示比较结果。

表 12-1　两岸港口滨水区开发模式比较

<table>
<tr><th colspan="2">区域</th><th>大陆</th><th>台湾岛内</th></tr>
<tr><td colspan="2">金融贸易发展区</td><td>陆家嘴金融贸易开发区
青岛、大连老港区</td><td>商港的自由贸易港区</td></tr>
<tr><td colspan="2">经济技术开发区</td><td>上海金桥开发区</td><td>商港的自由贸易港区及加工出口区</td></tr>
<tr><td colspan="2">经济开发区</td><td>广州南沙新区开发</td><td>商港的自由贸易港区</td></tr>
<tr><td rowspan="5">观光、游憩、休闲区</td><td>商业</td><td>青岛、大连老港区
天津津湾广场开发</td><td>（注：港区范围内因都市计划的限制，引进商业活动受到地方政府的钳制，推进困难）</td></tr>
<tr><td>观光、休闲活动区</td><td>青岛、大连老港区
天津津湾广场开发</td><td>基隆港：光华塔及海洋广场
高雄港：观海台、渔人码头、星光码头（星光水岸公园） 及真爱码头</td></tr>
<tr><td>文化艺术区</td><td></td><td>高雄港：港史馆、驳二艺术特区及流行音乐中心
花莲港：维纳斯艺廊</td></tr>
<tr><td>滨海游憩专区</td><td>金桥金沙滩</td><td>台中港北侧滨海路域</td></tr>
<tr><td>港区内渔港转型</td><td>天津中心渔港</td><td>基隆港：正滨渔港
台中港：梧栖渔港
高雄港：前镇渔港等 9 处渔港
花莲港：花莲观光渔港
（渔港的转型是由渔业主管机关负责，港口管理单位能介入的程度十分有限）</td></tr>
</table>

资料来源：作者根据相关资料整理。

根据上表的比较，两岸的滨水区开发除积极推动提升港口附加价值的金融、贸易、经济及技术开发区外，对于商业及观光游憩方面存在着不同之处。大陆主要为打造邮轮母港及发展综合性商圈，积极推动港区的开发；台湾岛内则是以增加民众亲水区域为目的，打造港边的游憩亲水及文化艺术区域。

同国际上比较典型的滨水区再开发的案例相比较，大陆的滨水区开发模式与功能定位更接近国际上20世纪六七十年代的大型滨水区综合开发的案例，如伦敦道克兰地区滨水区重建、日本横滨港未来21区开发。所不同的是，国际上的案例多为老港区的更新改造，而大陆的不少滨水区开发是对沿海滨水区新建式开发；台湾岛内的滨水区开发则多为老港区的振兴与重新开发，与国际滨水区开发趋势相同，所不同的是，台湾岛内滨水区开发的功能更侧重亲水和观光休闲。

‖ 未来展望篇

第十三章　国际港航产业发展的主要特征与趋势

随着经济全球化的发展，世界经济结构与产业结构不断调整，港航产业已成为支持全球化的采购、生产和销售运作模式的重要支撑。许多大型港口已发展成为包含运输、转运、储存、装拆箱、仓储管理、加工和信息处理于一身的综合物流中心，大型航运企业也在向综合性的全球物流承运人方向发展。中国在新的世界分工体系中居于重要地位，两岸的港口和航运产业也已成为国际港航产业体系的重要组成部分。了解国际港航产业发展的特征与趋势是展望未来两岸港口与航运业发展前景的重要基础。

第一节　港口产业的主要特征与发展趋势

随着经济全球化的迅速发展，世界各国的港口都经历着深刻的变化。由于政治、经济、社会背景以及港口区位条件、发展战略的差异，各国港口的发展状况存在很大的差别。但受国际经济、贸易、技术和航运发展的影响，世界各国港口的发展也表现出许多共同的特征与趋势。

一、港口向深水化、大型化和专业化方向发展

首先，随着全球贸易和航运业的不断发展，港口航道和泊位表现出明显的深水化趋势。从 20 世纪 90 年代中期开始，世界上一些著名的大港、老港如纽约港、汉堡港、安特卫普港以及鹿特丹港等港口，为了克服原有港口国际集装箱深水泊位不足和航道水深条件方面的不足，普遍采取花巨资疏浚进出港航道

或实施港口外移战略，跳出河口内港在近海深水区域建设深水港泊位，码头前沿水深不断增加，岸线泊位长度延长，堆场及整个码头的区域越来越大。港口深水化的主要原因在于港口必须适应船舶大型化的发展趋势。目前，在马士基的航线（AE 10）已于 2013 年 7 月 15 日配置 18 000 TEU 的 Triple E 超大型集装箱船，其满装吃水均在 14 m 以上。这就必然要求集装箱主干线上的枢纽港航道、泊位水深不低于 15 m。

其次，随着港口功能的多样化，大型化也是近年来国际港口发展的一个典型特征。由于船舶及船队大型化，国际集装箱及散杂货的运输量不断提升。世界各国以满足产业临水及临港等特性而发展的出口加工区、临海工业及物流园区等各种功能型临港园区也蓬勃发展。港口原有的空间及设备往往无法满足需求。各国港口纷纷采取更新港埠设施、加深航道及增加土地空间等手段来应对。其中，扩大港区面积是重要途径。当港区附近土地的使用率饱和时，还往往向外海扩建，以填海造陆的方式增加港区的土地使用空间。同时，船舶大型化及港口的深水化必然带来航线干线化。作为航运业的基础设施，港口在全球运输系统中的地位和作用也随之发生了变化，对枢纽港定位的追求进一步推动了港口的大型化发展。

最后，全球海洋运输对码头更加细致分工的要求导致了港口的专业化发展趋势。随着全球经济一体化，跨国公司为了发挥地区优势，降低成本，把以往的综合生产分散到世界各地。集团公司内部贸易的目的在于实现零存货与提高效率，这就引发了新的生产与贸易组织方式——长距离运输与就地生产，并使集成化的生产与运输经营更加规范化。这就对码头的专业化作业水平提出了更高的要求。目前，国际港口的码头专业化趋势主要表现为液体货物码头和散货码头两大系列。前者包括原油、液化天然气和成品油等码头，后者包括铁矿石、煤炭、粮食和木材等码头。专业化对港口物流产业的发展至关重要，是构建港口物流企业核心竞争力的关键。专业化泊位的发展趋势直接关系到深水岸线的开发利用，也使得大型枢纽港在综合运输体系中的枢纽作用和现代物流业中的战略地位更加突出。

二、港口的现代化发展趋势

伴随着知识经济的到来，世界各国港口为了谋求在国际港口竞争中的地位，都在积极运用现代技术手段改善装卸工艺和提高装卸效率，港口的发展表现出了明显的现代化发展趋势。

首先是管理技术信息化。现代港口必须具备全天候进出、快速装卸、通关、集疏储运与配送等综合能力。货物的快速流动、集装箱多式联运和“门到门”运输、物流体系的发展，对港口信息网络的建设提出了越来越高的要求。技术与信息已经成为现代化港口生存和发展的决定性因素。目前，港口已应用的信息技术主要有电子数据交换（EDI）、管理信息系统（MIS）、计算机仿真、无线终端和电子商务等。

其次是控制技术的智能化。在集装箱码头，信息的传递来源于两个方面：一是码头、外部客户和有关部门之间的信息联系；二是码头内部的现场指挥与生产指挥中心之间的信息联系。前者采用电子数据交换技术，后者采用现场数据输入仪来降低在整个信息传递过程中的出错率。为进一步提高港口集装箱的装卸效率，集装箱物流系统必须能高效、快速、灵活、安全地运行。因此，越来越多的港口采用了全自动的智能控制技术。德国汉堡 CAT 码头已采用无人驾驶自动导引小车系统实现了码头前沿与堆场之间的运输。智能控制技术的产生和应用极大地促进了港口效率的提高和管理的现代化。

最后是装卸技术的高效化。在港口装卸工艺上，现代港口采用自动导航集装箱运输车组成的无人驾驶集装箱港内运输系统，由中央计算机系统控制和协调，使车辆定位精确到几厘米之内。在集装箱装卸技术上则采用跨运车自动定位系统，不仅用于堆场作业，还可用于集装箱位置的实时查询。在散货装卸机械方面，已有装船效率达到每小时 16 000～20 000 吨的弧线式矿石装船机、每小时 10 000 吨的移动式煤炭装船机等。鹿特丹港拥有欧洲最大的集装箱码头，它的装卸过程完全用电脑控制，集装箱装卸设备逐年更新换代，装卸工艺自动化程度逐年提高，设备种类和系统配套不断完善。

三、港口的市场化发展趋势

进入 21 世纪以来，港口的发展步伐逐步加快，经营管理更加开放，港口的市场化趋势越来越明显。

政企分开是港口管理体制改革的主要内容。世界上几乎所有进行港口管理体制改革的国家都把政企分开作为港口管理体制改革的主要内容。港口实行政企分开的管理体制既符合经济全球化发展和世界经济贸易的运行规则，同时，也为政府在市场经济条件下转变管理职能，提高管理效率、规范市场行为创造了良好的条件。港口管理从宏观角度来说包括国家的主权管理，这部分必须实行强制性管理。从微观角度来看，港口的经营管理属于竞争性的市场行为，可以通过企业化运作的方式来保证港口的高效率运转。

市场化趋势必然带来港口产权的多元化。随着世界经济的不断发展，港口的产权也卷入了市场化的浪潮中。推动港口产权多元化发展的外界因素主要有三点：一是经济全球化的进一步发展，推动了世界经济结构与产业结构的重大调整，整个世界范围内的竞争日趋加剧，各国纷纷进行国有经济管理体制改革；二是世界上大多数国家都把港口作为国有经济实体的一部分，在管理体制和经营效率方面，大都面临着如何适应经济全球化发展要求的重大挑战；三是国际资本的进入以及国内私人资本的参与，导致了港口产业资产结构的重新变革与调整。科学合理的界定和规范国家、地方以及社会投资者对港口的投资比例和权益，是港口发展过程中一个重要问题。

民营化是将码头设施出租经营或完全出售，交由个人、私营企业或半公共组织进行经营管理。由于全球经济的自由化和市场化，世界范围内的港口民营化步伐也在加快。20 世纪 70 年代，英国首先掀起了港口民营化热潮，并很快波及欧洲大陆和日本。港口民营化的优势主要在于：一是可以广泛吸纳社会资金，为港口发展提供新的融资渠道；二是可以减少政府干预，使业主能够根据不断变化的市场情况迅速作出决策，赢得主动地位，获取竞争优势；三是可以促进港口技术进步和管理专业化，这是加快港口跻身国际先进水平的有效途径。

四、港口的服务和功能逐渐多样化

目前，ISO 9002《质量管理和质量保证》标准已为各国港口广泛采用，港口的服务质量已成为吸引货源的关键。各港口纷纷采取多种形式来提高服务质量，差异化服务成为提升服务质量的重要手段。各港口大都通过科学分析港口自身的比较优势和核心能力，形成本港的差异化定位，并针对细分市场和不同目标需求，形成业务类别的错位经营，并通过提供个性化、差异化的服务提升竞争力。

同时，现代化的港口已经从处理客货物流发展成为整合处理各种经济活动和信息的基地。现代化的港口还具备了存储功能、工业服务功能、提供与船舶、车辆有关的服务以及商务、信息功能等。在满足用户的柔性化需求的同时，港口开始开展高效的增值服务和延伸服务，使港口成为商流、物流、资金流、信息流、技术流和人才流的汇聚中心。在产业层面，港口依托区位优势和核心主业，重点发展关联度高的临港产业和临港物流中心、配送中心、分拨中心，形成了环环相扣、相互依存的港口产业链条。在经济全球化进程的推动下，一个国家或地区的沿海港口的基本功能已经不仅仅局限于本地区社会经济发展的基础设施，它日益成为世界经济在全球范围内进行优化资源配置与调节商品生产过程的重要枢纽。

物流服务是港口功能延伸的重要领域之一。海运服务主要着重在货物的运输及配送。经济全球化之后，大型跨国企业基于最低总生产成本的考虑，渐渐将生产基地逐渐移往发展中国家，并在不同地区设置零组件、半成品的生产工厂，最终产品的生产工厂及分销中心则选择在科技和管理水平较高的地区，以提升产品的附加价值及形象，配合品牌在市场上取得较高的获利。该生产模式衍生出大量物流业务，须有第三方物流公司在货物的流通及分销方面予以大力配合，并提供综合性的物流服务。大型船公司基于服务客户及掌握货源的需求，纷纷提供物流及分销服务，并向上整合投资码头装卸设施或与港口管理单位合资成立装卸公司，以提供单一窗口的一条龙服务。在内陆有广大货源的地区，船公司甚至投资内陆运输系统及无水港，以求巩固货源。在此背景下，物流功能也因此成为港口服务的重要内容。

五、港口的可持续发展趋势

工业化发展带来全球经济发展的同时也带来了环境影响。港口是世界经济增长的重要基础设施，也是耗能和污染的重要源头。人们要求工业生产效率的同时更加要求绿色经济。在全球能源危机和环境恶化的形势下，绿色港口已成为国际港口发展的重要理念。绿色港口是在环境保护和经济利益之间获得良好平衡的可持续发展的港口。绿色港口也是环境健康、生态保护、资源合理利用、低能耗、低污染的新型港口。它是将港口发展和资源利用、环境保护有机结合起来并合理利用，以达减少能源消耗、环境污染小、增长方式优、规模效应强的可持续发展之路，最终做到港口发展与环境保护和谐统一、协调发展。

为了降低对环境造成的影响，港口必须尽量减少占用土地，紧凑设备布置，优化港口设计，改进货物装卸方式，这样将有利于环境改善。未来，燃烧效率更高、对水深要求更大以及对波浪作用不敏感的大型驳船，也将会促进大型离岸码头的发展。这样，未来港口的总体规划和附属工业区毫无疑问将会进一步集中，宝贵的未被开发的水土资源也将被有所保留。对废水排放、疏浚活动及其规模一定要进行适当的约束。疏浚物应作为资源而非废弃物予以有益的应用和控制。

六、港口间的竞合关系日趋复杂

船舶大型化将推动港口的进一步分工协作，使枢纽港和支线港的层次愈加分明。一个区域性的枢纽港周边分布多个支线港将成为未来港口发展的重要趋势。鉴于枢纽港在国际集装箱货物运输格局中的重要地位，对枢纽港位置的争夺也使港口间的竞合关系日益复杂。

从港口群之间看，集装箱枢纽港可以给港口带来巨大的经济效益，因此各大港口都会制定发展战略，角逐枢纽港地位，从而使港口间竞争趋于白热化。一般一个洲只能有 2～3 个枢纽港，而且要成为枢纽港必须具备大型集装箱码头、大型桥吊、集装箱拖车、大量的堆场空间和仓储等设施，同时能够提供高质量的配套服务和便捷的交通联系。由于枢纽港投资巨大，且同一腹地港口之间的过度竞争往往导致建设雷同和生产能力过剩，代价十分惨重。因此，在港口竞争日趋激烈的同时，港口之间也倾向于进行合作。例如，欧洲沿海港口由于陆向腹地有较多的交叉，港口群之间货源的竞争十分激烈。为避免区域内港口的无序竞争，欧洲海港组织代表欧盟港口群的共同利益，积极促进欧盟成员国港口的合作，加强欧盟港口整体的竞争力。

从港口群内部看，合理的安排使枢纽港通过与周边中小集装箱码头合理分工，可以有合作地在各自划分的范围内分头争取货源。枢纽港的重点是承担国内外和第三国的集装箱中转任务，同时承担经营本地区和内陆腹地划分份额内的揽货任务以及开拓国际航线的任务。支线港以集装箱码头装卸为主，力争扩大划分范围内的内陆腹地集装箱进出口的货运量。支线港除对枢纽港喂给外，也从枢纽港获得本地区和划分范围内的进口外贸货箱。由于同一港口群内港口之间距离比较靠近，各港口服务的陆向腹地基本相同或部分交叉，货主选择港口群内的哪一个港口来为之服务，仅就成本而言是没有区别，或者差别很小，这就使个别港口面临主选择时缺乏地理位置的优势。为了吸引腹地货源和中转货流，港口只能依靠港口的服务质量和服务价格来进行竞争。又由于港口所在地国家和地方政府为了本国或本地区的利益而参与其中，从而使这一层次的港口竞争变得十分激烈。

第二节　国际航运业的主要特征与发展趋势

国际航运业是一个与世界经济发展密切相关且高度专业化的行业。在经济全球化的背景下，国际航运业的技术、经济、管理等背景也都发生了较大变化。船舶大型化、新航路的开辟、航运联盟合作的深入、航运企业的多元化发展以及航运服务要素的集聚等因素对国际航运业的发展都产生了深刻的影响。这些影响因素的发展变化，也体现出了国际航运业的主要特征与发展趋势。

一、船舶趋向大型化和安全节能

随着航运技术的不断发展，全球范围内以海洋运输干线和集装箱枢纽港为基础的集装箱运输网络逐渐形成。各大船公司纷纷建造新的大型或超大型集装箱运输船舶，希望借助大型船舶的规模经济效应，在激烈的集装箱运输市场竞争中占得先机。集装箱船大型化的趋势日益明显。集装箱船船型大型化的发展趋势如表 13-1 所示。

表 13–1　集装箱船型发展趋势

<table>
<tr><th>阶段</th><th>发展趋势</th><th>时间</th><th>柜位（TEU）</th><th>船宽（m）</th><th>吃水（m）</th><th>备注</th></tr>
<tr><td>1</td><td>正式化</td><td>20 世纪 60 年代后半期</td><td>700～1 500</td><td>26.0</td><td>10.5</td><td></td></tr>
<tr><td>2</td><td>大型化</td><td>70 年代</td><td>1 800～2 300</td><td>32.2</td><td>11.5</td><td></td></tr>
<tr><td>3</td><td>节能化</td><td>70 年代末至 80 年代初</td><td>2 000～2 500</td><td>32.2</td><td>13.2</td><td></td></tr>
<tr><td>4</td><td>巨大化</td><td>80 年代后半期</td><td>2 500～4 500</td><td>32.2</td><td>13.5</td><td></td></tr>
<tr><td>5</td><td>超巴拿马型</td><td>90 年代前半期</td><td>4 300～5 400</td><td>39.4</td><td>13.5</td><td></td></tr>
<tr><td>6</td><td rowspan="2">大型化</td><td>90 年代后半期</td><td>6 000～6 670</td><td>42.8</td><td>14.0</td><td></td></tr>
<tr><td>7</td><td>1997～2002 年</td><td>7 000～8 700（最大 8 736）</td><td>42.8</td><td>14.5</td><td></td></tr>
<tr><td>8</td><td>超大型化</td><td rowspan="2">2002 年至今</td><td>11 000</td><td>48.0</td><td>15.0</td><td></td></tr>
<tr><td>9</td><td>超级超大型化</td><td>18 000</td><td>59.0</td><td>14.5</td><td>Maersk Triple E 级货柜轮</td></tr>
</table>

资料来源：大型货柜基地营运业者全球布局探讨及相关课题的研究，（台）运输研究所，2009。

从表 13-1 中可以看到，集装箱船舶无论是载箱量、载重量还是大小，都有不断增大的趋势，而且这种趋势仍在延续。2012 年 5 月 12 日，韩国大宇造船与海洋工程公司为丹麦 AP 穆勒—马士基集团承建的世界最大的集装箱船举行开工仪式。这是一艘 18 000TEU 的集装箱船。全船长 400 m，船宽 59 m，船高 73 m，已于 2013 年 6 月交船，并配置在 AE10 航线上。但由于近年来海运市场较为低迷，船舶运能大于需求，大型集装箱船的订单也在逐渐减少。虽然近几年仍有多艘大型船舶下水，但 2015 年后下水的订单已经十分有限。

安全、节能也是近年来海运船舶发展的重要特征。超级巨型油轮若发生海难，对于环境的影响将十分严重。国际海事组织（IMO）规定所有 1996 年后建造的 5 000 吨以上的油轮必须拥有双壳结构。双壳油轮的两层钢板中间有 1.5～2 m 的空隙，可以作为碰撞等事故的缓冲区，从而大大减少事故后的油污污染。欧洲大多数国家已经禁止单壳油轮进入。国际海事组织已要求所有单壳油轮在 2015 年淘汰。为配合环保考虑，海运业也积极采取措施节约能源、降低碳排放量。如采用较环保的燃油，变更燃料为 LNG，降低航速以节省油耗，以及改变航行路线等。由于海运业的节能减碳措施所涉及的因素十分复杂，国际海运组织（IMO）和联合国气候变迁小组（UNFCCC）也一直在对船舶配合气候变迁降低排放量的管制措施进行协商，目前仍未有定论。

二、巴拿马运河扩建及尼加拉瓜运河的开辟

巴拿马运河连接大西洋与太平洋，可通行约 4 500 TEU 的集装箱船和 6 万吨级的散货船。由于航运市场成长，运河现已无法满足大部分船舶的通行需求。一艘船平均约 26 小时才能通过运河，大型船舶更是无法通过。目前，巴拿马运河正在扩建。扩建计划预计于 2014 年完工，扩建后的巴拿马运河可通过 30 万吨级以上油轮，也可通行 13 000 TEU 的集装箱船。除巴拿马运河扩建外，2013 年尼加拉瓜也将兴建一条连接尼加拉瓜加勒比海海岸和太平洋的运河。届时巴拿马运河的垄断地位将被打破，通往美国东岸的航线将有更多选择，东亚和北美的贸易有望获得更大的发展空间。

巴拿马运河的扩建和尼加拉瓜运河的开辟对国际航运市场会产生较大影响。从大宗散货来看，运河的建设有助于提高东亚东地区与美东、加勒比海及南美洲间的货物运输效率，降低运输成本。如对于清洁能源要求越来越大的日本和韩国，在巴拿马运河扩建后将可以大量从加勒比海进口液化天然气。中国

也可以扩大从该区的进口规模，如巴西的大豆及铁矿，委内瑞拉的原油以及哥伦比亚的煤等。总体来看，巴拿马和尼加拉瓜运河运输的便利性将使中南美洲所蕴藏的资源通过该通道运至东亚地区的运价大幅降低，这也将对全球大宗散货市场的供应产生一定影响。

巴拿马运河的扩建和尼加拉瓜运河的开辟对国际集装箱运输市场的影响主要在美东地区。1999 年统计，亚洲出口到美国东海岸港口的集装箱货物，有 86% 先运到美国西海岸港口，然后通过北美大陆铁路和跨州公路，从陆路转运到美国东海岸；约 3% 的货物通过苏伊士运河；有 11% 的货物通过巴拿马运河，全程水运抵达美国东海岸港口。2004 年，亚洲出口的集装箱货物通过巴拿马运河全水运航线直抵美国东海岸的比例增加到 38%，从美国西海岸港口转口到美国东海岸的货柜货物跌落到 61%。由于巴拿马运河不堪负荷，也还有航运公司取道苏伊士运河经地中海过大西洋，但仅占 1%。以往亚洲至美东经巴拿马运河的航线多配置 4 500 TEU 的集装箱船。巴拿马运河 2014 年扩建完成后可通行 13 000 TEU 的大型集装箱船，届时亚洲至美东绕道苏伊士运河的航线可能受到更大影响。

三、航运联盟的形成与发展

目前，全球集装箱运力主要集中于大型船公司。近年来，全球前 20 大船公司的运力一直占所有船舶运力的 70% 以上。运距较远的主航线也大多为大型船公司所垄断。随着超大型船舶陆续投入使用，船舶运能供应过剩，国际航运市场竞争日益激烈，运价持续低迷，船公司亏损也较为严重。各船公司纷纷将联合经营作为主要的航运经营策略之一，努力寻求联盟及联营的合作方式，通过共同派船、舱位共享和设施共享等多种合作途径来降低营运成本，提高效率和竞争力。

2011 年马士基为抢占亚洲市场，在亚欧航线推出“天天马士基”（Daily Maersk）的服务，对其他亚欧航线的经营者产生了较大冲击。原属伟大联盟及新世界联盟的 6 家船公司在 2011 年 12 月下旬宣布组成“G6”联盟。2012 年初，阳明海运所属 CKYH 联盟也宣布与长荣海运合作，通过扩大经营规模以提升服务水平与 Daily Maersk 对抗。全球排名第二的地中海航运和第三的达飞也宣布成立策略联盟。目前，航运业主要联盟情况如表 13-2 所示。

表 13-2 联盟船舶公司的运能及占市场比例

联盟	航商	船舶数（艘）	运能（TEU）	航能运能占市场比例（%）	联盟船舶数（艘）	联盟运能（TEU）	联盟运能占市场比例（%）
The NewWorld Alliance（新世界联盟）	APL	124	626 861	3.60	288	1 496 314	9
	MOL	110	540 266	3.10			
	HYUNDAI	54	329 187	1.90			
The Grand Alliance（伟大联盟）	HAPAG-LLOYD	154	717 666	4.10	346	1 617 097	9
	NYK LINE	100	433 503	2.50			
	OOCL	92	465 928	2.70			
CKYH 联盟	COSCO	165	757 512	4.40	437	2 117 842	12
	HANJIN	115	623 594	3.60			
	YANG MING LINE	87	376 938	2.20			
	K LINE	70	359 798	2.10			
G6 联盟	APL	124	626 861	3.60	634	3 113 411	18
	HAPAG-LLOYD	154	717 666	4.10			
	MOL	110	540 266	3.10			
	NYK LINE	100	433 503	2.50			
	OOCL	92	465 928	2.70			
	HYUNDAI	54	329 187	1.90			

资料来源：Alphaliner - TOP 100 Operated fleets.

船公司从低层次的舱位互换、联营合作逐渐提升到结盟定价、船型班期统一，合作的层次逐渐深入。联盟合作也为新一轮港航作业甚至贸易与运输两大体系的产、供、销带来新的问题。航运企业这种观念、技术和管理模式的创新，今后必然在枢纽港干线之间以及和干支线之间有所反映，并进一步影响到整个港航产业的发展走向。近几年船公司联盟情况如表 13-3 所示。

表 13–3 近期主要海运联盟及合作船舶公司情况

合作联盟或航商	时间	合作航商	备注
G6 联盟成立	2011 年	APL、MOL、Hyundai、HL、NYK、OOCL	
EVER 与 CKYH 联盟合作	2012 年	COSCO、Hanjin、YM、K Line、EVER	
ZIM 航运参与 G6 联盟	2013 年	APL、MOL、Hyundai、HL、NYK、OOCL、ZIM	
CMA CGM、Maersk 及 MSC 成立 P3 航运网络	2014 年	CMA CGM、Maersk 及 MSC	建立一个横跨亚欧、太平洋及大西洋东西向的航线

资料来源：（台）《中华日报》（航运电子版）。

四、航运企业的兼并、重组

在航运联盟发展的同时，航运企业并购力度也开始加大。航运企业的并购行为始于 20 世纪 80 年代中期，90 年代后期高度活跃，但规模相对较小，至 2005 年并购行为达到高潮，其中马士基收购铁行渣华为规模最大和影响最深远的并购。航运企业在不同时期并购行为的目的也不同。90 年代前以强弱兼并为主，90 年代后则以强强联合为主，“超级航母”成为并购方的发展目标。2005 年前并购行为多因被收购方经营不佳而被迫出售资产，2005 年后虽然被收购方经营较好，但由于预测航运业不久之后将呈下降趋势，于是主动出售资产。并购行为也从航运联盟内部逐步扩展到跨航运联盟间，竞争对手也成为兼并目标。

并购行为使并购方航运企业的势力发生了显著变化，航运企业和航运网络规模迅速扩大。如 1996 年英国铁行和荷兰渣华合并为铁行渣华，跃居全球第三位；1997 年东方海皇收购总统轮船使其全球排名由第十五跃至第五位。同时，并购行为也越来越复杂。航运企业在并购其他企业的同时，也为其他企业所并购。如铁行渣华与马士基/海陆。前者从 90 年代中期先后并购蓝星、塔斯曼航运、法雷尔航运和哈里森航运等企业，而 2005 年为马士基/海陆所收购。其中，居全球前 20 位的马士基/海陆、赫伯罗特、东方海皇、汉堡南方、法国达飞、南美航运、日本邮船、长荣、韩进等航运企业是并购行为的主要驱动者和受益者。

宏观而言，运力过剩和全球化趋势是导致航运业并购浪潮的两个根本原因。从企业层面来看，航运企业参与并购的动机总的来说可以归结为两个主要方面，即通过横向并购扩大市场份额，通过纵向并购拓展企业价值链实现向综合物流企业的转变以及混合并购以分散经营风险。

五、航运企业运营的多元化

航运业投资巨大，专业性强，开放度高，航运业的景气也受到多方面因素的影响。出于分散风险、提高企业竞争力和获取经济利益等目的，世界上大型船公司一般采取多元化战略，即航运企业在确保运输核心业务发展的同时，通过收购、兼并、参股等多种方式，开发、参与多种商品或劳务的生产与营销，增强在“供应链”上的竞争优势，巩固航运主业地位。这样既可以促进主营业务发展，也可以合理利用企业资源，通过多种经营获得利润并提升品牌形象，从而降低由于航运市场不景气而引起的企业收益急剧下降的风险。

航运企业多元化运营的典型例子是航运物流的兴起。在航运的低谷时期，各大航运公司认识到海运业的市场空间已经十分有限，必须打破传统运输方式的限制，实行多式联运与多元经营。在这种情况下，与海运业务关系密切的物流服务成为马士基、总统轮船、中远、中海等多家航运企业的重要发展方向。

日本邮船（NYK）拥有日本班轮承运人中最大的集装箱船队，其集装箱船队运力 4.1×10^5 TEU，居世界第九位。同时，它也越来越成为物流服务领域内的重要参与者。NYK 早在 1984 年便首次将物流服务引入航运界，将其战略目标定为“综合物流服务的集团承运人”，并从信息通信和公司的组织结构着手，发展壮大其物流系统。据估计，NYK 收入的 40%左右是通过物流或所谓的非航运活动产生的。在班轮承运收入降低时，NYK 在物流、散货及能源运输业务方面的投资组合使得公司的收益更加稳健。

六、航运服务要素的集聚发展

航运服务要素的构成包括三个层次：第一层是核心层，包括船公司、船舶制造业和港口等，是整个航运服务业的基础；第二层是增值层，即提供附加值的层次，包括船舶代理、货运代理、航运经纪、航运金融、海事服务、航运人才培养等航运衍生服务行业；第三层是拓展层，即为了提高航运服务的质量而衍生出来的信息技术、EDI 技术、电子商务技术、海事政策、法律法规等。

伦敦早期集中了庞大的航运运输船队。在运输船队集聚的过程中，航运服务通过外包的形式从航运物流业中分离出来。随着航运服务的细化，演变成航运服务产业全球价值链，航运金融、航运保险和船舶交易等航运服务业逐渐占据航运服务产业的高端位置。伦敦通过积极采取各种航运服务业集聚政策，吸引大量的高端航运服务要素在伦敦集聚，形成了独特的伦敦国际航运中心。目前，虽然伦敦港货运吞吐量在世界总量中所占份额几乎可以忽略，但是其在航运服务市场获得了比传统航运业更丰厚的利润，其原因就是伦敦国际航运中心聚集了大量航运服务要素。今天的伦敦聚集了数千家航运服务企业，其中包括波罗的海航运交易所、劳氏船级社、德鲁里航运咨询、马施云会计师事务所等大批享有较高声望的企业。众多国际性航运组织的总部也设在这里，如联合国下辖唯一专门性的海事机构——国际海事组织、国际货物装卸协调协会、国际海运联合会，等等。时至今日，全球90%的海事仲裁都是选择在伦敦进行，显示出国际航企、船舶承租商、保险企业对伦敦海事仲裁协会的信任和认可。

新加坡和中国香港特别行政区等地区在经历航运物流业的高速发展后，通过制定一系列高端航运要素集聚的政策，在航运服务全球价值链的高端也确立了一定的位置。上海在推进国际航运中心建设的过程中，围绕北外滩、浦东大道也规划了航运服务要素集聚区，正在积极促进航运服务要素的加快集聚。

第十四章　两岸港口合作发展展望

竞争是市场经济的基本特征，也是推动港口不断提升和持续发展的动力。然而，仅采取竞争策略，缺少协调与合作，可能会导致恶性竞争。从团体理性的角度出发，两岸间港口应建立一种长期双赢的合作竞争关系，以避免港口间的破坏性竞争，提升两岸港口的整体竞争力。港航产业的规模经济和范围经济效应明显,良好的合作是推动和促进港航业乃至整个区域经济发展的重要途径。两岸港口间已经拥有良好的合作基础，抓住契机，扩大合作，对于两岸经济未来的发展具有重要的现实意义和深远的历史意义。

第一节　两岸港口合作发展的基础

两岸港口的营运规模及货源有所不同。台湾岛内的港口在集装箱运输方面曾占有重要地位，但在岛内制造业逐渐外移及环保意识不断增强的情况下，其港口运量开始停滞不前（高雄港仍拥有相当数量的转口业务）。大陆经济蓬勃发展，港口发展也十分迅速。总体看，两岸港口虽然发展模式有所不同，但是仍有相当大的合作空间。

一、与两岸港口相关的主要航线

目前，全球主要航线为太平洋航线、大西洋航线及亚洲欧洲航线，其中与亚洲地区相关的主航线为亚美航线（太平洋航线）和亚欧航线，如图 14-1 所示。

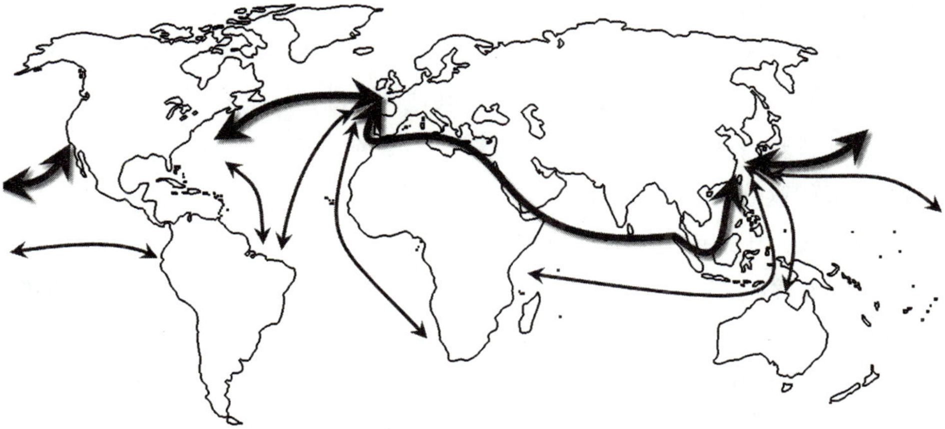

图 14–1 全球主航线及非主航线示意图

资料来源：作者根据 *Review of Maritime Transportation 2012* 中的资料整理。

（一）亚欧航线

亚欧航线为序列式航线，整个航线上有多处货源充足的大型港口。由亚洲地区驶向欧洲的航程在 5 个星期左右，因靠挂港口较多，所使用的船舶也较大。两岸港口 2013 年前两季度在亚欧航线上的航线数如表 14-1 所示。

表 14–1 2013 年第 1 季度至第 2 季度两岸主要集装箱港口亚欧航线数变化

季度	总航线数	大陆										台湾岛内		
		深圳	上海	宁波	青岛	厦门	天津新港	广州（南沙）	大连	连云港	福州	高雄	基隆（含台北）	台中
2013 年第 1 季度	50	48	44	38	15	15	8	8	5	0	0	7	2	0
2013 年第 2 季度	47	44	40	34	16	15	9	7	6	0	0	7	1	0
两季度的比较	−3	−4	−4	−4	1	0	+1	−1	+1	0	0	0	−1	0

资料来源：作者根据各航商航线相关资料整理。

华中和华南地区是亚欧航线的主要货源地，将近九成的亚欧航线都会挂靠深圳港及上海港。约 2/3 的亚欧航线以上海港或宁波港为其航线末端的终点港，仅有不到 1/3 的航线向北延伸至青岛港，不到二成的航线延伸至渤海湾港口，往北延伸的航线需减少其他挂靠港口以维持其服务水平。未来华北地区的货源增加后，航线可能减少挂靠华南地区或其他国外港口以避免降低其服务水平。

目前，台湾岛内各港口在亚欧航线上的服务水平低于大陆主要港口。现有不到二成的亚欧航线挂靠岛内各港口，厦门港的亚欧航线也超越了岛内各港口。但亚欧航线由于运能过剩，运价偏低，航线数已由 2013 年第 1 季度的 50 条下降至第 2 季度的 47 条。未来这一航线上船公司的竞争将十分激烈，大陆各港口的亚欧航线数也普遍存在下降情况。

（二）亚美航线

亚美航线在亚洲端有多处港口作为向东航线的终点港，航线的配置呈现平行状态。亚美航线的航程较亚欧航线短，靠挂的港口较少，船公司使用的船舶也较亚欧航线小。两岸港口 2013 年前两季度在亚美航线上的航线数如表 14-2 所示。

表 14-2　2013 年第 1 季度至第 2 季度两岸主要集装箱港口亚美航线数变化

季度	总航线数	大陆										台湾岛内		
		深圳	上海	宁波	厦门	青岛	广州（南沙）	天津新港	大连	福州	连云港	高雄	基隆（含台北）	台中
2013 年第 1 季度	66	39	40	28	16	16	4	3	2	1	1	22	4	0
2013 年第 2 季度	69	40	34	31	17	16	6	3	2	1	1	23	3	0
两季度的比较	+3	+1	−6	+3	+1	0	+2	0	0	0	0	+1	−1	0

资料来源：作者根据各航商航线相关资料整理。

华南及华中地区是亚美航线的主要货源地，约有六成的航线会挂靠深圳港或上海港，有三成左右的航线挂靠高雄港。高雄港每周有 23 个航班前往美洲，高雄港的货源中含有相当比例的转口箱。渤海湾地区港口的亚美航线数相对较少，相当比例的货源利用韩国釜山港进行转运。

亚美航线 2013 年第 2 季度的航线较第 1 季增加 3 条，由 66 条增至 69 条，显示该航线货源有增加的趋势。

二、两岸直航的港口与航线

（一）两岸直航的港口

2008 年 12 月，海峡两岸之间重新开启了中断近 60 年的两岸直接、双向海上通航。在两岸官方、民间和行业部门的共同努力下，两岸海上直航实现了有序发展并不断完善。至 2012 年底，两岸直航港口（港区）已达 85 个，其中大陆共有 72 个，如表 14-3 所示。

表 14-3 海峡两岸直航港口开放情况

背景	台湾岛内	大陆
2008 年 11 月 4 日，海基会与海协会签署《海峡两岸海运协议》	开放 11 个港口，包括基隆（含台北）、高雄（含安平）、台中、花莲、麦寮、布袋等六个港口，以及金门料罗、水头、马祖福澳、白沙、澎湖马公等五个“小三通”港口	开放 63 个港口，包括丹东、大连、营口、唐山、锦州、秦皇岛、天津、黄骅、威海、烟台、龙口、岚山、日照、青岛、连云港、大丰、上海、宁波、舟山、台州、嘉兴、温州、福州、松下、宁德、泉州、肖厝、秀屿、漳州、厦门、汕头、潮州、惠州、蛇口、盐田、赤湾、妈湾、虎门、广州、珠海、茂名、湛江、北海、防城、钦州、海口、三亚、洋浦等 48 个海港，以及太仓、南通、张家港、江阴、扬州、常熟、常州、泰州、镇江、南京、芜湖、马鞍山、九江、武汉、城陵矶等 15 个河港
2008 年 12 月 11 日两会以换文方式确认	增加开放苏澳港及花莲和平港，共计 13 个港口	维持 63 个港口
2010 年 5 月 7 日两会以换文方式确认	维持 13 个港口	增加开放铜陵港、石岛港、莱州港、台州港大麦屿港区、宁波—舟山港沈家门港区等 5 个港口，共计 68 个港口
2011 年 2 月 24 日两会以换文方式确认	维持 13 个港口	增加开放潍坊及安庆等 2 个港口，共计 70 个港口
2012 年 6 月 29 日两会以换文方式确认	维持 13 个港口	增加开放烟台港蓬莱港区，共计 71 个港口
2012 年 8 月 21 日两会以换文方式确认	维持 13 个港口	增加开放深圳港大铲湾港区，共计 72 个港口
合计	**13 个港口**	**72 个港口**

资料来源：作者根据相关资料整理。

据中国海关统计，从 2008 年 12 月“三通”开放至 2012 年 10 月，两岸进出口总额实现 5 542.7 亿美元。其中，大陆自台湾地区进口额为 4 384 亿美元，对台湾地区出口额为 1 158.7 亿美元。

随着两岸经贸领域合作的加强，两岸港口的整合力度也不断加大。据统计，双方直航以来，台湾岛内各港口与大陆沿海几乎所有港口都有合作，合作深度与广度不断加大，两岸港航产业的创新模式不断发展。

（二）两岸直航的航线

两岸直航后，集装箱航班由初期每周 33 航班增加至目前的 44 航班，每年单向运能由 1.24×10^6 TEU 提升至 1.92×10^6 TEU，运量则从 2009 年的 1.41×10^6 TEU 成长至 2.10×10^6 TEU（2012 年）。由于部分厦门至台湾岛内的航线每周航行 2 次，部分航线有 2 家以上的公司同时运作，因此两岸间的集装箱定期航班每周达 44 班，每周单向运能达 37 007 TEU，全年的运能可达 1 924 364 TEU。与 2012 的运量相比，仍可容纳新增的货源，也显示两岸间的航线十分密集，但所使用的船舶载运量较低，平均数为 969 TEU。2013 年第 2 季度两岸直航航线如表 14-4 所示。

表 14-4　2013 年第 2 季度两岸间直航航线数统计

区域	各区域两岸航线数	大陆港口	两岸航线数	台湾岛内港口				备注
				基隆	台北	台中	高雄	
环渤海	6	大连港	4	3	1	3	4	天津新港拥有 6 条对台航线，有 14 艘集装箱船以 2 周 1 航线（1 周 7 航班）的方式运营
		天津新港	6	4	2	5	6	
		青岛港	6	4	2	5	6	
长三角	11	连云港	3	2	1	3	3	
		太仓港	1	1	–	1	1	
		上海港	8	7	2	8	7	
		宁波港	5	4	2	5	4	
		温州港	1	1	–	1	1	

续表

区域	各区两岸航线数	大陆港口			两岸航线数	台湾岛内港口				备注
						基隆	台北	台中	高雄	
海西	10	福州港	6	福州	4	1	–	2	2	
				江阴	1	–	–	1	1	
				马尾	3	–	1	3	2	
		泉州港			1	–	1	2	1	
		厦门港	6	厦门	6	3	–	5	5	
				漳州	1	–	–	–	1	
珠三角	1	惠州港			1	–	–	1	1	
		盐田港			1	–	–	1	1	
合计	28				23	12	5	20	20	
扣除重复计算部分	−5									有5条航线同时行经环渤海及长三角
总计	23				23	12	5	20	20	

资料来源：整理自两岸航商及（台）《中华日报》（航运版）。

台湾岛内的高雄港在亚欧航线上与大陆主要港口的转运机会较低，但在亚美航线上的区位较佳，是亚美航线西端的最后出发港之一，大陆的部分港口利用两岸间的密集航线，以高雄港作为转运中心，对货主的服务水平将有所提升。两岸亚欧及亚美主航线港口比较如表14-5所示。

表 14–5　亚欧及亚美主航线港口比较

港口	亚欧航线	亚美航线	与高雄港间的两岸航线每周航班数
青岛	16	16	7
上海	40	34	12
宁波	34	31	10
厦门	15	17	12
深圳	44	40	1
高雄	7	23	–

资料来源：作者根据相关资料整理。

大陆部分港口的亚美航线以及与高雄港间的航线航班数量的比较如表14-6所示。

表 14-6　亚美航线与两岸航班比较

<table>
<tr><th>港口</th><th>亚美航线航班</th><th>与高雄港间的两岸航线航班</th><th>备注</th></tr>
<tr><td>大连</td><td>2</td><td>4.5</td><td rowspan="8">两岸航班数有小数，是因某些航班 2 周靠泊 1 次</td></tr>
<tr><td>天津</td><td>3</td><td>7</td></tr>
<tr><td>连云港</td><td>1</td><td>3.5</td></tr>
<tr><td>太仓</td><td>–</td><td>2</td></tr>
<tr><td>温州</td><td>–</td><td>1</td></tr>
<tr><td>泉州</td><td>–</td><td>2</td></tr>
<tr><td>惠州</td><td>6</td><td>1</td></tr>
<tr><td>广州</td><td>6</td><td>–</td></tr>
</table>

资料来源：作者根据相关资料整理。

三、两岸港口直航的现状

（一）两岸港口的合作

两岸海上直接双向通航为两岸港口的合作与发展提供了良好的机遇。两岸直航最直接的影响就是大幅降低了两岸货物和人员往来的航运成本。据台湾岛内航运业者估计，运输成本因直航平均可节省 15%～30%。由于往来经济成本的节约，两岸直航货运量不断提升。自 2008 年 12 月实现直航后，两岸港口集装箱吞吐量保持了快速增长。台湾岛内四大集装箱港口完成的两岸集装箱吞吐量如图 14-2 所示。

（二）两岸港口企业的合作

两岸直航为两岸港口的发展带来了机遇与挑战。以台湾岛内的高雄港为例，高雄港集装箱运量多为转口，直航前可利用境外航运中心转运福建地区的集装箱；直航后两岸港口间的直接接触更加便利。一方面，高雄港可吸引更大范围的大陆各港口集装箱前来转运，另一方面，高雄港的集装箱转口量也有可能通过大陆其他港口完成。为避免恶性竞争并提升自身竞争力，两岸港口开始谋求合作以实现共同发展。

目前，两岸港口的合作以港口经营企业的战略合作为主。如天津港作为大陆首批对台开放的港口之一，拥有 6 条对台航线，有 14 艘集装箱船以 2 周 1 航线（1 周 7 航班）的方式运营，来往于天津港与高雄港、基隆港之间。天津港拥有腹地广阔等优势，台湾岛内的港口则拥有中转优势。2012 年 7 月，天津

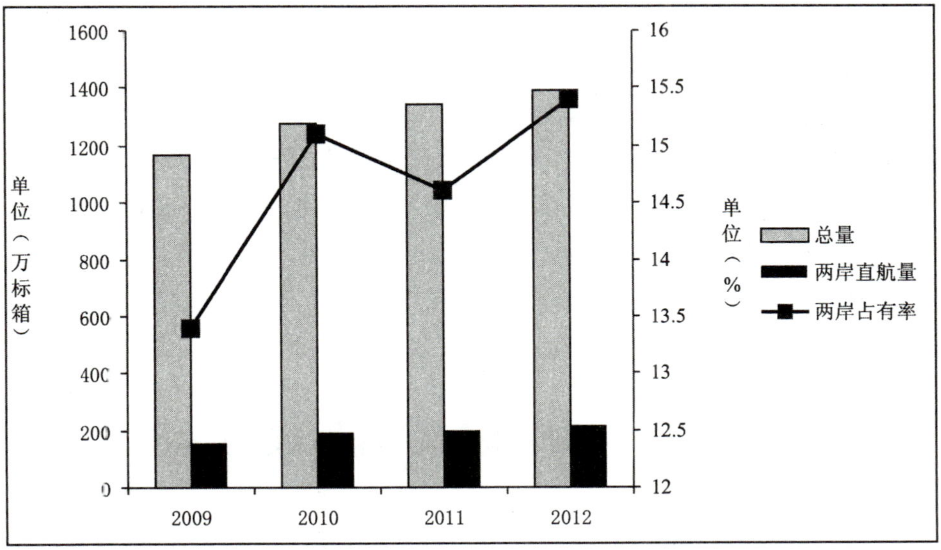

图 14-2　2009～2012 年两岸集装箱直航量及占有率示意图

资料来源：作者根据台湾当局公布的《2012 年交通施政成果》整理。

港集团与台湾岛内的港务股份有限公司（由高雄、基隆、台中和花莲 4 个港口进行资源整合而成）签署合作意向书，明确今后双方将进一步加强在港口、航运、物流等方面的双赢合作，此外双方也将携手各航运企业积极开辟和延伸航线，鼓励各自服务企业进驻对方港口，以推进津台两地的经贸交流与产业合作。

除天津港外，大陆的上海、大连、青岛、厦门、泉州、舟山、台州、虎门等 9 个沿海港口和太仓、安庆、城陵矶等 3 个内河港口，也分别与台湾岛内的高雄、基隆、台中、花莲等 4 个港口签署战略合作协议，重点优化两岸间客货运输与物流服务，构建信息共享平台，加强人员和企业的交流和互访，努力实现货运无缝衔接，促进两岸港口码头和物流园区的合作开发，为深化两岸产业和经贸合作构建坚实的基础性服务平台。

（三）两岸客运的发展状况

客运根据靠泊的船舶形态可分为客轮码头、邮轮码头及游艇码头三种类型。两岸间正式直航客运航线始于 2009 年，运行船舶为中远之星。初期，中远之星以非固定包船形式运营。虽然营运状况欠佳，但由于看好两岸客运市场，中远之星启动了台中及高雄航线。中远之星目前采取夜航模式，服务形态类似邮轮，客源以大陆旅游团为主。海峡号于 2012 年 3 月开始以固定航班（每周二、四、六）当天往返平潭—台中港，采用朝发夕归的模式营运，单程航行时间约 3 小时。船上均规划坐椅，客源以旅行团为主。

目前大陆已有天津、上海、厦门、三亚 4 个国际邮轮码头。由于看好邮轮产业发展及其带来的观光效益，深圳、海口、湛江、珠海、广州、宁波、青岛、威海、大连、秦皇岛等沿海城市，也开始着手邮轮码头建设。目前亚洲各国都在积极开发邮轮市场。利用两岸直航契机，放宽大陆游客搭乘邮轮赴台旅游签证限制，与大陆相应港口合作开辟邮轮观光市场大有可为。

第二节　两岸港口合作发展的契机

两岸港口在不同主航线各有优势，在海运业、港口服务业、临港制造业及两岸港口的开发建设等方面都有一定的合作空间。

一、海运业的合作契机

两岸有多个集装箱吞吐量较大的港口，从航线的分布分析，发展邻近港口的集装箱转口业务潜力较大。转口作业是船公司为扩大货源及降低总成本而采取的措施。为配合船公司地区营运策略的作业模式，两岸的主要港口皆有可能成为对方的转口港。一般船公司选择转口港的条件除了货源、集装箱码头的主导权、航线搭配和最低总成本外，关务作业的便捷性及相关补贴措施也是十分重要的因素。转口集装箱可扩大港口的营运量，航线密集度提高对港口的货流通畅也有一定的贡献。

目前大陆有部分集装箱利用高雄港及韩国釜山港进行转口作业。两岸间如能适当放松对转口集装箱的管控，并提升关务作业的效率，船舶公司将更愿意选择两岸港口作为转运港。两岸间的转口作业对双方港口及产业皆有正面影响，如能摒除港口排名的思想，实现转口作业流程便捷化，对航运业及港口相连产业都有正面的意义。两岸间密集的航线及各主要港口的主航线为两岸间发展集装箱转运提供良好的基础，未来如能在便捷性及作业成本方面提供更佳的服务，两岸港口网络的充分发展将使双方实现共赢。

二、港口服务业的合作契机

港口服务业的范围十分广泛，主要是针对船舶、装卸、仓储、报关、运送、物流等提供相关的服务工作。其中大部分的行业是以服务到港的船舶或进出口货物为主，为地域性的服务产业。集装箱转口、拆拼箱及物流作业则为跨区域的服务工作。通过货物的重整、简易加工、仓储、配销，可以为港口创造新增运量，也为相关产业提供新的商机。

两岸港口所拥有的两岸航线、区域航线及主航线所形成的航运网络是发展两岸港口物流作业的基础。由于两岸航线的船籍仍有所限制，对物流作业的便捷性也有所影响。物流作业除了考虑航班及仓储作业的服务水平外，也涉及海关管制作业及所服务厂商的营运策略。目前两岸海关的便捷性仍有改善空间，未来如能降低本位主义，提高货物流通的便捷性，再配合海运管制措施的放松，对两岸物流业的发展将大有帮助。

三、港口相关产业的合作契机

除港口服务业外，港区内可能会吸引临海制造业投资设厂，如重化基础工业和再加工出口产业等。重化基础工业与集装箱运输的相关性较低，在“本地化生产”及“区域物流”背景下，两岸间在重化基础工业方面合作的空间有限。出口加工方面合作的前景更为广阔。出口产业应以免税制造作业为主，按照通关作业和发展特性可分为加工出口区和自由贸易港区等。

加工出口区以保税加工制造为主，区内虽有仓储物流设施，但以服务区内制造厂商为主，与港口的作业相关性较低。紧邻港口的加工出口区，其运输及物流成本将较一般加工出口区更低。

自由贸易港区（保税港区）以境内关外的方式运作，区内除了引进再加工出口制造业外，也同时容纳物流、仓储、配销等相关作业，区内的货物可自由流通，不会有关税问题。不同的自贸港区间如能互补，将可形成自由贸易港区的网络，吸引大型企业设置跨国作业平台。除可降低厂商的制造及营销成本外，对港口的运量及相关产业也有所帮助。两岸自由贸易港区间的合作基础包括：

（1）两岸间密集的航线；

（2）文化背景相同，语言沟通无障碍；

（3）台商在大陆大量投资制造业所形成的零组件供应链；

（4）台商在国际市场上所拥有的管销经验；

（5）MIT（Made In Taiwan，中国台湾制造）的品牌附加价值已逐渐建立；

（6）两岸间已有部分产业已形成垂直分工模式。

两岸间产业如能利用以上基础进行合作，特别是在航运管制、通关作业及行政程序等方面的改善可以使货物流通更加便捷，将在推动两岸出口加工和港口相关产业方面的合作发挥重要作用。

四、台湾岛内港口组织变革衍生的合作契机

以往台湾岛内的港务局兼有行政机关功能，即使想推动两岸间的港口合作也会受到很多限制。2012 年 3 月岛内港务公司成立后，台湾岛内的港口由政企合一进入政企分离的状态。港务公司受台湾当局高层委托管理港区土地及港埠设施的运行，与新加坡港务集团（PSA）的运作模式相似。由于港务公司经营弹性较大，经过适当的规划，两岸的港口合作很有可能形成新的局面。

岛内港务公司成立后大举进行港口硬件设施建设，并将经营范围由地主港模式扩大至相关港口产业，包括投资物流业及其他港口服务业。为建立港口服务网络，岛内港务公司积极寻求在其他港口的投资或合作计划。在此背景下，两岸港口未来合作的内容可能有：

（1）港务公司投资其他港口的营运设施形成港口网络；

（2）港务公司以合资方式成立关系企业提升港口的整体服务水平；

（3）港务公司推动自由贸易港区的运作，以更加细化的产业分工带动两岸再加工出口及物流产业的发展；

（4）港务公司利用自有基金进行各港口的硬件设施扩充及改善，将有更大的空间引进合作经营伙伴等。

台湾岛内与大陆间的航线十分密集，从产业发展的观点来看，两岸间的产业如能适当搭配，配合便捷的海运系统，将可达到双方共赢的效果。

第三节　两岸港口合作发展的对策建议

目前两岸港口的合作多为港口企业的合作。从区域经济协调发展的更高层

次看，两岸港口的合作发展更应该是港口群与港口群之间的协作。本节尝试构建一种两岸港口合作的新模式，希望从港口群合作的高度来规划两岸港口的协同发展，并提出相应的对策建议。

一、两岸港口合作发展的模式

国内外知名港口群内港口合作的模式主要有三类：一是港口一体化，即成立一个港口管理局对所有港口实施统一规划管理，如美国的纽约—新泽西港口群内港口合作模式是共同组建港务局来管理与规划两港的发展；二是组织成立港口协会，通过法律或者议会的形式对港口行为进行约束，如欧盟于 1993 年成立的欧洲海港组织；三是通过企业之间的资本渗透，运用市场机制协调港口间的利益，如珠三角港口群即采用此种合作模式。

两岸港口的合作发展是港口群之间的合作，且两岸港口群隶属于不同的行政体制，港口管理体制与协作水平也存在差别。因此，两岸间港口的合作应采用层次化的组织模式：第一层次的两岸港口群合作宜采用协会模式；第二层次的各港口群内港口合作可采用一体化集团模式；第三层次的港口经营主体的合作可采用运营一体化模式。

（一）两岸港口群之间的协会合作模式

两岸大小港口众多，且这些港口分属两岸政府管辖，因此宜采用协会模式来协调两岸港口群之间的竞合关系。通过成立两岸港口群协会，对港口及港口企业发展的共性问题进行探讨和研究，可以协调港口群之间的利益，维护港口公平有序的市场竞争和市场价格秩序，并为两岸间港口的信息沟通、技术交流及管理经验的相互学习提供平台。

两岸港口群协会成员可由大陆五大港口群和台湾岛内港口群的港务管理机构、港口行政部门以及港口协会组成，其任务是影响制定两岸港口发展相关政策，建立一个安全、有效并且可持续发展的两岸港口体系。该协会的主要职责包括：

（1）通过会员大会的形式协调各个港口群之间的利益以及规划建设方向；

（2）编制港口费率标准，防止港口群之间的恶性竞争；

（3）规范两岸港口群环境保护标准，维护共同水域的生态环境；

（4）共同组建技术交流平台和数据共享平台，交流先进经验；

（5）为港口群的特定项目提供技术咨询以及资金支持等。

（二）港口群内港口的一体化集团合作模式

港口群内各港口由于腹地重合，竞争更为激烈，且由于港口管理各自为政，极易造成恶性竞争。实现港口间的有效合作，两岸相关主管部门应在紧邻港口合作合并中发挥主导者的作用。可以考虑采用一体化集团合作模式来规划与管理各个港口群的发展，即每个港口群内成立各自的港口企业集团，统一规划管理港口群内所有港口。

在港口群一体化组织管理方面，大陆和台湾岛内均有所尝试。大陆于 1997 年成立了“上海组合港管理委员会”，负责协调长三角地区港口航运发展的相关事务；2006 年，又由上海市港口管理局牵头，会同南京、宁波、南通等 16 个长三角地区的城市港口管理部门共同建立了长三角港口管理联席会议，以期建立长效协调合作机制。台湾岛内也于 2012 年 3 月成立港务股份有限公司，将原本属于基隆港务局、台中港务局、高雄港务局及花莲港务局的港务经营，合并为一家公司的营运体制，建立统一机制引领各港的经营。

基于此，大陆其余港口群应积极推动一体化集团模式和组建各自区域的港口群管理机构，以统一管理与规划港口群内各港口的发展。各港口群管理机构的主要职责应包括：

（1）以安全、环境保护、多式联运、内河转运等方面作为促进港口合作的新方向，制定相应的政策；

（2）依据各港口发展水平及临港产业特点，确定各港口的角色定位，规划港口群的分工合作格局；

（3）规划与建设联系港口群内各港口之间的公共基础设施、铁路、桥梁以及港口码头等基础设施；

（4）构建共同的信息系统平台，建立共同的 EDI 平台实现信息共享，以期实现港口资源的整合，并负责港口群对外宣传等工作，如有港口拥堵时，可以将船只疏散到其他闲置港口，提高港口作业效率并实现资源的充分利用；

（5）规划构建港口之间的技术交流平台，促进港口之间经验、技术交流。

通过上述规划管理，可以将港口群内竞争条件最好的港口发展成为大型中心枢纽港，其他港口则围绕中心枢纽港的发展成为与之相协调发展的专业港、配套港或分流港，实现港口功能上的各司其职。

（三）港口企业的一体化运营合作模式

两岸都已实行“政企分离”的港口管理体制改革。大陆港口经营业务由原港务局改组而成的港务集团公司及其他港口事业经营机构负责；台湾岛内港口的经营业务也由港务股份有限公司负责。这就是说，两岸港口市场的经营主体均为港口企业。随着港口市场的对外开放，跨国港口投资经营人以及国际知名的大型船运公司或联盟也进入到港口经营市场，港口市场的竞争更加激烈。

目前，港口企业的合作多采用共同经营的模式，两岸港口企业的合作亦可采用此模式。一方面，可以根据一定的契约协议建立业务合作关系，以达到优势互补、互为发展的目的。如大陆沿海港口之间存在的“定港区、定航线、定船舶、定货种、定时间”的“五定航线”，使得不同港口的港区与港区之间建立了密切的合作关系。另一方面，可以通过投资、参股等资本手段建立与其他港口企业、航运企业、货主企业、民营企业及外资企业等的合作关系，实现更大范围内的资源整合。如德国的不来梅港与汉堡港之间的合作就是通过合资设立公共经营人实现的。

特别要指出的是，港口企业共同经营模式不同于行政干预下的港口企业横向联合，而必须是港口企业以市场为导向的自愿的市场行为，需要在共同愿望前提下对实现合作的内外部条件，如资金、资源和基础设施、技术和人才、市场信息、宏观环境、政策法规等，进行综合分析，才能选择合适的合作伙伴。

二、两岸港口合作发展的对策建议

（一）港口业务以合作取代竞争

两岸间的港口区位相近，为争取货源及吸引船公司开辟航线，很可能产生不当竞争，影响港口的正常发展。两岸间港口如采取相互合作的发展模式，通过协商采取共赢的发展策略，以合作取代竞争，可以保证港口的正常发展，充分利用既有资源，避免过度投资，对双方都是最佳的选择。其具体内容包括：

1. 互相投资营运设施，建立港口网络，实现利益共享

台湾岛内的港口已全部隶属港务公司，经营弹性已大幅提升。向外投资建立港口网络是港务公司未来发展的目标。两岸港口可依本身的需求相互投资，建立台湾岛内与大陆间的港口网络以达到利益共享的营运目标。

2. 降低影响货物流通的管制措施，推动两岸间的港口物流作业

两岸间的集装箱转运目前以运输型的整箱转运为主，拆拼箱作业受种种限制及成本考虑，便捷性还不如邻近其他地区的港口，进而影响到两岸间港口物流业务的发展。如能降低对转口货物的相关管制，对双方港口物流业务的发展

将有较大帮助。

3. 推动两岸加工出口业务的合作，提升双边港口吞吐量

目前两岸的主要港口大多设有自由贸易港区或保税港区，能进行“境内关外”业务操作。免除关税管制可以提升货物流通的便捷性并降低厂商成本。双方的自由贸易港区及保税港区如能按照产业特性进行合作，利用加工出口作业提升产品的附加价值并创造港口新的运量,对双方的港口及产业都有积极作用。

4. 提升两岸间海运的服务水平，推动观光旅游活动

两岸间的旅游市场一直在持续成长。两岸间的空运能力由于机场及空域管制，进一步提升的潜力有限。亚洲地区邮轮市场增长很快。目前，两岸间的海运客运主要以航程较短的快速滚装轮为主。为提升两岸的旅游质量及促进两岸间海上休闲活动的发展，两岸港口应携手合作克服困难并设法说服相关机构放松管制，充分利用港口的客运设施为旅客提供舒适的海上旅游环境，共同推动两岸间海上旅游业务的开展。

（二）放松管制，为开展港口相关业务的合作创造良好的政策环境

1. 直航船籍

目前，两岸对直航船舶的船籍还有限制。为提升两岸港口服务水平，促进产业活动的开展，应适当放松管制措施，促进两岸间港口的运量及相关产业发展。

2. 建立联检报关制度，提高通关效率

港口货物的流通除了港口硬件设施及航线配合外，海关及其他单位的作业流程对货物流通也有相当程度的影响。应设法减少船舶在港时间，提高通关效率。如海关可考虑用“两岸贸易”的方式来办理进出口手续；边检和海事部门可以允许双方的船舶以悬挂“方便旗”的方式来进出对方的港口；双方在港口建设综合办公大厅，各港口管理单位如海关、边检、海事、船务等部门在此设立办事窗口，实行“一站式”办公、“一条龙”服务；建立“预约式”报关制度，形成途中报关、到港查验、一次放行的通关方式等。

3. 自由贸易港区或保税港区的合作政策

两岸港口间的物流作业是未来港口增量的主要来源，而自由贸易港区及保税港区的合作是港口增量的关键。该合作涉及政策层面的因素较多，相关工作的推动需要两地政府部门的充分配合。

（三）将港口的发展定位与临港产业相结合

发达的临港工业是促进港口发展的重要因素。港口具有靠近原料地和市场的特点，因而有利于临港产业的发展。同时，临港产业也为港口的发展提供了稳定的货源。临港产业与港口之间可以形成良性互动。因此，在两岸港口群合作发展过程中，除了传统的分工协作外，还要将港口的发展定位同两岸临港产业的发展定位相结合。一方面，让港口的对外运输作用为临港产业的进出口业务提供便利，以临港产业的繁荣带动港口的发展；另一方面，也可以以临港产业的错位发展进一步深化港口群的专业化分工。

（四）构建两岸港口信息平台

经济社会发展已经进入以信息技术为核心的知识经济时代，在推进两岸港口合作进程中，推进信息化共享平台的建设，运用数字化信息系统提高码头管理水平尤为必要和迫切。两岸港口群可在自建信息系统基础上，将两岸所有港口的装卸信息、堆场信息、船货双方信息以及双方港口海关、海事、边检等部门的信息连接成一个总的信息平台，各方都可以共享信息数据，以便于提高各港口的工作效率。此外，还应该逐步发展和完善航运信息系统和航运交易系统，形成公共管理平台，拓展信息网络加速平台和物流信息技术平台的联网运作，使其成为两岸港口的调控中心，从而为两岸货物运输提供优质的中介服务和信息服务。

（五）合作培养港口管理人才和技术人才

两岸三通直航之后，两岸的交流合作更加方便，越来越多的关于两岸海运及其他与物流密切相关的研讨会、展览会等，成为海峡两岸物流界交流的重要渠道。如 2006 年福建省物流协会与台湾物流协会在福州市西湖宾馆签署了合作协议；2010 年高雄港和厦门港签订了两港合作意向书，两港将在加强港口发展、营运管理交流方面加强合作。在联合人才培养方面，两岸高校开展了多个联合培养物流人才项目。在未来规划中，大陆港口也将两岸之间的人才技术交流看成一个促进海峡两岸物流业发展的重要措施。在福州和厦门市现代物流业发展规划中都明确提到与台湾岛内物流行业建立合作联系机制，加强两岸物流人才培训合作，采取多种形式在两地开展在职培训计划等。

索 引

参考文献

[1] 国家标准《厂矿道路设计规范》(GBJ22—1987).

[2] 肖青. 港口规划. 大连：大连海事学院出版社，1999.

[3] 张志明，钱立明. 当前我国港口规划中的几个热点问题. 水运工程，2011 (4)：45～50.

[4] 叶红军.《港口法》基本问题研究：[学位论文]. 上海：上海海事学院，2003.

[5] 港口规划管理规定. 中华人民共和国交通部令，2007 年第 11 号.

[6] 孟晓梅，丁以中，陆俊强. 国外港口管理模式分析与启示. 集装箱化，2000 (2)：9～12.

[7] 李南，李文兴. 地主型港口模式在中国的实践. 政策论坛. 2007 (3)：39～42.

[8] 宋炳良，德兰根. 港口经济、政策与管理. 上海：上海人民出版社，2009. 9.

[9] 王海平，刘秉镰. 港口与城市经济发展. 北京：中国经济出版社，2002. 1.

[10] Patrick, M. Alderton. *Port Management and Operations*. Third Edition. 2008.

[11] 叶红军. 港口法解析. 大连：大连海事大学出版社，2003. 8.

[12] Hayuth，Y. Containerization and the Load Center Concept. *Economic Geography*，1981，57 (2).

[13] 杨吾扬，梁进社. 高等经济地理学. 北京：北京大学出版社，1997. 116.

[14] Quinn，J. A. The Hypotheis of the Median Location. *American Sociological Review*，1943 (8)：148-156.

[15] 华东师范大学等. 经济地理学导论. 上海：华东师范大学，1992. 128.

[16] Bird，H. *Seaport Gateways of Australia*. London：Oxford University Press，1958. 21-51.

[17] 许继琴. 港口城市成长理论与实证探讨. 地域研究与开发，1997 (12)：11～14.

[18] Hoyle B S and Pinder D A（Eds.）. Cityport Industrialization and Regional Development：Spatial Analysis and Planning Strategies. Oxford: Pergamon Press，1981. 23-339.

[19] Hoyle B S and Hilling D （Eds.）. Seaport System and Spatial Change：Technology，Industry and Development Strategies. Chichester: Wiley. 1984. 1-215.

[20] César Ducruet，Sung-Woo Lee. Frontline soldiers of Globalization：Port-city evolution and regional competition. Geo Journal，2006. 67.

[21] 钟昌标，林炳耀. 一种港口社会效益定量分析方法的探讨. 经济地理，2002（5）：70-73.

[22] 于汝民. 港口时代. 北京：人民交通出版社，2012.10.

[23] 中国港口 大连港. http://www.chinaports.org/info/200708/100236.htm.

[24] China Ports. Presentation of Qinhuangdao Port Group Co., Ltd. http://www.chinaports.com.cn/?p=23291.

[25] 米晓晨. 天津港集疏运系统规划研究：[学位论文]. 大连海事大学，2006.

[26] 李兆强. 青岛市港口集疏运系统研究：[学位论文]. 中国海洋大学，2009.

[27] 大连港吞吐量跻身世界前十. 2012-03-30.

[28] 中国. 营口经济技术开发区. 营口港吞吐量突破 2.6 亿吨. http://www.ykdz.gov.cn/cn/news/zonghexinxi/ 2012-01-18/24247.html.

[29] 2011 年 12 月锦州港共完成货物吞吐量 736.8 万吨. 中贸物流资讯网，2012-01-18.

[30] 天津港 2011 年货物吞吐量超 4.5 亿吨创历史新高. 新华网，2012-01-01.

[31] 秦皇岛港 2011 年吞吐量再创历史新高. 燕赵都市网. 2012-01-02. www.yzdsb.com.cn.

[32] 唐山港 2011 年货物吞吐量超 3 亿吨. 新华网，2012-01-08.

[33] 黄骅港 2011 年吞吐量突破 1 亿吨. 新华社，2011-12-31.

[34] 2011 年日照港货物吞吐量首次突破 2.5 亿吨. 日照港航局. 2012-02-01.

[35] 环渤海地区各市 2011 年国民经济和社会发展统计公报.

[36] 大连开发区. 2009 年大连经济技术开发区国民经济和社会发展统计公报. http://www.dda.gov.cn/zwgk/inner2010.vm? cid=0&diid=173142&nid=10.2010-08-12

[37] 天津经济技术开发区泰达政务网. 天津开发区荣获商务部国家级开发区投资环境综合评比十四连冠. http://www.teda.gov.cn/ html/teda_index2011/SDJD/14lg/14lg.html. 2011-09-21.
[38] 人民网天津视窗. 天津滨海新区东疆保税港区（二期）正式开关. http://www.022net.com/2012/10-27/ 493723373142270.html. 2012-10-27.
[39] 2011 年上海市国民经济和社会发展统计公报.
[40] 2011 年宁波市国民经济和社会发展统计公报.
[41] 昆山经济技术开发区——走进 KETD. http://www.ketd.gov.cn/ketd_intr.jsp?type=走进 KETD&frominto=13&id=概述
[42] 上海开发区. 漕河泾新兴技术开发区. http://www.sidp.gov.cn/2009/0623/4168.html.
[43] 宁波保税区门户网站. 宁波保税区（出口加工区）统计信息. http://www.nftz.gov.cn/art/2012/11/19/art_1022_20798.html. 2012.10
[44] 《宁波开发区年鉴》.
[45] 《中国港口年鉴（2011）》.
[46] 《中国统计年鉴（2012）》.
[47] 广州港务局公众信息网. 广州港发展历程. http://www.gzport.gov.cn/portal/site/site/portal/gzport/index.jsp
[48] 2011 年珠海市港口公报.
[49] 福建省 2011 年国民经济和社会发展统计公报.
[50] 厦门市 2011 年国民经济和社会发展统计公报.
[51] 福州市 2011 年国民经济和社会发展统计公报.
[52] 泉州市 2011 年国民经济和社会发展统计公报.
[53] China Ports. Brief Introduction of the Fangcheng Port. http://www.chinaports.com.cn/?p=23300.
[54] 广西北部湾经济区“十二五”时期（2011～2015）国民经济和社会发展规划.
[55] 广西壮族自治区统计局. 2008-2011 年广西经济社会发展成就辉煌. http://www.gxtj.gov.cn/ztlm/zgtjkfrzl/szgx/ 201209/t20120929_20249.html.
[56] 2011 年湛江市国民经济与社会发展统计公报.
[57] 2011 年防城港市国民国民经济和社会发展统计公报.
[58] 2011 年海口市国民经济与社会发展统计公告.

[59] 广西钦州保税港区．广西钦州保税港区概况．http://www.qzbsg.gov.cn/Summary/Details?cid=0.

[60] 台湾当局主管交通部门的统计数据库.

[61] 福建省交通运输厅．东部最大港口——花莲港．http://www.fjjt.gov.cn/hxjt/last/mtht/hszh/201011/t20101118_48057.htm.

[62] 台湾当局《101 年交通施政成果》.

[63] Notteboom,T. E. Concentration and load centre development in the European container port system. Journal of Transport Geography，1997，5(2)：99-115.

[64] 杜麒栋. 中国港口发展新时期的特征与挑战. 中国港口，2012(5)：1～5.